개정판

커뮤니케이션과 사회
communication society

커뮤니케이션과 사회

개정판

이건호 · 최윤정 · 안순태 · 차희원 · 임소혜 지음

이화여자대학교출판문화원

머리말

인류 역사는 소통(疏通)의 집적(集積)이다. 그 형태가 어떻든 소통은 인간 생활 전반의 필수적 도구로 기능해왔다. 역사는 이 도구에 기초해 정치, 경제, 문화 등으로 발현된 현상들을 다양하게 기록한 결과물이다. 인간들의 의사소통이 없었다면 사회는 다채로운 이해관계를 제대로 표출해내기 어려웠을 것이며, 지금과 같은 문명이 개화하지 못했을 것이다. 이와 같은 의사소통, 즉 커뮤니케이션의 형식과 내용은 언어의 발달과 함께 정교하게 성장해왔다. 더불어 종이나 인쇄술, 전신, 진공관, 인터넷 등으로 대표되는 기술적 혁신은 소통의 도구를 단순한 글이나 그림에서 음성, 사진 또는 동영상 등으로 확대하면서 커뮤니케이션 현상과 본질에 대한 고민의 영역을 넓혀왔다.

그러나 이렇게 중요한 커뮤니케이션이 현대 학문 영역에서 소통 그 자체로 주목받기 시작한 것은 얼마 되지 않는다. 이 분야의 선두주자로 알려진 미국과 유럽에서도 20세기 들어서야 소통과 관련된 내용이 하나의 학문 체계로 대두됐다. 비록 미국에서 19세기 중반 일부 초급 대학이 뉴스 전달과 관련된 실무 교육을 시작하기는 했어도, 이 분야가 이론을 바탕으로 한 사회과학의 모습을 갖춘 것은 1900년대 초반이다. 국내에서는 1960년을 전후해 몇몇 대학에서 신문학 또는 신문방송학이라는 이름으로 전공을 개설하면서 본격적으로 이 영역에 대한 소개가 시작됐다.

인류 발전의 큰 축을 담당한 커뮤니케이션의 역할에도 불구하고 이 분야가 하나의 학문으로 정립된 시기가 늦춰진 이유는 역설적으로 그 필수불가결성 때문인 것으로 보인다. 이는 우리의 생명을 이어가는 데 없어서는 안 될 공기의 처지와도 같다. 즉, 공기와 마찬가지로 그 중요성이 치명적임에도 불구하고, 이 역할이 너무나 당연시되면서 우리의 뇌리 속에서는 그저 늘 있는 것으로 치부돼 망각됐다는 것이다. 결국 고대에서 르네상스에 이르기까지 또는 그 이후로도 상당 기간 동안 집적된 문명의 창구 혹은 결과물로 여겨지는 철학이나 사학, 문학 등이 이 커뮤니케이션을 통해 활성화됐음에도 불구하고, 사람들의 관심은 주로 이들 순수 인문학적 요소에 집중됐다. 여기에서 파생된 정치학, 심리학, 사회학 등의 분야에서도 사회과학적 현상에 대한 탐구가 진행됐지만, 커뮤니케이션의 본질은 쉽게 조명을 받지 못했다.

물론 이들 순수 인문학이나 사회과학에서 소통의 기능이 완벽하게 무시된 것은 아니다. 단지 커뮤니케이션은 그 자체로 인정받지 못한 채 인문학이나 여타 사회과학의 현상을 드러내는 도구로만 인식됐을 뿐이다. 그렇기에 거의 모든 학문에서 커뮤니케이션의 중요성이 약간씩이나마 거론되는 것은 또 다른 역설이 아닐 수 없다. 이는 마치 사람들이 살아가면서 없어서는 안 될 공기의 필수성에 대해 가끔 고마움을 느끼는 것과 같다. 결국 커뮤니케이션은 이와 같은 현상을 목도한 일부 학자들이 약 100년 전부터 소통의 본질을 찾고자 하는 노력을 기울이면서 하나의 학문 영역으로 발전하게 된다.

이렇듯 짧은 역사에도 불구하고 커뮤니케이션 분야가 약 100년이라는 기간 만에 큰 주목을 받게 된 것은 소통이 인류 태동 때부터 모든 영역과 함께해온 저력 때문일 것이다. 이 기간 동안 결국 커뮤니케이션은 탄탄한 학문으로 발돋움하면서, 소통의 본질뿐 아니라 그 실체를 둘러싼 각종 현상을 점검하는 사회과학으로 우뚝 서게 된다. 그동안 인문학이나 다른 사회과학 분야에서 그들 영역을 설명하기 위해 지엽적으로 연구되던 내용을 본질적으로 파고들면서, 이제 소통이라는 개념을 축으로 다양한 현상을 조명하는 역할을 담당하게 된 것이다.

이런 배경을 토대로 20세기 중반부터는 미국과 유럽을 중심으로 저명한 커뮤니케이션 전문 학자들이 이 분야를 소개하는 연구 논문과 서적들을 본격적으로 쏟아냈다. 이들의 저서를 원문 또는 번역서로 공부하던 국내에서도 원론적인 내용을 한국적 상황에 적용해 서술한 내용들이 적지 않게 소개됐다.

특히 최근에는 소통을 연구하는 것 자체가 발 빠르게 전진하는 관련 기술과 맥을 함께하면서 연관된 주제나 소재의 종류와 깊이가 다양해지고 심화됐다. 이 과정에서 새로운 현상에 집중해 현대를 해석하는 개론 서적들이 출시되기도 했다. 하지만 최근 서적들 일부에서는 지나치게 개괄적이어서 중요한 논점을 놓치거나, 오히려 거꾸로 과다하게 전문적인 내용에 집중하면서 커뮤니케이션 현상 이해에 대한 전체적인 균형을 잃는 사례들도 보인다. 또 커뮤니케이션이 하나의 독립 학문으로 발전된 과정은 방기한 채 현대적 해석에만 치우쳐 인간 소통의 본질적인 요소가 두드러지지 못하는 경우도 있다.

이와 같은 상황을 바라보면서 우리는 전통적인 의미의 커뮤니케이션과 현대적 소통의 의미를 점검해 이 분야에 관심이 있는 독자들에게 커뮤니케이션 학문에 대한 이해를 돕고자 이 책을 기획하게 됐다. 더불어 가까운 미래에 다가올 수 있는 내용들도 일부 아울러서 인간 소통의 본질과 그에 따른 각종 현상들을 함께 고민할 계기를 마련하고자 한다. 비록 관련 분야를 연구해온 학자들이지만, 커뮤니케이션 기술의 발전 내용과 방향이 워낙 가변적이라 미래에 대한 우리의 예측이 감히 확정적이라 말할 수는 없다. 다만 의사소통의 역사가 보여준 근본을 생각하며, 원론적인 차원에서 숙고할 여지들을 마련해보자는 취지로 이런 시도가 진행됐음을 이해해주길 독자들께 부탁드린다. 이런 당부의 말씀과 더불어 우리가 정리한 요소들이 크게는 전통적인 커뮤니케이션과 저널리즘, 방송과 영상, PR과 광고 등 현재 국내 대학에서 강의로 이뤄지는 주요 분야들로 분류돼 있음을 알려드린다. 비록 이와 같은 범주화 이외에도 다른 접근 방법이 있을 수 있으나, 이 책이 해당 분야에 관심을 둔 대학생들에게도 도움이 되기를 바라는 마음에 현재 대학 교육과정의 큰 흐름을 따른 것임을 밝혀둔다. 개괄적인 책의 내용을 조금 더 구체적으로 정리하면 다음과 같다.

*

1장에서는 20세기 주요 학자들이 의사소통을 설명하는 모델들을 중심으로 커뮤니케이션의 정의와 현상을 짚어본다. 그리고 이 거대 정의를 바탕으로 커뮤니케이션 기술의 발달과 함께 탄생한 매스커뮤니케이션의 성격과 이를 이론적으로 탐구하는 2가지 큰 담론 형태(지배적 패러다임과 대안적 패러다임)를 둘러본다. 그다음으로는 매스커뮤니케이션에서 중요한 통로 역할을 담당하는 매스미디어의 기능을 고찰할 것이다. 이어지는 2장에서는 매스미디어의 역할 중 사실과 의견을 전달하는 저널리즘에 집중한다. 우선 대단위 커뮤니케이션 개념에서 매스커뮤니케이션 정의를 거쳐 설명의 초점이 더욱 세밀하게 정비되는 저널리즘의 의미를 확인하고, 그 의미가 발현되는 현상을 세계와 한국의 역사적 관점에서 조망해본다. 또 20세기 중반에 소개됐지만 반세기가 흐른 지금에도 그 설명력을 유지하고 있는 언론의 4대 이론을 살펴보고, 위기 또는 기회로 인식될 수 있는 저널리즘의 현실과 앞으로 다가올 미래를 전망할 것이다.

3장에서는 앞서 소개된 내용을 펼쳐놓고, 대중매체의 효과와 관련해 사회에서 발생하는 주요 현상을 알아본다. 우선 대중매체가 전달하는 정보의 성격을 짚어본 뒤, 이 정보가 개인의 인식과 행태 등에 어떤 영향력을 발휘하는지를 설명한 지배적 패러다임 학자들의 연구, 또 이를 통해 소개된 주요 가설과 이론 등을 살펴볼 것이다. 그다음으로는 이런 영향력이 우리 일상생활에 궁극적으로 접목될 수 있는 정치 영역에서 어떻게 구현되는지를 고찰할 기회를 갖는다. 그 뒤에 소개되는 4장에서는 시선을 전체 사회에서 수용자로 돌려 매체의 발달과 함께 성장한 대중(大衆) 또는 공중(公衆)의 모습을 들여다본다. 여기서는 매체의 메시지를 받아들이는 수용자의 개념을 여러 갈래로 이해해보고, 대안적 패러다임의 시각에서 현대사회 시민들의 성격도 고민해본다. 이어서는 개별 시민 또는 집합적 시민으로서 수용자들의 권리나 이익을 위해 수행되는 각종 통제와 언론의 규범 등을 개론적 차원에서 소개할 것이다.

인쇄 미디어를 중심으로 설명을 시도한 책의 도입부와 달리, 5장과 6장은 방송을 중심으로 커뮤니케이션을 바라본다. 우선 5장에서는 방송에 대한 정의, 방송의 역사와 기본 이념을 살펴본다. 이와 더불어 방송의 공공성과 공익성이 논의된다. 영국과 미국의 방송제도 비교, 프로그램과 제작과정에 영향을 미칠 수 있는 방송의 편성, 심의, 윤리에 대한 고찰은 이 부분에 대한 이해를 심화시킬 것으로 기대한다. 6장에서는 방송이 사회에 미치는 영향력에 대해서 알아본다. 방송 현상을 설명할 수 있는 의사 상호작용이나 문화계발효과 같은 이론과 정치 영역에 영향을 미치는 방송의 성격도 살펴볼 것이다. 앞서 인쇄 매체와 관련해 소개된 유사 부분과의 중첩은 최대한 피하면서, 선거 및 정치토론 과정에서의 방송의 역할 등 구체적인 방송의 특성을 위주로 해당 내용들이 정리된다. 이와 더불어 방송 프로그램을 통한 어린이와 청소년의 학습 및 사회 인식, 또 이에 연계된 폭력성 등에 대한 고민도 이어가게 된다.

책의 후반부에서는 인쇄 및 영상 매체 등 전통 미디어에 초점을 맞춰 설명하던 방식을 벗어나 커뮤니케이션 이해에 대한 접근 방식을 취한다. 우선 광고를 중심으로 소통의 방식을 살펴본다. 7장에서는 광고에 대한 여러 정의와 유형 등을 살펴봄으로써 우리 사회에서 광고가 수행하고 있는 다양한 역할을 논의한다. 이를 통해 기업 경영 측면에서 마케팅 커뮤니케이션으로서의 광고, 그리고 사회 · 문화적 가치를 생산하고 반영하는 사회 · 문화적 기구로서의 광고를 설명한다. 이를 위해 마케팅 커뮤니케이션으로서 광고의 역사와 변천, 광고전략 수립 단계를 검토한다. 여기서는 광고전략 수립을 통합적 마케팅 커뮤니케이션 차원에서 설명하며, PR, 인적 판매, 직접 마케팅, 판매 촉진 등 마케팅 커뮤니케이션 요소들과의 유기적 관계를 논의한다. 8장에서는 광고 산업에 대한 개괄적 이해를 기초로, 광고 규제 및 심의와 관련된 제도를 살펴본다. 또한 광고와 소비, 광고와 고정관념, 광고와 언론의 공정성 등 사회 · 경제 · 문화적 차원에서 광고와 관련된 주요 쟁점들을 검토한다.

그다음으로는 광고와 유사해 보이나 차별화되는 PR 영역이 소개된다. 9장에서는 PR의 개념과 영역, 기능, 역사, 조직, 실무자 역할과 이론 등 기본적인 PR의 요소들을 다룬다. 이 과정에서 이론과 실제의 연관성 등을 확인하고, PR의 윤리와 전문성, PR이 추구해야 하는 가치와 사회에서의 역할 등을 살펴볼 것이다. 또 PR과 관련된 제반 현상의 과거와 현재를 돌아보면서 미래에 대한 전망을 해본다. PR 영역별 실행 전략 및 전술에 초점을 맞춘 10장에서는 먼저 조사 · 기획 · 실행 · 평가 단계 등 실제 PR을 수행하면서 갖춰야 할 4대 과정과 이 과정에서 함께 고민해야 할 PR 프로그램, 메시지, 미디어 등 실제 전략 요소 등을 소개한다. 이어서는 PR 전략들을 기업과 정부, 그리고 비영리 영역별로 둘러보고, 위기관리 및 명성관리 PR 등에 대해서도 알아본다. 대중매체, 이벤트, 전시회, 인터넷과 소셜 미디어 활용 방법 등이 PR 전술 차원에서 등장하고, 실제 성공했던 전략별 사례들을 소개해 이해를 돕도록 했다.

책의 마지막 부분에서는 현대사회에 새롭게 등장한 미디어들을 중심으로 소통을 조망한다. 우선 11장에서는 스마트 미디어와 소셜 미디어 등 혁신적 커뮤니케이션의 축을 이루는 각종 미디어의 발전 과정을 살펴본다. 이를 위해 이러한 혁명적 진화가 뿌리를 둔 인터넷 기술의 개념과 역사를 이해하고, 스마트 미디어와 소셜 미디어 등 인터랙티브 미디어의 정의와 발전 방향 등을 논의한다. 더불어 대표적인 인터랙티브 미디어 영역 중 하나로 주목받는 게임 산업의 역사와 동향도 알아본다. 끝으로 12장에서는 '디지털 혁명'이 사람들의 매체 이용과 생활에 미치는 전방위적 영향력을 구체적으로 살펴본다. 디지털 혁명으로 인한 미디어 환경의 급격한 변화는 그 파급력과 효과 측면에서 다양한 긍정적 · 부정적 논의를 이끌어냈다. 이 논의들을 중심으로, 미디어가 사람들의 사고 능력을 감퇴시키는지, 미디어 중독은 어떻게 이해해야 하는지, 각종 미디어의 발전은 사람들을 더욱 친하게 해주는지 등 급변하는 미디어 환경이 이용자에게 미치는 효과를 다양한 각도에서 살펴보도록 할 것이다.

*

저자들은 위와 같이 정리된 내용들이 이 책을 기획하면서 의도했던 방향에 부합될 수 있도록 최선의 노력을 기울였다. 그리고 그 기획 의도가 책을 읽는 독자들의 기대에 부응하기를 염원한다. 만약 부족한 점이 있다면 그 배경을 살펴 또 다른 접근이 필요할 것이다. 그에 대한 독자들의 충고와 비판도 기대한다. 머리말을 정리하면서, 이 책이 나올 수 있도록 여러 가지 지원을 아끼지 않은 이화여자대학교와 이화여자대학교출판문화원에 감사의 말씀을 전하고 싶다. 또 저술 과정에서 많은 격려와 조언을 아끼지 않은 이화여자

대학교 커뮤니케이션 · 미디어학부 모든 교수님들께도 고마움을 표한다. 더욱 잊을 수 없는 것은 강의실에서 신선한 질문과 참신한 제안으로 과거와 현재, 미래의 커뮤니케이션 환경에 대해 토론하며 미욱한 선생들에게 이 책의 출간에 대한 자극과 영감을 불어넣어준 이화여자대학교 커뮤니케이션 · 미디어학부 대학원과 학부 학생들이다. 자료 수집을 도와준 기원선, 연지영, 이하나, 장서진, 홍서호 등 대학원생을 비롯해 모든 제자들에게 사랑의 마음을 전한다.

이화여자대학교 포스코관에서
저자를 대표하여 이건호

c o m m u n i c a t i o n

차례

s o c i e t y

1장

커뮤니케이션, 매스커뮤니케이션, 그리고 매스미디어

1. 커뮤니케이션 일반

1) 커뮤니케이션의 정의

커뮤니케이션(Communication)은 한국사회에서 이미 외래어로 정착된 단어이다. 다른 나라말이었던 것이 국어처럼 쓰인다는 뜻으로, 그만큼 일상화된 표현이라 할 수 있다. 이를 달리 부를 만한 용어를 찾기 어려울 정도이다. 하지만 이를 풀어 설명하다 보면, '의사소통(意思疏通)'이라는 간단한 대체(代替) 어귀로 귀착된다. 그리고 이 말은 커뮤니케이션을 조금 더 선명하게 이해할 수 있도록 해준다.

현대 커뮤니케이션 학문 분야를 이끌고 있는 학자 중 대표적 주자인 맥퀘일(McQuail, 2000)은 커뮤니케이션을 '의미의 주고받음' 또는 '메시지의 전달과 수용'이라고 풀이한다. 발화자(發話者), 발화자가 생성한 정보, 정보가 이동하는 통로, 통로를 통해 발화자의 정보를 받아들이는 수신자(受信者)가 커뮤니케이션을 구성하는 주요 인자가 된다. 이런 배경에서 커뮤니케이션은 정보 또는 콘텐츠를 갖고 있는 발화자가 특정 통로를 통해 이 정보나 콘텐츠를 수신자에게 전달하는 과정으로 설명된다. 전통적으로 커뮤니케이션학에서는 이 정보나 콘텐츠는 메시지(Message)로, 이 메시지를 처음 전달하는 발화자를 정보원(Source) 또는 전달자(Sender)로, 이 메시지가 전달되는 통로를 채널(Channel)로, 이 메시지를 받아들이는 대상을 수신자(Receiver)로 표현한다.

이 과정을 한국어로 간단히 표현하면 의사소통이다. 국립국어원 표준어사전에서도 커뮤니케이션을 '사람들끼리 서로 생각, 느낌 따위의 정보를 주고받는 일로써 말이나 글, 그 밖의 소리, 표정, 몸짓 따위로 이루어진다'고 설명하고 있다. 표준어사전은 이를 '의사소통' 등으로 순화할 수 있다고 덧붙인다. 이를 위에 정리한 내용에 대입하자면, 의사(意思)는 메시지가 된다. 비록 전달자나 통로, 수신자가 이 단어 바깥으로 확연히 드러나 있지는 않지만 소통(疏通)이라는 표현 안에 숨어 있다. 우선 통로, 즉 채널이 없으면 '막힘없이 잘 통한다'는 뜻을 가진 소통의 의미가 성립될 수 없다. 이 통로는 인간이 대화할 때 음성의 파장을 전달하는 공기가 될 수도 있고, 뉴스 생산자가 기사를 전달하기 위해 활용하는 신문 지면이나 TV 프로그램, 또는 이를 모두 관장하는 언론 기관 그 자체가 될 수도 있다. 또 이 통로의 양쪽 끝에는 입구와 출구가 있기 마련이다. 입구와 출구가 없다면 통로 안에 있는 그 무엇은 통(通)하지 않고 그 안에 정체돼 있거나 한정된 범위 안에서 진동할 뿐이다. 결국 의사소통은 의사(意思 · Message)가 통로(Channel)의 입구, 즉 메시지를 생산한 전달자(Sender)에서 출발해 출구, 다시 말해 이 메시지를 받는 수신자(Receiver)에게 전달되는 과정을 뜻하게 된다. 다만 커뮤니케이션이라는 표현이 너무 일반화돼 있어, 이를 굳이 의사소통이라고 하거나 커뮤니케이션학을 의사소통학이라고 부르기 어색한 느낌이 있을 뿐, 그 근본은 메시지의 전달과 수용이라는 점에서 같다고 하겠다.

2) 커뮤니케이션 모델들

커뮤니케이션학에서는 위와 같은 의사소통의 현상을 몇 가지의 모델로 제시한다. 간단하게 발화자(전달자 또는 전송자), 메시지, 채널, 수신자 등 위에 거론한 4가지 인자만을 가지고 커뮤니케이션 현상을 정리한 것에서부터, 이들 인자들의 역할과 인자들 사이의 관계를 조망하는 것에 이르기까지 그 모델은 학자들에 따라 달리 정리돼왔다(윤석민, 2007). 기본적인 것이 베를로(Berlo)의 SMCR 모델이다(Severin & Tankard, 2001). 이는 발화자(Source 또는 Sender), 메시지(Message), 통로(Channel), 수신자(Receiver)의 머리글자를 따 명명됐다. 앞선 학자들의 고민을 수렴해 1960년에 재정립된 이 모델은 개별 인자들의 역할에 다양성을 부각하면서 심도 높은 설명을 부여하는 동시에, 기존의 커뮤니케이션의 흐름을 명확하고 단순하게 정리하며 현재까지 인구에 회자되는 4개 인자의 이름이 표상화된 것으로 유명하다. 베를로의 모델을 기준으로 그 시기를 전후해 제안된 커뮤니케이션 모델을 보면 아래와 같이 정리될 수 있다.

(1) 라스웰의 SMCRE 모델

커뮤니케이션학 전 방위에 걸쳐 지대한 영향력을 보여준 학자로 이름을 날린 라스웰(Lasswell, 1948)은 기본적인 4가지 인자를 중심으로 의사소통 모델을 제시한다. 그의 모델은 누가(Who) 무엇을(Says What) 어떤 채널을 통해(In Which Channel) 누구에게(To Whom) 어떤 영향력을 갖고(With What Effects)라는 형태로 나타난다. 이 모델은 기존의 4개 커뮤니케이션 기본 인자에 1개 요소가 추가된 것이다. 여기서 누가(Who)는 발화자를, 무엇을(Says What)은 메시지를, 어떤 채널을 통해(In Which Channel)은 통로를, 누구에게(To Whom)은 수신자를 뜻한다. 추가된 요소는 결국 어떤 영향력을 갖고(With What Effects) 있다. 이 영향력이라는 5번째 인자는 추후 커뮤니케이션 연구 확대의 기폭제가 된다. 사람들이 막연하게 소통하는 것이 아니라 어떤 목적을 가지고 어떻게 커뮤니케이션하는가에 집중하면서, 발신자의 의도, 채널의 역할, 수신자의 해석뿐 아니라, 메시지 자체의 의미가 다양하게 분석될 수 있기 때문이다. 베를로의 SMCR 모델에 영향력 또는 커뮤니케이션 효과(Effects)를 추가, SMCRE 모델로도 알려진 라스웰의 해석은 비록 커뮤니케이션 자체를 지나치게 단순화했다는 비판을 얻기도 하지만, 개인이나 조직 또는 단체 사이에서, 또 일대일(一對一), 일대다(一對多), 다대다(多對多)의 영역에서 일어나는 의사소통 전반을 이해하는 기초를 확대했다는 점에서 높은 평가를 받는다.

(2) 섀넌과 위버의 수학적 모델

같은 시대에 등장한 섀넌(Shannon)과 위버(Weaver)의 모델은 커뮤니케이션의 흐름을 기계적으로 해석했다는 평을 받는다. 이는 얼핏 단순해 보인다는 라스웰의 모델을 더 축약해놓은 것으로 이해될 수도 있지만, 오히려 복잡한 의사소통의 현상을 체계적으로 풀이했다는 것으로 인정받을 수 있다. 특히 이들이 제시한 정보의 엔트로피(Entropy)와 반복(Redundancy) 개념은 효율적 소통을 설명하는 주요 도구가 된다(Shannon & Weaver, 1948). 이들은 이후 커뮤니케이션 효과 연구 분야에서 변형된 의미들로 풀이돼 탐구되기도 한다.

수학적 커뮤니케이션 이론(Mathematical Theory of Communication) 또는 공학적 커뮤니케이션 모형이라고 소개되고 있는 이들의 모델은 메시지가 발신자를 출발해 수신자에 도달하는 '과정'에 집중하고 있다. 이 모델에 표면적으로 등장하는 기본 인자들은 정보원(Information Source), 송신기(Transmitter), 채널(Channel), 수신기(Receiver), 목적지(Destination) 등 모두 5가지이다(그림 1-1). 베를로나 라스웰의 모델에서 볼 수 없었던 것은 송신기와 목적지이고, 나타나지 않는 것은 메시지와 효과 또는 영향력이다. 그러나 이들 요소들은 이 소통의 흐름 속에 녹아 있거나, 새로운 개념에 의해 전체 커뮤니케이션 메커니즘에서 발현된다.

우선 이들이 제기한 정보원과 송신기는 앞서 설명된 베를로와 라스웰 모델의 발화자라고 볼 수 있다. 섀넌과 위버는 이 발화자를 정보원과 송신기로 세분화한 것이다. 그들은 정보원을 메시지 생산자로 봤고, 송신기는 이 메시지를 전달 가능한 기호로 전환하는 역할을 가지고 있다고 설명한다. 이해를 돕기 위해 일상적인 소통을 예로 들면, 우선 정보원은 발화자의 뇌(腦)로 볼 수

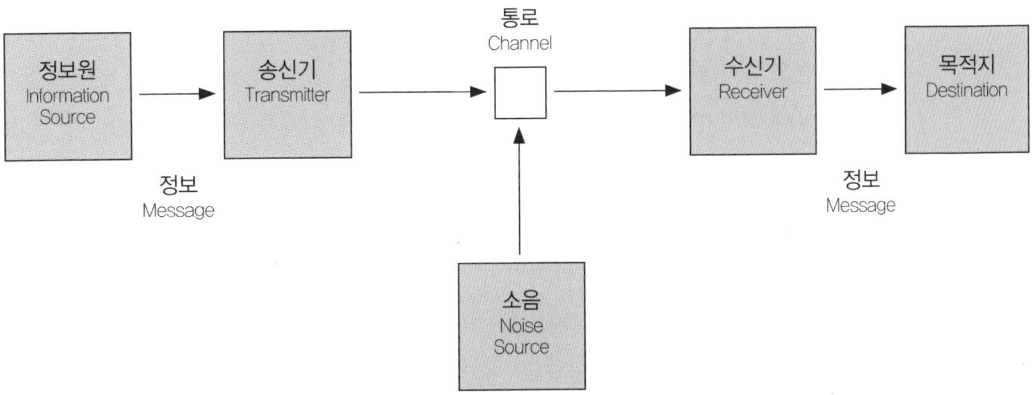

그림 1-1
Shannon과 Weaver의 Communication Model[1]

있다. 그곳에서 전달하고자 하는 메시지가 만들어진다. 송신기는 발화자의 입이다. 뇌에서 생성된 메시지가 입을 통해 터져 나오지 않으면 발화자 내부에만 머물러 소통될 수 없다. 결국 이들 2개의 인자가 베를로와 라스웰 모델의 발화자를 대신한다. 이들의 모델에서 보면 메시지는 저절로 생성됐다. 달리 말하면 메시지는 전체 과정에서 전달되는 콘텐츠로 커뮤니케이션 과정에서 없어서는 안 될 요소이기에, 구태여 그 존재를 거론할 필요가 없을 정도로 중요하다는 뜻으로 풀이된다. 비록 표면적으로 드러난 5가지 인자에는 포함되지 않았으나, 섀넌과 위버의 모델 안에 메시지가 녹아 있다는 것이다.

발화자의 뇌를 출발, 입을 통해 표현된 메시지는 통로인 채널을 통해 전달된다. 다시 일상적인 소통에서 본다면 이 채널은 발화된 메시지를 파장으로 전환하는 역할을 한다. 즉, 발화자와 수신자 사이에 놓인 공기가 통로가 된다는 것이다. 사람 사이의 면대면(面對面) 대화에서 공기가 없다면 서로 입만 벙긋거리는 것을 보게 될 뿐이다.

이렇게 파장으로 전환된 메시지는 수신자에게 도달된다. 섀넌과 위버는 이 수신자를 다시 2개의 인자, 수신기와 목적지로 나눴다. 발화자를 2개의 인자로 나눈 방식을 대입해 수신자의 2개 인자를 설명하자면, 우선 수신기는 메시지를 전달받는 사람의 귀가 된다. 목적지는 이 수신자의 뇌(腦)다. 수신자

1 그림은 섀넌과 위버의 『The mathematical theory of communication』(1948)의 내용을 일부 정리해 소개한 것이다.

의 귀는 전달된 파장을 받아들이고, 수신자의 뇌는 이 메시지를 해독 가능한 내용으로 전환해 인지하는 역할을 한다.

발화자와 수신자로 설명될 수 있는 인자들을 이렇듯 복잡하게 분리한 것은 수학자인 섀넌이 전화 통화를 기계적으로 설명하기 위한 시도에서 비롯됐다. 사실 그는 이 모델을 제안할 당시 미국 전화 회사인 벨(Bell) 사 연구원으로 활동했다. 결국 이 모델은 발화자와 수신자 사이의 전화 통화에서 발생하는 소음을 통제해 더 나은 소통을 실현하려는 것을 지향하고 있다. 여기서 등장하는 개념이 앞서 소개한 정보의 '엔트로피(Entropy)'와 '반복(Redundancy)'이다.

애초에 섀넌과 위버는 '엔트로피(Entropy)'와 '반복(Redundancy)'이라는 표현을 메시지 구성을 설명하기 위해 썼다. 이들은 원래 물질을 구성하는 입자의 흐트러진 정도(Entropy)나 과잉 또는 반복(Redundancy)이라는 사전적 의미를 가지고 있다. 그러나 이 개념들은 섀넌과 위버의 커뮤니케이션 모델에서 각각 '부정확하거나 사라진 정보'와 '정보의 본질을 밝히려는 부연 설명'으로 정리된다. 여기서 슬그머니 머리를 내미는 것이 소음(Noise)이다. 섀넌과 위버는 원래 발화자의 뇌, 즉 정보원에서 생성되는 메시지가 기본적으로 정보의 정수(精髓)와 모호함을 동시에 담고 있고, 소통 과정은 부연 설명이 발현되는 구조를 가지고 있다고 봤다. 이들의 모델에 따르면 이 메시지가 발화자의 입, 즉 송신기를 떠나 수신자의 귀, 즉 수신기에 전달되는 커뮤니케이션 과정(통로)에서 거의 필연적으로 소음을 만나게 된다. 이 소음은 가지런히 배열된 정보의 정수를 더욱 흩뜨려 엔트로피를 확대하고 발화자는 이 상황에서 자신이 전달하려는 정보를 정확하게 하기 위해 여러 번 반복해 설명하게 된다. 원래 소음이 없다면 필요치 않았을 설명이 반복되면 과잉으로 느껴질 수 있다. 추후 엔트로피는 이 현상을 모두 아우르면서 정보의 혼란도라는 원래 뜻을 벗어나 무질서를 극복하고 정보의 정수(精髓)를 회복하려는 힘 또는 정수(精髓) 그 자체로 풀이되기도 한다. '엔트로피(Entropy)'나 '과잉(Redundancy)'의 관계는 이런 배경을 담고 있다. 전화 통화를 설명하기 위해 만들어진 커뮤니케이션 모델이라는 점에서 충분히 이해될 만한 해석이다.

이후 커뮤니케이션 연구들은 섀넌과 위버의 모델에서 채널에만 영향을 미치는 소음(Noise) 또는 잡음의 존재를 다양한 각도에서 탐구한다. 크게 보자면 발화자의 뇌에서 입으로 전달되는 과정에 등장하는 개인 내부의 소음, 수신자의 귀에서 뇌로 전달되는 과정에 나타나는 잡음은 인간의 심리와 커뮤니케이션을 함께 연구하는 매체심리학 분야 등에서, 또 복잡한 사회관계 속에 여러 형태로 존재하는 채널에 영향을 미치는 잡음은 사회구조 내의 커뮤니케이션을 탐구하는 매체사회학 등의 분야에서 조명을 받고 있다.

(3) 오스굿의 커뮤니케이션 단위와 슈램의 환류(還流)적 상호작용

위에 소개된 라스웰의 SMCRE 모델은 효과 또는 영향력을 염두에 두고 있으며, 섀넌과 위버의 모델은 그 과정을 고민하고 있다고 볼 수 있다. 하지만 완벽한 별개의 해석이라고 하기에는 서로 유사한 부분들이 많다. 커뮤니케이션 모델들은 이처럼 일부를 공유하면서, 또 새로운 시각에서 의사소통 과정을 풀이하며 발전해왔다.

오스굿(Osgood, 1954)은 섀넌과 위버의 모델이 인간 커뮤니케이션을 설명하기에는 지나치게 기계화돼 있다고 비판하며, 커뮤니케이션 단위(Communication Unit) 개념을 도입한다. 우선 발화자를 정보원과 송신기로 나누는 것에 대해 비판적이다. 그와 같은 구분은 전화기를 사용하는 사람과 전화기 자체를 구분하는 공학적 설명에는 적용될 수 있지만 인간의 커뮤니케이션에서는 이를 기계적으로 분리할 수 없다고 본 것이다. 여기서 한 발 더 나아가, 오스굿은 한 개인이 송신만 하거나 수신만 하는 존재로 특화된 것이 아니라, 송신과 수신을 동시에 할 수 있는 능력을 가지고 있다고 봤다. 사실 이는 너무도 당연한 얘기이다. 사람이 말도 하고 듣기도 한다는 것은 굳이 설명하지 않아도 안다. 하지만 라스웰이나 섀넌과 위버의 커뮤니케이션 모델을 들여다보면, 오스굿의 관찰대로 발화자는 말을 하기만 하는 사람, 수신자는 정보를 듣기만 하는 사람으로 구분돼 있다. 섀넌과 위버의 모델에서는 게다가 한 개인이 커뮤니케이션 과정의 단계에 따라 2개의 인자로 분리되기도 한다. 즉, 그 역할과 기능이 구분되고 분해되면서 커뮤니케이션에서 인간(人間)의 모습이 사라진 것이다. 오스굿은 결국 이전의 기계적 커뮤니케이션 모델을 발전시키면서, 개별 인간을 송신과 수신이 동시에 가능한 커뮤니케이션 단위(Communication Unit)로 상정한다. 이와 함께 섀넌과 위버, 또는 라스웰의 모

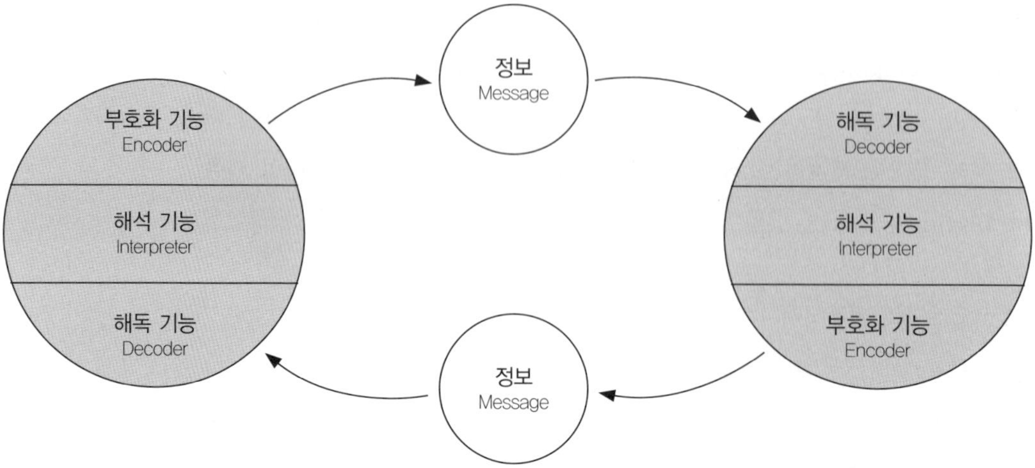

그림 1-2
Schramm의 Communication Model[2]

델에서 단순히 기호(Symbols) 또는 정보(Information)의 역할이 강한 메시지에 의미(Meaning)라는 뜻을 부여하면서, 오스굿은 인간 커뮤니케이션에서 발생하는 다양한 메시지 해독의 개연성을 열게 된다. 오스굿에게 이 메시지는 정보원 또는 발화자 단위(Source Unit)에서 출발한 총체적 산출물(Output)로, 수신자 또는 목적지 단위(Destination Unit)에 도달한 총체적 투입물(Input)이 될 수 있다. 이 메시지는 단순히 언어로 발화된 내용뿐 아니라, 얼굴 표정이나 몸짓 등을 포함하기도 한다. 개별 커뮤니케이션 단위인 인간들은 이들 총체적 메시지를 기계적으로만 주고받는 것이 아니라, 이에 대해 해석을 가하게 된다는 것이다.

같은 시기, 커뮤니케이션에 대해 오스굿의 설명과 유사하면서도 일부 차이가 있는 해석을 제시한 슈램(Schramm, 1954)은 공유된 정보의 반복적 활용을 강조한다(그림 1-2). 우선 오스굿과 슈램의 공통점은 커뮤니케이터를 송신과 수신, 메시지 해독이 모두 가능한 개별자로 봤다는 것이다. 즉 라스웰이나 섀넌과 위버처럼 발화자는 송신만, 수신자는 수신만 담당하는 것이 아니라 한 커뮤니케이션 단위가 이런 소통의 기능을 동시에 가지고 있다고 본 것이다. 슈램은 여기에 메시지의 지속적 상호작용, 공유 정보의 환류

2 그림은 슈램의 『How communication works』(1954)의 내용을 일부 정리해 소개한 것이다.

(Feedback) 기능을 추가하고 있다.

그는 커뮤니케이션 단위인 개별자들 사이에 효율적인 의사소통이 발생할 수 있으려면 먼저 이들 단위들이 공유하는 경험이 존재해야 한다고 봤다. 즉 발화자와 수신자 사이에 공통적으로 축적된 정보가 있어야 실제적이고 의미 있는 소통이 가능하다고 설명한 것이다. 슈램은 이와 같은 공동 경험을 바탕으로, 한 커뮤니케이션 단위가 생산한 메시지는 그 단위의 부호화 도구(Encoder)를 거쳐 발화되고, 해당 메시지는 다른 커뮤니케이션 단위의 해독 도구(Decoder)에 도달하며, 이 메시지는 그를 전달받은 커뮤니케이션 단위에 내재된 해석 도구(Interpreter)에 의해 풀이돼 소통을 위한 메시지를 다시 창출해내게 된다는 것을 의사소통으로 해석했다. 이와 같은 현상이 소통에 참여한 커뮤니케이션 단위 상호 간에 지속적으로 일어난다는 것이 슈램의 커뮤니케이션 모델이다.

(4) 액셀로드의 정보처리 스키마 이론

라스웰, 섀넌과 위버, 오스굿, 슈램 등이 거론한 커뮤니케이션 모델이나 이론들은 각각 서로 다른 점들을 강조하면서 정리됐지만, 결국 1960년 의사소통 현상 자체를 간결하게 조망한 베를로의 SMCR 모델의 틀을 크게 벗어나지 않는다. 발화자와 메시지, 채널, 수신자 등 기본적인 커뮤니케이션 4개 인자의 관계가 직선적으로 또는 순환적으로 배치되어 있는가의 문제, 또는 이들 4개 인자의 역할과 기능 또는 전체 커뮤니케이션 과정에 주목했는가의 문제 등으로 구분될 뿐, S, M, C, R 등 4개 요소에 집중하고 있다는 것이다. 이외에 뉴콤(Newcomb, 1953), 거브너(Gerbner, 1956), 웨슬리와 맥린(Westley & MacLean, 1976) 등이 제기한 모델들도 거시적인 안목에서는 역시 SMCR의 기본 축을 안고 있다(Severin & Tankard, 2001).

이렇게 SMCR이라는 큰 틀 안에서 진동하면서 발전하는 과정에서, 커뮤니케이션 모델은 정보의 주고받음 또는 메시지의 해석이라는 차원을 벗어나 정보의 재생산 및 축적, 그리고 지식으로의 발전이라는 영역으로 확대된다. 이를 대변하는 모델 중 대표적인 것인 액셀로드(Axelrod, 1973)의 정보처리 스키마 이론(Schema Theory of Information Processing)이다. 스키마(Schema)

는 철학이나 심리학 등에서 선험적 도식, 인식과 인식 대상 사이의 관계 등으로 다양하게 해석된다. 커뮤니케이션학에서는 인지적 과정을 통해 축적된 구조물 또는 그 과정 자체를 뜻하는 이중적 의미로도 쓰인다. 조금 어렵게 설명하자면, 스키마는 개인이나 상황에 대한 체계적 인지(認知)의 구조물이다. 이는 과거의 경험을 추상화한 내용으로 구성된다. 스키마는 결국 새로운 정보를 받아들이고, 기억하며 저장하는 역할을 뜻한다는 것이다. 간단히 보면, 기억과 경험, 지식 등을 통해 새롭게 정보를 해석하고 축적해간다는 의미이다.

액셀로드는 이와 같은 스키마의 기능을 바탕으로, 오스굿과 슈램의 커뮤니케이션 단위들이 소통하는 과정에서 어떤 정보를 취하고 버리며 또 가공하는가의 판단을 둘러싸고 벌어지는 것에 집중했다. 이 전체 커뮤니케이션 과정을 정리한 것이 정보처리 스키마 모델이다. 상당히 체계적인 도식화를 통해 정리된 이 모델은 한 커뮤니케이션 단위가 기존에 가지고 있는 정보(지식 또는 가치) 체계에 기초해, 의사소통을 통해 수용된 새 정보를 온전히 받아들일지, 완전히 거부할지, 또는 일부는 받아들이고 일부는 제거할지 등의 과정을 통해 정보가 개별 커뮤니케이션 단위 안에 축적되고 변형돼 더 발전된 정보(지식 또는 가치) 체계로 진화하는 것을 설명한다. 이는 앞서 소개된 커뮤니케이션 모델들이 메시지 교환을 통해 정보가 직선적 또는 순환적으로 전달되거나 진동하고 또는 해석되는 바에 대한 설명 차원을 벗어나, 개별 인간들이 이 정보를 지식으로 승화해가거나 해당 정보가 사회적으로 의미를 갖는 과정을 보여주는 도구가 된다. 비록 SMCR의 요소에서 출발했지만, 스키마 모델은 커뮤니케이션 연구의 새로운 지평을 여는 시각 중 중요한 측면으로 평가받는다. 아주 기초적인 SMCR 중심의 커뮤니케이션 모델들이 개별 수신자들의 심리적 요인과 사회구조적 담론에 연결되는 고리를 더욱 공고히 이으면서, 개인 간(Interpersonal), 조직(Organizational), 단체(Group), 대중(Mass) 커뮤니케이션 등 다양한 영역으로 탐구 분야가 확장되고 발전하는 데 큰 기여를 하기 때문이다.

2. 매스커뮤니케이션 일반

1) 매스커뮤니케이션의 정의

앞서 거론한 커뮤니케이션은 전반적인 의사소통을 아우르는 개념이다. 이 커뮤니케이션은 개인의 자성적 고찰과 발전을 다루는 개인 내부(Intra-personal)의 커뮤니케이션, 사람들 사이의 의사소통에 주목하는 개인 간(Inter-personal) 커뮤니케이션, 조직 내부 또는 조직 사이(Organizational) 커뮤니케이션, 집단 내부나 이들 단체 사이(Group) 커뮤니케이션, 대중매체를 매개로 하거나 다자간(多者間) 복합적 의사소통을 다루는 매스(Mass) 커뮤니케이션 등 다양한 분야로 확대돼 탐구된다(McQuail, 2000). 이 과정에서 위에 소개된 기초적인 의사소통의 성격이 참여자나 채널, 메시지의 종류 등에 따라 분화되고, 기본적인 커뮤니케이션 모델들도 그에 맞춰 정교하게 정리되기도 한다.

그중 복잡한 현대사회를 전체적으로 아우르는 커뮤니케이션이 바로 매스커뮤니케이션(Mass Communication)이라고 할 수 있다. 매스커뮤니케이션은 일반적으로 대중매체(Mass Media)를 통로로 해서 전개되는 의사소통으로 이해되지만, 발화자, 메시지, 채널, 수신자 등 기본적인 커뮤니케이션 인자들의 성격에 따라 다양하게 정의되기도 한다. 그러나 기본적으로 커뮤니케이션의 성격을 대규모라는 의미의 매스(Mass)에 접합해 이해하는 것에서 근본 성격을 조망해볼 수 있다. 이 방법을 통해 왜 매스커뮤니케이션이 대중매체를 통한 의사소통이라는 일반적 이해에 도달하는지도 확인할 수 있는 것이다.

맥퀘일(McQuail, 2000)은 매스커뮤니케이션을 규정하기에 앞서 매스(Mass)를 먼저 설명한다. 매스(Mass)는 보통 '덩어리' 또는 의학적으로 '종양' 등 여러 뜻을 가지고 있지만, 일반적으로는 '인간이나 제품의 거대한 부피, 범위 또는 크기'를 지칭하는 표현이다. 여기에 커뮤니케이션(Communication)을 붙이면 매스커뮤니케이션(Mass Communication)이 된다. 이를 앞서 설명한 의사소통에 연결하면 '거대한 부피, 범위 또는 크기의 수준에서 의미의 주고받음', '거대한 부피, 범위 또는 크기의 수준에서 메시지의 전달과 수용이 발생하는 것'이라는 매스커뮤니케이션의 언어적 이미지가 성립된다. 조금 더 풀어 커뮤니케이션의 4개 인자에 연결해 설명하자면, '거대한 부피, 범위 또는 크기의 수준'의 발화자들이 '거대한 부피, 범위 또는 크기의 수준'의 메시지를 '거대한 부피, 범위 또는 크기의 수준'의 통로를 통해 '거대한 부피, 범위 또는 크기의 수준'의 수신자들에게 전달하는 것이 매스커뮤니케이션이다.

이와 같은 매스커뮤니케이션은 라이트(Wright, 1959)에 의해 조금 더 정제된다. 그는 매스커뮤니케이션을 '상대적으로 거대하고 이질적인 수용자들을 갖고, 메시지가 공개적으로 또 시차 없이 동시에 전달되며, 복잡한 조직 내에 커뮤니케이터들이 있는 커뮤니케이션 형태'라고 정의했다. 역시 전통적 의미의 커뮤니케이션 인자들에 매스(Mass) 개념을 연결한 것이다. 그의 매스커뮤니케이션 정의를 다른 말로 풀어 설명해보면, 왜 매스커뮤니케이션이 대중매체를 통한 커뮤니케이션으로 이해되기도 하는지 알기 쉽다. 우선 '상대적으로 거대하고 이질적인 수신자들'은 불특정 다수의 수용자를 뜻할 수 있다. 이는 신문이나 방송 등 전통적인 대중매체가 독자나 시청자로 규정짓는 대상들이다. '메시지가 공개적으로 또 시차 없이 동시에 전달'된다는 것은 폐쇄된 것이 아니라 많은 사람들이 접근할 수 있는 채널을 통해 메시지가 지속적으로 전해진다는 것으로, 이 역시 대중매체라는 메시지 통로의 특성으로 알려져 있다. '복잡한 조직 내에 커뮤니케이터'는 비록 다양한 계층과 의견이 존재하는 사회 안의 모든 발화자들을 말할 수도 있지만, 라이트의 매스커뮤니케이션 정의에 등장하는 다른 요소들에 비춰보면 이 커뮤니케이터는 개인의 일반적 특성 및 사회적 가치가 혼재한 언론사 조직과 그에 속한 발화자들, 즉 기자나 PD 등을 지칭하는 것으로 풀이될 수 있겠다. 이와 같은 성격들은 현대사회 대중매체가 가지고 있는, 또는 대중매체를 통한 커뮤니케이션의 성격을 대변하는 것으로 받아들이는 데 큰 무리가 없다. 많은 학자들은 이와 같은 배경에서 매스커뮤니케이션을 대중매체와 연관된 커뮤니케이션 형태로 규정하기도 한다.

매스커뮤니케이션에 대한 여러 학자들의 다양한 견해를 거브너(Gerbner, 1967)는 간결하게 '메시지를 통한 사회적 상호작용'이라고 정의했다. 사회 전반에 걸친 커뮤니케이션이라는 뜻을 담고 있다. 아주 간단한 내용이지만, 복잡한 현대사회 커뮤니케이션을 총괄적으로 조망하는 표현으로 평가받는다.

이 개념이 성립되기 전까지 많은 학자들의 고민이 녹아 있기 때문이다. 또 이 내용은 단순히 매스커뮤니케이션을 대중매체를 통한 커뮤니케이션이라고 규정하는 한계를 넘어서며, 커뮤니케이션에 '인간이나 제품의 거대한 부피, 범위 또는 크기'를 뜻하는 매스(Mass)의 의미를 연결한 기본적인 매스커뮤니케이션 성격을 포괄적으로 설명하고 있다.

하지만 인구가 늘어나고 기술이 발전하면서 '매스(Mass)' 내부의 커뮤니케이션 경험은 극도로 다양화됐고, 그에 따라 매스커뮤니케이션에 대한 개념도 변화하고 있다. 일례로 대중매체를 통한 커뮤니케이션으로 이해되는 매스커뮤니케이션의 측면을 따져보면, 이와 같은 변화는 어렵지 않게 감지된다. 맥마너스(McManus, 1994)와 같은 학자들은 전통적인 매체들 사이 또는 대중매체와 개별 매체의 구별점도 허물어져 과연 거대한 규모의 커뮤니케이션을 매개하는 통로를 무엇이라 규정할지 애매하다고 지적한다. 인터넷 기술이 접목되면서 활자나 사진으로만 정보를 전달하던 신문이 웹사이트를 통해 동영상을 내보내고, 영상 송출을 주 무기로 삼던 방송도 역시 웹사이트를 통해 글로 된 설명을 하는 것을 보면, 이와 같은 융합 추세는 뚜렷하다. 이런 현상을 지켜보면서, 맥퀘일(McQuail, 2000)은 매스커뮤니케이션의 정의는 실제적인 것이라기보다도 점점 더 추상화하고 있다고 주장한다. 이를 단순하고 과격하게 표현하면 '매스커뮤니케이션은 없다'는 식으로 풀이되기도 한다. 매스커뮤니케이션을 '실제 세계에서는 한 가지 완벽한 사례가 없이 경험적으로 일어나는 실체의 중요 요소들만이 부각된 개념'이라고 보기 때문이다. 매스커뮤니케이션의 실체가 베버 혹은 그 이전 플라톤 철학에서 주장하는 '이상적 형태'로만 존재하는 것이라는 뜻이다. 하지만 이와 같은 주장에도 불구하고, '거대한 부피, 범위 또는 크기의 수준에서 일어나는 의미의 주고받음 또는 그와 같은 수준에서 메시지의 전달과 수용이 발생하는 것'이라는 매스커뮤니케이션의 근원적 의미는 살아 있다고 보는 것이 옳겠다. 관념적인 의미에서 '매스커뮤니케이션은 없다'는 식의 논의가 가능할 수는 있지만 실제로 우리가 일상생활에서 접하는 커뮤니케이션은 사회 전반에 걸쳐 일어나고 있기 때문이다. 이와 같은 매스커뮤니케이션의 존재는 실제 피부로도 느낄 수 있지만, 여러 학자들의 연구를 통해서 확인되기도 한다.

2) 매스커뮤니케이션 현상의 과학화와 이론

커뮤니케이션에 대한 학자들의 연구는 과학(科學)이라는 이름으로 발현된다. 특히 자연현상보다는 인간 활동 중 하나인 의사소통을 연구한다는 측면에서 커뮤니케이션은 사회과학(社會科學)적 탐구의 대상이 된다. 더구나 거브너의 정의대로 '메시지를 통한 사회적 상호작용'이라는 뜻을 가지고 있는 매스커뮤니케이션은 인간 사회의 역동성과 그 작용 원리를 조명하는 사회과학의 목적에 더욱 부합한다. 위에서 거론한 매스커뮤니케이션 실체의 존재 여부도 이 과학의 테두리 안에서 확인된다. 보통 과학이라고 해석되는 사이언스(Science)가 지식(知識)이라는 근원적 의미를 가지고 있다는 것을 대입해 보면, 매스커뮤니케이션과 관련된 여러 현상들이 종합되고 축적돼 이론(理論)으로 정리되고, 이를 기초로 또 다른 이해를 얻어가는 과정에서 해당 분야의 지식이 더 정교해진다고 할 수 있겠다. 정리한다면, 매스커뮤니케이션의 과학화 또는 이론 설정은 맥퀘일(McQuail, 2000) 등이 주장하는 추상적 매스커뮤니케이션 개념에 대한 이해를 구체화한 것이라고 할 수 있다.

(1) 버거와 채피의 커뮤니케이션 과학 개념

현대 커뮤니케이션 학문의 대표 주자로 존경받는 채피(Chaffee)는 버거(Berger)와 함께 기존 커뮤니케이션 현상과 모델들을 종합하면서 커뮤니케이션 과학을 '기호와 신호 체계의 생산과 진행, 효과를 둘러싸고 일어나는 현상들을 설명하기 위해, 시험 가능한 이론을 개발하고, 이성적인 방법을 통해 일반화 과정을 거치면서 이 체계의 생산과 진행, 효과를 이해하려고 노력하는 것'이라고 정의했다(Berger & Chaffee, 1987). 여기서 '기호와 신호 체계의 생산과 진행, 효과'는 말 그대로 커뮤니케이션 그 자체를 가리킨다. '기호와 신호'는 커뮤니케이션의 4개 인자 중 하나인 메시지가 되고, '체계의 생산과 진행'은 그 메시지가 이동하는 통로 및 전체 시스템, 또 이 시스템 안에서 구동하는 발화자와 수신자를 아우르는 표현이다. '효과'는 라스웰이 4개 인자에 더 추가한 영향력 등을 지적한 것으로 이해될 수 있다. 이러한 '현상들을 설명하기 위해 시험 가능한 이론을 개발하고 이성적인 방법을 통한 일반화 과정을 거치면서'라는 점은 커뮤니케이션 관련 현상들을 종합해 합리적으로 납득될 수 있는 사회현상으로 정리한다는 뜻이다. '이 체계의 생산과 진행, 효과를 이해하려고 노력하는 것'은 하나의 이론이 정립되고 이 이론이 과학적으로 용인될 수 있는 과정을 뜻하기도 하지만, 동시에 그렇게 정립된 이론이 완벽하게 사회현상을 모두 설명하기는 어렵기에 그런 이론들을 기초로 또 다른 이해를 추구하는 과정이라고 풀이될 수 있다. 즉, 사회과학으로서의 커뮤니케이션 또는 매스커뮤니케이션 학문이 더 정교해지는 과정을 가리킨다는 것이다.

버거와 채피는 위와 같이 커뮤니케이션 과학을 정의하면서, 커뮤니케이션을 4개의 단계로 나누어 제시했다. 우선 개인 내부(Intrapersonal) 커뮤니케이션은 '내 안의 나'와 대화를 통해 자기반성 및 발전을 다루는 영역으로 이해된다. 학문이 발전하면서 타인에 투영된 자신의 모습을 연구한다는 측면으로까지도 거론되기는 하나, 이 단계는 기본적으로 자성적(自省的) 고찰이 기초가 된다. 두 번째로 사람들 사이(Interpersonal) 커뮤니케이션은 아주 일반적인 대인(對人) 의사소통을 가리킨다. 앞서 제기된 라스웰이나 섀넌과 위버, 베를로, 오스굿, 슈램, 액셀로드 등의 모델들이 뿌리를 두고 설명하는 것으로, 사회를 구성하는 기본 인자들 사이의 개인적 커뮤니케이션을 말한다. 그다음의 연결망(Network) 커뮤니케이션 단계는 개인이 소속된 조직이나 단체 단위로 이행되는 의사소통의 국면을 뜻한다. 일반적으로는 조직(Organization)이나 그룹(Group), 기관(Institution) 등이 서로 간에 집단적으로 이행하는 커뮤니케이션을 가리키지만, 이들 집단 내부에서 일어나는 소통의 현상이나, 실체, 가치 등도 아우르는 단계이다. 마지막으로 거시적 사회(Macroscopic Societal) 커뮤니케이션 단계가 있다. 사회 전반에 걸쳐 일어나는 거대 체계의 의사소통의 현상을 뜻하는 단계이다. 이는 맥퀘일, 라이트, 거브너 등이 정의하고 있는 매스커뮤니케이션의 일반적 모습에 가깝다.

사실 이와 같은 구분 이외에 수많은 학자들은 커뮤니케이션 영역을 각자의 연구 분야에 따라 달리 정리하기도 한다. 정교한 과학적 방법론을 통해 이들 4가지 단계를 따로 또는 함께 탐구하다 보면, 과연 어디가 정확한 구분점인지 알기 어려울 수도 있다. 게다가 인터넷 등 커뮤니케이션 기술의 발달로 개인들의 소통 범위가 확장되는 현실에서 과연 위와 같은 구분이 어떤 의미를 갖는가에 대한 비판도 생긴다. 그렇기 때문에 일부 학자들은 이런 구분에 의한 개별 단계의 실체가 존재하지 않으며 단지 관념적인 차원에서만 설명 가능하다고 주장한다. 그러나 이러한 구분들이 추상적으로 이뤄졌다고 인정하더라도, 우선 이를 기초로 해서 커뮤니케이션에 대한 이해가 촉발되고, 우리 일상생활 속에서 늘 함께 하는 의사소통의 모습을 더 정교하게 과학적으로 다듬는 시도들이 이어지는 것이다. 추상적이고 관념적인 개념의 모호함, 과학 기술 발전에 따른 의사소통 영역의 변화 등으로 일부 학자들은 모든 종류의 커뮤니케이션이 매스커뮤니케이션이 됐다고 주장한다. 또 매스커뮤니케이션 또는 거시적 사회 커뮤니케이션 단계만의 틀로 복잡한 인간 사회의 미묘한 측면까지를 이해하는 데 어려움이 있다는 지적 등도 나오고 있다. 이러한 주장과 지적들이 서로 마찰을 빚지만, 이와 같은 상호 비판과 방어 속에서 커뮤니케이션 그리고 매스커뮤니케이션 연구는 사회의 의사소통 현상을 정교하게 해석하고 다듬는 과학적 발전을 거듭해오고 있다.

(2) 매스커뮤니케이션 이론

대중매체의 기원과 연구 방법론, 그 사용에 대한 내용을 기초로 20세기 커뮤니케이션 학문 영역을 종합해 소개한 시버린(Severin)과 탠커드(Tankard)는 이론(理論)을 '세계가 움직이는 방법에 대한 우리의 이해를 정리하는 일반적 서술'이라고 정의했다(Severin & Tankard, 2001). 또 앞서 커뮤니케이션 과학에 대한 정의를 내린 버거와 채피는 '내부적으로 일관된 이성적 서술이 함께 어우러진 구성체'라고 이론을 소개한다. 버거와 채피에 따르면 이론은 결국 현상을 체계적으로 설명하는 과학의 궁극적 목적이 된다. 그러나 이론에 대한 시버린과 탠커드의 주장을 조금 더 자세히 들여다보면 커뮤니케이션 또는 매스커뮤니케이션 이론을 바라보는 방법 중 한쪽만 강조하는 측면이 있다. 일견하면 버거와 채피 역시 이와 같은 한계를 극복하지 못한다는 비판을 받을 수 있다. 바로 '통계적 검증'에 대한 집착이 강하다는 것이다. 이와는 달리, 통계적으로 검증이 되지 않는다고 하더라도 세계가 움직이는 방법에 대해 사람들의 이해를 돕는 접근 방식이 있고, 이런 것이 이론이 될 수 있다고 주장하는 학자들이 있다. '통계적 검증' 이외에 사회를 이해하는 방법이 있다는 것이다. 학자들은 전자(前者)를 매스커뮤니케이션 연구의 지배적 패러다임(Dominant Paradigm)이라고 부르고, 후자(後者)를 대안적 패러다임(Alternative Paradigm)이라 정리하고 있다.

① 지배적 패러다임(Dominant Paradigm)의 시각

지배적 패러다임의 학자들은 매스커뮤니케이션 현상을 설명하기 위해 '시험 가능한 이론'이라는 부분에 주목한다. 그리고 이렇게 시험을 통해 검증된 것만이 '과학적 이론(Scientific Theory)'라고 주장하는 경향이 강하다.

우선 '세계가 움직이는 방법에 대한 우리의 이해를 정리하는 일반적 서술'이라는 시버린과 탠커드의 이론 개념과 '내부적으로 일관된 이성적 서술이 함께 어우러진 구성체'라는 버거와 채피의 이론 개념을 매스커뮤니케이션에 접합시키면, 매스커뮤니케이션 이론은 각각 간단하게 '매스커뮤니케이션이 움직이는 방법에 대한 우리의 이해를 정리하는 일반적 서술' 또는 '매스커뮤니케이션에 대해 내부적으로 일관된 이성적 서술이 함께 어우러진 구성체'로 정리된다. 여기까지는 이후 설명될 대안적 패러다임의 학자들과 이론 개념에 대한 견해에 큰 차이가 없다. 하지만 이해를 정리하는 방법과 일관된 이성적 서술을 받아들이는 입장에서 구분이 생긴다. 이 구분의 시발점이 바로 통계적 검증이다.

먼저 앞서 거론한 버거와 채피의 커뮤니케이션 과학에 대한 정의(기호와 신호 체계의 생산과 진행, 효과를 둘러싸고 일어나는 현상들을 설명하기 위해, 시험 가능한 이론을 개발하고, 이성적인 방법을 통한 일반화 과정을 거치면서 이 체계의 생산과 진행, 효과를 이해하려고 노력하는 것)를 보면, '시험 가능한 이론을 개발'한다는 부분이 나온다. 이론이 세상을 설명하는 과학의 궁극적 목적이 된다면 '시험 가능한 무엇을 개발'한다는 것은 이 궁극적 목적을 찾기 위한 방법이 된다. 여기서 '시험 가능한'이란 뜻은 일반적으로 검증 가능하다는 것으로 풀이된다. 사회과학에서의 검증은 주로 통계를 통해 이뤄진다. '양적(量的) 연구 방법(Quantitative Research Method)'의 핵심을 이룬다고 알려진 이 통계는 보통 95%, 또는 99%의 신뢰도를 갖고 사회현상을 풀이

하는 것을 뜻한다. 유사한 조건에서 100번 중 95번 또는 99번의 확률을 갖고 그런 현상이 반복된다고 수학적으로 검증된다면, 그 주장은 지배적 패러다임에서 '내부적으로 일관된 이성적 서술이 함께 어우러진 구성체'로 인정받을 수 있다고 해석되는 것이다. 조금 거칠게 말하자면, 나머지 5% 또는 1%는 위와 같은 과학적 경향성에서 벗어난 오류(誤謬)로 판정돼, 과학으로 설명될 수 없는 것이라 규정된다.

시버린과 탠커드는 매스커뮤니케이션 이론의 목적으로 '매스커뮤니케이션의 효과, 매스커뮤니케이션의 사용, 대중매체로부터의 학습, 사람들의 가치와 관점을 형성하는 대중매체의 역할 등 4가지를 설명하는 것'이라고 봤다(Severin & Tankard, 2001). 이때 이론이 경쟁력을 가지려면, 이들에 대한 설명이 시험을 통해 증명(Tested and Verified)되고, 일반화(Generality)의 성격을 가져야 하며, 예상력(Predictive Power)을 겸비해야 한다고 설명한다. 즉 어떤 현상이 95% 이상의 확률을 갖고 반복되는 것으로 증명된다면 이는 일반화될 수 있고, 그래서 유사한 조건에서 그 정도의 확률로 같은 현상이 발현될 것이라고 예상할 수 있기에 이는 이론(세계가 움직이는 방법에 대한 우리의 이해를 정리하는 일반적 서술)이라고 불릴 수 있다는 것이다.

이와 같은 입장은 주로 통계를 통한 실증적 연구에 익숙한 북미 대륙 학자들의 연구에 반영된다. 20세기 중반 이후 커뮤니케이션 또는 매스커뮤니케이션에 대한 연구가 북미 대륙을 중심으로 활기를 띠게 되면서, 이와 같은 경험적 탐구 방법이 세계적으로 일반화됐고, 그 과정에서 지배적 패러다임이라는 명칭도 얻게 됐다. 북미의 연구 방법에 무게를 많이 두고 있는 한국의 상황도 크게 다르지 않다. 이는 수학적이고 체계적인 근거에 바탕을 둔 주장으로 상당히 설득력 있게 받아들여지면서 21세기 초반까지 언론학이나 커뮤니케이션 분야 연구의 주류로 인정받는다. 하지만 지나치게 기계적인 접근으로 인간들의 미묘한 성정까지는 파악하지 못한다는 비판도 나오고 있다.

② 대안적 패러다임(Alternative Paradigm)의 시각

대안적 패러다임은 현재 주류를 이루고 있는 북미 학자 그룹의 지배적 패러다임과 다른 입장을 취한다는 점에서 그런 이름이 붙여졌다. 대안적 패러

다임의 학자들은 주로 영국과 독일 등 유럽에서 매스커뮤니케이션을 연구하는 사람들이다. 이들은 각종 사회상황과 이에 연루된 인간 성품의 가변성 등에 주목하면서 기계적으로 접근하는 지배적 패러다임의 한계를 극복하고자 한다. 자본주의나 공산주의, 전체주의, 자유주의 등 복잡다단한 정치 · 경제적 배경을 단순한 통계 공식에 의존해 풀이하는 것이 부적절하다는 것이다. 비록 북미 쪽에서도 지배적 패러다임의 단점을 인정하고 대안적 패러다임의 접근을 시도하는 학자들도 있지만, 전통적으로 유럽의 연구가 이 분야에서는 강세를 보이고 있다.

이들 역시 전반적으로는 '세계가 움직이는 방법에 대한 우리의 이해를 정리하는 일반적 서술', 또는 '내부적으로 일관된 이성적 서술이 함께 어우러진 구성체' 등, 이론에 대한 총체적 개념을 부정하지는 않는다. 다만 이러한 서술 등이 시험을 통한 검증에 기초한다는 점을 불편하게 여기고 있는 것이다. 맥퀘일은 대안적 패러다임의 학자들의 입장을 반영해 이론을 '현상에 대한 이해를 돕고, 행동을 인도하며 결과를 예견하는 모든 종류의 체계적 아이디어'로 정리하고 있다(McQuail, 2000). 이론에 대한 대안적 패러다임의 개념에서 주목할 부분은 '모든 종류의 체계적 아이디어'라는 것이다. 이는 지배적 패러다임에서 주장하는 '시험 가능성', '검증', '일반화' 등의 용어들을 극복하는 표현으로, 대안적 패러다임의 학자들은 이 표현이 과학의 의미와 이론의 지평을 넓힐 수 있다고 본다. 대안적 패러다임 학자들은 지배적 패러다임이 이 확장된 의미의 이론 개념을 포괄하지 못하고 있다고 비판하는 것이다. 린들로프(Lindlof, 1995)는 지배적 패러다임이 주로 사용하는 통계적 방법 등을 통해 복잡한 사회현상이 시험되거나 검증받지 못하는 경우가 많다고 주장하며, 이런 상황들은 참여관찰(Participant Observation) 등 자세한 '질적(質的) 연구방법(Qualitative Research Method)'에 의해 확인될 수 있다고 말하고 있다.

이와 같은 배경에서 대안적 패러다임의 학자들은 매스커뮤니케이션 이론을 '자세한 관찰과 현장 참여 등을 통해 매스커뮤니케이션이 움직이는 방법을 정리하는 일반적 서술' 또는 '매스커뮤니케이션 내부에서 발생하는 개별 사안들을 관찰과 현장 참여 등을 통해 기록하고, 이를 경향성의 일부로 치환해 일반화에 접근하는 서술' 등으로 정리한다. 즉, 검증할 수 없는 것이라면 이를 이론 구성의 요소로 인정하지 않는 지배적 패러다임과는 달리, 대안 패러다임은 지배적 패러다임의 학자들에 의해 단순히 오류로 치부되는 그 대상을 현상에 대한 새로운 설명 도구로 삼고, 새 이론을 만들어가는 시발점으로 여긴다는 것이다. 포터(Potter, 1996)는 지배적 패러다임의 학자들에게는 1% 또는 5%에 불과해 오류로 방기되는 사안들이 자세한 관찰을 통해 의미 있는 현상으로 확인될 수 있고, 그렇기 때문에 이 사안들을 전체 현상 설명을 위한 과학적 이론 영역의 요소로 수용하는 것이 옳다고 정리하며, 이런 방식이 대안적 패러다임 또는 질적 연구 방법의 강점이라고 소개한다.

매스커뮤니케이션 이론을 둘러싼 지배적 패러다임과 대안적 패러다임의 이와 같은 논쟁들은 상당 기간 지속됐다. 그러나 의견 개진은 긍정적인 방향으로 발전해왔다. 지배적 패러다임이 개발한 커뮤니케이션 모델을 통해 모든 현상을 설명하지 못할 때 대안적 패러다임이 그 빈틈을 메워왔고, 대안적 패러다임이 빈틈에서 찾아낸 요소들이 당장 거대 이론을 창출할 만한 요체로 등장하지는 못해도 몇몇 커뮤니케이션 현상들을 이해하는 초석이 될 가능성을 제시해왔기 때문이다. 1980년대에 버거와 함께 '시험 가능한 이론'에 무게를 뒀던 채피는 두 패러다임의 이와 같은 주장들을 보면서, 1990년대 중반 '개념 전개(Concept Explication)'라는 대안을 제시한다. '개념 전개'란 '구상적인 요소와 조작적 표현의 지속적인 변증법 또는 추상적 아이디어와 실제 세상에 대한 연구 사이의 끊임없는 상호작용'을 일컫는다. 여기서 그는 대안적 패러다임의 '특정한 관찰'이 지배적 패러다임의 '일반화'라는 영역에 포함되지는 않더라도, 이들 두 패러다임 사이의 변증법 또는 상호작용의 시발점이 될 수 있다고 봤다. 과학적 이론 개발의 도구가 되는 이 '개념 전개'의 아이디어 아래서 그동안 주류로 인정받았던 지배적 패러다임 위주의 연구 풍토에 대안 패러다임 연구의 역할은 더욱 긍정적으로 평가받게 된 것이다(McQuail, 2000).

위와 같은 내용을 포괄적으로 종합하면 매스커뮤니케이션은 '복잡한 사회의 관계 속에서 이뤄지는 메시지 전달과 수용'이며, 매스커뮤니케이션 이론은 '매스커뮤니케이션이 움직이는 방법 또는 그 진행 과정에 대한 우리의 이해를 정리하는 일반적인 서술'이라고 정리될 수 있겠다.

3. 매스커뮤니케이션과 매스컴, 매스미디어

1) 매스미디어의 정의

매스커뮤니케이션이 위와 같은 학문적 정의를 떠나 일반적으로 사용될 때는 협소한 의미로 활용된다. 특히 매스컴(Mass-Com)이라는 줄임말로 표현될 때 더욱 그렇다. 국립국어원 표준어사전은 이 매스컴을 매스커뮤니케이션을 대체하는 말로 소개하고 있다. 하지만 이 표준어사전에는 매스컴에 대한 정의는 있으나 매스커뮤니케이션에 대한 설명이 없다. 단지 매스(부피를 가진 하나의 덩어리로 느껴지는 물체나 인체의 부분)와 커뮤니케이션(사람들끼리 서로 생각, 느낌 따위의 정보를 주고받는 일)을 분리해 소개한다. 그러면서 매스컴을 '신문, 영화, 잡지, 텔레비전 따위의 대중매체를 통하여 대중에게 많은 정보를 전달하는 일 또는 그 기관'으로 정리하고, 이를 다시 '대중 언론', '대중 언론 기관', '대중 전달', '대중 전달 기관'으로 풀이하고 있다.

사전적으로는 이렇게 풀이하는 것이 옳을지 몰라도, 학문적으로 매스컴 또는 그 본딧말인 매스커뮤니케이션은, 위에서 정리한 것처럼, 복잡한 사회의 관계 속에서 이뤄지는 다양한 종류의 메시지 전달과 수용으로 설명되어야 한다. 결국 사전적 의미의 '매스컴'은 학문적 의미의 '매스커뮤니케이션' 중 대중매체를 매개로 하는 의사소통이라는 것으로 한정된다. 이렇게 '매스컴'이 대중매체를 통한 정보 전달이라는 식의 의미로 규정되는 것은 우리 사회에서 일반적으로 인식되는 대단위의 의사소통이 주로 대중매체와 관계를 맺고 있기 때문이다. 정리하자면, 매스커뮤니케이션의 준말인 매스컴은 그 본딧말의 뜻으로 풀이되는 것이 학문적으로 옳고, 사전적으로 정리된 용어는 한정적으로 사용하는 것이 맞다.

그렇다고 해도 이렇게 한정적으로 사용되는 매스컴이라는 단어를 무시하고, 학문적 의미의 매스커뮤니케이션만을 인정해야 한다고 주장하기는 무리가 있다. 이미 우리 일상생활 속에서 매스컴이라는 용어가 일반화돼 있고, 보통 사람들 사이에 친숙하게 사용되기 때문이다. 다만 커뮤니케이션을 연구하고 공부하는 입장에서는 이를 구분해 옳게 인식해야 할 당위성이 요구된다. 따라서 이 매스컴이라는 용어의 사전적 의미를 풀이해볼 필요가 있다.

매스컴의 사전적 의미 중에는 '대중 전달'이라는 부분이 들어 있다. 이는 대중들 사이에 일어나는 여러 종류의 의사소통을 포괄적으로 담고 있다. 어쩌면 매스커뮤니케이션의 학문적 의미를 함축적으로 담고 있다고 이해될 수도 있다. 그러나 개념 설명 대부분을 차지하고 있는 것은 '대중매체' 또는 '대중매체를 통해 이뤄지는 의사소통'이다. 여기서 우리는 사전적 의미의 매스컴이 학문적 의미의 매스커뮤니케이션이 담고 있는 여러 측면 또는 요소 중 '대중매체'에 집중한다는 것을 알 수 있다.

대중매체는 '매스미디어(Mass Media)'라는 외래어의 한국어 표현이다. 여기서 매스(Mass)는 대중(大衆)이라는 뜻이다. '하나의 덩어리'라는 측면을 사회에 적용해, 그 사회를 구성하는 사람들의 모임을 집단적으로 가리키는 데 사용되는 의미가 된다는 것이다. 미디어(Media)는 매개체(媒介體), 즉 특정 대상을 이어주거나, 전달 또는 운반하는 역할을 하는 것을 뜻한다. 이 매스와 미디어를 조합하면, 매스미디어는 대중들 사이를 이어주거나, 이들 사이에 무엇인가를 전달 또는 운반하는 역할을 하는 것이 된다. 비록 미디어라는 말이 대중매체 그 자체로 통용되기도 하지만, 원래는 위와 같은 의미를 담고 있다.

이를 커뮤니케이션 학문 차원에서 바라보자. 여기서 매체, 즉 미디어(Media)는 역시 무엇인가를 담아내 전달하는 본연의 역할을 한다. 이때 그 무엇인가는 정보가 된다. 앞서 설명한 커뮤니케이션의 요소들을 적용하면, 결국 미디어는 '메시지를 담아내는 매체 혹은 채널'이 된다. 다시 말해 S(정보원)−M(메시지)−C(채널)−R(수신자) 모델에서 채널(C)에 해당하는 역할을 한다는 것이다. 여기에 매스(Mass)를 붙이면, '복잡한 사회의 관계 속에서 이뤄지는 메시지 전달과 수용'인 전체 매스커뮤니케이션 과정의 일부분으로 해석된다. 이 내용을 앞서 소개한 라이트의 모델에 적용해보면, 매스미디어는 '여러 커뮤니케이터들이 소속되어 있는 복잡한 조직으로, 대중 혹은 불특정 다수를 향해 메시지를 전달하는 다양한 형태의 채널'이라고 할 수 있겠다. 이런 성격을 간결한 단어로 표현한 것이 '대중매체'이고, 우리가 현재 접하고 있는 신문, 방송, 잡지 등을 전통적 의미의 대중매체라 할 수 있겠다.

지금까지의 논의를 종합해보면, 매스컴은 매스커뮤니케이션의 준말로 알려졌으나, 학문적 의미의 매스커뮤니케이션의 중 일부분인 '대중매체와 연관된 의사소통'에 집중하는 것으로 사전적 정의가 이뤄지고 있으며, 특히 그 의사소통의 과정보다는 '대중매체,' 즉 매스미디어(Mass Media)에 주목하는 것으로 일반적인 인식이 구성돼 있음을 알 수 있다. 그러나 학문적으로 봤을 때, '매스컴'이라는 단어의 실재적 의미는 '매스커뮤니케이션'과 '매스미디어'로 정확하게 분리돼 사용될 필요가 있다.

2) 매스미디어의 기능

앞서 살펴본 바와 같이, 매스커뮤니케이션은 매스컴, 다시 매스컴이 매스미디어로 이해될 정도로 현대 매스커뮤니케이션에서 매스미디어의 비중은 높다. 일반 대중들이 자신 주변에서 멀리 떨어진 외부의 정보들을 주로 대중매체를 통해 접하기 때문이다. 사람들은 이런 대중매체에서 생활에 필요한 정보를 얻고, 같은 사회 안에서 다른 사람들과의 유대 관계를 확인하며, 문화적 공감대를 형성해나간다. 또 지친 일상으로부터의 돌파구를 찾아, 거기서 위안을 얻기도 하는 것이다. 커뮤니케이션 학자들은 이와 같은 내용을 중심으로 대중매체의 기능을 설명하고 있다. 이 기능들은 서로 연결돼 매스미디어 정보가 사회에 미치는 영향 또는 수용자들이 매체를 활용하는 방법 등을 총괄적으로 설명하는 기제가 된다. 지금부터는 라스웰(Lasswell, 1948)이 제안한 감시, 연결, 문화전수 등 3가지 대중매체 기능에 라이트(Wright, 1959)가 추가한 오락 기능 등 4대 기능을 중심으로 설명한다. 이러한 기능들을 여타 학자들이 약간 다른 이름으로 소개하는 내용들도 부연된다(Severin & Tankard, 2001).

(1) 감시(Surveillance)

커뮤니케이션 연구를 활발히 진행한 서구 학자들이 사용한 단어들을 보면, 현대적인 의미로 직역하기에 무리가 따르는 경우들이 있다. 특히 1940~1960년대에 주로 제안된 라스웰과 라이트의 대중매체 기능 명칭들은 최근 영어권 학자들 사이에서도 논란거리이다. 첫 번째 기능으로 소개되는 '감시(Surveillance)'가 그중 하나이다. 직역하자면 '대상에 대한 근거리 관찰, 감시 또는 감독' 등으로 해석된다.

국내에 소개된 책자들에는 이 기능을 '환경 감시'라고 소개하는 경우들이 있다. 원래 '감시'라고 직역된 영어 단어에 '환경'이라는 말을 붙인 것이다. 광범위하게 받아들이면 이해하지 못할 말은 아니지만, 자칫 오해의 우려가 있는 명칭이다. '환경'을 우리가 보존해야 할 자연환경에 국한하는 것으로 이해될 수 있기 때문이다. '환경'이라는 말을 우리 주변을 둘러싼 모든 배경, 즉 Environment나 Surroundings 정도로 받아들일 경우, '환경 감시'를 사회에 대한 정보 및 뉴스를 관찰하는 것이라고 해석할 수는 있다. 즉, 환경을 사회 전반을 아우르는 상황으로 인정해, 이를 인간 생활을 중심으로 정립된 세계로 이해한다는 가정하에서 그렇다. 하지만 일부 설명들은 이와 같은 내용을 뒤로한 채 직접 '자연환경을 보존하는 것이 매체의 기능'이라는 식으로 의미를 전달해 오해를 불러일으킨다. 물론 자연환경 보존도 매체가 추구하는 부분이 될 수 있지만, 이것이 4대 기능 중 하나로 알려진 '감시'를 전체적으로 설명할 수는 없는 노릇이다. 결국 이 기능은 '감시'라는 명칭을 가지고 있으나, 근본적인 대중매체 역할의 측면에서 '정보 및 뉴스의 제공'이라고 풀이하는 것이 옳겠다.

이 기능은 구체적으로 기상 변화나 군사적 위기 등 예상되는 위험을 시민들에게 전달하는 역할을 한다. 또는 증권 시세, 도로 사정 등 경제나 사회생활에 필요한 정보를 알려줘, 불특정 다수의 수용자로 구성된 대중들이 개인적 삶을 영위하는 데 도움을 얻도록 한다(오택섭 · 강현두 · 최정호 · 안재현, 2009). 비바람이 친다거나 폭설이 온다는 정보를 들었을 때, 외출 시에 어떤 옷이나 장비를 준비해야 하는지 생각하는 스스로를 돌아보면 이런 기능을 쉽게 이해할 수 있다. 2010년 발생한 연평도 포격 사건이 대중매체를 통해 전달되면서 가족들의 안위를 위해 어떤 행동을 할지 고민하게 된 우리 자신의 모습도 이런 매체의 기능에 기원한 것이다. 신문이나 방송을 통해 보도된 증권 시황 등을 참조해 투자한 돈을 어떻게 운용할지도 참고하게 되고, 내가 가려는 목적지의 도로 사정이 불편하다는 뉴스를 접하면, 대체 교통수단을 마련하는 계획을 세우게 된다. 바로 이런 것을 '감시' 기능이라고 보는 것이다.

하지만 이런 기능에 반드시 긍정적인 요소만 있는 것이 아니다. 대중매체들은 정보를 극적으로 전달하는 경향이 있다. 작은 일을 크게 부풀려 알리기도 한다. 이렇게 되면, 정보가 위험 요소를 지나치게 강조해 사람들 사이에 공황이 발생할 수 있게 된다. 북한 군대 배치 변화나 세계 금융 시장 악화 사실이 당장 국내에 치명적인 영향을 미칠 것처럼 알려졌을 때, 사람들이 물건을 사재기하는 등의 경우를 보면, 감시 기능이 가지는 부정적 효과를 확인할 수 있다.

매체가 이런 식으로 정보를 전달하는 이유로는 정보를 사소한 것으로 전달했다가 정작 문제가 확대됐을 때 받을 원망을 피하기 위한 방편이라는 점을 들 수 있다. 예를 들어, '비가 적게 올 것'이라고 보도했다가 정작 큰 홍수가 발생하면, 대중매체는 잘못된 보도로 인한 시민들의 피해에 대해 책임을 피할 수 없게 된다. 이런 비판을 사전에 막기 위해서 정보를 극적으로 전달하게 된다는 뜻이다. 이러다 보면, 뉴스가 전달한 규모에 비해 정작 사태의 정도가 덜 심각한 것을 발견하게 되고, 그럴 경우 사람들은 뉴스 정보를 신뢰하지 않게 된다. 이런 경우가 잦으면, 사람들은 정보 범람 때문에 해당 정보에 무관심해지는 경향이 생긴다. 북한의 군사 움직임 관련 보도에 긴장해 피난 준비를 했던 시민들이, 유사한 정보를 계속 접할 경우 별일 없다는 식으로 일상생활을 유지하는 것을 사례로 들 수 있겠다. 라자스펠드와 머톤(Lazarsfeld & Merton, 1948/1960)은 이렇게 정보에 대해 무감각해지는 상황을 '마취의 역기능(Narcotizing Dysfunction)'이라고 정리하고, 맥네어(MacNair, 1993)는 '자각 과잉(Awareness Overdose)'이라고 소개한다.

대중매체가 정보를 극적으로 전달하는 또 다른 이유로는, 자신들이 생산하는 뉴스가 주목받기 원한다는 측면도 들 수도 있다. 사건 · 사고 관련 뉴스들이 점점 자극적이고 말초적인 내용을 담게 되는 이유도 여기에 있다. 한두 명의 희생자가 발생한 경우라도 보통 교통사고나 우발적인 다툼에 의해 벌어진 것이라면 잘 보도가 되지 않지만, 그 방법이 기이하거나 독특하고 잔인할 경우, 이 내용이 크게 보도되는 것은 독자나 시청자들을 뉴스로 끌어들이기 위한 방편이 된다(그림 1-3). 이렇게 사람들이 뉴스를 보게 되면, 언론사

朝鮮日報

1994年 9月 22日

정상회담 先제의 않기로

카터에 대화희망 전달

訪北시기는 신중 요구

美軍6천명 아이티상륙

上院서 클린턴 정책지지 결의안 否決

인간이 이럴수도 있나…

「殺人공장」 끔찍한 재연

"죽일사람 따로 있는데…" 태연

中·高축구 선수권대회

26일~내달4일… 전국 남녀70개팀 출전

연14.61%

그림 1-3
자극적 범죄의 보도 사례: 1994년 9월 22일 조선일보 1면에 보도된 지존파 사건

로서는 많은 독자나 시청자들을 확보하게 되고, 이 수용자의 숫자는 곧 언론사의 주요 매출원인 광고 수익으로 연결되기 때문이다. 이런 경향은 자칫 사람들을 이상하고 기괴하며 비정상적인 뉴스에 점점 더 노출시켜 정상과 비정상에 대한 관념의 혼란을 야기할 수 있다. 자동차 사고는 늘 있는 것이고 사람 몇 명 희생되는 것도 그럴 수 있는 일로 치부되면서, 우리가 주의를 기울이거나 도덕적으로 지켜야 할 요소들에 대해서도 무심해지게 된다는 것이다.

(2) 연결(Correlation)

라스웰이 꼽는 대중매체의 두 번째 기능은 상호관계나 상관관계, 대비 등으로 해석되는 영어 단어 '연결(Correlation)'에 관한 것이다. 국내 커뮤니케이션 서적들은 이를 상관 조정 등으로 소개한다. 하지만 이 책은 이 기능을 '연결'이라는 용어로 정리한다. 사람들 사이의 관계를 형성하게 만드는 매체의 역할에 주목하기 때문이다.

이 기능은 정보에 대한 대중매체의 선택과 해석에 기반을 둔다. 정해진 신문 지면의 수나 한정된 TV 뉴스 프로그램 시간은 주변에 있는 모든 정보를 전달하는 데 한계가 있다. 그렇기 때문에 대중매체 조직에 소속된 기자나 PD 등 매스커뮤니케이터들은 전개된 정보 중 일정 부분을 선택하고 그 부분에 집중하게 된다. 이 경우 이들 매스커뮤니케이터들에 의해 선택받지 못한 정보는 일반 대중에게 전달되지 못한다. 이렇게 배제된 정보를 뒤로하고 선택된 정보만 다루면서 대중매체는 상황에 대한 해석을 유도한다. 주로 신문의 사설이나 논평, TV의 다큐멘터리 프로그램 등에서 이런 기능이 발견된다. 하지만 내용을 불편부당하게 전달한다는 사실 보도에서도 이와 같은 현상은 발생한다. 대중매체의 정치·경제적 성격에 따라 선택에 대한 접근 시각이 다르기 때문이다. 2008년 대한민국 사회를 휩쓸었던 미국산 쇠고기 수입에 대해 보수적 성향의 매체와 진보적 성격의 매체가 다른 시각으로 사실 보도를 한 사례에서 이와 같은 상황을 확인할 수 있다(그림 1-4). 당시 대한민국 사회를 좌와 우로 갈랐던 미국산 쇠고기 수입 이슈는 신문 보도가 양측 시민들의 이념적 편향을 더 강화시켰다는 평을 받는다. 보수를 대표하는 조선일보와 진보를 대변하는 한겨레는 당시 미국산 쇠고기에 대해 서로 다른 정보를 전달하면서 각각 자신들의 독자들에 대한 연결 기능을 담당했다고 해석할 수 있다.

대중매체의 이런 정보 전달 방식은 상황에 대한 수용자들의 인식을 돕는 한편 해당 사안에 대한 판단 기준을 마련하게 한다. 이에 근거해 사람들은 관련 정황을 지지하거나 반대하는 비판적 시각을 갖게 되고, 이런 가치관을 기준으로 삼아 매체가 전달하는 상황 처방을 받아들이게 된다. 위에 적은 것처럼 사실 보도가 이런 역할을 하기는 하지만, 결국 이와 같은 기능이 확연하게 드러나는 것은 매체의 사설이나 칼럼이다. 사설이나 칼럼은 특정 사안에 대한 선전 역할도 담당하는데, 일반적으로는 도덕적 일탈 행위를 드러내 사회규범을 강화하고 합의를 유지하는 것이 이 연결 기능의 긍정적인 부분으로 인정돼왔다. 사람에게 상해를 입히거나 하는 등의 행위가 법과 규범의 측면에서 지탄을 받고, 결국 그렇게 일탈적인 행위를 한 사람은 처벌을 받게 된다는 식의 보도를 통해, 그와 같은 비윤리적 행위가 발을 붙일 수 없도록 매체가 기능을 해왔다는 것이다. 라자스펠드와 머톤(Lazarsfeld & Merton,

그림 1-4
미국산 쇠고기 수입에 대한 조선일보와 한겨레의 보도 내용

A4 종합
버시바우 대사 "근거도 없이 불안 키워"
손학규 "목적이 뭐냐… 외교적 결례다"
美 '주저앉은 소' 도축금지… 안전성 강화 조치
● 美 농무부 "식용에 쓰이는 일 없을 것"
한국 포함한 해외시장의 신뢰회복 겨냥
비인도적 도축과정에 대한 비판도 의식

한겨레
THE HANKYOREH
"미국선 못먹는 광우병 위험부위 수입허용"
"쇠고기 전면 수입, 미국 비위 맞추려 모든것 양도"

1948/1960)은 이 기능을 '사회규범의 강제(Enforcement of Social Norms)'라고 정리하며, 매체가 공중(公衆)의 가치에 일탈하는 행위를 조명함으로써 해당 행위에 대한 비난과 더불어, 사회 구성원들의 일탈을 막고 일반적인 사회규범을 준수하도록 한다고 설명하고 있다.

또 매체는 특정 상황이나 그에 관련된 인물을 집중 조명함으로써, 해당 인물에 일정한 자격을 부여하는 역할도 하는데, 이 역시 연결 기능의 일부로 설명된다. 이런 사안에 대한 매체의 반복적 보도를 통해 사람들이 공통적으로 유사한 생각을 갖게 되고, 이 과정에서 대중들 사이에 유대감이 확보되기 때문이다. 예를 들어 정부의 특정 정책에 반대하며 자신의 의견을 전달하는 사람이 있을 때, 매체가 이 사람의 주장을 선택하지 않고 보도 자체를 하지 않는다면 이 사람은 일반 대중에게 알려지지 않을 것이다. 반대로 대중매체가 이 사람의 주장을 공중에게 반복적으로 노출시키면, 대중들은 이 사람의 존재를 알게 되고, 또 이런 상황이 지속되면 이 인물은 관련 분야의 전문가로 사람들에게 인식될 수 있다. 즉, 매체가 조명하지 않았다면 묻혔을 사람이 매체의 보도를 통해 부각되고, 그가 그에 기초한 사회적 인지도를 기반으로 유명인사가 될 수 있다는 것이다. 이런 측면은 라자스펠드와 머톤(Lazarsfeld & Merton, 1948/1960)에 의해 '지위 부여(Status Conferral)'라는 개념으로 정리되기도 한다. 다시 말해, 매체가 특정인을 부각시킴으로써 그가 주목받을 만하다는 일반 대중들의 공통적 인식을 조성하고, 결국 그런 사회적 지위가 그 인물에게 부여된다는 뜻이다. 이런 측면이 긍정적으로 활용되면, 정부 등 사회의 공적 영역이 일방적인 주장만 할 수 없도록 매체가 권력에 대한 견제 세력을 조성하는 역할을 하게 된다.

하지만 이런 연결 기능도 앞선 감시 기능과 마찬가지로 순기능만 있는 것은 아니다. 우선 사회 안정에 대한 위협을 저지한다며 지나치게 특정 측면을 부각하게 되면, 기존의 고정관념을 영속화하게 되고, 다양한 의견을 묵살해 획일화를 조장할 수 있다. 즉 여론을 수렴해 공정하게 사실을 보도하고 논평한다는 미명 아래, 선택적 정보만을 활용해 여론을 오히려 조정하는 역효과를 낼 수 있다. 또 다수 의견을 존중한다며 이를 강요하게 되면, 소수의 건전한 비판마저도 줄어들어 발전적인 사회변동이나 개혁의 움직임이 막힐 우려도 생긴다. 게다가 한정된 정보의 틀 안에서 전달된 내용만을 가지고, 특정 사안이 사람들 사이에 뉴스 가치가 있는 것으로 조작되는 점도 지적될 수 있다. 정치나 경제 권력, 또는 이와 연계된 집단에서 제공하는 정보들이 국익 등에 도움이 된다는 이유로 상당히 그럴듯하게 포장되는 경우가 있어, 대중매체가 이를 무비판적으로 보도하게 되는 경우, 그에 연관된 이벤트나 인물의 이미지 또는 개성이 조작적으로 구성돼 사람들 사이의 건전한 연결 기능을 저해할 수 있다는 것이다. 이는 정치인이나 특정 목표를 가진 사람 또는 단체가 매체의 연결 기능을 악용할 수도 있다는 뜻이 된다.

우리 역사에서도 이런 우려가 현실이 된 적이 있었다. 20세기 질곡의 역사를 뚫고 온 대한민국은 해방과 6 · 25 전쟁 및 휴전 등을 겪으면서 정치적 갈등이 이어졌고, 그 안에서 대중매체, 특히 신문은 정치적 의사 표명을 개진했다. 하지만 1960년 초반부터 1980년대 후반까지의 우리의 환경은 매체들이 자신들의 의견을 자유롭게 표명할 조건이 되지 못했다. 취재 과정에 대한 통제나 보도 내용에 대한 직접적인 검열, 정보 공개 조절을 통한 간접적인 조정 등을 통해 정권은 언론 길들이기에 나섰고, 이를 극복하지 못한 매체들은 스스로 목소리를 낮췄다. 이때 언론은 권력에 대한 견제 역할의 소임을 충실히 하지 못했고, 결국 그 권력을 오히려 보호했다는 비판을 받았다.

1980년대 말 다행히 국내외 환경 다변화에 따라 정치적 경색 국면이 풀리면서 기존에 힘을 펼 수 없었던 목소리를 가진 매체들이 생겨나고, 이후 우리 언론들은 다양한 입장을 전달하기 시작했다. 비록 여전히 한계가 있을 수 있고, 각각 입장을 달리하는 매체들이 자신들의 이해관계에 따라 서로를 비판하는 모습이 나타나고는 있지만, 이는 전체 언론 구조를 봤을 때 건강한 현상이라고 해석할 수 있겠다. 적어도 정치 · 경제적인 측면에서 일방적으로 권력의 눈치를 보는 일이 줄었고, 정권에 기대어 한쪽 면만 강조하는 상황이 잦아들면서, 기존 관념의 영속화나 생각의 획일화 우려가 많이 극복됐다고 볼 수 있기 때문이다. 다만, 이런 가운데 서로 다른 정치 · 경제적 입장을 가진 매체들이 이미 너무 당연시돼온 일부 가치들이 발전적 변화의 도전을 거부하며 또 다시 영속화 · 획일화의 오류를 범하고 있지 않은지는 끊임없이 지켜봐야 할 일이다.

(3) 문화전수(Transmission of Social Heritage)

바로 앞에서 설명한 연결 기능은 매체의 '문화전수(Transmission of Social Heritages)' 기능으로 확대된다. 연결 기능이 정해진 시간과 공간 안에서 구동하는 역할이라면, 문화전수 기능은 특정 시간과 공간을 넘어 다른 시점과 지역으로 문화 등을 전달하는 대중매체의 힘을 설명한다. 간단히 말하면 이 기능은 특정한 시간과 공간에서 만들어진 정보와 가치, 규범 등이 다음 세대로 전달되거나, 다른 사회로 전이되는 것을 아우른다고 할 수 있다. 기존의 서적들은 20세기 중반에 등장한 이 개념의 원초적 의미를 바탕으로, 문화의 공간적 이동에는 큰 관심을 두지 않았다. 즉, 한 세대에서 정해진 규범이나 가치가 같은 공간 내, 예를 들어 같은 국가 내, 다음 세대로 전달되거나, 해당 공간에 있던 기존 구성원이 새롭게 그 공간에 들어온 사람에게 그 문화를 전달하는 것에 중심을 두고 이를 설명했던 것이다.

우선 이와 같은 설명은 위에 제기된 연결 기능과 함께 특정 공간 내 구성원의 사회화라는 매체의 역할을 보여주고 있다. '연결'이 한정된 시간 내에서의 사회화를 설명한다면 '문화전수'는 특정 시간을 넘어, 즉 한 세대에서 다음 세대로 이어지는 사회화를 포괄하고 있는 것이다. 이는 다시 각각 한 시점에 정체된 사회화와 종적(縱的 · 세대 간) 사회화로 구분될 수 있겠다. 이와 같은 기능들은 한 사회 내 구성원 사이의 응집력을 강화하고, 해당 문화에 소속돼 있다는 생각 때문에 개별 구성원들이 소외감을 극복하는 역할을 하게 된다. 같은 정보에 노출된 사람들이 그 정보를 공유하면서 유사한 생각을 갖거나, 비록 다른 생각을 갖더라도 해당 주제에 대한 서로 간의 의사소통을 이어가면서 유대감을 키워갈 수 있다는 것이다. TV를 예로 들면, 같은 연속극이나 쇼 프로그램 또는 음악 방송을 보고 그 사회 구성원들이 동질감을 구축해가는 것도 이런 매체 기능의 하나라고 할 수 있다. 특히 문화전수는 이런 연결 기능이 그다음 세대로 전달되는 것을 지칭한다.

그러나 이 문화전수의 기능 역시 부정적인 측면을 갖고 있다. 우선 구성원들 사이에 응집력을 키워가는 과정이 관념적으로만 이뤄질 뿐 실질적인 유대감을 과연 구현해낼 수 있느냐라는 비판이 나온다. 즉, 대중매체를 통해 다른 사람들도 나와 같은 정보나 프로그램에 노출돼 유사한 생각을 가지고 있을 것이라는 생각은 하지만, 매체에 지나치게 집중하다 보면 이들 구성원들이 만나 그 유대감을 확인하는 과정을 놓칠 수 있다는 것이다. 즉, 매체가 사람들 사이의 직접 대면을 방해해 비인간화가 조장된다는 지적이다. 또 같은 프로그램이나 정보를 접하면서 대다수의 생각과 다른 입장을 취하고 있는 사회 구성원은 공통적인 가치를 추구하는 주류(主流 · Mainstream)에 합류할 수 없게 됨으로써 좌절감을 맛볼 수도 있다. 결국 이와 같은 정보에 의존해 같은 곳만 바라보는 사람들의 집단은 또 다른 관점을 인정하지 못하거나 무시하게 되면서, 새롭게 대두될 수 있는 다른 문화를 거부하고, 무조건적인 대중사회, 즉 공통적인 가치만 추구하는 다수(Majority)의 사회만을 지향하게 된다는 단점을 갖게 된다. 게다가 대중매체가 대중적 이미지에 부합하는 시각만을 전달함으로써, 거기에 해당하는 사안이나 인물의 이미지를 부각해 사회 구성원들이 그를 역할 모델로 인식하게 만들고, 그 모델에서 벗어나는 새로운 시도를 하지 못하게 할 수도 있다. 지나친 표준화가 문화 성장을 저해한다는 것이다. 사실 이와 같은 단점은 연결 기능의 단점일 수도 있다. 하지만 이런 현상이 다음 세대에 까지 이러지며 변화와 발전을 저해한다면, 이는 문화전수 기능의 단점이라고 풀이될 수 있는 것이다.

과거의 개념을 바탕으로 한 대중매체의 문화전수 기능은 위와 같은 장단점을 동시에 가지고 있다. 하지만 시야를 넓혀 이 기능의 폭을 확대하면 또 다른 해석도 가능하다. 이 책은 우선 대중매체의 문화전수 기능이 이질적 공간 사이의 횡적(横的) 문화 이동도 포함할 수 있다고 본다. 한 국가 내 도시 사이의 문화적 가치의 이동뿐 아니라 국가와 국가 사이에 문화유산 전달이 가능하다는 것이다. 2000년을 전후해 동남아는 물론 서구에까지 영향을 미치는 한류(韓流)를 그 사례로 들 수 있다. 구체적으로는 한국의 대표적 걸 그룹인 소녀시대가 2012년 2월 미국 ABC 방송사의 인기 토크쇼인 〈라이브 위드 켈리(LIVE! with Kelly)〉, CBS 방송 간판 토크쇼인 〈데이비드 레터맨 쇼(Late Show with David Letterman)〉에 음악 게스트로 출연하는 등 한류(韓流)의 전도사 역할을 담당한 것도 매체의 문화전수 기능이 횡적(横的)으로 나타난 사례이다. 비록 인터넷상의 유튜브나 사회관계망서비스(Social Network Service, SNS) 등이 이런 문화전수의 역할을 크게 담당한다고 할 수도 있지만, 대중매체가 그 힘을 확인하고 다시 전파하는 역할을 한다는 점에 이견을 달기는 어려울 것이다. 이와 같은 과정에서 기존에 단점으로 보였던 지나친 표준화 및 그로 인한 문화 성장 저하 등은 새로운 돌파구 내지 다른 국면을 맞고 있다고 해석될 수 있겠다.

(4) 오락(Entertainment)

대중매체가 딱딱한 정보를 전달하기만 하는 것은 아니다. 신문도 정치, 경제 등 무거운 주제만 보도하는 것이 아니라, 순수 및 대중 예술 등을 알리며 대중들에게 읽을 거리나 즐길 거리 등을 제공한다. 하지만 오늘날 알려진 대중매체의 4대 기능 중 마지막인 이 '오락(Entertainment)' 기능이 일반 공중에게 TV 전파가 광범위하게 전달된 1960년 라이트(Wright, 1959)에 의해 추가된 것을 보면, 이 기능은 TV 프로그램을 중심으로 설명하는 것이 이해하는데 도움이 될 것이다.

말 그대로 이 기능은 매스미디어가 대중들에게 휴식과 여가의 기회를 주는 역할을 뜻한다. 지친 일과를 마치고 집으로 돌아온 뒤 TV 앞에 앉아 코미디 프로그램을 보며 하루를 정리하고, 가족들끼리 모여 드라마를 보면서 얘기를 주고받는 것은 피로를 풀고, 다시 생활의 활기를 불어넣는 기회를 제공한다. 현장에 가서만 즐길 수 있는 스포츠 경기를 TV로 보며 시청자들이 즐거움을 얻는 것도 대중매체의 오락 기능이다. 즉 매스미디어는 대중 예술 및 문화에 대한 접촉 기회를 넓히면서 공중들이 즐길 수 있는 오락 문화를 활성화하고, 이들의 취향을 다변화하는 데 일조하는 것이다.

하지만 학자들은 단순히 이러한 순간적 즐거움만을 오락이라고 부르지는 않는다. 즐거움을 얻는 과정이 '일상으로부터의 탈피'에서 올 수 있다는 점에 주목하면서 일부 학자들은 이 오락의 요소 중 '전환(Diversion)'의 측면을 강조하기도 한다. 이 전환은 학자들 사이에 다시 현실 회피 또는 도피의 의미로 발전한다. 이는 대중매체의 오락 기능이 갖는 부정적 측면으로 이어진다. 대중매체가 전달하는 오락적 정보에 지나치게 집중하다 보면 현실에서 담당해야 할 일들을 망각하고, 대중매체 정보에만 매달리는 현실도피주의가 일상화될 수 있다는 것이 이들이 지적하는 오락의 대표적 역기능이다. 환상과 현실을 구별하지 못하게 만드는 것도 마찬가지이다. 또 자극적인 오락 정보를 중점적으로 전달하다 보니, 순수한 예술에 대한 방기가 따라온다는 비난도 있다. KBS, MBC, SBS 등 국내 대표적인 지상파 방송에서 고풍스런 클래식 음악이나 국악, 독서, 또는 순수 미술 작품과 관련된 프로그램들이 많지 않은 점도 이런 현상을 야기하는 한 요인으로 지적된다. 이는 시청률 등에 집착한 방송사들이 말초적인 내용을 개발해 저급한 대중문화만을 양산한다는 비판으로도 이어진다. 이는 궁극적으로 대중매체가 건전한 정보를 전달해 문화적으로 성숙할 뿐 아니라, 정치 · 경제 · 사회적으로 의식 있는 시민을 키워 발전적인 사회를 지향해야 한다는 사람들의 기대에서 멀어진다는 의미가 되기도 한다.

생각해볼문제

1. 커뮤니케이션 과정에서 의사소통의 효과(Effects)는 무엇을 의미하는가? 어떤 목적을 위해서일까? 다시 말해 커뮤니케이션은 왜 하게 되는 것일까?

2. 커뮤니케이션 과정에서 발생하는 소음(Noise)은 무엇이 있을까? 왜 이런 소음이 발생할까? 소음의 발생 원인은 개인 내 커뮤니케이션, 대인 간 커뮤니케이션, 그룹 또는 조직 커뮤니케이션, 매스커뮤니케이션 등에 따라 어떤 차이가 있을까?

3. 스키마를 통해 얻게 되는 새로운 내용들은 내게 정보로만 남아 있는가, 아니면 구체적 지식으로 확인되는가? 정보와 지식의 차이는 무엇일까?

4. 매스커뮤니케이션 이론을 구성해 나가는 과정에서 지배적 패러다임과 대안적 패러다임 중 스스로는 어느 쪽의 접근을 선호하는가? 그 이유를 구체적으로 정리해보자.

5. 감시, 연결, 문화전수, 오락 등 전통적인 매스미디어의 기능 이외에 새롭게 거론할 내용들은 무엇이 있을까? 인터넷 등 새로운 미디어 환경이 창조해낸 대중매체의 기능이 존재하는가?

참고문헌

오택섭 · 강현두 · 최정호 · 안재현(2009), 뉴미디어와 정보사회, 파주: 나남.

윤석민(2007). 커뮤니케이션의 이해, 서울: 커뮤니케이션북스.

Axelrod, R.(1973). Schema theory: An information processing model of perception and cognition. *American Political Science Review*, 67, 1251.

Berger, C. R., & Chaffee, S. H.(1987). The study of communication as a science. In C. R. Berger and S. H. Chafee(Eds.). *Handbook of communication Science*(pp.15-19). Beverly

Hills, CA: Sage.

Gerbner, G.(1967). Mass media and human communication theory. In F. E. X. Dance (Ed.). *Human communication theory*(pp.40-57). New York: Holt, Rheinhart and Winston.

Lasswell, H. D.(1948). The structure and function of communication in society. In W. Schramm(Ed.).(1960), *Mass Communications*(pp.117-130). Urbana, IL: University of Illinois Press.

Lazarsfeld, P., & Merton, R.(1948/1960). Mass communication, popular taste and organized social action. In L. Bryson(Ed.).(1948) *The communication of ideas*(pp.95-118). New York: Institute for Religious and Social Studies, Harper. Reprinted in W. Schramm(Ed.). *Mass communications*(pp.492-512). Urbana, IL: University of Illinois Press.

Lindlof, T. R.(1995). *Qualitative communication research methods*. Thousand Oaks, CA: Sage.

MacNair, J.(1993, October). Awareness Overdose. *U. Magazine: The National College Magazine*, 12.

McManus, J. H.(1994). *Market driven journalism: Let the citizen beware*. Thousand Oaks, CA: Sage.

McQuail(2000). *McQuail's mass communication theory*(4th ed.). London: Sage Publication.

Osgood, C. E.(Ed.).(1954). Psycholinguistics: A survey of theory and research problems. *Journal of Abnormal and Social Psychology*, 49, Morton Prince Memorial Supplement, 2.

Potter, W. J.(1996). *An analysis of thinking and research about qualitative methods*. Mahwah, NJ: Erlbaum.

Schramm, W.(1954). How communication works. In W. Schramm(Ed.). *The process and effects of mass communication*(pp. 3-26). Urbana, IL: University of Illinois Press.

Shannon, C., & Weaver, W.(1948). *The mathematical theory of communication*. Urbana, IL: University of Illinois Press.

Severin, W. J. & Tankard, J. W.(2001). *Communication theories: Origins, methods, and uses in the mass media*. New York: Longman.

Wright, C.(1959). *Mass Communication*. New York: Random House.

2장

저널리즘

1. 저널리즘 일반

1) 저널리즘의 정의

인류 역사가 농업혁명, 산업혁명, 정보혁명 등을 거쳐 발전해오는 동안, 사회 구성원의 성격은 다양해지고, 그들 사이의 의사소통도 다변화했다. 사람들이 가까운 장소에 모여 살던 시기에는 작은 부락 내에서의 개인 간 커뮤니케이션이 삶을 통틀어 이뤄지는 의사소통의 대부분을 차지했을 것이다. 기계의 발명과 발전을 통해 이룩한 산업화 이후에는 원거리 이동이 가능해지면서 관심사도 늘어나고, 그에 따라 정보의 폭도 확대됐다. 특히 커뮤니케이션 기술의 발달과 함께 도래한 정보혁명 시기에는 이동하지 않고서도 사람들이 더 많은 사실과 의견을 접하게 되면서, 정보에 대한 노출 정도도 기존 상상을 초월하는 수준에 이르렀다.

저널리즘은 이와 같은 인간 역사 진행 과정에서 탄생하고 특화된 커뮤니케이션의 한 측면이다. 기원전부터 존재했던 의사소통 방식이 아주 천천히 진화하다가 산업화와 더불어 구체적인 형태로 급격히 자리잡기 시작했고, 커뮤니케이션 연구가 학문 분야로 성장한 20세기에 들어 저널리즘은 하나의 개념으로 정립됐다. 이렇게 발전한 내용은 아주 간단하게 '편집을 통해 뉴스를 보여주는 것'이라는 개념이 되며, 이를 약간 확대하면, '정보를 모아 정리한 뒤 이를 전달하는 행위'로 설명된다. 현장의 개념을 학문으로 연결시키면, 저널리즘은 이런 현상을 연구하는 사회과학이라는 뜻으로도 이해된다. 현대에 와서 저널리즘은 의사소통을 매개하는 기술들의 발달과 더불어 더욱 다양한 형태로 발현되고 있다. 이와 같은 변화 때문에 현대에 들어 저널리즘을 바라보는 관점에도 학문적 입장에 따라 구별이 생기기도 한다. 그러나 이런 차이점들에도 불구하고 저널리즘 개념을 관통하는 2개의 필수적 요소가 있다. 바로 매스미디어와 뉴스이다. 이는 전통적인 커뮤니케이션 요소 중 각각 채널과 메시지를 대변한다.

저널리즘에 대한 사전적 요소를 살펴보면 이와 같은 내용을 일차적으로 파악할 수 있다. 국내의 사전들은 저널리즘을 '신문과 잡지를 통하여 대중에게 시사적인 정보와 의견을 제공하는 활동', '신문, 잡지, 방송 등 활자나 전파를 매체로 하는 보도나 전달 활동 또는 그 사업', '시사적 문제에 대한 사안을 사실 또는 가치 판단에 근거해 전달하는 활동' 등으로 소개하고 있다. 국립국어원의 경우, 저널리즘을 '언론(言論)'으로 순화해 부를 수 있다고 했다. 다시 사전에서 언론을 찾아보면, '개인이 말이나 글로 자기의 생각을 발표하는 일이나 그 말 또는 글 자체', '매체를 통하여 어떤 사실을 밝혀 알리거나 어떤 문제에 대하여 여론을 형성하는 활동', '신문, 잡지, 방송 등을 통하여 뉴스나 사실을 알리거나 의견과 논의를 전개하여 여론을 형성하는 활동' 등으로 나온다. 사전적 정의에 근거해보면, 단순한 사실 정보의 전달과 의견 형성에는 차이가 있을 수 있다는 이유, 또 이들 사실이나 의견을 전달하는 주체가 개인이냐 집합적 단체냐에 대한 입장에 따라 사람마다 외래어인 저널리즘과 한국어인 언론을 구분해야 한다거나 아니면 언론이라는 말이 저널리즘에 대한 설명에서 비롯된 것이기에 동일한 표현으로 봐야 한다는 주장이 대립할 수 있다. 이런 주장의 차이는 미시적 차원에서 저널리즘의 새로운 개념 정립을 위해 발전적인 의미를 담고 있다. 하지만 인간의 의사소통을 전반적으로 다루는 커뮤니케이션의 학문적 입장에서 보면, 그 차이의 구분이 미미할 수 있다. 우리가 일상생활에서 접하는 저널리즘 또는 언론은 기초적인 커뮤니케이션이 거대해져 매스커뮤니케이션으로 확대됐고, 그 매스커뮤니케이션 중에서 매스미디어라는 채널을 통해 대중들이 공통적으로 관심을 갖는 뉴스를 전달하는 것이라는 설명으로 수렴될 수 있기 때문이다.

1장에서 살펴본 것처럼, 커뮤니케이션은 발화자와 수신자 사이에 발생하는 '의미의 주고받음' 또는 '메시지의 전달과 수용'이며, 매스커뮤니케이션은 '거대한 부피, 범위 또는 크기의 수준에서 일어나는 의미의 주고받음 또는 그와 같은 수준에서 메시지의 전달과 수용이 발생하는 것'이라고 정의될 수 있다. 저널리즘은 이 매스커뮤니케이션의 한 형태로, 특히 대중매체 즉 매스미디어가 공공의 관심이 될 만한 내용들을 전달하는 것을 말한다. 여기서 매스미디어는 현대적 의미로 봤을 때 종이 신문이나 잡지 등 인쇄 매체, 라디오나 텔레비전 등 전자 매체, 온라인 신문 등 인터넷 매체를 뜻한다. 공공의 관심이 될 만한 내용은 정치, 경제, 사회, 문화, 스포츠, 생활 등 일반 대중들의 삶에 필요한 정보를 지칭하는 것으로, 간단히 뉴스라고 정리될 수 있다. 이와 같은 매체는 SMCR이라는 전통적인 커뮤니케이션 요소 중 통로(C: Channel)에 해당하고, 정보는 메시지(M: Message)를 말하는 것이다. 만약 위와 같은 매체를 통하지 않거나, 시민들의 삶에 공통적으로 필요한 뉴스를 전달하는 것이 아니라면, 전통적 의미에서 저널리즘이라고 보기 어렵다. 즉, 의사소통 통로(Channel)와 정보(Message)의 성격이 일차적으로 저널리즘을 특화하는 요소가 되는 것이다.

사실 저널리즘은 통로와 정보 이외에도 발화자와 수신자 등 커뮤니케이션의 다른 2가지 요인들에게도 변화를 요구한다. 부연하자면, 저널리즘이라는 커뮤니케이션 형태에서 발화자 또는 전달자(S: Sender)는 종이 및 온라인 신문 · 잡지 · 라디오 · 텔레비전 등 매스미디어에 소속된 언론 조직 구성원들을 말하기도 하며, 수신자(R: Receiver)는 독자나 시청자를 아우르는 개념이 된다. 이 발화자 성격은 전체적인 매스커뮤니케이션과 저널리즘을 구분하는 요인이 된다. 일반적인 매스커뮤니케이션의 차원에서 보면 발화자는 매체, 즉 채널 밖의 존재이다. 하지만 저널리즘에서는 발화자가 채널에 소속되기도 한다. 이런 시각은 언론 조직원들이 채널 밖에서 생성된 메시지를 선택 · 배제하는 과정에서 해당 정보를 새롭게 탄생시킨다는 의미에 근거한다. 즉, 매스커뮤니케이션 차원에서 보면 원래 정보의 발생지가 발화자의 존재 근거가 되지만, 저널리즘에서는 그 정보를 가공해 새롭게 전달하는 매스미디어의 조직원이 발화자가 되기도 한다는 것이다. 그리고 그 조직원들은 매스미디어라는 채널을 이용해 가공된 메시지를 전달한다.

대중매체의 채널 및 메시지와 연계해 전달자(S: Sender)는 조금 더 특화돼 설명될 수 있다. 저널리즘의 메시지, 즉 뉴스는 공공의 관심이 될 만한 내용이다. 저널리즘의 정보 전달자(S: Sender), 즉 기자나 PD 등을 아우르는 매스커뮤니케이터(Mass Communicator)는 무엇이 공공의 관심사가 될 만한 내용인지를 판단하는 전문가들이다. 하지만 이들이 언론 조직에 들어가기 전부터나 또는 들어가자마자 정보 판단의 전문가가 되는 것은 아니다. 이들은 언론 조직의 전통 및 규범에 따라 어떤 내용을 일반 대중들이 알고 싶어 하는지 또는 그들에게 알려야 하는가를 판단할 수 있도록 만들어진다. 즉, 이들 메시지 전달자들은 언론 조직 내에서 훈련을 받아 전문가로 성장하는 것이다. 이들은 또 단순히 그 내용을 판단하는 일에만 그치지 않는다. 이들이 조직 내에서 받는 훈련은 다시 그렇게 해서 모인 정보를 일반 수용자들이 이해하기 쉽도록 가공하는 방법에도 적용된다. 뉴스 생산의 측면에서 보자면, 그렇게 정보를 판단해 모으는 행위는 취재, 그 정보를 알기 쉽게 가공하는 행위는 보도가 된다. 인터넷 환경 변화에 따라 온라인 뉴스 미디어들을 과연 전통적 의미의 대중매체로 볼 수 있느냐는 논란이 있기는 하다. 그러나 기본적으로는 온라인 매체라도 그 조직에 소속돼 훈련을 받으며 성장한 뉴스 생산자들이 있고, 그들이 불특정 다수의 대중들을 향해 공공의 관심사가 될 정보를 전달한다면 저널리즘의 대중매체로 인정하는 추세이다. 수신자(R: Receiver) 역시 저널리즘의 영역에 오면 수용자(需用者)라는 이름으로 확대된다. 이는 메시지를 전달받는 개별 수신자가 군집된 형태로, 개인들의 모습을 대변하는 것보다 대중이나 공중이라는 집단적 개념을 보인다. 이 부분에 대해서는 4장에서 더 자세하게 부연하겠다. 이상의 내용들을 정리하자면, 커뮤니케이션 4대 요인 중 정보(Message)와 통로(Channel)의 성격은 저널리즘의 특성을 부각하는 주요 인자가 되고, 발화자(Sender)와 수신자(Receiver)는 저널리즘의 틀 안에서 새롭고 복잡한 형태로 존재하게 된다.

사실 이런 특성들 때문에 기술 발달에 따라 새로운 커뮤니케이션 환경이 만들어질 때마다, 처음 도래한 매체를 저널리즘의 영역에 넣을 수 있는가는 늘 논란거리였다. 라틴어 지우르나(Jiurna, 일기 또는 기록)에서 유래한 저널리즘(임영호, 2005)은 종이 신문에 국한된 표현이었다. 과거에는 활자를 이용해 기록을 하고 이를 전달하는 매체가 종이밖에 없었기 때문이다. 하지만 사진 기술이 접목되고, 한 컷으로 기승전결을 담아 역사를 표현하는 화면이 종이 신문에 추가되면서, 활자 이외에 보도 사진을 중심으로 하는 사진 저널리즘(Photo Journalism)이 주목받기 시작했다. 라디오와 텔레비전 등 전자 매체가 발명되면서 저널리즘의 폭은 더 넓어졌다. 활자나 정지된 화면으로 설명하기에 한계가 있는 정보를 동영상으로 보여주는 것이 가능해지면서 방송 저널리즘(Broadcasting Journalism)이라는 표현이 일반화된 것이다. 이와 같은 차원에서 과거 신문과 방송의 특징을 아우르고, 실시간으로 정보를 전달하는 특징이 더 강화된 온라인 매체가 '매스미디어'와 '공공정보'라는 저널리즘의 기본적 성격을 보유한다면, 저널리즘의 영역에 포함될 수 있다는 의견이 등장했다(김성태 · 이건호 · 심영섭, 2006). 국내에서 전통적 의미의 대중매체들이 생산한 뉴스를 링크에 걸어 소개하는 인터넷 포털 등이 활동하면서, 과연 이들까지 인터넷 저널리즘(Internet Journalism)의 영역에 넣을 수 있느냐에 대한 문제는 아직 정확한 의견 일치를 얻지 못한 것으로 보인다. 저널리즘이라는 커뮤니케이션 요소 중 채널과 메시지라는 측면에서 일차적으로는 포털을 온라인 미디어와 유사한 성격을 가지고 있다고도 볼 수 있지만, 그에 수반되는 메시지 전달자(S: Sender) 등에 대한 의견이 분분하기 때문이다. 즉 포털 조직에 소속된 메시지 전달자들이 해당 메시지를 직접 취재해 보도하고 있느냐 여부 등을 놓고 학자들 사이에 주장이 많이 엇갈리고 있다는 것이다. 게다가 외국에서는 포털이라는 개념이 검색 엔진이라는 성격에 국한돼 이를 저널리즘이나 언론이라고 부르기에 부적합하다는 의견이 강하다. 그러나 이런 포털을 제외한 상태에서 본다면, 우선 조직 안에 취재와 보도를 담당하는 언론인이 있고, 이를 불특정 다수의 공중에게 전달하는 온라인 매체들을 저널리즘의 틀 안에 포함하는 것이 최근의 일반적 추세이다.

한편 이와 같은 온라인 매체들의 등장과 더불어 뉴스 생산자로부터 수용자에게 일방통행 성격이 강했던 저널리즘의 정보 유통에 획기적인 변화가 온다는 주장들도 나오고 있다. 예를 들어, 인쇄 및 전자 매체들로부터 이어진 전통적 매스미디어의 환경 때문에 대중매체를 통한 커뮤니케이션에 쌍방향성이 부족하다는 지적이 있었으나, 온라인 뉴스 미디어가 활성화되고 기존의 전통 매체들이 인터넷이나 스마트폰 애플리케이션 등을 통해 수용자들에게 접근해 갈 뿐 아니라 수용자들이 직접 이들 통로에 뉴스가 될 만한 정보를 전달하면서 이와 같은 쌍방향성이 저널리즘에 접목되는 현상들이 두드러지게 나타나고 있는 것이다. 하지만 아무리 쌍방향성이 강화됐다고 하더라도, 기본적으로 저널리즘이라는 커뮤니케이션 형태에는 언론 조직에 소속된 메시지 전달자와 그 밖에 있는 수용자가 개념적으로 정확하게 구분된다고 볼 수 있다.

위의 논의를 종합하면, 저널리즘의 전통적 정의는 우선 '대중매체를 통해 이뤄지는 매스커뮤니케이션의 형태로, 대중매체에 소속돼 정보 판단 전문가로 훈련된 언론 조직 구성원들이 공공의 관심 사항이 될 만한 정보를 확보하고 이를 이해하기 쉬운 메시지로 전환해 불특정 다수의 독자나 시청자에게 전달하는 것'이라고 하겠다. 하지만 최근의 급격한 정보통신 기술 발전은 개념적으로 구분된 언론 조직 내부와 외부의 벽을 얇게 만들면서 이 전통적 정의에 변화를 요구한다. 특히 유튜브나 사회관계망서비스 등을 통해 정보 환류(還流)에 적극적으로 참여하는 대중 매체 외부 발화자와 수용자의 모습을 중심으로 이 기본 정의의 확대 필요성이 활발하게 논의된다. 이건호(2022)는 이런 환경을 반영해 '대중 매체를 통해 이뤄지는 매스커뮤니케이션의 형태로, 대중 매체에 소속돼 정보 판단 전문가로 훈련된 언론 조직 구성원들이 공공의 관심 사항이 될 만한 정보를 가진 주체로부터 해당 내용을 확보하고 이를 이해하기 쉬운 메시지로 전환해 추후 공공의 관심 사항이 될 정보 생산자로 발전할 수 있는 불특정 다수의 독자나 시청자에게 전달하는 것'

이라는 저널리즘의 현대적 개념을 제시했다. 공공 메시지라는 의미의 '정보'와 이를 다루는 채널로서 '통로'의 입장을 강조하는 전통 저널리즘의 핵심을 유지하면서, 과거에 잘 드러나지 않던 '발화자'와 '수신자'에 각각 '공공의 관심 사항이 될 만한 정보를 가진 주체'와 '추후 공공의 관심 사항이 될 정보 생산자로 발전할 수 있는' 등의 성격을 부여해 이들의 메시지 환류(還流) 참여를 적극적으로 연결한 것이다. 현대 저널리즘의 개념은 이를 통해 SMCR이라는 커뮤니케이션 4대 요체의 역할을 뚜렷하게 소개하고 있다. 하지만 사회적으로나 학문적으로나 이들 언론 조직 외부의 존재들을 저널리즘 개념에 포함해야 하느냐에 대해서는 아직 정확한 의견 일치가 이뤄졌다고 말하기 어렵다. 오히려 전통적 정의에 기초해 저널리즘을 고찰해야 한다는 주장도 강하게 남아 있다.

이와 같은 환경 변화와 논의의 확장에도 정보의 성격은 꼭 주목돼야 할 저널리즘의 핵심 영역으로 꼽힌다. 일부 사전적 정의들은 이 정보의 요소에 드라마나 쇼 등 오락적 내용을 포함하기도 하지만, 일반적으로 저널리즘의 정보는 뉴스로 규정된다. 학문적 차원에서 대중매체의 효과론을 연구하는 분야에서는 뉴스 이외에 이와 같은 오락적 요소들도 탐구하는 경우도 있으나, 이를 저널리즘과 동의어 취급을 받는 '언론(言論)'이라는 말로 담아내지 않기 때문이다. 또 앞서 말한 것처럼 그리고 뉴스에 대한 이해 또는 개념에 따라, 학자들 사이에 그 정보가 불편부당한 사실이냐 의견을 포함한 것이냐 등에 대한 견해가 분분할 수 있으나, 이 책은 저널리즘에서 다루는 정보가 '정확한 사실과 그에 기초한 건전한 의견'이라고 본다. 여기서 거론하는 '정확함'과 '건전함'은 인간의 포괄적 이성과 감성이 어우러져 상식(常識)으로 발현됐거나 발현될 수 있는 성격을 뜻한다.

2) 저널리즘의 역사

전통적으로 종이 신문이 대중들에게 전달하는 공공의 관심사를 대변하는 데서 저널리즘이 시작된 것에 비춰보면, 세계의 언론 역사는 종이에서 비롯됐다고 해도 과언이 아니다. 하지만 종이가 발명되기 전에도 인간의 커뮤니케이션은 있었고, 일반 공중에게 메시지를 전달하는 행위도 존재했다. 또 기술 발달과 더불어 인쇄 매체 이외에 전자 매체가 등장하고, 그에 따라 메시지의 종류와 성격도 달라지는 등 저널리즘은 변화를 거듭해왔으며(Merrill & Lowenstein, 1979), 인터넷의 도래 이후 그 변화는 더욱 급박하게 진행되고 있다. 그러나 전자나 인터넷 등 다른 매체에 비해 지면(紙面)을 통한 기록의 기간이 긴 만큼, 인간이 축적한 저널리즘의 역사는 종이와 함께해왔다. 이 책은 국내에 출간된 도서 중 신문의 역사를 체계적으로 정리한 것으로 판단되는 임영호(2005)의 『신문원론』과 국내 언론의 흐름을 시대에 따라 구분한 김민환(2010)의 『한국언론사』를 참고해 국내외 언론 역사를 소개한다. 한국의 언론 역사를 살펴보기에 앞서 세계 언론의 발전 과정을 먼저 짚어보겠다.

(1) 세계 언론사

저널리즘을 근대적 의미의 신문 현상에 대입해본다면, 정기적인 정보 전달이라는 커뮤니케이션 기능을 포함할 수 있을 것이다. '정기적'이라는 성격은 가볍고 간편한 종이가 싼 가격에 일반 대중에게 널리 전달될 수 있는 시점에서 고착화됐다. 하지만 그 이전에는 풀[草]로 만든 파피루스 또는 동물의 가죽을 얇게 만든 양피지(羊皮紙) 등에 정보를 기록했고, 그보다 이전에는 석고판 또는 큰 돌덩어리에 정보를 새길 수밖에 없었다. 고대 로마에서는 특히 석고판 등에 입법 · 행정부 등 고위 기관의 의결 사항이나 공지 사항을 새겨 일반인들에게 전달하는 악타(Acta) 시리즈가 이런 유형의 정보 전달 매체 역할을 했다. '악타(Acta)'는 '공식 기록'이라는 뜻으로, 결국 관보(官報)의 기능을 담당한 것이다. 대표적인 것으로 악타 디우르나(Acta Diurna)를 들 수 있는데, 많은 학자들은 이를 신문의 기원으로 보고 있다. 이 매체는 서기(西紀) 출발점을 축으로 약 300~400년 동안 로마 시대 법원, 행정부의 공지 사항 등을 석고판 등에 적어 전달하는 역할을 했다고 알려졌다. 여기에는 주요 인사의 혼인 및 사망 등 개인적인 정보도 포함됐다. 비슷한 시기에 원로원의 의사록, 정치적 결정 사항 등을 적어 전달한 악타 세나투스(Acta Senatus)도 유명한 악타 시리즈 중 하나이다. 동양에서는 중국 한나라 등을 중심으로 해서, 기원전과 기원후를 잇는 시점에 중앙 정부의 소식을 지방의 제후들에 전달하는 저보(邸報)를 시작으로, 지배층 사이 뉴스를 공유하는 매체가 있었다. 이는 이후 잡보(雜報), 조보(條報), 저초(邸鈔), 경보(京報) 등으로 이름과 성격을 약간씩 달리하며 청나라 등 중세에까지 이어졌다. 하지만 종이 및 인쇄기술이 크게 발달해 일반 대중(大衆)이나 공중(公衆)들에게 정보가 전달되기 시작한 1700년대에 이르러 근대적 의미의 대중매체로까지는 발전하지 못했다는 것이 학자들의 견해이다. 역사학과 사회학적 의미로 대중과 공중을 구분하는 학술적 차이는 여기서 자세히 거론하지는 않더라도, 로마의 악타 시리즈나 중국의 저보(邸報) 류(類)는 전달하는 정보가 한정된 지배층에 국한되었다는 점을 극복하지 못했다는 점이 이들 학자의 주장을 뒷받침한다.

악타 시리즈 이후 서양에서는 상인(商人)들을 중심으로 11세기부터 십자군 전쟁 등 각지에서 발발한 분쟁과 이와 관계된 상업 정보를 편지에 담아 전달하는 서한신문(書翰新聞)이 발달하기 시작했다. 새 소식 또는 신문이라는 뜻을 담은 노벨레(Novelle), 아비시(Avvisi), 차이퉁(Zeitung) 등이 이때 소개됐다. 이후에는 이렇게 정보를 담은 편지들을 여러 장 베껴서 전달하는 필사신문(筆寫新聞)이 일반화돼, 정치, 경제, 문화 등의 모습을 담았다. 비정기적인 소식지였지만, 현대 신문들에 큰 영향을 끼쳐 최근에도 많이 사용되는 가제트(Gazette)라는 이름이 이 무렵 등장했다. 서한신문과 필사신문이 공존하는 기간에, 구텐베르그가 인쇄술을 개발하면서 15세기에 최초의 인쇄신문인 플루크블라트(Flugblatt)가 독일에서 나타났고, 17세기에는 주간 및 일간 신문들이 유럽에서 속속 소개됐다.

인쇄신문은 기술의 발전과 더불어 정기적으로 다양한 종류의 정보를 전달하기 시작했지만, 초기에는 자본(資本) 등으로 무장한 신흥 지배 계급의 정치·경제적 담론에 집중하는 엘리트 매체의 성격을 지녔다. 인쇄기술 역시 아직은 초보 단계라, 돈의 가치를 조절해 대입해보더라도, 신문 한 부의 가격이 21세기 초반인 현재의 약 100배에 달하는 정도였다. 따라서 일반 대중은 접근하기 어려웠다. 이후 19세기 미국에서 뉴욕 선(New York Sun), 뉴욕 저널(The New York Journal) 등이 더욱 발전된 인쇄기술에 힘입어 저렴한 가격의 페니 프레스(Penny Press)를 등장시키면서, 대중 신문의 시대가 도래했다. 이 시기에 세계적으로 유명한 뉴욕 타임스나 워싱턴 포스트의 전신(前身)들

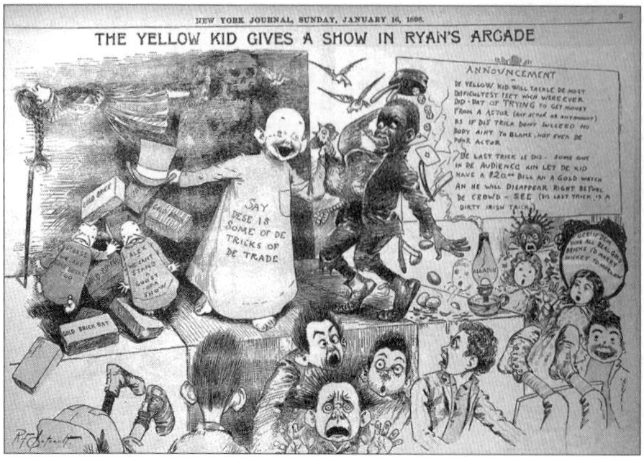

그림 2-1
1898년 1월 16일 미국 뉴욕 저널(New York Journal)에 실린 만화 '옐로 키드'(출처: cartoons.osu.edu/yellowkid/1898/1898.htm)

도 탄생하고, 신문들에 뉴스를 공급하는 통신사(News Agency)들도 생겨난다. 비슷한 시기, 유럽에서도 엘리트 신문이었던 매체들이 가격을 대폭 낮추면서 대중지로 전환하기 시작했다.

이 시기의 신문들은 가볍고 흥미로운 기사와 사진을 싣고 기사에 헤드라인을 붙이며 취재와 보도, 편집에 새로운 기법을 도입해 일반 대중들이 접근하는 데 불편함이 없도록 했다. 또 소외된 계층에 대한 보도 등을 개발했다는 평을 받는다. 하지만 동시에 지나치게 섹스, 폭력 등 선정적인 내용에 집착하는 옐로 저널리즘(Yellow Journalism)을 고착화했다는 비판도 받고 있다. 자극적인 내용을 전달한 19세기 미국 신문의 유명 만화 '옐로 키드(Yellow Kid)'(그림 2-1)에서 이름을 따온 이 선정적 저널리즘 문화의 모습은 일부 현대 언론에까지 이어진다. 한편 20세기에 들어오면서 라디오와 텔레비전 등이 발명되고, 신문의 선정주의에 대한 비판이 줄어들지 않으면서, 신문은 이를 극복하기 위해 자세한 정보를 전달하는 탐사보도의 특징을 강화해 나가고, 이와 더불어 새로운 전자 매체와의 경쟁에서 살아남기 위해 화려한 그래픽 등을 지면에 보완해 나가기 시작했다. 또 신문들이 경제 등 특정 측면을 부각하는 전문지의 성격으로 활로를 찾아나가는 동안, 전자 매체는 청각과 시각에 호소하는 새로운 형태의 저널리즘을 선보였다.

(2) 한국 언론사

조선시대에도 이웃 중국처럼 조정의 소식을 전하는 관보 형태의 조보(朝報)라는 것이 있었다. 하지만 근현대적 의미의 한국 언론 역사는 19세기 말 한성순보(1883~1884)와 한성주보(1886~1888)에서 시작되는 것으로 본다. 구한말 박영효의 건의로 정부가 만든 한성순보는 열흘에 한 번씩 국내외 정세 및 지식을 한문으로 적어 전달했다. 갑신정변 이후에는 최초의 주간신문인 한성주보가 이를 이어받았다. 격변하는 정세 속에서 정부가 신문 사업을 정리하자, 1896년 4월 7일 서재필 등에 의해 독립신문이 창간된다. 4월 7일은 오늘날 신문의 날로 기념한다. 이후 1898년에는 진보적 청년지 매일신문과 여성들을 대변하는 제국신문이 한글만을 사용해 신문을 찍어내기 시작했다. 이어 영국인 배설의 대한매일신보, 친일파 신문인 국민신보, 이완용의 대한신문 등이 창간됐고, 해외에서도 교포들이 한인 신문, 잡지 등을 만들어 배포했다.

일본의 식민통치가 시작된 1910년 이후 기존 신문들은 폐간되고, 총독부 기관지인 경성일보, 영자 신문인 서울 타임스(The Seoul Times), 매일신보 등이 출현했으며, 1920년 민영 신문인 조선일보와 동아일보가 등장, 민족 계몽과 한글 전파 등의 지사적(志士的) 역할을 한다. 이후 시사신문 등 친일파 신문의 활동이 활발히 진행되는 가운데, 일제 말기에 와서 조선일보와 동아일보는 일본 식민 정부에 동조하는 기사들을 게재, 민족지의 깃발을 내렸다는 평가를 받는다. 이 신문들도 결국 1940년 총독부의 강요에 의해 폐간됐다. 일본 식민 통치 기간이었던 1927년에는 신문 이외의 매체로 경성방송국이 본방송을 시작하며 공식 개국하기도 했다.

1945년 해방 이후 미군이 남한에서 행정권을 행사하던 시기, 한국의 언론 환경은 극도로 혼란스러웠다. 미군정(美軍政) 시기에는 해방일보 등 공산주의 노선, 조선인민보 등 진보주의 노선, 조선일보나 동아일보 등 자유주의 노선의 신문 등이 좌 · 우익으로 나뉘어 대립했으며, 이념 논쟁이 가속되는 가운데 미군정은 용지난 등을 이유로 공산주의 및 진보주의 노선의 신문들을 정리했다. 이런 과정에서 일제시대 경성중앙방송국이 서울중앙방송국으로 개명했으며, 서울중앙방송국은 1947년 국제무선위원회에서 HLKA라는 한국호출부호를 받고 KBS(중앙방송국)로 개국했다. 이 무렵에는 동맹통신, 합동통신 등 통신사도 출범했다. 한편, 1948년 건국한 대한민국의 초대 대통령 이승만은 북한과의 정치적 대립 속에서 한국의 안보에 저촉되는 것으로 의심되는 정보와 관련된 보도 등을 통제했으며, 이 과정에서 언론 활동을 규제했다. 6 · 25 전쟁 동안에는 국내의 신문들은 종간과 속간 등을 이으며 파행을 겪었다. 전쟁 이후에는 이승만 자유당 정권의 지나친 독재에 대한 비판 기사 등으로 권언(勸言) 갈등이 커지면서, 조선일보 · 동아일보 · 경향신문 등의 야당지와 서울신문 등의 여당지가 대립하기도 했다. 이런 혼란 속에서도 정파적 색깔을 배제하고 사회적인 이슈에 집중한다는 것을 기치로 하는 한국일보가 1954년 창간하고, 기독교방송(1954년), 부산문화방송(1959년)이 출현하면서 국내 본격적인 민영 라디오 방송 시대가 개막됐다. 1956년 5월에는 처음으로 TV 방송국(KORCAD-TV)이 출범했으나 정치 · 경제적 이유로 사라졌고, 1961년 군사정부에 의해 다시 텔레비전 방송이 시작됐다.

군사 쿠데타에 의해 1961년 박정희의 군부 정권이 수립되기 직전, 자유당 정권의 몰락과 함께 찾아온 새로운 정치 국면에서 국내의 신문 수가 100여 개로 늘어나 이전에 비해 3배가량 폭증했다. 이 과정에서 보도를 미끼로 대중들을 기만하는 사이비 언론사도 늘어났다. 이런 현상은 군부 정권에 언론통제의 빌미를 제공했다. 이후 정권은 사이비 언론사를 정리한다는 구실로 정권에 비판적인 매체들을 폐쇄했다. 또 지나친 언론통제에 반대하는 매체들에게는 광고주 압력 등의 방법으로 보복을 진행하기도 했다. 이와 같은 분위기가 이어지면서 1970년대 초반 유신 체제 출범을 전후해 권력은 정부 부처에 대한 기자들의 출입 제한 등의 조치를 단행했다. 이 시기, 동아일보와 조선일보 기자 등은 정부 탄압에 대한 저항운동을 개시했고, 이들 언론사 사주들은 정권의 압박 등을 이기지 못한 채 저항운동에 참여한 언론인들을 파면해 결국 재야 언론 운동이 시작됐다는 것이 국내 언론 사학자들의 입장이다.

1961년 군사 쿠데타로 정권을 잡았던 박정희 전 대통령이 1979년 암살되면서 들어선 신군부는 1980년 8월 전두환 대통령의 집권으로 새로운 차원의 언론통제를 시작한다. 신군부에 대항하는 언론인들에 대한 해직, 보도 내용 통제 등 채찍을 드는 동시에, 호의적인 언론사에 대해서는 세금 혜택 등의 당근 정책을 폈다. 이 과정에서 신군부는 효율적인 언론통제를 위해 중앙 일간지를 통폐합하고, 동양방송(TBC)을 한국방송(KBS)으로 흡수했으며, 지방의 신문사도 1개 도(道)에 하나씩만 허용하는 정책을 펴나갔다. 이때 수백 명의 언론인들이 직장을 잃었고, 이들은 다시 재야 언론 운동에 몸을 담았다. 이와 같은 언론정책 등 폭압적인 정부의 집권 방향은 결국 국민들의 저항을 불렀고, 1987년 대통령 직선제 등을 포함한 헌법 개정이 실시됐다. 이를 계기로 1980년 언론 통폐합 당시 폐간됐던 신문들 복간되고, 1988년에는 1970년대와 1980년대 정권의 탄압에 의해 해직됐던 동아일보와 조선일보의 기자들을 중심으로 진보적 성향의 일간지 한겨레가 창간되면서, 한국의 언론사는 정치적 스펙트럼의 다양화라는 새로운 국면을 맞는다. 21세기의 전환점이 되는 1990년 이후에는 온라인상에서의 매체가 발족하고, 인터넷 등의 발달로 광고 환경 등이 바뀌면서 2002년 최초의 무가지 메트로(Metro)가 창간되는 등 한국의 언론은 그 내실과 외연의 측면에서 다양한 도전과 응전을 이어가고 있다.

2. 저널리즘 이론과 현상들

1) 언론의 4대 이론(Four Theories of the Press)

종이가 발명되기 이전부터 인간들이 공공의 정보를 알리고자 어떻게 노력해왔는지는 앞에서 살펴봤다. 그러나 이 노력이 일반 대중에게 전달되는 단계로 진화하는 데는 역시 종이의 발명과 인쇄술의 발전이 큰 역할을 했다. 이는 곧 인쇄 매체, 그중에서도 특히 신문의 역할이 저널리즘의 발달에 지대한 영향력을 행사했다는 것을 보여준다. 이 영향력은 텔레비전 등 새로운 전자 매체의 발명과 더불어, 신문뿐 아니라 전반적인 대중매체의 기능과 역할에 대한 논의와 담론 구성의 기초를 제공해왔다. 이와 같은 모습을 크게 4가지의 유형으로 정리한 것이 언론의 4대 이론(Four Theories of the Press)이다(Siebert, Peterson, & Schramm, 1956)이다. 1950년대 정리된 이 유형들은 비록 가설 검증 등을 통해 이뤄진 과학적 이론이라고 말하기는 어렵지만, 당시까지 존재한 다양한 매체 형태를 종합해 제안했고, 사회체제나 구성 성격에 따라 대중매체의 역할과 기능에 차이가 있다는 점을 체계적으로 보여줬다는 점에서 당시는 물론이고 이후의 학자들에게 큰 이정표를 세웠다는 평가를 받고 있다. 20세기 중반에 정리된 권위주의, 자유주의, 사회적 책임, 소비에트-전체주의 등 4가지 언론 유형들은 21세기 초반인 현재까지 설명력이 이어진다.

(1) 권위주의 이론(Authoritarian Theory)

권위주의 이론 모델은 16세기 또는 17세기 권력이 집중된 영국 왕정의 상황을 상정해 제안됐다. 과학 기술 혁명 초기, 종이의 발달과 상업의 확대라는 사회적 여건이 있었지만 아직 봉건시대 왕정의 형태를 벗어나지 못했던 시기의 언론 현상을 설명하고 있는 모델이다. 이런 사회적 환경에서 언론은 절대권력인 왕권을 지지하고, 그 왕정의 목표를 지원하는 역할을 하게 된다. 왕권 자체가 국가를 상징하던 시기였기에 왕정에 대한 봉사는 곧장 정부의 정책이나 발전에 이바지하는 것을 의미하기도 했다. 정권은 이와 같은 권력의 목적을 달성하기 위해, 언론 경영에 대한 특허권이나 자격증을 특정 인사들에게 허가하고, 이러한 허가권을 중심으로 언론을 통제하기도 했다. 정부로부터의 허가권에 종속된 언론은 그 권리를 유지하기 위해 결국 자기 검열을 통해 매체의 메시지를 조정하게 된다. 왕이나 왕실이 개입한 정부에 비판의 날을 세우기 어렵고, 이런 매체가 정부 관리를 견제하는 기능을 갖는 것도 쉽지 않았던 셈이다. 매체에 대한 소유권은 왕이나 정부에 관련된 공적 분야가 가지고 있었고, 설혹 민간이 언론을 소유하더라도 결국 왕정의 목표에 부합하는 정보를 전달해야 했기에, 언론사가 스스로 추구하는 자유로운 정보 유통은 기대하기 어려운 모델이다.

이와 같은 형태의 언론은 현대사회에도 존재한다. 국왕이 국가원수와 국정수반 역할을 동시에 하는 일부 군주제 국가들을 생각해보면 된다. 부(富)가 왕가(王家) 또는 왕권 관련 인사들에 편중된 이런 국가들에서는 언론 경영 역시 이와 같은 인물 또는 그들과 가까이 있는 사람들에게 맡겨진다. 비록 표면적으로는 '공공의 이익에 부합하는 비판' 등을 허가하는 형식을 띠고 있지만, 결국 이는 왕족이나 왕권 수호를 위한 도구로 활용된다. 왕권에 도전하는 글을 싣는 언론은 매체 경영에 제한이 생기고, 그런 글을 쓰는 사람은 처벌을 받거나 언론관계 업종에 평생 근무를 하지 못하게 되는 경우가 생긴다. 또 특정 정치체제를 유지하는 일부 국가에서도, 독재적 정책 추진을 위해 언론에 재갈을 물리는 경우도 발생한다.

(2) 자유주의 이론(Libertarian Theory)

밀턴(Milton), 로크(Locke), 밀(Mill) 등 17세기를 전후해 활동한 철학자들의 사상은 자유주의적 언론의 원형을 제공했다. 이 자유주의 이론은 20세기 자본주의를 이끈 미국식 언론관에 반영된다고 볼 수 있다. 여러 종류의 목소리가 개진되면, 그 내용들은 자유로운 아이디어의 시장에서 서로 경쟁하는 과정 속에 자정 작용을 거쳐 진실로 발현될 수 있다는 것이 이 사상의 핵심이다. 이런 배경은 다양한 언론사가 취재 및 보도 행위를 통해 사실과 의견을 전달하면, 이들은 서로 충돌하고 경쟁하게 되며, 사람들 사이의 건전한 토론 문화가 일어나 많은 사람들이 동의하고 수긍할 수 있는 결론에 도달하게 된다는 것을 설명한다. 이 이론은 현재 미국을 비롯한 자본주의 사회에 점철되는 언론 현상을 대표한다. 이 이론 아래서는 또 지나친 표현의 자유로 인해 발생할 수 있는 명예훼손, 외설, 거짓 등을 막기 위해 법적으로 사람들 생각의 방종한 개진을 통제하는 안전장치가 개설되기도 한다. 전쟁 등 국가 위기 상황에서 국익을 해치는 치안 방해 목적의 보도도 금기시된다.

이와 같은 내용은 많은 자유주의 국가 언론에 적용되고 있다. 하지만 이런 사상에 대한 반론도 충분히 가능하며, 일부 학자들은 자유주의 이론이 가지고 있는 모순적 현상을 비판하기도 한다. 특히 자유로운 의견 유통을 기본적인 생각으로 가지고 있으면서, 일부 내용들을 법의 이름으로 통제하는 것이 과연 합당하냐는 근본적인 문제제기가 가능하다. 예를 들어, 외설 등에 대한 기준이 과연 법적 시스템으로 마련될 수 있느냐 등은 오랜 기간 논란의 대상이었다. 비록 법이라는 것이 합리주의에 기초한 이성(理性)의 표현이라고 본다하더라도, 시대에 따라 달라지는 환경 변화를 다 담아낼 수 없다는 한계가 있다. 국익에 반하는 정보의 통제가 진정 국익을 위한 것이라고 볼 수 있는가 역시 같은 맥락에서 논의가 가능하다. 한 시점에서 국익이라고 주장하는 내용들은 어쩌면 해당 기간 정권을 유지하는 정치 세력의 이익이 될 수도 있기 때문이다. 또 이 자유주의 언론관이 지지하는 언론 매체 사용권은 자본의 논리에 의해 왜곡될 수 있다는 비판도 나온다. 금전적인 요건이 갖춰진 사람들은 누구라도 언론을 소유하거나 그를 통해 목소리를 낼 수 있다는 시각은 일견 모든 이들에게 언론에 대한 접근 등을 용인하는 것으로 보이나, 결국 그와 같은 요건이 마련되지 않은 사람들은 대중매체를 통해 자신의 의견을 개진할 길이 막히기 때문이다.

(3) 사회적 책임 이론(Social Responsibility Theory)

사회적 책임 이론은 자유주의의 결점을 보완하고자 하는 맥락에서 출발한다. 금전적 여건에 따라 매체에 대한 소유 및 사용권이 결정되는 자유주의 이론하에서는 돈이 없는 사람에게 발언권이 주어질 기회가 줄어든다. 그렇게 되면 자유로운 생각의 교류가 제한되고, 궁극적인 아이디어 자유 시장 의미가 축소된다. 이 난점을 극복하기 위해, 만약 특정 사안에 대해 일방적인 주장을 하는 언론이 있다면, 이에 반하는 의견을 제시할 창구가 있어야 하며, 이 창구는 재정적인 여건에 의해 제한받지 말아야 한다는 것이 사회적 책임 이론의 특징이다. 이 이론은 만약 자본의 논리에 의해 기존 언론사들이 이와 같은 창구 역할을 하지 못한다면, 이익 단체나 사회 여론 등을 통해 언론을 압박할 수도 있다는 점을 강조한다. 즉, 말할 내용이 있는 사람이라면 누구든지 차별 없이 발언대에 설 수 있도록 해야 한다는 것이다. 이는 이 이론이 가지고 있는 논쟁 강화 요소로 대변될 수 있다. 비록 자유주의 이론도 다양한 아이디어의 개진을 말하고는 있지만, 금전적 배경 때문에 활발한 논의가 제한될 수 있기에, 이와 같은 논쟁의 장을 적극적으로 마련하는 사회적 분위기를 조성하고, 언론에게 이런 책임을 지워야 하며, 언론이 이와 같은 역할을 하고 있는지 사람들이 감시해야 한다는 것이다. 이 이론은 비록 미국에서 출발했지만 특히 치열한 논쟁을 유발한다는 점에서, 오히려 유럽의 현대 언론 환경에서 더 활발하게 적용되고 있는 것으로 보인다.

사회적 책임주의 이론은 2차 세계대전 당시 시카고 대학 총장 로버트 허친스가 이끌던 언론대책특별위원회(Commission on Freedom of the Press)에 의해 제안됐다. 일명 허친스위원회(Hutchins' Commission)라고도 알려진 이 위원회는 4년간의 논의를 거쳐 전쟁이 끝난 1947년, 현대 민주주의를 위해 언론이 짊어져야 할 책임을 권고했다. 이 책임은 매체가 이기적인 목적을 위해 활동해서는 안 되며, 뉴스 생산을 통해 최대 다수의 공익을 위해 헌신해야 한다는 것을 뜻한다. 이는 다시 독자 확보를 위해 단순히 사건의 발생만 보도할 것이 아니라, 사건 이후 어떤 상황들이 진행되고 있는지를 착실히 취재해 전달하는 언론의 탐사보도 책임론까지로 이어지기도 한다. 21세기 언론들이 아직도 취약한 부분을 20세기 중반부터 논의하고 있었던 것이다. 비록

	권위주의	자유주의	사회책임주의	소비에트-전체주의
근원	16~17세기 영국 왕실 등 절대 군주와 그 정부의 권력	합리주의 철학과 기본권에 기초한 17세기 말 이후 영국과 미국사회	허친스위원회의 논의에 근거한 20세기 미국사회	구(舊) 소련 공산주의 사상, 독일 나치즘과 이탈리아 파시즘
목적	정부 정책 지원 및 발전과 국가에 대한 봉사	정보 전달, 오락, 매체 사업 등을 통해 진실 추구와 정부 감시 병행	정보 전달, 오락, 매체 사업 등을 통해 논쟁 주도	소비에트 체제 유지 및 일당(一黨) 독재 지원
매체 사용	집권자의 특허나 그에 상응하는 허가를 받은 자	재정적 수단이 가능한 모든 사람	뭔가 말하고 싶은 모든 사람	당에 충성하는 진성 당원
매체 통제	정부 허가권, 자격증, 자발 통제 및 검열	사상의 자유에 근거한 진실 추구 과정 및 법정 통제	지역 여론, 소비자 행동, 전문직 윤리	정부의 정치 경제적 제재 및 감시
금기사항	정치 메커니즘, 권력 집단 관리에 대한 비판	명예훼손, 외설, 거짓, 전시 치안 방해	공인된 개인 재산권이나 필수적 사회 이익에 대한 심각한 침해	당의 목표에 대한 비판
매체 소유	민영 또는 공영	민영	공익을 위해 정부의 개입이 필요 없는 한 민영	공영
특징	꼭 정부 소유일 필요는 없지만, 정부 정책을 보호	정부 감시 기능 및 사회 필요성 충족	매체의 사회 책임론 강조	국가 기관으로서 국가의 통제 아래 존재

표 2-1
4대 언론 유형의 특성[1]

이 부분은 시민들이 알기 원하는(Want to Know) 뉴스와 알아야 할(Need to Know) 뉴스 등과 관련해 어느 정도로 보도해야 하느냐는 논의 거리를 남겨 놓고 있지만, 이와 같은 고민은 저널리즘의 발전에 큰 기여를 해왔다. 이 위원회는 이런 과정에서 전파의 제한성 등을 고려해 방송에 대해서는 정부의 통제가 필요하다는 의견도 제시했다. 이 문제는 커뮤니케이션 기술의 발달과 함께 변화하는 매체환경 속에서 미국뿐 아니라 한국에도 방송에 대한 규제와 규제 철폐 등의 논쟁으로 이어지고 있다.

(4) 소비에트-전체주의 이론(Soviet-Totalitarian Theory)

소비에트-전체주의 이론은 구(舊) 소련 체제의 매체 운영 방식을 정리한 것이다. 자본주의 사회 학자들에 의해 정리된 4가지 언론 유형이기에 소련식(式) 전체주의에 대한 비판적 시각이라 볼 수도 있지만, 당시 소련의 언론 구

1 표는 Siebert, Peterson & Schramm의 『Four Theories of the Press』(1956)의 내용을 정리한 것이다.

조가 비교적 객관적으로 서술된 것으로 보인다. 또 이 이론은 소비에트 체제 자체에 대한 것이지만, 당시 소련의 경제체제인 공산주의 비판으로 읽히며 원래 소비에트-공산주의 이론이라고 소개됐다. 그러나 이를 공산주의라는 경제체제에 대입하기보다는, 공동 목표를 지향하는 하나의 집단으로 국가를 인식하는 정치체제하의 언론 이론으로 이해하는 것이 더 옳겠다.

이 이론은 권위주의 유형과 대단히 흡사한 구조를 갖는다. 다만 언론이 왕권 대신 소비에트 일당 독재의 목표나 정책에 부합하는 역할을 한다는 차원에서, 서비스의 대상에 구분이 생긴다. 이로 인해 파생되는 차이로 매체 소유권이나 사용권이 1인 왕권, 또는 그 왕족에 유관한 사람들에 국한되는 대신, 당에 헌신하는 당원들에 허가된다는 점을 들 수 있다. 독재체제를 지원한다는 차원에서, 공산주의뿐 아니라 자본주의식 독재로 볼 수 있는 나치즘이나 파시즘에도 적용되는 이론이다. 이 유형이 제기된 1950년대 이후, 공산주의 사회로 불리는 지역에도 많은 변화가 있었다. 예를 들어, 중국은 현재 제한적이나마 개인의 매체 소유를 일부 인정하고 있으며, 정보의 내용들도 과거에 비해 자유로워졌다. 그러나 현대사회에는 아직 이와 같은 유형의 체제하에서 매체가 운영되는 경우가 있다. 북한의 매체환경은 아직 당의 독재를 유지하는 방향으로 설정돼 있다. 심지어, 당의 목표까지는 아니더라도 당의 전술적 측면에 대한 비판은 허가했던 소비에트–전체주의의 표면적 자유조차 북한에서는 허용되지 않는 것으로 보인다.

2) 저널리즘의 현재와 미래

(1) 권력의 대변인 그리고 비관적 상황

앞서 거론한 언론의 4대 이론은 1950년대 제안됐지만 현재에도 설득력을 갖는다. 하지만 냉전 구도가 팽배했던 시점에 만들어진 4가지 언론 유형을 현대에 적용하는 것은 시대착오적이라는 지적도 있다. 미디어 역사학자 알철(Altschull, 1984)은 이를 다시 시장주의 국가(Market Nations), 공산체제 국가(Communitarian Nations), 개발 국가(Advancing Nations) 등 3가지 유형으로 나눠 설명하고 있다. 경제체제 현상 및 자본주의식 발전 상태에 따라 1980년대 제안된 알철의 이 구분 방식은 비교적 현대 실정에 맞춰 언론을 바라본다는 평가를 받는다. 하지만 이 내용도 앞선 분류를 재해석한 것에 불과하다는 비판과 함께, 냉전 종식 이후 전개된 새 미디어 환경을 설명하지 못한다는 한계도 지니고 있다. 학자들의 분류를 보면, 인류의 역사와 함께 변화를 거듭해온 저널리즘 또는 언론의 유형들은 어쩌면 간단하게 한 국가의 정치적 정체성이 자유주의적 책임론을 강조하느냐 아니면 전체주의적 권위주의를 지향하느냐의 큰 틀에 따라 규정될 수도 있겠다. 그럼에도 불구하고, 이들 유형 구분을 관통하는 언론의 성격 하나가 있다. 모든 사회의 매체를 '권력의 대변인(Agents of Power)'이라고 규정한 알철(Altschull, 1984)의 관점이 이를 대변한다. 비록, 자본주의적 입장에서 언론의 성격을 설명한 요소라는 측면이 강하지만, 이는 언론의 4대 이론, 알철 자신의 3개 분류, 또는 자유주의적 책임론과 전체주의적 권위주의 등으로 단순하게 나누는 2개 유형 내 모든 언론의 속성을 말한다고 할 수 있겠다. 즉, 언론에 대한 알철의 해석은 언론 유형의 분류보다, 각 사회에 등장하는 매체의 역할이 큰 차이가 없다고 본 점에서 큰 의의를 갖는다고 할 수 있다.

『권력의 대변인(Agents of Power)』이라는 동명의 저서에서 알철은 독립적 매체의 존재는 허상이며, 모든 매체는 어느 체제든 그 체제 아래에서 경제적 · 정치적 · 사회적 힘을 갖고 있는 '권력의 대변인'이라고 주장한다. 그는 다시 모든 매체는 표현의 자유를 신봉하지만, 표현의 자유는 시각에 따라 달리 해석된다고 덧붙였다. 즉, 매체가 소속된 국가의 정치 · 경제적 체제에 따라 매체가 지향하는 표현의 자유는 달리 수용될 수 있다는 뜻이다. 이를 매체가 권력의 대변인이라는 부분에 접목해보면, 표현의 자유라는 대전제를 수용하면서도, 그 자유마저도 매체에 재정적 지원을 하는 사람들의 이해를 반영하는 차원에서만 작동한다는 의미이다. 이를 자유주의적 책임론(대부분 현대의 민주국가) 관점에서 보면 매체가 존립할 수 있도록 금전적 · 정책적 지원을 하는 광고주나 정치권과의 이해관계를 떠나 매스미디어가 스스로의 입장만을 고수할 수는 없다는 것이며, 전체주의적 권위주의(대부분 현대의 독재국가) 아래에서도 매스미디어는 결국 정권이나 당(黨)의 이익을 대변하는 역할을 하며 생존을 유지할 수밖에 없다는 뜻이다. 알철은 대중매체는 결국 돈을 지불하는 주체의 이기적 이익을 위해 봉사하게 된다고 설명한다. 돈을 지불해 언론이 생명을 이끌어갈 수 있도록 하는 주체는 자유주의적 책임론하에서는 광고주나 정치권이며, 전체주의적 권위주의하에서는 정권이나 당(黨)이 된다. 이런 상황을 목도하며 메릴(Merrill, 1977)과 같은 언론 사회학자들은 인간 사회에서 철학적이고 근본적 의미의 진정한 자유 언론은 존재할 수 없다며, 알철의 생각과 유사한 주장을 하고 있다. 언론 및 표현의 자유를 지향하는 대다수 시민들의 입장에서는 이런 설명을 받아들이거나 인정하기 어렵고 싫을 수 있지만, 현실 사회에서는 대중매체를 둘러싸고 이와 같은 상황이 실제로 전개된다.

메릴(Merrill, 1990)은 여기에 붙여 일반인과 언론인들이 모두 당연한 것으로 받아들이고 있는 언론의 3대 신화(Myth)에 의문부호를 찍는다. 과연 시민들의 알 권리(People' s Right to Know), 매체에 대한 접근권(Right to Access to the Media), 권력의 4부로서의 언론(The Press as the Forth Branch)이라는 내용이 우리 언론 현상에 존재하는가에 대한 회의적 시각이다. 그는 도대체 무엇에 대해 알 권리를 주장하는 것인지 너무 막연한 개념에 둘러싸여 있고, 일반인들은 기성 대중매체에 자유롭게 접근해 자신들의 주장을 펼칠 수 있는 시스템 자체가 작동하지 않는다고 했다. 매체도 정치 · 경제적 권력 기관을 감시하는 것이 아니라 오히려 이들의 이익을 대변하는 구실만 하고 있다고 봤다. 때문에 우리가 일반적으로 생각하는, 진정한 민주주의를 지향하는 자유 언론은 인간 사회에서 구동할 수 없다고 주장하는 것이다. 이런 신화가 허상에 불구한데도 일반 수용자들은 언론이 더 나은 세상을 지향한다고 믿고 있으며, 그런 신념에 바탕을 두고 언론 보도를 받아들이는 일반인들은 자신도 모르는 사이에 언론이 대변하는 권력의 메시지를 흡수하게 된다는 것이 더 큰 문제라고 학자들은 지적하고 있다.

사실 알철이나 메릴과 같은 시각은 1980년대와 1990년대에 갑자기 등장한 것이 아니다. 언론의 4대 이론이 소개된 1950년대를 전후해 호르크하이머와 아도르노(Horkheimer & Adorno, 1944/1972)는 이미 매체 정보 수용자들의 취향과 기대는 모두 기존에 정해진 구도에 따라 매체를 통해 전달되는 문화 산물의 반복적인 흐름에 의해 조성된다고 지적했다. 즉, 일반인들이 사회 지배 세력의 메시지를 비판 없이 수용한다는 것이다. 마르쿠제(Marcuse, 1964)는 대중매체의 최면적 메시지 전달 방식이 수용자들을 매체 콘텐츠에 무력하게 만들고 결국 다양한 생각을 하지 못하는 일차원적 인간(One-Dimensional Man)만을 양산한다고 정리했다. 이는 다시 대중매체가 사회 일정 부류만을 위해 특화된 정보로 불특정 다수를 억누르면서 엘리트 계층의 권력 축적을 돕게 된다는 기틀린(Gitlin, 1985)의 주장으로 환원되면서, 언론이 사회권력의 대변인 역할을 하고 있다는 내용을 부각시키고 있었던 것이다.

(2) 새로운 환경 그리고 기회

이상과 같이 20세기 저널리즘의 기능과 역할을 관찰해온 언론 역사학자, 언론 사회학자, 언론 철학자들의 주장을 종합해보면, 우리의 언론 현실은 무척 암울하게 느껴진다. 결국 기성 사회에서 언론이 스스로 나서 자발적으로 할 수 있는 일은 없으며, 언론의 역할을 통해 지향할 건강한 사회도 손에 잡을 수 없다는 허무함마저 일게 된다. 언론 조직이라는 채널은 사회권력층을 대변하는 통로가 되고, 이 채널에서 일하는 사람들, 즉 기자나 PD 등 매스 커뮤니케이터들마저 개인의 안위 등을 위해 적극적으로 또는 소극적으로 조직의 논리에 순응하게 되며, 이들이 생산하는 메시지는 이와 같은 논리와 배경에서 일부 계층을 위해 특화된 뒤 일반 수용자들에게 전달되는 현상이 반복될 수밖에 없다는 자괴감 때문이다. 그럼에도 언론은 많은 사람들의 희망이며, 종국에는 더 많은 사람들의 행복을 위해 인간들의 지혜를 모으는 대중적인 창구로 기능할 수 있다는 기대를 저버릴 수 없다. 실제로 과거에도 위와 같은 염세적 분위기에 맞서, 특정 권력이 아닌 일반 시민 대중을 위해 언론이 노력한 역사가 있다. 또한 일반 수용자들도 권력의 대변인이 된 대중매체의 메시지를 수동적으로만 받아들이는 것이 아니라, 능동적으로 그 내용을 해석하며 적극적으로 사회 문제에 대한 논의에 참여하는 성향이 있기 때문이다. 하버마스(Habermas, 1962/1989)는 비록 일반 수용자들의 의사소통 수준이 높지 않을 수 있지만, 그들이 전 사회적인 논의에 참여할 수 있다는 사실만으로도 현대사회는 발전 가능성이 있다고 봤다. 또 홀(Hall, 1980) 등과 같이 사람들이 그저 주어진 메시지를 저항 없이 받아들이는 것만 아니라 스스로의 경험 등을 토대로 정보를 적극적으로 해석하고 활용한다는 시각을 가지고 있는 학자들의 주장은, 권력의 대변인이 된 대중매체의 일방적 콘텐츠 전달로 인한 폐해가 만연하지는 않을 것이라고 기대하게 한다.

특히 이와 같은 생각은 커뮤니케이션 기술의 발달과 함께 더욱 확대되고 있다. 비록 학문적 시각의 차이에 따라 해석이 달리 나타날 수는 있지만, 저널리즘의 영역에서도 이와 같은 흐름을 통한 큰 변화가 기대된다. 이런 기대를 관통하는 것이 수용자의 역할 확대이다. 커뮤니케이션 환경 변화는 기존의 수용자를 단순히 뉴스를 받아들이는 정보 유통의 객체에서, 뉴스를 생산하는 주체로 바꿔놓고 있다. 이 전환은 다시 과거 학자들에 의해 단순히 권력의 대변인으로 비판 받던 대중매체의 성격에 변화를 요구하고 있다. 저널리즘 현상의 변화가 예고되고 있는 것이다. 이를 이끌어가는 현대의 동력은 인터넷이다.

배달되는 신문이나 방송되는 텔레비전 뉴스 프로그램을 통해 새로운 소식을 접하던 수용자들은 1960년대 개발된 인터넷이 1990년대 중반 들어 일반화하면서 새로운 세상을 만들어가고 있다. 처음에 시민들은 간단히 개인적 정보를 주고받던 이메일 등의 기능에 만족했지만, 이제 월드와이드웹 등을 통해 신문이나 방송 등 전통적인 매체가 주던 정보 수용의 범위를 뛰어넘고 있다. 한정된 지면이나 시간을 초월해 원하는 정보를 직접 찾아 나서게 된 것이다. 여기까지는 정보의 수동적 수용자에서 능동적 수용자라는 변화만 있을 뿐, 아직 전통적 의미의 정보 소비자(Consumer) 수준에 머문다. 하지만 이 과정에서 수용자들은 한 발 더 나아갔다. 일부러 찾아 나선 정보를 모아 다른 사람들에게 전달하는 정보 생산자(Producer)의 역할이 가능해졌기 때문이다. 그들은 결국 정보를 소비하는 동시에 이를 조합해 전달하는 프로슈머(Prosumer)의 모습을 띠게 된다. 이런 현상이 저널리즘 또는 매스커뮤니케이션과 연계해 두드러지는 것이 블로그(Blog)나 위키(Wiki) 시스템의 역할이다.

① 블로그(Blog), 유튜브(YouTube)와 저널리즘

월드와이드웹에 유통되는 정보를 데이터로 저장해 기록한다는 의미를 가

진 블로그는 월드와이드웹(World Wide Web)의 마지막 영문 글자 비(B)와 데이터 및 기록을 뜻하는 로그(Log)가 연결돼 만들어진 합성어다. 인터넷상에서 이와 같은 활동을 하는 사람들은 단지 자신만을 위해 정보를 저장하지 않고 이를 다른 사람들과 공유하기 시작했다. 즉, 불특정 다수의 사람들을 향해 자신이 확보한 사실과 그에 근거한 의견들을 전달하기 시작한 것이다. 인터넷은 아주 특별한 기술이나 자금이 없어도 보통 사람들의 이런 활동을 가능하게 만들었다. 이 현상을 두고 일부 학자들은 블로그 저널리즘이라는 용어를 사용한다. 조금 더 엄격하게 말하자면, 블로그를 운영하는 블로거(Blogger)가 불특정 다수의 사람들을 위해 공공의 관심사에 적합한 정보를 모아 인터넷이라는 채널을 통해 전달하는 행위를 블로그 저널리즘이라고 규정할 수 있다.

1990년대 텍스트 기반의 인터넷 출판 및 토론방 활성화와 함께 시작돼 21세기에 들어서며 전성기를 맞았던 블로그 활동은 사회관계망서비스(SNS)와 동영상 플랫폼의 확장 등과 맞물리면서 새로운 영역으로 확대된다. 유튜브(YouTube) 활동으로 대표되는 이 현상은 텍스트에 기초한 블로그의 내용을 그전보다 더욱 일반화한 통신 기술을 이용해 동영상으로 전달하는 것이라 요약할 수 있다. 블로그의 동영상 판이라고도 볼 수 있으며, 저널리즘의 관점에서 보자면 유튜브 채널을 운영하는 유튜버(YouTuber)가 불특정 다수의 사람들을 위해 공공의 관심사에 적합한 정보를 모아 사회관계망서비스나 인터넷 플랫폼 등을 통해 전하는 행위를 유튜브 저널리즘이라 할 수 있다는 뜻이다.

하지만, 전통적인 관점에서 이들 행위를 저널리즘으로 볼 수 있느냐에 대해서는 논란이 있다. '대중매체를 통해 이뤄지는 매스커뮤니케이션의 형태로, 대중매체에 소속돼 정보 판단 전문가로 훈련된 언론 조직 구성원들이 공공의 관심 사항이 될 만한 정보를 확보하고 이를 이해하기 쉬운 메시지로 전환해 불특정 다수의 독자나 시청자에게 전달하는 것'이라는 저널리즘의 원론적 정의를 대입해보면, 우선 블로거나 유튜버들은 불특정 다수에게 메시지를 전달한다는 차원에서 일부 조건을 충족한다고 볼 수 있다. 하지만 과연 단 한 명의 개별자나 소수의 사람들이 인터넷 플랫폼 등에서 운영하는 채널이 대중매체인가, 그리고 이들이 정보 판단을 위해 체계적인 훈련을 받았는가의 조건에 대해서는 명확하게 답하기 어렵다. 더 나아가 이들이 전달하는 정보가 과연 공공의 관심사로 인정받을 수 있는가의 문제도 정답을 쉽게 찾을 수 있는 것이 아니다. 일부 학자들은 이런 시각 때문에 블로그 저널리즘이나 유튜브 저널리즘이라는 말 자체를 인정하지 않기도 한다. 하지만 또 다른 학자들은 권력의 대변인이 된 기성 매스미디어를 대체해, 이들이 새로운 커뮤니케이션 환경에서 다양한 사실과 의견을 전달하는 매스커뮤니케이션 기능을 담당하고 있으므로 새로운 형태의 저널리즘으로 볼 수 있다는 주장을 펴고 있다.

② 위키(Wiki)와 저널리즘

이와 성격은 약간 다르지만, 유사한 차원에서 거론되는 것이 위키(Wiki) 저널리즘이다. 하와이 전통 언어로 '빨리빨리'라는 뜻을 가진 '위키'가 '저널리즘'에 붙어 만들어진 이 단어는 온라인상에서 유명한 백과사전 '위키피디아(Wikipedia)'에서 비롯됐다(그림 2-2). 위키피디아는 세계 곳곳에 있는 사람들이 인터넷을 통해 자신이 알고 있는 내용을 정보 집적지(集積地)로 보내면, 정보를 모으는 사람들이 이를 취합해 종합된 메시지로 제공한다. 또 기존의 정보를 수정(Edit)할 수 있는 기능을 장착해, 사람들이 정보를 지속적으로 보탤 수 있다. 위키피디아 화면을 캡처한 그림 2-2 위쪽에 '누구든 수정할 수 있다(anyone can edit)'는 문구가 이를 대변한다. 즉, 한 사람의 블로거에 의해 정보가 모이고 전달되는 블로그 또는 블로그 저널리즘과는 달리, '위키'는 여러 사람이 동시에 정보를 생산하는 것이 특징이다. 이 점에서 보면 단 한 명의 운영자가 정보를 찾아 확인하고 이를 전달하는 것과는 달리 여러 명이 작업에 동참한다는 차원에서 '위키'는 '블로그'에 비해 전통적인 저널리즘의 모습을 더 많이 닮았다고 할 수 있다.

하지만 이렇게 모인 정보가 과연 검증된 내용인가에 대해서는 회의(懷疑)가 많다. 전통적으로 각계의 학자나 전문가들이 정보를 검증해 전달하는 기존의 백과사전과는 달리, 일반인들이 참여하는 위키피디아의 정보에 오류가 많다는 지적이 계속 제기됐다. 이를 극복하기 위해, 위키피디아 측에서는 수정(Edit) 기능을 특화해 검증 가능한 시스템을 추가하는 노력을 기울이

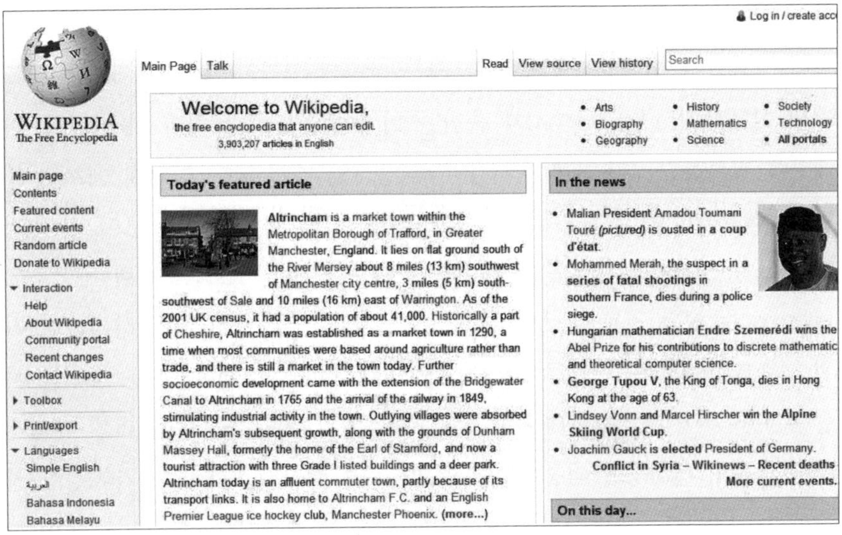

그림 2-2
위키피디아에서 제공하는 기사 자료

고 있다. 이 사이트는 최신 뉴스의 내용 중 일부 사안에 대해 더 자세한 내용을 확인할 수 있도록 해당 사안을 하이퍼링크에 연결하는 서비스도 제공한다. 하지만 이런 접근이 완벽하다고 말하기는 어렵다. 또 위키피디아가 가지고 있는 '백과사전'이라는 근원적 성격 때문에, 새로운 뉴스를 전달하는 것에 집중하는 저널리즘의 취지에 꼭 맞는다거나, 콘텐츠를 제공하는 사람들의 정보 판단 전문성도 아직 신뢰를 확보했다고 말하기는 어렵다. 단지, 이렇게 여러 사람이 동시에 정보를 생산하는 시스템을 새로운 소식이라는 콘텐츠에 접목한다면 블로그 현상에 비해서는 전통적 의미의 저널리즘에 가깝게 접근할 수 있을 것이라는 기대가 있을 뿐이다. 그럼에도 불구하고, 이와 같은 시도는 새로운 커뮤니케이션 환경에서 과거에 보지 못했던 정보처리, 특히 공공의 관심사가 될 수 있는 정보에 대한 유통을 가능하게 한다는 점에서 주목받고 있다.

③ 온라인 저널리즘

블로그나 위키 시스템이 저널리즘이라는 용어를 얻어 언론 기능을 할 수 있느냐는 논의가 있기 전에, 사람들은 온라인 저널리즘 혹은 인터넷 저널리즘이라는 단어를 접했다. 이는 저널리즘의 특성을 결합하기에 블로그나 위키가 가지고 있는 위와 같은 한계점들을 훨씬 더 많이 극복하고 있다. 인터넷의 확산과 더불어 1990년대 중반부터 등장하기 시작한 온라인 매체들은 드러지 리포트(Drudge Report)가 출범한 미국을 비롯해 유럽과 아시아 등 전 대륙을 막론하고 급속하게 번져나갔다. 온라인 매체 또는 인터넷 매체로 불리는 이들 역시 블로그나 위키처럼 초반에는 소수의 사람들이 모여 정보 전달 활동을 시작했다. 또 초기에는 이들에게 기존 언론 조직에 속한 사람들에게서 볼 수 있는 정보 판단의 전문성도 크게 기대하지 않았다. 하지만 드러지 리포트가 1998년 1월 클린턴 미국 전(前) 대통령의 성(性) 추문 사건을 처음 보도한 뒤 전통 매체들이 이를 확인해 뉴스로 전달하는 등 온라인 매체에 대한 일련의 신뢰성이 검증되면서 언론으로서 온라인 매체들의 가능성이 인정받기 시작했다. 한국에서는 2000년에 단순 수용자에 머물러 있던 시민들을 뉴스 생산자로 받아들이는 '오마이뉴스'가 등장, 기성 매체에서 볼 수 없던 정보들을 전달하며 한국 언론에 새로운 충격을 줬다. 이 매체는 특히 기존 언론을 권력의 대변인으로 평가받게 만들던 정치 지형에 새로운 도전을 하게 됐다는 점이 주목을 받으며, 뉴욕 타임스 등 해외 언론이 소개를 할 정도로 그 위상을 인정받았다. 기존 언론의 훈련된 기자보다는 '시민 기자'에 초점을 맞춘 오마이뉴스와는 달리, 2001년 창간한 인터넷 언론 '프레시안'은 기성 매체의 기자 출신들을 중심으로 출범했다. 이와 같은 현상들은 온라인상에서 활동하는 매체에 대한 불신을 극복하는 기제가 됐다. 저널리즘 요소와 관련, 블로그나 위키 시스템에 대해 가지고 있던 회의(懷疑)를 일부 극복하고, 이들 조직의 구성이나 정보의 완결성은 비교적 더 높은 신뢰도를 확보하고 있다(그림 2-3).

한편 오마이뉴스나 프레시안 등을 필두로 한 온라인 매체들은 기존 전통 매체들과는 달리 정치 · 경제적으로 상당히 진보적인 특성을 갖는다. 이런 성향 때문에 기존 권력의 보수성을 비판하는 정보나 논조에 집중한다. 이런 특성은 결국 전통 매체들이 보여줬던 권력의 대변인이라는 언론의 한계를 극복하는 모습으로 발현되기도 한다. 하지만 이들 역시 기존 권력은 아니더라도 사회의 일부 또 다른 세력을 편파적으로 대변한다는 지적을 받으며, 다른 의미의 대변인이 되는 것은 아니냐는 우려도 등장하고 있다. 이런 배경에서

그림 2-3 드러지 리포트와 오마이뉴스의 초기 화면 (출처: www.drudgereport.com; www.ohmynews.com)

온라인상에는 보수적 전통 매체들과 입장을 함께 하는 인터넷 언론도 활동한다. 21세기 초반 현재, 전반적으로 진보적 색채의 인터넷 매체가 더 많이 주목받는 것으로 집계되지만, 보수적 입장의 온라인 언론도 정보를 놓고 경쟁하면서 그 영역을 확보해가고 있다. 이런 과정 속에서 다양한 배경의 인터넷 언론들이 전달하는 사실에 대한 검증의 강도가 세지고, 그만큼 다양한 의견 개진이 가능할 수 있다는 점에서, 온라인상에서의 정보 스펙트럼은 건강해질 수 있다는 평가도 나온다. 또 비록 국내에서 거의 100년에 다가가는 일부 종이 신문의 역사나 50년을 넘긴 방송 뉴스의 전통에 필적할 수 있는가에 대한 의문은 남지만, 등장 이후 보여준 신뢰도와 구성원들의 성격 때문에, 이들 온라인 매체들이 '대중매체를 통해 이뤄지는 매스커뮤니케이션의 형태로, 대중매체에 소속돼 정보 판단 전문가로 훈련된 언론 조직 구성원들이 공공의 관심 사항이 될 만한 정보를 확보하고 이를 이해하기 쉬운 메시지로 전환해 불특정 다수의 독자나 시청자에게 전달'한다는 기본적인 저널리즘 개념을 이행하는 데 큰 부담은 덜고 있다는 시각이 힘을 얻어가고 있다. 종합하자면, 2000년대 초반에는 위키나 블로그보다 인터넷 매체들에 의해 진행되는 저널리즘이 인정을 받으면서, 이들을 중심으로 한 온라인 저널리즘 또는 인터넷 저널리즘이라는 표현이 일반화되고 있다고 볼 수 있겠다.

④ 포털(Portal)과 저널리즘

앞에서 거론한 온라인 매체들은 직접 뉴스를 생산하고 이를 전달하는 역할을 한다. 해당 매체에 소속된 기자들이 취재를 하고, 편집 회의 등을 거쳐 공공의 관심사가 될 만한 내용을 취사선택해 전달한다는 것이다. 뉴스를 전달한다는 차원에서 유사한 역할을 하는 것이 국내의 포털(Portal)이다. 하지만 포털은 뉴스를 직접 생산하지 않는다는 점에서 온라인 매체와 차별화된다. 단지, 뉴스를 취재해 보도하는 다른 매체의 정보를 연결해 전달하는 역할에만 집중한다. 비록 한 조직에 소속돼 불특정 다수의 수용자들에게 공공의 관심사가 될 만한 뉴스를 전달하고, 또 이런 정보를 판단하는 요소는 포함하고 있지만, 이 의사소통의 과정에서 훈련을 통한 취재와 보도를 책임지지는 않는다는 얘기이다. 바로 이런 관점에서, 포털을 전통적 의미의 저널리즘으로 보기에는 무리가 있다.

그러나 일부 학자들은 포털 저널리즘이라는 표현을 사용하며, 포털을 저널리즘의 한 형태로 인정해야 한다고 주장하기도 한다. 실제로 세계적인 언론학 학술대회 현장에서 포털 저널리즘이라는 용어가 소개되기도 했다. 하지만 이 용어들은 대부분 포털을 통해 뉴스가 전달되는 한국적 배경에 대한 설명으로 파급되기 시작했다. 주로 한국의 학자들이 배포한 것이다. 이들 일부 한국 학자들은 전체 저널리즘의 개념 중 '취재와 보도 행위'보다는 '조직에 소속돼 불특정 다수의 수용자들에게 공공의 관심사가 될 만한 뉴스를 전달하고, 또 이런 정보를 판단하는 요소'에 주목하고 있는 것으로 보인다.

한국에서 유명한 네이버나 다음, 네이트 등과는 달리 외국, 특히 커뮤니케이션 연구가 발달한 서구에서 포털은 주로 검색엔진을 뜻한다. 문(門)이라는 뜻을 가진 포털(Portal) 자체가 궁금한 것을 찾으러 정보의 세계로 들어가는 입구를 의미하기에, 그런 기능에 집중한 검색 엔진을 부각하는 말로 그 용어를 사용한 것이다. 2000년대 초반 현재 세계 포털 업계의 1인자로 자리 잡은 구글(Google)의 경우, 초기 화면을 보면 가운데 검색창 하나만 뜬다. 그 이전의 야후(Yahoo)도 검색 기능에 집중했다. 하지만 한국의 포털들은 이러한 검색 기능 이외에 다양한 뉴스들을 초기 화면에 배치했다. 포털 이용자들이 일부러 검색어를 넣지 않고도 뉴스에 노출될 수 있도록 한 것이다(그

그림 2-4
네이버와 구글의 초기 화면

림 2-4). 이런 현상 때문에, 포털에 뉴스 전달 기능이 있는 것으로 인식됐고, 이 생각이 확대돼 포털에 저널리즘이라는 용어를 붙이기 시작한 것이다. 그러나 전통적 의미에서 보자면, 취재와 보도 기능이 없는 저널리즘은 성립되기 어렵다.

흥미로운 것은 외국의 포털들도 이러한 뉴스 전달 기능에 관심을 가지게 됐다는 것이다. 비록 구글은 이 책을 쓰고 있는 현 시점까지도 초기 화면에 직접 뉴스를 노출시키지 않지만, 화면 왼편 상단에 여러 검색 카테고리 중 뉴스(News)라는 요소를 배치해, 한 번의 클릭으로 인구(人口)에 회자되고 있는 뉴스를 찾을 수 있도록 만들었다. 야후는 아예 한국의 포털들과 유사하게 초기 화면부터 뉴스를 배치한다. 이런 변화를 보면, 세계의 인터넷 환경을 선도하는 한국의 포털 현상과 서구 포털들의 변화가 아주 무관하다고 얘기하기는 힘들어 보인다. 이와 같은 측면은 앞서 얘기한 저널리즘과 포털의 관계를 다시 조명하게 만든다.

커뮤니케이션 환경은 인터넷의 도래 이후 급속하게 변화해왔다. 이런 변화 속에서도 블로그나 위키 시스템은 전통적 의미에서 아직 저널리즘이라고 부르기 어렵다. 그러나 새 환경은 저널리즘 그 자체의 성격을 어떻게 규정해야 하느냐의 문제를 던진다. 전통적 저널리즘을 고수하는 것이 옳으냐 아니면 새로운 저널리즘의 도래를 인정하느냐는 것이 맞느냐의 문제는 시대적 과제이다. 같은 배경에서 포털을 저널리즘의 테두리 안에서 이해할 수 있느냐의 문제도 더 많은 고민을 촉발한다. 이는 여러 요소를 담고 있는 전통적 의미의 개념을 모두 포함해야만 저널리즘으로 인정해야 할지 아니면 그중 일부 성격만을 가지고 있어도 저널리즘으로 볼 수 있는지 등의 판단을 요구한다. 권력의 대변인으로 폄훼되고, 완전한 자유 언론은 있을 수 없다는 철학적, 사회학적, 역사학적 회의론으로 귀결된 20세기 저널리즘의 개념이 21세기에 와서 어떻게 전개될지 새로운 커뮤니케이션 환경이 난제를 던져주고 있다.

⑤ PD 저널리즘

앞서 소개한 새로운 기술에 관련된 측면과는 다른 접근이지만, 일반적인 뉴스 이외의 정보를 다루는 방법과 관계된 내용도 거론하지 않을 수 없다. 바로 PD 저널리즘이다. 이 논의 역시 취재와 보도라는 저널리즘 고유의 특성과 연관된다. 국내에서 2005년 말 뜨거운 이슈가 됐던 '황우석 박사 논문 조작 사건'과 관련, 한국사회에 화두로 떠올랐던 이 용어는 주로 기자들이 생산하는 뉴스에 국한되어 있던 저널리즘의 개념을 다시 바라보게 만드는 계기가 됐다.

줄기세포 연구 분야에서 세계를 선도할 것이라며 국제적인 주목을 받았던 황 박사의 입지가 조작된 논문에서 비롯됐다는 내용이 문화방송(MBC) 〈PD 수첩〉 프로그램을 통해 방영되면서 이 용어는 크게 부각됐다. 당시 수많은 보도 전문 매체들은 시사고발 프로그램인 〈PD 수첩〉의 전달 내용을 비난하며, 초기 단계에는 그 방영된 내용 자체를 사실로 받아들이기 어렵다는 평가를 했었다. 취재와 보도에 대해 정통성 있는 훈련을 받지 않은 PD들이 정보원 협박이라는 비윤리적인 방법을 통해 사실을 확보한 만큼 해당 정보는 신뢰할 수 없다는 주장이었다. 하지만 전달 내용이 사실로 확인되면서, 논란은 저널리즘의 정체성으로 이어졌다. 과연 저널리즘이 뉴스 매체에만 국한돼야 하는 것이냐는 것이었다.

문화방송은 한국의 대표적 방송 매체 중 하나이다. 비록 PD들이 전문적으로 뉴스를 취재하고 보도하지 않는다는 인식이 팽배하지만, 시사나 교양 프로그램을 제작하는 사람들이 주제와 관련된 내용을 확보하기 위해 정보를 모으고 이를 간추려 전달하는 행위는 그대로 취재 및 보도와 연관된다. 이렇게 보면 문화방송이라는 대중매체에 소속돼 정보 판단 전문가로 훈련된 PD들이 공공의 관심 사항이었던 황우석 박사 관련 정보를 확보하고 이를 이해하기 쉬운 메시지로 전환해 불특정 다수의 시청자에게 전달한 행위는 저널리즘의 정의에 그대로 일치한다. 그럼에도 불구하고, 당시 많은 언론들은 PD들이 저널리즘 행위를 할 자격과 자질이 없으며, 그런 사람들에 의해 제작된 내용은 조작 가능성이 있다고까지 주장했다. 그러나 황우석 사태와 연관해 보면 조작이 있었다고 보기는 어렵다. 당시 한국의 학자들은 이와 같은 뉴스 매체의 비난들이 〈PD 수첩〉이 가지고 있는 비판적 보도 태도를 불편해했기 때문에 나온 것이라고 지적했다. 〈PD 수첩〉 프로그램 방영 이전까지 황 박사는 국위를 선양하고 국익을 돕는 사람으로 포장됐고, 이는 사실이기를 바라는 많은 시민들의 기원에 힘입어 황 박사의 입지가 하나의 관념적 권력으로 자리 잡는 결과를 냈다. 대한민국 국민이라면 모두 유지되기 원했던 기존의 이미지였고, 이는 알게 모르게 보편화된 권력이 됐다는 것이다. 황 박사와 관련된 사업을 추진한 정부 등 권력과 이들의 대변인이 돼 이 내용을 홍보하게 된 기성 매체들, 또 이 매체들의 보도를 믿어온 국민들은 이 관념적 권력에 안주하고 있었다. 따라서 사실을 전달한 〈PD 수첩〉은 이 믿음을 무너뜨리고 모두를 상실감에 빠뜨린 사건의 주체였다.

이후 기존 권력의 대변인이었음을 부정하기 힘들게 된 많은 매체들에게 〈PD 수첩〉은 공적(公敵)이 됐다. 그러나 PD 저널리즘이라는 용어가 낯설기는 해도 부정하기 어려운 의미로 부각됐다. 동시에 신문이나 방송 뉴스가 지면과 시간의 한계 때문에 전달하지 못하는 내용을 심층적으로 확인해 수용자들에게 전하는 방송 탐사 프로그램이라는 의미로 정착하기 시작됐다. 이 과정에서 PD 저널리즘이라는 용어를 만들어낸 당사자였던 〈PD 수첩〉은

2008년 미국산 쇠고기 수입과 관련해 오보(誤報) 또는 과장 보도를 내면서, PD 저널리즘의 정체성에 대한 비판과 논란을 다시 한 번 상기시키게 했다.

어쩌면 이와 같은 진행 과정은 이 프로그램이 기존 권력에 대한 저항, 또는 권력의 대변인으로 비판받던 기존 뉴스 매체들과 다른 행보를 택하면서, 새로운 형태의 저널리즘을 선보였다는 일부 학자들의 주장을 강화시키는 것으로 여겨진다. 전통적 저널리즘의 개념을 그대로 적용하면서도 기성 뉴스 매체와는 다른 접근을 했던 〈PD 수첩〉은, 기술 변화에 따른 새로운 커뮤니케이션 환경 속에서 또 다른 형태의 정보 전달 방식을 보여주던 온라인 저널리즘이나 블로그, 위키, 포털, 유튜브 등과 함께 저널리즘에 대한 인식을 바꾸는 역할을 할 수 있을 것으로 보인다.

⑥ 또 다른 시각

블로그, 유튜브, 위키, 온라인, 포털, PD 저널리즘 등 새로운 저널리즘의 도전들에는 공통된 이미지가 있다. 바로 권력의 대변인이라는 20세기 전통 매체들의 모습을 변화시키는 시도이다. 이는 한 사회를 지탱하는 보수적 기성 권력에 저항하는 형태로도 이해될 수 있다. 그런데 여기서 한 가지 주목할 사실이 있다. 세상의 모든 일들이 하나의 면만을 가지는 것이 아니라 다양한 사실들이 모여 집적된 다면체라는 것, 그리고 저널리즘과 관련해 앞서 소개한 새로운 환경과 도전은 어쩌면 이 다면체 중 기성 매체들이 보지 못했던, 아니면 애써 외면했던 모습을 부각하는 식의 접근으로 드러났다는 점이다. 이는 위에서 한 차례 지적한 것처럼, 기존 권력의 대변인을 벗어나기 위해 새로운 환경과 도전 속에서 잉태된 언론 현상이 또 다른 사회 세력의 대변인을 만들어내는 것 아니냐는 비판을 불러올 수도 있다. 이런 비판의 가능성을 극복하기 위해 21세기 도입 시기 전후 시점에서 학자들로부터 조심스럽게 제기되는 대안 중 하나가 '인터미디어리(Intermediary)'라는 개념이다. 중개자(仲介者), 중재인(仲裁人), 매개(媒介) 또는 매개물(媒介物)로 해석되는 이 용어의 핵심은 매개 또는 중개의 의미이다. 이 개념은 저널리즘의 영역 중 취재와 보도를 담당하는 기자의 역할과 깊은 관련이 있다.

셧슨(Schudson, 1995)은 기자의 역할 역시 기술의 발달과 함께 변화했다고 봤다. 종이 및 인쇄기술의 발전은 정보의 대량 생산 및 신속한 전달로 이어졌고, 이 과정에서 사건을 발생 순서에 따라 '보고하는 자(Reporter)', 정보의 선택과 집중을 통해 '글 쓰는 자(Writer)', 특정 매체에 '소속돼 글을 쓰는 자(Staff Writer)' 등으로 기자의 명칭도 변해왔다. 학자들은 이런 기자의 모습이 새로운 커뮤니케이션 환경에서 인터미디어리라는 이름으로 전환될 수 있다고 본다. 인터미디어리는 전통 매체의 게이트키핑 역할에 의존하지 않고 정보를 소통하는 사람들을 의미한다. 정치커뮤니케이션 학자 데이비스(Davis, 1998)는 이들의 활약이 언론의 민주적 의무를 달성하는 데 큰 힘을 보탤 수 있다고 주장하고 있다.

인터미디어리는 정보의 선택 및 배제를 통해 걸러진 특정 가치를 강화하는 모습을 멀리한다. 이런 가치 강화의 모습은 전통 매체에서 기존 권력의 대변인으로 전락하거나, 새로운 환경에서 또 다른 세력을 대변하는 신(新) 매체의 경향을 모두 포함하고 있다. 인터미디어리는 결국 이와 같은 정보의 선택을 극복하고, 새 환경에서 감당하기 어려울 정도로 늘어난 정보를 가능한 한 많이 수용자들에게 전달할 수 있도록 하는 노력의 산물이 된다. 이들은 어떤 정보에 노출되라고 수용자들을 이끄는 것이 아니라, 많은 정보에 접근할 수 있는 길목만 열어주는 역할을 하게 된다. 기자가 제한적인 전통적 언론 규범을 극복하고, 독자에게 여러 정보를 중개(Intermediating)하는 방식으로 기사가 작성된다는 얘기이다. 구체적으로는 언론이 기사를 아예 제목 형태로만 소개하고, 여기에 하이퍼링크를 걸어 수용자들에게 전달하는 역할만 하는 것을 뜻할 수 있다. 하지만 '과연 이런 정보가 잘 전달될 수 있을까'의 문제는 남는다. 언론의 역할은 정보가 전달돼야 의미가 있기 때문이다. 학자들이 내놓은 대안들도 어쩌면 대단히 빠르게 진행되는 커뮤니케이션 기술 발달의 속도를 쫓아가지 못할 수 있다. 하지만 누군가의 대변인으로 전락하지 않는 상황을 유지하면서, 어떻게 수용자들이 필요로 하고 원하는 정보를 구현해내는가에 대한 고민이 이어진다면, 기존의 비판을 극복하고 동시에 미래의 새로운 환경에 맞는 저널리즘의 구현이 불가능하지만은 않을 것이다(이건호, 2012).

생각해볼문제

1. 저널리즘은 시대에 따라 그 성격이 약간씩 변화하고 있다. 매스커뮤니케이션의 4대 인자(발화자, 정보, 통로, 수신자) 중 현대사회 저널리즘의 특성을 자세하게 설명할 요인은 무엇이 될까? 개인적으로 언론의 어떤 부분을 현대사회 저널리즘의 특성으로 강조하고 싶은지 고민해보자.

2. 사실과 의견 중 저널리즘이 더 중요하게 전달해야 할 요소는 무엇일까? 왜 그런 결론을 얻었는지 스스로의 생각을 정리해보자. 한발 더 나가, 과연 저널리즘에서 사실과 의견을 분리하는 것이 가능할지도 고민해보자.

3. 대한민국의 언론은 시대별로 또는 지역별로 권위주의, 자유주의, 사회적 책임, 소비에트-전체주의 중 어느 범주에 속해 있었을까? 현대 대한민국의 저널리즘은 언론의 4대 이론 중 어느 범주에 속할까?

4. 언론은 발전적인 사회를 지향하고 있는가? 사회 발전은 과연 무엇이며, 그와 관련해 언론이 가지고 있는 한계점과 그 한계를 극복할 수 있는 방법을 논해보자.

5. 새로운 환경에서 대두된 블로그(Blog), 위키(Wiki), 포털(Portal), 유튜브(YouTube) 등과 저널리즘의 관계, 또 온라인 저널리즘과 PD 저널리즘이 가지고 있는 성격들이 전통적 의미의 저널리즘과 어떤 유사성과 차이점이 있는지를 살펴보자.

참고문헌

김민환(2010). 한국언론사. 파주: 나남.

김성태 · 이건호 · 심영섭(2006). 다매체시대 신문 산업 활로에 관한 해외 사례 및 발전 방안 연구. 서울: 신문발전위원회.

이건호(2012). 포털 그리고 저널리즘. 관훈저널, 124호, 11~18.

이건호(2022). 저널리즘의 개념. 한국언론학회 저널리즘 연구회 편, 저널리즘 다시 보기: 15 개의 이슈들(33-72쪽), 파주: 나남.

임영호(2005). 신문원론. 서울: 한나래.

Altschull, J. H.(1984). *Agents of power: The role of the news media in human affairs*. New York: Longman.

Davis, R.(1998). *The web of politics: The internet's impact on the American political system*. New York: Oxford University Press.

Gitlin, T.(1985). *Inside prime time*. New York: Pantheon Books.

Habermas, J.(1962/1989). *The structural transformation of the public sphere: An inquiry into a category of bourgeois society*. Cambridge, MA: MIT Press.

Hall, S.(1980). Encoding/decoding. In Centre for Contemporary Cultural Studies(Ed.). *Culture, media, language: Working papers in cultural studies, 1972~79* (pp.128-138). London: Hutchinson.

Horkheimer, M., & Adorno, T. W.(1944/1972). *Dialectic of enlightenment*. New York: Continuum.

Marcuse, H.(1964). *One-dimensional man: Studies in the ideology of advanced industrial society*. Boston: Beacon.

Merrill, J. C.(1977). *Existential journalism*. New York.: Hasting House Publishers.

Merrill, J. C.(1990). *The imperative of freedom: A philosophy of journalistic autonomy*. New York.: Freedom House.

Merrill, J. C. & Lowenstein, R. L.(1979). *Media, messages and men*(2nd ed.). New York: Longman.

Schudson, M.(1995). *The power of news*. Cambridge, MA: Harvard University Press.

Siebert, F., Peterson, T. & Schramm, W.(1956). *Four theories of the press*. Urbana, IL: University of Illinois Press.

3장

대중매체와 사회

1. 대중매체 정보의 성격

앞선 1장과 2장에서 매스미디어의 기능, 그리고 그 기능과 연동해 나타날 수 있는 저널리즘의 현상 등을 짚어봤다. 구체적으로 본다면 매스미디어는 대중들에게 콘텐츠를 전하는 과정에서 감시(Surveillance: 생활과 생존에 필요한 정보 전달), 연결(Correlation: 사람들 사이의 관계 형성), 문화전수(Transmission of Social Heritages: 시간과 공간 사이 가치와 규범의 전이), 오락(Entertainment: 휴식이나 여가 또는 현실 회피 기회 제공) 등의 역할을 하고, 이 역할들은 사회를 구성하고 유지하는 규범 등을 대중매체가 의식적이거나 무의식적으로 강화하면서 기존의 사회 권력을 옹호하거나 이를 견제하도록 기능한다는 내용이 그 중심이 됐다.

그렇다면 사람들은 왜 이런 대중매체의 정보에 집중하게 되는 것인지 그 이유를 살펴볼 필요가 있다. 먼저 대중들이 매스미디어 말고 다른 통로를 통해 자기 주변 이외의 일을 접할 수 있는 경우가 많지 않다는 원초적 원인이 있을 수 있다. 하지만 아무리 그렇다고 하더라도 관심이 없다면 대중매체의 정보에 노출되는 것을 피할 수 있을 것이다. 결국 그와 같은 정보를 외면하지 않게 만드는 특성이 무엇인지를 알아볼 필요가 있다. 대중매체 정보의 이런 성격이 무엇인지를 알아본다면, 그에 대한 우리의 이해를 높이고 나아가서는 이를 어떻게 받아들여야 하는지 가늠할 현명한 수용자를 양산할 수 있다. 이런 특성은 일반적으로 정보의 영향력(Impact), 저명성(Prominence), 근접성(Proximity), 갈등(Conflict), 신기함(Bizarreness), 시의성(Timeliness) 등으로 소개된다. 하지만 이들은 다시 정보의 중요성(Importance), 정보에 대한 대중들의 연관성 및 흥미(Relevance and Interest), 참신성(Freshness) 등 3가지로 요약될 수 있다(이건호, 2010). 이 장에서는 우선 이처럼 저널리즘을 중심으로 정리된 대중매체 뉴스 정보의 특성을 정리한다. 이런 특성들과 함께 뉴스, 그리고 대중매체가 전달하는 그밖의 콘텐츠들이 수용자들에게 미치는 영향력 등에 대해서도 알아보도록 하겠다.

1) 정보의 중요성(Importance)

사람들이 대중매체, 특히 저널리즘 정보에 노출되는 이유는 간단하게 말해 그 정보가 공공의 것으로서 가치가 있다고 보기 때문이다. 이는 해당 정보가 사회 구성원 개개인들이 자신들의 삶을 영위하고 안전을 보장하기 위해 필요한 것이라고 느낀다는 뜻이다. 이를 대표하는 대중매체 정보의 특성 중 하나가 정보의 중요성(Importance)이다. 즉, 매체의 정보는 개인의 생활과 생존에 필수적인 요소가 된다.

이 중요성은 많은 학자들이 거론하는 정보 자체의 영향력(Impact)과 관련이 있다. 동아일보 지면 중 '여야 개헌 공감' 기사(그림 3-1)는 일반 국민들의 생활에 영향을 끼칠 수 있는 의회 활동과 관련된 내용이라, 정보의 중요성을 보여주는 사례라 할 수 있다. 이 영향력의 원천은 다시 그 정보에 등장하는 인물이나 사안의 저명성(Prominence)으로 이어진다. 우선 영향력은 대중매체의 정보가 개별 독자나 시청자 또는 전체 사회에 미치는 파급 효과의

東亞日報

dongA.com

1920년 4월 1일 창간

2013년 2월 8일 금요일

총리 후보자 김승규 유력

오늘 朴정부 1차 인선 발표

정홍원-진영 이름도 거론

김진태-채동욱-소병철 3인 차기 검찰총장 후보로 추천

여야 개헌 공감… 민주 "국회 특위 구성하자"

박기춘 원내대표 제안

"대통령 권한 분산 위해 감사원 국회이관 등 논의"

새누리 "필요성 공감한다"

웃음 띤 만남… 北 도발엔 단호

朴당선인 "北 앙탈 부리면 보상 악순환 끊어야"

여야 대표와 3자 회동 "北 핵무장 용납 못해"

국정협의체도 합의… 문희상 "도울 준비 됐다"

북핵 3자 회동 결과 발표문 요지

추워도 너~무 추워 오늘 서울 영하 17도

중앙일보

joongang.co.kr

2011년 3월 12일 토요일

일본 침몰

그림 3-1
정보의 중요성, 연관성 및 흥미, 참신성 등 신문 정보의 성격을 나타내는 사례들

크기를 뜻한다. 권력 기관의 결정 사항이나 판단 등은 사회 구성원들의 삶에 지대한 영향을 미치기에 그 힘을 무시할 수 없다. 대기업 등 경제 주체, 대학 등 교육 관련 기관의 움직임도 마찬가지이다. 현대사회에서 역할 모델(Role Model)이 되는 스포츠 스타나 연예인들의 행동도 청소년들에게는 중요한 뉴

스가 된다. 이러한 중요한 뉴스 속에 등장한 사람들, 예를 들어 대통령이나 장관, 대기업 CEO, 대중 스타 등은 그 스스로 저명인사에 속하기에 이들의 발언이나 행동이 사람들의 관심을 끌 수밖에 없을 만큼 중요하게 여겨진다. 이밖에도 대학에서 제공하는 개별 입시 정보가 교육열 높은 한국에서는 중요한 정보라는 점에서, 이들 사안(Events) 역시 대중매체의 정보 중 저명성의 의미를 가지고 있다고 볼 수 있다.

2) 정보에 대한 대중들의 연관성 및 흥미(Relevance and Interest)

사실 앞에서처럼 아무리 뉴스 안에 등장하는 사람이나 사안들이 중요하다고 하더라도, 개별 수용자들과 관련이 없거나 그들로부터 흥미를 유발하지 않는다면, 일반 대중은 그 정보에 집중하지 않을 것이다. 이런 맥락에서 대중매체 정보에 대해 수용자가 느끼는 연관성(Relevance) 또는 흥미(Interest)는 큰 의미가 있다.

이중 연관성은 정보에 대해 느끼는 수용자들의 근접성(Proximity)을 뜻한다. 이는 대중매체를 통해 전달되는 정보를 수용자가 물리적으로 또 심리적으로 가깝게 느끼는 정도를 말한다. 한국의 독자들은 아프리카 케냐에서 생긴 사건보다 서울에서 발생하는 일을 더 가깝게 느끼고, 수험생 자녀를 둔 학부모는 유치원생 학부모보다 당장 대학 입시 관련 정보를 주의 깊게 들여다볼 것이다. 즉, 자신과 관련이 있는 정보에 더 관심을 기울이게 된다는 것이고, 대중매체들은 이런 정보를 전달한다. 이는 수용자들의 흥미를 나타내는 것과 연결된다.

이런 흥미는 근접성 요소 이외에 갈등(Conflict)이나 신기함(Bizarreness) 등으로 소개되기도 한다. 사람들이 보통 평화로운 환경을 선호하기는 해도, 일반적으로 평온하거나 평범한 사안보다 분쟁이나 다툼 등 갈등적 요소에 눈길을 더 보낸다. 사람들이 아무런 일 없는 듯 얘기를 주고받는 모습에는 크게 신경을 쓰지 않아도 언성을 높이거나 몸을 부딪쳐가며 다투는 모습을 보고 무슨 일인지 눈여겨보게 되는 것을 생각해보면 쉽게 알 수 있다. 인간들은 본능적으로 갈등적 요소에 끌리게 돼 있다. 분쟁이나 다툼의 정도가 심할

수록 사람들은 그 내용에 집중하게 되고, 또 이 갈등이 앞서 소개한 중요성과 어울리면, 즉 갈등이 저명한 사람들을 중심으로 일어나고, 그 내용이 많은 사람들에게 영향을 미칠수록 그 정보에 대한 집중도는 높아진다. 이런 설명은 독특함이나 기괴함 등으로 알려진 사안의 신기함에도 마찬가지로 적용된다. 신기함은 범상치 않은 상황을 뜻한다. 개가 무엇인가를 보고 짖거나 사람을 무는 것은 보통 일어날 수 있는 상황이지만, 거꾸로 사람이 개를 무는 것은 독특한 것으로 관심의 대상이 될 수 있다는 얘기는 이를 설명하기 위해 많이 소개되는 사례이다. 평균보다 아주 큰 물고기가 잡히고, 예년에 비해 큰 눈이나 폭우가 오는 것도 같은 의미로 설명할 수 있다. 동아일보 지면 '추워도 너무 추워'(그림 3-1)가 이런 사례를 대변한다.

3) 참신성(Freshness)

참신성(Freshness)은 말 그대로 새로운 것에 대한 얘기이다. 정보가 새롭지 않다면 사람들의 관심 밖으로 멀어지게 된다. 이는 달리 시의성(Timeliness)이라고 표현된다. 아무리 중요하고, 아무리 관심이 있는 일이라고 하더라도, 이미 다 알려진 사실이라면 사람들의 이목을 끌기 어렵다. 1945년 8월 일본이 패망하고 한반도에 해방 정국이 찾아온 것은 그 당시 사람들에게 어마어마하게 중요하고 실생활에 관련이 있는 일로 새로운 소식이 될 수는 있어도, 이미 반세기가 훨씬 지난 2000년대 초반에는 대중매체가 나서서 전할 정보가 되지 못한다. 일반적으로 매스미디어는 바로 어제 또는 몇 시간 전에 발생한 일들을 전하며 사람들은 그런 사안에 기꺼이 노출되는 것이다. 2011년 3월 일본을 덮친 지진 해일을 보여준 중앙일보 기사(그림 3-1)는 사안 발생 즉시 보도함으로써 언론이 전달하는 새로운 소식의 가치를 확인해준 사례이다. 하지만 과거의 사안을 현대의 시각으로 재조명하는 것은 그 나름대로 시의성을 인정받기도 한다. 예를 들어, 앞서 거론한 8 · 15 해방에 대해 새로운 사료(史料)가 발견됐다면, 이는 과거 역사를 다시 들여다보게 되는 계기가 되고, 이는 다시 현대를 재해석하는 데 필요한 뉴스, 즉 대중매체가 전달할 만한 가치가 있는 정보가 되는 것이다.

매스미디어는 이와 같은 중요성, 관심이나 흥미, 참신성 등의 성격을 각각 또는 종합적으로 내포한 정보를 전달하고, 이 과정에서 앞서 소개한 감시, 연결, 문화전수, 오락 등 대중매체의 기능을 수행하며, 이는 다시 기존 사회 권력을 옹호하거나 견제하는 역할로 이어진다.

2. 매스미디어 효과

대중매체의 효과론은 매스미디어의 정보와 수용자 간의 관계를 축으로 한다. 기본적으로 매체가 전달하는 정보에 수용자가 노출됐을 때, 그 정보를 수용자가 어떻게 받아들이고 반응하느냐의 상황을 설명하는 것이다. 이는 간단하게 정보 노출에 의한 설득 효과로 집약될 수 있다. 설득 효과는 대중매체와는 무관한 개인 간 커뮤니케이션 차원에서 설명되기도 한다. 대중매체를 통하지 않은 사람들 사이의 의사소통에서도 설득과 관련된 학문적 탐구가 진행되기도 했다. 이런 설득의 요소가 매스미디어에 연결되면서 대중매체의 효과론이 정리된 것이다. 대중매체의 정보 전달 효과가 크다면, 즉 매체가 전달하는 정보를 수용자들이 큰 저항 없이 받아들인다면 이는 강한 매체 효과론이 되고, 그 정보를 거부하거나 달리 해석해 받아들이면 이는 약한 매체 효과론이 된다. 효과론의 강도는 20세기 여러 학자들의 연구와 주장에 의해 달리 설명돼왔다. 여기서는 우선 대중매체 효과론의 기초가 되는 설득에 대해 간단히 짚어보고, 이어 강한 매체 효과론과 약한 매체 효과론을 1장에서 소개한 지배적 패러다임의 시각에서 조명해보겠다. 대안적 패러다임과 매체 효과론의 관계는 4장에서 추가로 부연한다.

1) 설득(Persuasion)

설득(Persuasion)은 정보에 대한 노출로 수신자의 행태(Attitude)가 바뀌는 것을 뜻한다(Hovland, Jannis & Kelly, 1953). 여기서 행태는 특정 대상에 대한 경향성(Predisposition)을 말한다. 비록 사회과학 분야에서 이 행태에 대한 학자들의 분류 방법과 정의가 분분하지만, 이 내용에 대한 기초적인 이해를 돕기 위해 행태를 우선 인지적, 감성적, 행동적 측면으로 나누어 설명하는 것이 가능하다. 인지적(Cognitive) 측면은 간단하게 인물이나 사안 등 특정 대상에 대한 존재의 인정 또는 이해를 통해 수용자가 그 대상을 알게 되는 것을 뜻한다. 개인 간의 의사소통을 통해 무엇인가가 존재한다는 것을 알거나, 알지 못했던 사실을 학교 수업 시간에 교수의 설명을 듣고 학생들이 이해하는 것, 또 대중매체의 뉴스를 통해 사회에서 발생한 일들을 확인하는 것 등을 가리킨다. 감성적(Affective) 측면은 정보를 접한 뒤 그 정보와 연관된 대상에 대해 얻게 되는 호 · 불호(好 · 不好)의 감정을 생각하면 된다. 정보는 불편부당하게 특정 대상의 존재만을 가지고 전달될 수도 있으나, 그 대상에 관련된 정서적 가치를 수반할 경우도 있다. 이때 이렇게 판단을 이끄는 정보에 근거해 의사소통 이후 정보 수신자나 수용자가 얻게 되는 정서적 편향성이 정서적 설득을 의미하는 것이다. 마지막으로 행동적(Behavioral) 측면은 그 정보를 접한 뒤 정보 수신자나 수용자가 직접 행동에 나서게 되는 정보의 영향력을 말한다. 특정 대상의 존재를 확인하고, 그에 대한 감성적 편향성이 확보되면, 수용자는 그에 따라 행동을 하게 될 가능성이 높다. 현대 정치에서 유권자들이 뉴스를 통해 어떤 사람이 출마한다는 사실을 확인하고, 그에 대한 정서적 판단을 한 뒤, 투표장에 가서 그 인물을 뽑던지 아니면 다른 사람을 선택하는 행동을 생각하면 된다. 이 과정에서 대상에 대한 인지적 정보 확보, 그에 대한 정서적 경향성 확인, 최종적으로 인지적 정보와 정서적 경향성에 근거한 행동의 순으로 설득이 진행된다는 것을 알 수 있다. 그리고 이런 진행 방향이 자연스럽게 나타난다고 생각할 수도 있다. 그러나 학자들은 이들 사이의 인과관계가 반드시 필연적이지만은 않다는 연구 결과를 내기도 했다. 하지만 일반적으로는 위와 같은 진행 과정이 설득력을 얻고 있다.

이와 같은 설득 과정을 대표하는 설명 중 하나가 선전(Propaganda)이다. 선전이라는 용어는 종교개혁이 한창이던 1622년, 가톨릭교회가 개혁 운동을 반대하기 위해 설립한 '신앙 선전회(Congregatio de Propaganda Fide)'에서 비롯됐다(Severin & Tankard, 2001). 이 선전회는 가톨릭의 믿음에 반하는 세력들을 비판하는 과정에서 과학적 발견까지도 배척하는 활동을 했다. 결국 선전의 어원(語源)을 가진 이 모임의 일부 억지스런 행위 때문에, 이후 선전은 이성(理性)으로 이해하기에 근거가 빈약한 요소들까지 설득을 통해 인정시키려 한다는 부정적 의미를 가지게 됐다. 20세기에 들어오면서, 선전은 커뮤니케이션 학문의 영역에서 이와 같은 부정적 의미를 내포한 채 다양한 개념화를 거치게 된다. 그중 대표적인 것이 커뮤니케이션의 SMCRE 이론을 주창한 라스웰(Lasswell, 1927)의 선전 개념이다.

1914년부터 4년간 지속된 1차 세계대전을 지켜본 라스웰은 1927년 『세계대전의 선전 기법(Propaganda Techniques in the World War)』이라는 책을 통해 선전을 '의미 있는 기호(Symbol)를 통한 의견 조정(Control of Opinion)'이라고 정의했다. 17세기 종교개혁을 둘러싸고 발생했던 갈등과 마찬가지로, 전쟁이라는 분쟁 상황 속에서 나타난 국가의 선전 기법들은 결국 그의 눈에 적에 대한 증오, 동지 간의 우애, 적군과 아군 사이에 있는 중간층으로부터의 협조를 확보한 뒤, 종국에는 적의 사기 저하를 이끌어내는 것으로 비친 것이다.

이후 라스웰이 정의한 선전의 '의견 조정(Control of Opinion)'은 1939년 미국 선전분석연구소(The Institute for Propaganda Analysis)에 의해 발간된 『선전 기술(The Fine Art of Propaganda)』을 통해 7가지 세밀한 기술로 분류돼 소개된다(Lee & Lee, 1939). 그 첫 번째가 매도하기(Name Calling) 기법으로, 이는 간단하게 특정 대상을 나쁜 뜻을 지닌 말과 연결하는 것을 뜻한다. 1960년대에서 1970년대 후반까지 한국을 지도한 박정희 전 대통령을 '독재자'로 칭하는 것을 사례로 들 수 있다. 독재라는 이미지를 씌워 그를 비판하는 목적으로 사용하는 것이다. 두 번째 요소는 미사여구(Glittering Generality)로, 이는 매도하기와 반대의 차원에서 특정 대상을 좋은 뜻의 말과 연결하는 것이 된다. 박정희 전 대통령을 '산업화의 기수'로 부르는 경우가 그 예가 된다. 한국 경제를 부흥시킨 리더라는 이미지를 부각해, 그를 칭송하는 도구로 사용한다. 이상의 두 기법이 고정관념처럼 돼버린 언어 개념을 연결시킨 것이라면, 전이(Transfer) 기법은 특정한 물건이나 사안을 선전 대상에게 연결해 그를 부각하게 만드는 것이다. 주로 그 대상을 존중하게 만드는 데 많이 사용되는 이 기법인데, 예를 들어 한 인물이 국기(國旗)를 몸에 두르고 있는 모습이나 그 인물이 등장할 때 국가(國歌)가 흐르는 상황 등을 반복적으로 연출해, 해당 인물이 애국적이라는 이미지를 심어주는 것이다. 네 번째 기법인 증언(Testimonial)은 대중적으로 잘 알려진 인물이 선전 대상 사안에 대해 호·불호(好·不好)를 말하게 해, 사람들로 하여금 그 사안을 신뢰하거나 불신하게 만드는 것이다. 이는 드라마 등에서 선한 역할로 좋은 이미지를 가지고 있는 연기자가 특정 정치인의 정책에 호의적인 발언을 함으로써, 수용자들이 그 내용을 거부감 없이 받아들이게 만드는 역할을 한다. 사실 이 기법은 거꾸로 나쁜 이미지를 가지고 있는 유명인을 등장시켜 경쟁 관계에 있는 인물이나 사안을 폄하하는 도구로도 사용된다. 서민적 이미지(Plain Folks) 기법은 특정 정보가 평범한 사람들이 모두 수용할 수 있거나, 그 내용이 보통 사람들의 생활에서 비롯되었다는 이미지를 심는 것이다. 아주 평범한 이웃들도 거리낌 없이 받아들이는 생활 정보 또는 보통 사람의 이미지를 가진 정치인의 모습을 보여주면서 수용자들이 전달 정보를 친근감 있게 받아들일 수 있도록 하는 기법이다. 카드 속임수(Card Stacking) 기법은 좋은 점이나 나쁜 점 중 한쪽만 보여주는 것이다. 왜곡 또는 편향이라고도 불리는 이 기법은 선전 대상의 일면만 보여주며, 다른 내용들은 무시하게 만든다. 다양한 측면을 가지고 있는 세상의 일 중 하나의 측면에만 지속적으로 노출되면 사람들은 다른 측면은 없다고 믿게 된다. 마지막으로 부화뇌동(Bandwagon) 기법은 모든 또는 대부분의 사람들이 다 하기 때문에 당신도 그렇게 해야 한다고 강요하는 것이다. '보통 사람들도 한다'는 서민적 이미지 기법과는 약간 다르게, 이 기법은 한 조직에 속해 있는 사람들의 소속감을 유발해, 그 그룹의 일원이 되기 위해서는 전달되는 정보를 실은 한 배 또는 차량에 올라타거나 그를 좇아야 한다고 주장하는 것이다. '국민의 선택' 등을 담은 광고나 선동용 문구를 떠올리면 이해가 쉽다.

이와 같은 선전의 역할들은 현대 자본주의 사회에서 광고(Advertising)에도 많이 활용된다. 또 선거나 정책 경쟁을 위해 벌이는 정치권의 주장에도 많이 등장한다. 결국 선전은 정보를 전달하는 과정에서 설득을 시도하는 측이 일반 수용자들을 실체로부터 설득 당사자가 원하는 세계로 끌어가는 방법이다. 일반적인 광고에까지 모두 적용하기는 어렵겠지만, 이런 선전은 진실에 대한 왜곡의 일종이라는 해석이 많다. 무엇인가를 다른 무엇인가에 연결시키면서 사람들에게 동의를 얻는 작업이지만, 이 연결에는 이성적 논리 고리가 취약하다는 점이 부각된다. 심리학자인 브라운(Brown, 1958)은 이런 선전을 설득 노력의 일환이라고 정리하면서도, 설득 당사자에게는 유리한, 그러나 설득당하는 사람들에게는 최고의 이익이라고 장담할 수 없는 것이라 부연했다. 하지만 이런 선전 기법은 현대에도 여전히 활용된다. 특히 대중매체가 확산되면서, 매스미디어를 통한 선전 효과는 그 범위가 크게 확장됐다. 학자들은 이렇게 수용자들에게 거부감 없이 전달되는 매체 정보의 설득 효과를 대중매체의 강효과(强效果)로 정의한다. 이는 주사를 맞으면 그 고통이 즉각적으로 전달되는 것처럼, 자극을 주면 곧장 반응하는 것처럼, 또 총을 쏜 사람의 의도대로 총알이 표적에 명중되는 것처럼 매체의 정보가 수용자들에게 직접적으로 전달된다는 의미에서 피하주사 이론(Hypodermic Needle Theory), 기계적인 자극-반응 이론(Stimulus-Response Theory), 탄환 이론(Bullet Theory) 등으로 표현되기도 한다. 그리고 이런 매체의 강효과 이론은 매체의 정보를 수동적으로, 무기력하게 받아들이는 약한 수용자를 설명하는 도구로 사용된다.

2) 약한 매체, 강력한 수용자[弱媒强受]

위에 설명한 내용을 중심으로, 1920년대에서 1940년대까지는 절대적으로 강력한 매체 효과론이 대세였다. 그리고 그 추세를 대표하는 것이 선전과 관련된 주장들이다. 하지만 설득과 관련해 대두된 이런 주장들은 대부분 사회를 통찰(通察)적 시각으로 바라본 학자들의 의견 수준에 머물렀다. 그렇기 때문에 강력한 매체 효과론은 관념상 설득력을 가지면서도 구체적인 실증적 증거가 부족하다는 비판을 받았다. 즉, 과학적 검증이 제대로 되지 않았던 것이다. 커뮤니케이션과 관련된 고민들이 20세기 초반에 들어오면서 구체화하고 이에 대한 연구 필요성이 대두되기 시작했지만, 아직 학문적 수준에서 이를 탐구하고 증명하는 노력이 부족했다는 뜻이다. 이런 환경에서 과학적 검증을 시도한 몇몇 연구들이 진행됐다. 그중 대표적인 것이 1940년대에 이뤄진 호블랜드(Hovland) 등의 연구이다.

(1) 호블랜드의 참전 군인 연구

호블랜드(Hovland)와 그 동료들의 연구는 2차 세계대전에 참전한 미군들을 대상으로 검증을 시도했다. 먼저 피험자인 군인들에게 '우리는 왜 싸우는가(Why We Fight)'라는 시리즈의 영상물 4편을 보여준 뒤, 영화 관람 이전과 이후 과연 피험자들의 인식과 의견, 군 복무에 대한 동기 부여에 차이가 있었는가를 확인하는 것이었다. 비록 구체적인 학술 용어의 범위에 대한 해석의 차이가 있을 수는 있으나, 이는 앞서 설명한 인지(Cognitive), 감성(Affective), 행동(Behavioral) 측면의 변화를 보고자 한 실험이었다(Insko, 1967). 피험자들이 노출된 영상물은 모두 이와 같은 3가지 측면을 담고 있었다.

실험 결과는 흥미로웠다. 피험자들은 특정 전투가 벌어졌다는 인지적 사실과 그런 전투가 필요할 것이라는 감성적 정서에서는 연구자들의 예상대로 변화를 보였으나, 그렇다고 적에 대한 분노가 치밀고 당장 나가 전투를 벌여야 한다는 동기 부여, 즉 행동의 측면에서는 변화가 없었다. 이 연구 결과를 놓고, 학자들 사이에서는 의견이 분분했다. 우선 인지와 정서 차원에서 변화가 있었으니 매체의 정보는 영향력이 있다는 측과 직접적인 행동에까지 영향을 미치지 못했으니 매체 효과는 제한적이라는 주장이 맞섰다. 논쟁은 있었으나 결국 매체가 최종적으로 수용자의 행동을 이끌어내지 못했다는 점에서, 매체 영향력이 절대적이라는 기존의 주장은 급속하게 힘을 잃기 시작했다. 호블랜드의 연구는 실험을 통해 나타난 증거들이 직접적인 매체 효과에 반하는 주장들을 잉태하게 만드는 계기가 됐다.

(2) 라자스펠드의 어리 카운티 연구와 커뮤니케이션의 2단계 흐름(Two-Step Flow)

호블랜드의 연구와 비슷한 시기에 역시 강한 매체 효과론을 검증하려는 또 다른 연구가 시도됐다. 미국 컬럼비아대학 응용사회과학연구소(Bureau of Applied Social Research)는 유권자들의 정치 행위에 미치는 대중매체의 영향력을 확인하기 위해 오하이오 주 어리 카운티(Erie County)를 선정, 이 지역 주민들을 대상으로 면접 조사를 실시했다(Lazarsfeld, Berelson & Gaudet, 1944/1968). 이 지역의 대통령 선거 결과는 기존에 미국 전역의 대통령 선거 결과와 똑같기 때문에, 미국 국민의 일반적 성향을 대표할 것이라는 판단으로 이 지역이 연구 대상으로 선택됐다. 하지만 대중매체가 유권자의 투표 결정에 직접적인 영향을 미칠 것이라는 기대와는 달리, 연구 결과는 개인 간 접촉이 매체 정보에 비해 더 큰 영향력을 발휘한다는 결과를 얻었다. 즉, 매체의 강력한 효과는 없었다는 것이다. 면접에 참가한 사람 중 8%만이 매체의 정보 때문에 투표 의사를 바꿨다는 결과가 나오자 이를 근거로, 라자스펠드(Lazarsfeld)를 비롯한 연구자들은 매체의 정보가 1차적으로는 여론 지도자들에게 우선 전달되고, 이 오피니언 리더들이 추종자들에게 미디어에서 얻은 정보를 2차적으로 전달해 영향력을 행사한다고 주장했다. 이 내용은 추후 연구를 통해 커뮤니케이션의 2단계 흐름(Two-Step Flow)로 개념화된다. 즉 매체 효과는 대중매체 → 여론 지도자 → 일반 대중의 순서로 진행되는 2단계 흐름을 갖는다는 것이다. 특히 비교적 적은 수만이 투표 의도를 전환한 것을 지켜본 학자들은 사람들을 '능동적(Active) 수용자이지만 수동적(Passive) 참여자'로 규정했다. 즉, 수용자들이 비판적인 생각에는 능동적이거나 적극적인 모습을 보이지만, 결국 행동을 보여야 할 때는 수동적이거나 소극적인 자세가 된다는 것이다.

이런 결과는 후속 연구를 촉발했다. 커뮤니케이션의 2단계 흐름에 주목한 카츠(Katz, 1957)의 연구는 여론 지도자, 즉 오피니언 리더의 존재 및 정체성 확인에 돌입했다. 뉴저지 주의 로베르(Rovere)와 일리노이 주의 데카투르(Decatur) 지역 주민들을 대상으로 한 연구는 각각 일반 대중에 대해 영향력이 높은 오피니언 리더들이 존재한다는 점과, 그 안에서도 또 다시 다른 여론 지도자에게 영향을 행사하는 사람들이 있다는 것을 확인했다. 다시 말해, 여론 지도자들 사이에서도 시대나 이슈에 따라 다른 사람들에게 영향을 주거나 받는 계층이 분화돼 있다는 것이다. 이런 관찰은 이후 다른 학문과의 결합을 거쳐, 현대에도 많이 거론되는 개발자(Innovator)－초기 채택자(Early Adopter)－초기 대중(Early Majority)－후기 대중(Late Majority)－지체자(Leggards)의 5단계 정보 확산 유형으로 발전된다. 로저스(Rogers, 1995)가 정리해 '개혁의 확산(Diffusion of Innovations)'이라고 소개한 이 모델은 결국 여론 지도층도 여러 단계로 나뉘고, 추종자들도 정보를 받아들이는 정도에 따라 순서가 달리 정해진다는 것을 설명하고 있다.

(3) 클래퍼의 매개 요인(Mediating Factors)과 인지 균형(Cognitive Consistency)

어리 카운티의 실험 결과는 다양한 계층의 여론 지도자와 추종자들을 구분하는 후속 연구가 이어지게 했다. 뿐만 아니라, 강한 매체 효과론을 예측했던 이전의 기대와는 달리 개인들이 왜 매체의 정보를 그대로 받아들이지 않는지에 대한 궁금증을 유발시켰다. 전자의 연구들이 매체와 사회 구성원의 거시적 관계에 집중했다면, 후자의 궁금증은 새로운 정보에 대한 개인들의 심리적 요인을 파헤치는 미시적 연구로 발전했다. 이 심리적 상황에 대한 탐구는 구체적으로 매체의 정보가 개별 수용자들에게 그대로 흡수되는 것이 아니라 매체가 보내는 정보 중 수용자의 기존 행태에 부합하는 내용들만 선택적으로 받아들여지고, 이후 수용자들 간의 인간적 접촉 등을 통해 기존 행태가 더욱 강화되는 경향이 무엇에 기인하는가 하는 문제에 집중한 것이다. 이를 종합적으로 설명하는 대표적 학설이 클래퍼(Klapper, 1960)의 매스커뮤니케이션 효과론이다.

클래퍼에 따르면, 매스커뮤니케이션은 직접적인 수용자 효과를 유발하지 못하며, 오히려 매개 요인들의 연계(Nexus of Mediating Factors)를 통해 그 효과가 발생한다. 특히 이들 매개 요인들이 상호작용을 하면서 그 영향력의 크기를 조절한다는 것이다. 그가 거론하는 매개 요인은 정보에 대한 선택적 과정(Selective Process), 개인이 속한 조직이나 그룹의 규범, 응용사회과학연구소 등이 거론한 여론 지도자의 리더십 등을 포함한다. 그는 결국 수용자들에 나타나는 정보 영향력이 대중매체의 콘텐츠에 의해서만 발생하는 것이 아니라, 이런 매개 요인들과 결합해 나타나는 것이라고 봤다. 특히 이런 효과는 사람들의 마음을 변화시키는 것이 아니라 오히려 기존의 생각을 강화하는 쪽으로 나타난다고 주장했다. 이런 배경에서 대중매체 효과에 대한 클래퍼의 주장은 '제한적 효과 모델(Limited-Effects Model)' 또는 '최소 결과론(Law of Minimal Consequences)'이라고 정리된다.

클래퍼가 말하는 매개 요인 중 선택적 과정(Selective Process)은 사람들이 정보를 접했을 때 거의 본능적으로 발생하는 인지적 과정이다. 이는 원하는 정보에만 스스로를 노출시키는 선택적 노출(Selective Exposure), 노출된 된 정보 중에서도 원하는 것만 받아들이는 선택적 지각(Selective Perception), 수용된 정보 중에서도 원하는 것만 기억하는 선택적 기억(Selective Retention) 등 3가지로 요약된다. 이 선택적 과정은 클래퍼의 매개 요인 중 조직의 규범 등 사회적 상황보다는 개인의 심리적 상태를 설명한다. 이 과정은 결국 매체의 정보라는 외부의 자극에 대해 심리적 안정과 조화, 일치를 보려는 인간의 본능적 경향성, 즉 인지 균형(Cognitive Consistency)을 유지하려는 성향의 조건이 된다. 이런 요인들은 호블랜드의 참전 군인 실험, 응용사회과학연구소의 어리 카운티 실험 등에서 강한 매체 효과론이라는 기존의 예측과 어긋나는 결과가 나온 이유로 설명됐다. 따라서 클래퍼는 매스미디어의 효과는 제한적일 수밖에 없다고 주장했다.

(4) 카츠의 이용과 충족(Uses and Gratification) 이론

매체의 제한적 효과를 주장한 앞의 내용들은 매체 정보의 파괴력보다 사회 구성원들의 개인적 성향이 강하기 때문에 매체가 큰 영향력을 발휘하지 못한다는 설명이라기보다는, 매체의 정보 자체가 태생적으로 이전의 기대처럼 그렇게 큰 힘이 없다고 조망하는 것이라는 시각도 있다. 하지만 1940년 전후의 시점까지 진행된 기대와 같이 아무리 매체의 힘이 강하다고 해도 수용자들의 개인적 성향이 워낙 강력하기 때문에 매체의 정보는 영향력이 없을 수밖에 없다는 주장도 등장한다. 이는 인지적 균형을 중심으로 한 클래퍼의 견해와 함께 약한 매체 영향력을 설명하는 도구가 될 뿐 아니라, 클래퍼 류(類)의 사고를 뛰어넘어 학문적으로 아예 강한 수용자의 탄생을 알리는 신호탄이 된다. 즉, '사람들에게 미디어가 무엇을 하느냐(What do the media do to people)?'라는 식의 매체 중심적 사고를 벗어나, '사람들이 미디어와의 관계에서 어떤 일을 하느냐(What do people do with the media)?'라는 수용자 중심의 관찰이 시작된 것(Katz, 1959)으로, 수용자에 대한 패러다임 자체가 변화했다는 것이다. 이와 같은 주장을 편 카츠(Katz)는 수용자를 자신들이 필요한 정보를 적극적으로 찾는 정보 소비자로 봤다. 이런 수용자관(觀)은 이후 수용자를 매스커뮤니케이션 내용의 능동적 해독자로 보는 입장으로까지 발전하면서 이용과 충족(Uses and Gratification)이라는 이론으로 성장해간다. 이 이론은 매체 이용자가 사회 · 심리적 욕구에 의해 특정 매체에 스스로를 노출시키고 매체 정보를 이용함으로써 자신의 욕구를 충족시킨다는 점을 강조하면서, 매체 이용자들의 정보 추적은 목적지향적(Goal-Directed)이며 능동적(Active)이라고 설명한다.

사회심리학의 관점에서 강력한 수용자 행동이라는 개념의 버팀목 역할을 하는 이용과 충족 이론은 이들 수용자의 능동성과 목적지향성, 즉 수용자들이 무슨 목적을 위해 능동적으로 정보를 찾는가라는 물음에 대해 구체적인 답을 제시한다. 맥퀘일과 블러믈러, 브라운(McQuail, Blumler & Brown, 1972)은 수용자들이 매체의 정보에 노출됨으로써 일상으로부터 탈출해 정서적 휴식(Diversion)을 찾고, 매체가 제공하는 정보를 활용해 다른 사람과 대화를 하며 사회적 친근감을 형성하는 대인 관계(Personal Relationship)를 유지한다고 했다. 또 매체에 투영되는 다양한 정보를 자신의 처지와 비교해가며 스스로에 대한 정체성을 확인하고 기존의 가치를 강화하는 자아(自我 · Personal Identity) 확보와 자신이 추구하는 목표를 달성하기 위해 그와 관련된 뉴스를 찾는 정보 확인(Surveillance)이 대중매체 활용의 이유가 된다는 것이다. 카츠, 구레비치, 하스(Katz, Gurevitch & Haas, 1973)는 정보와 지식을 추구하는 인지적(Cognitive) 이유, 정서적 · 쾌락적 · 미적 욕구 충족을 위한 정서적(Affective) 이유, 자신에 대한 확신과 신뢰 확보 및 안정성과 지위 강화를 위한 자기개발(Personal Integrative)의 이유, 지인 등과의 교제 강화에 중점을 둔 사회통합(Social Integrative)의 목적, 일상으로부터의 도피와 기분전환이라는 긴장 해소(Tension Release) 등 5가지를 능동적 정보 추구의 원인과 목적으로 들었다. 이들이 제시한 요소들은 현대에까지 이어지면서 매체 정보의 이용과 충족에 대한 후속 연구들을 이끌고 있다.

3) 강력한 매체, 약한 수용자[强媒弱受]

이용과 충족 이론의 배경에 일리가 있으며 학문적 증거들도 뒷받침되고는 있지만, 다른 학자들은 약한 매체와 강한 수용자에 대한 논의의 결정체라고 할 이 이론 논리의 타당성에 대해 몇 가지 측면에서 문제를 제기한다. 먼저 맥퀘일 등이 제시한 4가지, 그리고 카츠 등이 제시한 5가지 원인 및 이유들은 1장에서 먼저 살펴본 감시(Surveillance), 연결(Correlation), 문화전수(Transmission of Social Heritages), 오락(Entertainment) 등 매스미디어의 4대 기능과 대단히 유사하다. 이 차원에서 본다면 이 요소들이 매체의 기능인지 아니면 수용자의 역할인지 모호해진다. 또 수용자들이 매체 정보를 적극적으로 이용(Use)한다는 것은 상대적으로 파악하기 쉽지만 충족(Gratification)은 어떻게 이뤄지는지 확인하기가 애매하다. 학자들은 이를 놓고 '능동적 수용자'의 정체성을 뒷받침할 이론적 배경이 부족하다고 지적한다. 더욱이 수용자의 주체성을 강조하는 과정에서 개별적인 수용자의 상태에만 너무 국한해 논의를 전개하는 것이 아니냐는 비판도 나온다. 클래퍼의 주장처럼, 매체의 정보가 문화적 규범 등에 익숙한 사회 구성원들에 의해 새롭게 해석되기에 매체 정보 그 자체가 고스란히 수용자들에게 전달되지 않는다는 제한적 효과론이 설득력을 얻는 경우도 있다. 하지만 이용과 충족 이론이 강조한 것처럼 지나치게 개인의 심리적 요인에만 집중해 매체 이용을 설명한다면 전체적인 정보의 큰 그림과 그 영향력을 판단하기 어렵다는 설명이다.

하지만 이보다 더 큰, 그리고 근본적인 질문이 있다. 바로 개별 수용자가 정말로 대단해서 매체 정보의 영향력이 전혀 없거나 적다고 할 수 있는가 하는 점이다. 현대를 살아가는 우리는 이런 매체의 효과를 거의 매일 접하고, 또 그 영향력 때문에 울고 웃는 사람들을 만나고 있다. 이런 현실을 본다면 이용과 충족 등 '약한 매체와 강력한 수용자'를 주장하는 학설들은 허망하기까지 하다. 즉, 그런 학설들은 현대사회에서 활동하는 매체의 거대 영향력을 지나치게 과소평가하고 있다는 비판에 직면한다. 특히 사람들의 매체 이용이 어떤 목적의식을 갖고 이뤄지는 경우보다는 습관적이라는 사실에 주목하는 다른 시각의 연구들을 접하면, 맹목적으로 '약한 매체와 강력한 수용자'를 지지하기에는 무리가 따른다. 그러나 '약한 매체와 강력한 수용자'에 대한 이런 비판이 1940년대까지 진행된, 무조건적이고 강력한 매체 효과론을 그대로 답습하고자 하는 것은 아니다. 1920년대에서 1940년대까지 학계에 통용됐던 맹목적이고 강한 매체 효과론, 또 그 이후부터 1960년대 말까지 이어진 약한 매체 효과론을 거치면서, 1970년을 전후해 등장한 새로운 매체 효과론 학자들은 이처럼 현상과 현상, 이론과 현상, 이론과 이론이 부닥치는 상황을 종합하기 시작했다. 비록 강한 매체 효과론 쪽의 손을 들어주기는 하지만, 이들은 매체의 영향력이 특정 조건하에서 작동한다는 점에 주목하고 있다. 즉, 1970년을 기점으로 새롭게 대두된 강한 매체 효과론은 20세기 초반 1940년 정도까지 성행한 맹목적이고 무조건적인 강(強)효과론과 차이를 보인다.

(1) 지식격차 이론(Knowledge Gap Theory)

1970년대 초반 대두된 새로운 매체 효과론을 이끄는 것으로, 정보를 접하는 초기 단계의 환경이 다르면 이후에도 정보를 소화하는 역량의 격차가 더 벌어진다는 내용(Tichenor, Donohue & Olien, 1970)이 소개됐다. 지식격차 이론(Knowledge Gap Theory)으로 정리되는 이 주장은 늘어나는 정보 전달로 가진 자(Haves)와 못 가진 자(Have-Nots) 사이 지식의 격차가 증대된다는 내용을 담는다. 여기서 무엇인가를 가지고 못 가진다는 설명은 단순히 금전적인 배경만을 서술하는 것이 아니다. 지식격차 이론을 정리해 소개한 티치노어(Tichenor), 도노휴(Donohue), 올리엔(Olien)은 이를 사회경제적 지위(Socioeconomic Status)의 차이라고 본다. 이 지위는 금전 이외에 교육의 정도, 직업의 위상 등이 포함한다. 이런 사회경제적 지위 차원에서 우위에 있는 사람들과 열등한 사람들 간의 차이는 시간이 갈수록 벌어진다는 것이 이 이론의 핵심이다. 간단한 예를 들면, 유아기에 TV 유치원에 노출된 어린이는 이후 취학했을 때 교실에서 선생님의 설명을 더 쉽게 알아들어 빨리 지식을 습득하게 된다. 반대로 그렇지 못한 아동은 점점 더 학업 성취도가 떨어지게 되는 것을 뜻한다. 학자들은 이런 현상을 대중매체의 정보에 대입했을 때, 일반 수용자에게도 유사한 경향이 발생하는 것으로 봤다. 그러나 대중 정책 정보나 과학 등 매스미디어가 뉴스를 통해 전달하는, 다시 말해 일반적인 관심사의 영역에서 크게 벌어지며, 스포츠나 정원 관리 등 개별 수용자들이 원래부터 관심을 가지고 있을 법한 영역에서는 그 차이의 규모가 크지 않다는 연구 결과가 나오기도 했다.

TV 프로그램을 중심으로 한 이 이론은 텔레비전에 노출되어 있는 현대 한국사회에서는 그 설명력이 떨어질 수도 있다. 하지만 처음 이런 주장이 소개된 1970년대에는 미국에서도 TV를 시청하지 못하는 수용자들이 있었기에 이와 같은 학설이 등장할 수 있었다. 그렇다고 현대에 와서 이 이론이 미디어 효과론을 전혀 설명하지 못하는 것은 아니다. 오히려 커뮤니케이션 환경의 변화에 따라 이 이론의 폭은 더욱 확대됐다. 1990년대 중반 컴퓨터 보급과 인터넷 활용이 급격히 늘어가는 과정에서, 컴퓨터 이용과 인터넷 접근이 제한적인 경우를 이 지식격차 이론에 대입해 설명하는 정보격차 가설(Digital Divide Hypotheses)이 등장한 것이 그 예이다. 이는 21세기 초반인 현재까지도 지역별, 국가별 차이를 설명하는 도구가 되며, 이런 현상을 조망하는 변인들로 직업 위상, 교육 정도, 수입 규모뿐 아니라 인종, 성별 등도 탐구되고 있다(Hoffman & Novak, 1998).

이와 같은 입장은 지식 또는 정보도 일반적인 부(富)와 마찬가지로 불평등하게 분배될 수 있다는 점에 기반을 두고 있다. 민주주의는 정보, 그리고 정보가 집적돼 완성되는 지식이 충분한 시민들에 의해 이뤄진다는 관점에서 볼 때, 이 이론은 현대사회의 민주주의 이론과도 밀접한 관계를 맺고 있다. 정보격차 가설이 도입된 이후, 건강한 시민을 양성한다는 목적으로 전자정부(E-Government) 시스템을 활성화하는 것은 이러한 커뮤니케이션 이론들을 현실에 적용하는 한 사례로 풀이된다.

(2) 의제설정 이론(Agenda Setting Theory)

약한 매체, 강력한 수용자 연구의 촉매가 된 호블랜드의 참전 군인 실험을 자세히 들여다보면, 매체의 정보가 수용자의 행동 변화에까지 영향을 미치지는 못했지만 적어도 매체 정보에 포함된 사안에 대한 수용자의 인식과 정서적 판단에는 영향을 준 것으로 확인된다. 이는 매체의 효과가 전혀 없다고 단정할 수는 없음을 뜻한다. 또 유권자의 투표 행위에 대해 매체 효과를 탐색한 응용사회과학연구소의 어리 카운티 실험도 피험자 중 8%밖에 행동 변화를 일으키지 않았다는 것을 이유로 약한 매체 효과론을 촉발했다는 평을 받았지만 실제 선거에서 8%의 유권자 변화는 대단히 큰 영향력이라는 주장도 있다. 사실 2~3% 차이로 결과가 뒤바뀌는 선거에서 8%는 어마어마한 수

치이다. 과거의 사례를 보면, 실제 8% 이하의 차이로 선거 결과가 결정된 경우가 수없이 많다. 강력한 매체 효과론은 이와 같은 해석을 기초로 출발했다. 특히 어리 카운티 실험처럼 정치와 매체의 관계를 조망한 정치 커뮤니케이션(Political Communication) 분야에서는 대중의 인식과 판단 기준, 행태에 영향을 미치는 대중매체의 강(强)효과론이 힘을 얻었다. 이를 대표하는 것 중 하나가 의제설정 이론(Agenda Setting Theory)이다.

지식격차 이론의 등장과 비슷한 시기, 맥콤스(McCombs)와 쇼(Shaw)에 의해 소개된 의제설정 이론은 간단하게 대중매체가 대중들의 관심을 특정 문제나 이슈, 대상에게로 선도하는 것이라 정리된다(McCombs & Shaw, 1972). 대중매체가 중요하다고 판단해 집중적으로 또 현저하게 어떤 이슈를 보도하면, 수용자들 역시 해당 이슈를 중요하게 생각한다는 내용을 담고 있다. 1970년대 초반 제기된 이 주장은 현대의 시각으로 보면 너무나 당연할 수 있다. 하지만 제한적 매체 효과론이 주류를 이뤘던 1940년에서 1960년대 말까지는 당시의 커뮤니케이션 학문 분위기를 돌파하기에 적지 않은 어려움이 있었다. 그러나 의제설정 이론은 실증적 검증을 통해 약 30년 동안 학계를 관통했던 당시의 상식, 즉 약한 매체 효과론에 문제를 제기하며 등장했다. 사회과학으로서 비록 초기 단계에서 방법론적인 한계가 지적되기는 했으나, 이 이론은 이후 수많은 학자들의 후속 연구를 통해 발전하며 주장의 저변을 넓혀왔다. 우선 매체가 정보를 전달할 때 그 정보와 연관된 특정 대상(Object)이나 이슈(Issue)뿐 아니라 그 대상과 이슈가 포함한 개별 속성(Attributes)까지 전하면서, 수용자들이 매체 정보에 소속된 대상이나 이슈 외에도 그 안에 속한 다양한 요소들까지도 중요하게 생각하게 된다는 설명이 가능해졌다. 이 속성들은 결국 수용자들이 해당 대상이나 이슈에 대한 선호(選好) 여부를 결정하게 만들며, 이는 다시 그 대상과 이슈에 대한 판단 기준을 세우게 해준다는 것이다. 매체가 사람들의 인지적 또는 정서적 요소에 영향을 주는 것을 넘어, 판단 기준 설정의 조력자로 등장하게 된다는 통찰은 이후 이 이론이 심리학에 근거를 둔 점화 효과(Priming Effects)라는 영역으로까지 확장되는 역할을 한다. 이는 매체가 정보를 추리는 과정에서, 배제된 정보는 과감하게 버리고 선택된 정보에만 집중하는 게이트키핑(Gatekeeping)

현상에 근거한 것이다. 이 현상에 뿌리를 둔 의제설정 효과의 이론적 설명은 점화 효과 외에도 수용자가 세상을 바라보는 관점을 매체가 지정된 틀을 통해 규정한다는 틀 짓기 효과(Framing Effects)로도 이어진다. 비록 개별 분야를 연구하는 학자들에 따라 의제설정 이론, 점화 효과 이론, 틀 짓기 이론 등을 따로 구분해야 한다거나 종합해야 한다는 의견이 나타나지만, 매체가 수용자의 인식과 정서, 판단 기준 등에 영향을 미친다는 점에서는 모두 같은 맥락에 있다고 봐도 될 것이다. 의제설정 이론은 이외에도 수용자에 대한 매체의 영향력뿐 아니라, 하나의 매체가 다른 매체의 의제에 영향을 주는 매체 간(Inter-Media) 의제설정 효과를 설명하면서 매체 효과 영향력의 대상을 사람으로만 제한하는 한계를 극복하기도 했다.

하지만 이 이론을 20세기 초의 맹목적 강(強)효과론과 구분 짓는 중요한 요소는 바로 정향욕구(Need for Orientation)라는 개념이다. 정향욕구는 주변 환경에 익숙해야 자신의 삶을 유지하거나 개발할 수 있다는 인간의 심리적 특성에 주목한다. 이는 특정 대상에 대해 개인적 연관성(Relevance)과 불확실성(Uncertainty) 정도가 높을 경우 그 욕구가 강해지며, 그 욕구가 강할수록 매체가 전달하는 정보에 더욱 의존하기 때문에 의제설정 효과가 상승한다는 것을 설명한다. 다시 말해, 매체가 전달하는 정보에 대해 수용지가 스스로 자신과 관련이 있다고 느낄수록, 동시에 그 정보를 확실하게 이해하지 못한다고 느낄수록, 매체 정보의 영향력이 높아진다는 것이다. 이 개념은 결국 매체의 효과가 무조건적으로 강한 것이 아니라, 연관성과 불확실성이라는 조건이 성립돼야 발생한다는 것을 보여준다. 즉, 매체의 효과는 제한적이기는 하지만 결국 존재한다는 것이며, 개인이 처한 상황에 따라 그 강도가 달리 나타난다는 뜻이다. 이 의제설정효과 이론은 이후 40여 년을 거치며, 커뮤니케이션 환경 변화에 따라 지속적으로 신문, 방송, 잡지, 온라인 매체 등의 효과를 검증하는 도구로 활용되고 있다(Lee, 2005).

(3) 문화계발효과 이론(Cultivation Theory)

지식격차 이론과 함께 텔레비전의 영향력을 탐구한 분야로 문화계발효과 이론이 있다. 배양효과로도 해석이 되는 이 이론의 핵심 논지는 텔레비전 시청이 대중들의 지각(Perception), 행태(Attitudes), 가치(Values)에 영향을 준다는 것이다. 이렇게 형성된 지각, 행태, 가치는 일률적인 형태를 띠게 되는데, 문화계발효과 이론은 그 이유가 TV 시청을 통해 사람들이 정형화된 메시지를 전달받기 때문이라고 본다. 특히 과다한 TV 시청은 현실에 비해 과대 포장되거나 과소평가된 내용들을 실제인 양 받아들이게 만든다는 요소를 강조하고 있다. 문화계발효과 이론의 선두주자인 거브너(Gerbner)는 계발(Cultivation)이란 결국 일반화된 세계관과 역할 또는 가치들을 가르치는 것으로, 이 역할을 텔레비전이 담당하고 있다고 주장한다(Gerbner & Gross, 1976).

텔레비전이라는 같은 매체를 탐구했지만, 문화계발효과 이론은 지식격차 이론에 비해 뉴스 프로그램 이외의 영역을 조금 더 다루는 특징이 있다. 특히 이 이론은 폭력(Violence)과 연관된 프로그램에 집중하면서, 드라마 등 오락물에 등장하는 폭력의 빈도나 유형, 또 등장인물의 역할에 따른 폭력의 성격 등을 규명하는 과정에서, 결국 TV는 사람들에게 규격화한 역할과 행동을 사회화의 이름으로 전달하는 문화화 또는 문화 적응(Enculturation)의 도구로 활용되고 있다고 설명한다. 예를 들어, 사회적 규범으로부터 일탈적인 행위를 하는 범죄인의 폭력은 나쁘지만 법을 집행하는 과정에서 발생하는 폭력은 용인될 수 있다는 이미지를 수용자들에게 전달함으로써, 텔레비전이 결국 전체 사회적 구조 안에서 기존 권력에 대한 사회 전체 구성원의 복속(Acquiescence to Power)을 이끌고 있다고 보는 것이다. 특히 이 이론은 사람들이 매체 정보에 선택적으로 접근한다는 이용과 충족 등과 같은 강한 수용자 이론의 시각과는 달리, TV라는 매체 자체가 수용자의 비(非)선택적이고 습관적인 노출을 유도하기 때문에 수용자에 대한 매체의 효과는 대단히 강하다고 주장한다.

이와 같은 주장은 이후 수용자들의 개인적 조건에 따라 매체의 영향력이 달리 나타날 수 있다는 다른 이론과의 절충을 거쳐, 수용자의 수동성이 능동성과 점차 조율되는 쪽으로 전환되기도 한다. 하지만 결국 수용자들은 TV 프로그램을 통해 얻은 정보를 활용해 실생활에서 극단적인 행동을 피하면서 스스로를 온건한 보수적 중산층으로 분류하게 된다는 핵심 논의는 유지한다. 즉, 수용자들이 문화 적응을 통해 스스로를 대부분의 사람이 속한 중산층으로 이해하는 주류화(Mainstreaming) 현상이 일어난다는 것이다. 특히 TV 상황과 수용자의 현실이 유사할 때, 수용자들은 그에 큰 공감을 느껴 빠져드는 공명(Resonance · 共鳴) 현상이 생기게 되고, 결국 문화계발효과 현상은 크게 증폭된다는 것이다(Griffin, 2004).

(4) 침묵의 나선(Spiral of Silence) 이론

사회적 동물인 인간은 본능적으로 소외에 익숙하지 않다. 다른 사람과 어울리려 하는 것이 인간의 본성이다. 매스커뮤니케이션 이론들은 대중매체가 사람들의 이런 욕구를 채워주는 역할을 한다고 한다. 하지만 다른 측면에서는 소외를 두려워한 나머지 자신의 정체성을 버리고, 대다수의 의견으로 느껴지는 다른 사람들의 생각을 받아들이게 만드는 효과도 발생한다. 1970년대 초 노엘레노이만은 이 현상을 침묵의 나선(Spiral of Silence) 이론이라고 정리했다(Noelle-Neumann, 1974).

침묵의 나선은 자신의 의견이 대다수 사람들(Majority)의 의견과 함께하는지 아니면 소수(Minority)의 의견과 함께하는지 또는 여론이 변하고 있는지 등에 민감한 개인들이, 스스로가 소수자에 속해 있으며 여론으로부터 멀리 떨어져 있다고 느낄 때는 침묵하게 된다는 내용이다. 또 사람들은 입을 다물고 있을수록 자신의 의견이 드러나지 않아, 더욱 더 조용히 있게 된다는 것이다. 자신의 의견이 주류에 속하지 않아 극단적으로 비칠 수 있는 탓에 발언을 피하게 된다는 측면에서 본다면, 이런 현상은 사람들이 매체 정보를 통해 문화 적응을 거치면서 자신을 주류에 속한 것으로 분류하고자 한다는 문화계발효과 이론과 유사한 맥락을 지닌다. 하지만 폭력적인 콘텐츠의 선별적 용인 등을 통해 문화 적응을 강조하는 문화계발효과 이론과는 달리, 침묵의 나선은 소외의 공포가 그 원인이 된다는 점에서 가장 먼저 차이를 보인다 하겠다.

사실 침묵의 나선 현상은 대중매체가 존재하지 않는 집단에서도 발생할 수 있다. 학급회의에서 급우들이 내 의견보다는 다른 친구의 의견에 더 동조한다는 생각이 들게 되면 스스로는 자신의 주장을 강하게 피력하지 않게 되는데, 이런 상황을 생각해보면 쉽게 침묵의 나선 효과를 이해할 수 있다. 대중매체는 이런 현상을 더 심화시키는 경향이 있는데 그런 까닭에, 침묵의 나선 이론을 대중매체 효과론 차원에서 설명하게 되는 것이다. 대중매체를 침묵의 나선에 연결해보면, 매체가 주도한 지배적 논리와 다른 의견을 가지고 있는 개별 수용자들은 매체의 주장을 그대로 받아들이는 것으로 보이는 일반 대중과 대치할 때 스스로 목소리를 낮춘다는 내용으로 이해될 수 있다. 대중매체에 의해 대중들에게 전달된 의견은 다시 대중들에 의해 재충전되면서 지배적인 인식으로 확정되는 성향을 보인다.

침묵의 나선은 5가지 요소 또는 가정에 의해 진행된다. 먼저 사회의 공통적 가치를 위배하는 사람들은 배제될 수 있다는 '소외의 위협(Threat of Isolation)'으로, 이 위협 때문에 실제로 개인이 사회로부터 격리될 수 있다는 '소외의 공포(Fear of Isolation)', 자신과는 의견이 다르지만 많은 사람이 유지하고자 하는 공통적 가치가 있다는 '의사통계 감각(Quasi-Statistical Sense)', 대다수와 같은 의견일 때 개인은 의견 표명을 하지만 그렇지 않을 때 의견 표명을 자제하게 되는 '말하고자 하는 의지와 말을 하지 않으려는 경향성(Willingness to Speak Out and Tendency to Remain Silent)' 등이 선행하고, 이들 4가지 요소들이 상호작용을 하면서 여론의 형성과 변화, 강화효과가 발생하면 결국 침묵의 나선(Spiral of Silence) 단계에 들어간다는 것이다.

여기서 한 번 더 유념해야 할 부분은 '의사 통계 감각'이다. 이는 실제로 대다수의 사람들(Majority)이 인정하는 공통적 가치가 반드시 있다는 얘기가 아니다. 그런 가치가 있을 것이라는 개인의 생각이 존재할 뿐이다. 학자들은 이를 '의견 기상(Opinion Climate)에 대한 사람들의 예측'이라고 부르기도 한다. 즉, 정확하게 확인되지는 않으나 전체 의견이 그럴 것이라는 종합적 예측이다. 사실 대중매체를 늘 접하는 현대사회에서, 소외의 위협을 인지하고 소외의 공포로 말을 꺼리는 개인들이 모두 필연적으로 소수의 의견을 가진 사람들은 아니다. 그런 공포를 느끼는 사람들은 자신들의 의견과 대다수 사람들이 지지하는 견해가 다를 것이라고 그저 예측할 뿐이다. 이렇게 예측하는 사람들은 오히려 다수일 수 있다. 다만 그런 예측 때문에 침묵할 뿐인 것이다. 이 경우, 다수의 의견이 침묵하게 되는 것은 다수에 속하는 사람들 스스로가 자신들의 의견이 혼자만의 생각이라고 느끼게 되기 때문이다. 이 과정에서는 목소리가 큰 소수의 의견이 전체의 의견으로 비춰지고, 기존의 다수는 이런 상황에 저항하지 못하게 된다. 그리고 이와 같은 예측은 대중매체의 정보에 의해 강화된다. 결국 이들은 전체 사회 구성체의 측면에서 바라보면 모두 수동적 수용자들로, 결국 매체가 강력한 영향력을 행사하고 있다는 사실을 반증한다고 볼 수 있다(Scheufele & Moy, 2000).

(5) 제3자 효과 이론(Third Person Effects)

2차 세계대전이 한창이던 때, 태평양에 있는 이오지마 섬에서는 백인 장교들이 흑인 사병들을 통솔하는 미군 부대와 일본군이 대치했다. 일본군은 대치 상황에서 "백인 장교들을 위해 당신들(흑인 사병들)의 목숨을 걸지 말라."는 내용의 선전(Propaganda) 전단을 뿌렸다. 전단이 살포된 다음 날, 미군 부대는 철수했다. 일본군이 승리한 것이다. 이는 제3자 효과 이론에 대한 고민을 촉발하는 사례 중 하나이다. 당시 일본군은 어떤 효과를 기대하고 전단을 살포했을까? 아마 흑인 사병들의 반란이나 탈영 등을 노렸을 것이다. 즉, 흑인 사병들에게 영향력을 행사하기 위한 노력이었을 것이란 얘기이다. 하지만 그 효과는 엉뚱하게 백인 장교들에게서 나타났다. 실제 반란이나 탈영이 없었음에도 불구하고 백인 장교들이 철수 명령을 내렸기 때문이다. 1940년대 이오지마 전투에서 발생한 상황은 한동안 개념화되지 못했다. 유사한 일들이 현실에서도 계속 발생하고 있는데도 이를 명쾌하게 설명하지 못했던 것이다. 이렇게 불분명한 상황을 궁금해하던 학자들 중 데이비슨(Davison, 1983)이 1980년대에 현상 설명의 도구로 들고 나온 것이 바로 제3자 효과론이다.

제3자 효과 이론은 그 효과가 발생할 것을 의도하지 않은 대상에게 일어나는, 의도되지 않아 '간접적(Indirect)'이지만 '중대한(Profound)' 효과를 설명한다. 매스커뮤니케이션 효과는 그 메시지의 목표가 되는 대상에게 발생하는 직접적인 영향력 때문에 생기는 것이 아니라, 그 효과가 원래 목표가 되는 대상에게 발생할 것이라고 믿는 다른 사람들이 그와 같은 믿음에 의해 행동하기 때문에 발생한다는 것이다. 대중매체의 효과가 자신이 아닌 다른 사람들에게서 더 크게 발생할 것이라고 믿는 사람들의 일반적 경향성 때문에 생기는 것이 바로 제3자 효과이다.

일상생활에서도 우리는 이런 현상을 종종 목격한다. 특히 스스로를 돌아볼 때 더욱 그렇다. 다른 사람들에게는 도색 영화나 폭력적인 영상물, 또는 과격하거나 선정적인 내용을 담은 노래 가사 등이 악영향을 끼칠 수 있기에 그에 대한 규제가 필요하다고 느끼면서도, 스스로는 그런 내용을 정화하거나 걸러서 수용하는 능력이 있다고 생각한다. 그래서 자신에게는 악영향이 발생하지 않기 때문에 규제를 받을 필요가 없다고 생각하는 것을 사례로 들 수 있겠다(McLeod, Eveland & Nathanson, 1997). 같은 예로 비상 상황과 관련된 뉴스 보도를 접하고 일부 항목의 품귀 현상이 예측되면 집단 사재기 현상이 벌어지거나 매체가 어떤 음식이 건강에 악영향을 미칠 수 있다고 보도하면 그 내용이 자기 회사 제품과 관련돼 있어 소비자가 자사 제품을 배척할 수도 있다는 우려로 상품 내용을 바꾸는 행위 등을 들 수 있다.

사실 이와 같은 제3자 효과는 매체 효과에 대한 과대평가(Overestimation)에서 나온다. 어쩌면 스스로가 그런 영향을 덜 받는다고 느끼는 것처럼 다른 사람도 매체의 영향을 덜 받을 수 있다. 그러나 자신에게는 관대한 이런 내용을 다른 사람들에게는 적극적으로 적용하게 되는 것이 제3자 효과의 출발점이 된다. 이는 침묵의 나선에서 거론된 '의견 기상(Opinion Climate)'에 대한 예측과도 유사하다. 즉, 나 아닌 다른 사람에게 매체가 영향력을 행사할 것이라는 생각은 그저 뚜렷한 근거가 희박한 예측에 불과할 수 있다는 것이다. 이오지마 섬에서 백인 장교들의 판단 역시 이런 예측에 기초했다. 학자들은 후속 연구를 통해, 매체에서 보도한 내용과 자신 사이의 물리적 · 심리적 거리보다 해당 내용과 타인, 즉 제3자 사이의 거리가 멀수록, 또 관련 이슈에 대해 자신이 타인보다 전문성을 많이 가지고 있다고 느낄수록 이와 같은 제3자 효과(매체의 정보가 자신보다는 타인에게 더 큰 영향력을 가질 것이라는 판단)가 커진다는 사실을 밝혀냈다(Lasorsa, 1994).

하지만 이 과정에서 제3자가 그렇게 느낄 것이라는 개인의 생각 자체는 어디에서 왔는가라는 인지적 문제가 발생한다. 특히 특정 정보에 노출됐을 때 개인에게 발생하는 그런 느낌의 근원은 무엇인가라는 의문이 더 커진다. 학자들은 이를 두고, 결국 제3자 효과는 제1자, 즉 본인이 제3자 효과가 발생

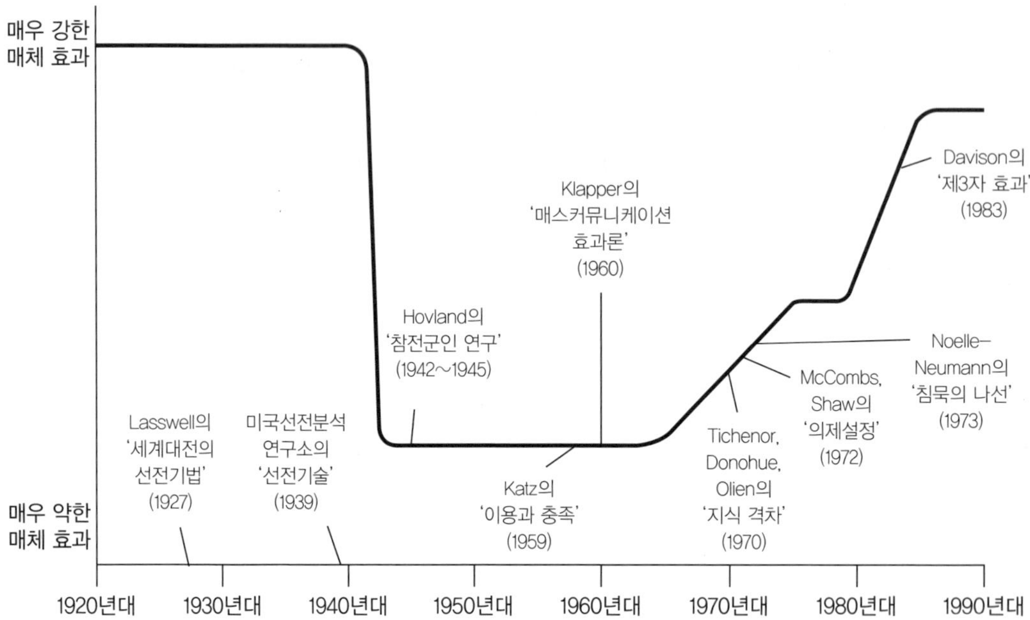

그림 3-2
매스커뮤니케이션 효과 흐름도[1]

할 것이라고 느끼게 된다는 점에서 매체 정보에 노출된 제1자에 대한 효과라는 주장이 나온다. 그렇기 때문에 강력한 매체 효과라는 것이다. 반면 이 이론은 강력한 매체 효과에 '저항하는 자신'과 이 효과를 그대로 받아들이는 '약한 3자'를 동시에 소개하면서, 종합적 대중 수용자의 능동성과 수동성의 평형을 이루기 때문에 이를 무조건적인 강(强)효과라고 보기 어렵다는 주장도 있다.

앞서 설명한 것처럼 1970년대를 전후해 기존의 약한 매체 효과론을 극복하고 다시 등장한 강(强)효과론은 1940년대 이전을 풍미했던 무조건적 강(强)효과론과 차별된다. 의제설정 효과, 지식격차 이론, 문화계발효과 이론, 침묵의 나선 등은 매체 효과를 설명하기 위해서는 수용자의 개인적 특성을 고려해야 한다거나, 매체 효과가 발생하려면 특정 조건이 선행돼야 한다는 등의 주장을 하고 있다. 제3자 효과 역시 제1자와 제3자에 대한 수용자 특성을 파악하는 과정에서 매체가 영향력을 행사하는 대상인 수용자들에게 모두 똑같

1 그림은 Severin & Tankard의 『Communication theories: Origins, methods, and uses in the mass media』(2001)의 내용을 일부 정리해 소개한 것이다.

은 효과가 발생하지는 않는다고 정리했다. 이처럼 주위 조건과 수용자의 특성 및 위치 등에 따라 매체의 영향력이 달리 나타난다는 1970년대 이후의 주장들은 매체 효과론을 중(中)효과론으로 정리하자는 학자들의 의견을 지지하고 있다. 이런 주장들은 강한 매체 효과론과 약한 매체 효과론의 융합을 통해 매스미디어 효과를 설명하려는 시도로 나타난다. 예를 들어, 의존 이론 또는 종속 이론(Dependency Theory)은 현대 정보사회의 구조가 복잡해짐에 따라 사람들 간에는 불확실성이 높아지고, 따라서 그들의 지식이나 욕구 충족을 위해 미디어가 제공하는 정보에 대한 의존이 높아진다(Ball-Rokeach & DeFleur, 1976)고 주장하며 현대의 매체 강(强)효과론을 설파한다. 이러한 의존 의론 또는 종속 이론(Dependency Theory)은, 이용과 충족 이론이 매체 정보에 대한 개인의 선택적 활용을 지나치게 강조한다는 비판을 극복해야 한다는 주장과 만나면서 이용과 의존 모델(Uses and Dependency Model)로 거듭나고 있다(Rubin & Windahl, 1986). 이 모델은 개인이 미시적인 심리적 요인에 의해서만 정보를 선택하고 이용하는 것이 아니라, 개인이 소속된 사회체계가 개개인의 필요를 규정하기 때문에 매체 효과론은 사회적 특성과 함께 고려돼야 한다는 점에 주목하고 있다.

3. 매체와 정치

대중매체가 제공하는 정보의 성격이나 매스미디어의 효과론은 사회 전체 또는 사회를 구성하는 수용자들의 삶과 직접적인 관계가 있다. 현대사회에서 수용자들이 대중매체의 정보를 접하지 않고 살아가기는 거의 불가능하기 때문이다. 그래서 중요성, 연관성 및 흥미, 참신성 등 대중매체가 전달하는 정보의 성격이 얼마나 대중들의 삶을 잘 반영하고 또 그들의 삶에 도움을 주는지, 나아가 그 매체 정보가 얼마나 많은 영향력을 끼치는지 등은 매스미디어 연구의 큰 부분을 차지하고 있다. 이런 경향의 연구 풍토는 특히 정치 커뮤니케이션 분야에서 두드러진다. 정치 행위는 사람들의 생활과 밀접한 입법, 사법, 행정 등 주요 정책과 관련된 내용뿐 아니라 경제나 문화 등 사회 전반을 아우르는 거의 모든 요소에 연결돼 있다. 대중매체는 이런 정치 전반을 다룸으로써 사람들의 생활에 다시 영향을 주게 된다. 정치와 연관된 사람들은 개별 유권자들을 일일이 만날 수 없기에, 앞서 설명한 매체 정보의 성격이나 효과론 등을 전략적으로 사용해 유권자들과 소통하려 한다. 유권자들은 대부분 대중매체가 제공하는 정보의 수용자들이기 때문에 정치와 매체, 수용자들은 떼려야 떼기 힘든 관계를 맺고 있다. 이런 배경으로 정치를 둘러싼 매체 활동은 늘 커뮤니케이션 학문 분야의 주요 탐구 대상이 돼왔다.

1) 정치 커뮤니케이션(Political Communication) 일반

(1) 정치 커뮤니케이션의 정의

사회 전반에 영향을 미치는 정치 행위, 그리고 이를 보도하는 매체와 그 내용을 수용하는 일반 대중들은 정치적 의사소통의 틀에서 벗어나기 어렵다. 이런 상황을 포함하는 정치 커뮤니케이션을 학자들은 국가의 리더십과 매체, 시민 대중이 공공(公共 · Public) 정책과 관련된 메시지의 내용을 교환하는 행위로 요약한다. 여기서 국가의 리더십은 정치적 지도자 등을 대표하는 표현으로, 정치 행위와 관련된 공중 의견(Public Opinion)을 선도하는 사람 또는 그룹을 뜻한다. 시민 대중은 일반 수용자를 포함하는 유권자, 매체는 이들 리더십과 시민 대중의 의사소통 채널을 담당하는 매스미디어를 의미한다. 이들 리더십과 시민 대중, 매체는 정치 커뮤니케이션을 담당하는 3대 요체가 된다(Perloff, 1998).

이처럼 말로는 단순하게 정리되지만, 다양한 성격의 구성원들이 존재하는 현대사회에서 정치적 의사소통은 복잡다단하고 역동적인 과정을 거칠 수밖에 없다. 특히 지배권 또는 통치 논리, 공중 정책의 집행, 권력 등에 관련된 메시지는 그 방향에 따라 셀 수 없을 정도로 여러 가지의 이해관계가 엮여 있고, 이 메시지의 통로가 되는 대중매체들도 단순히 불편부당한 채널의 역할만 담당하는 것이 아니라 자신들의 입장에 따라 스스로 목소리를 내기 때문에, 이 메시지를 해석하는 과정은 앞선 정의처럼 간단하게 설명되기 어렵다. 또 국가 별로 또는 사회 별로 각각의 정치적 의사소통의 틀을 갖추고 있고, 같은 내용이라도 시대에 따라 다른 접근이 가능해, 그야말로 정치 커뮤니케이션은 더더욱 복잡한 양상을 띠게 된다. 또 이에 대한 학문적 탐구는 정치학, 사회학, 수사학(Rhetoric), 저널리즘 등의 관점에서 다양하게 이뤄지면서 그 폭도 광범위하다. 이런 학문적 접근은 정치적으로 영향력이 있는 인물에 주목해 그의 소통 기법 등을 알아보거나, 정치 관련 인물들이 소속된 정당이나 행정부 또는 이들의 커뮤니케이션 내용을 정리해 전달하는 미디어 사이의 관계 등을 조망하기도 한다. 이런 관계들이 사회 전반에 걸쳐 어떤 형태로 발현되며, 미래를 향하고 있는가의 문제도 넓은 틀에서 정치 커뮤니케이션 연구 분야에 속하게 된다. 이렇게 다양한 접근이 가능하지만, 궁극적으로 시민이 주인이 되는 사회 안에서 민주주의를 지향하는 구조를 지닌다는 점에서 정치 커뮤니케이션의 일반론을 확인할 수 있다.

(2) 대중매체의 정치 보도

정치적 인물 개인의 의사소통 방법 등도 정치 커뮤니케이션 연구의 한 축을 담당하지만, 정치 관련 이슈를 보도하는 대중매체 관련 정치 커뮤니케이션 역시 큰 의미를 지니고 있다. 일반적으로 이런 측면의 정치 커뮤니케이션은 입법 기관의 의사소통에 집중하는 것으로 정리된다. 또 언론 현장에서 이들 뉴스를 담당하는 사람들이 정치부 기자들로 압축돼 있기 때문에, 정치 커뮤니케이션 3대 요체 중 하나인 매체의 역할은 이 정치부 기자들의 보도 내용에 집중된다. 하지만 이는 대단히 협소한 개념이다. 앞서 거론한 것처럼, 정치 행위 자체가 전반적인 사회와 그 구성원의 삶에 밀접하게 연결돼 있기 때문에, 정치와 관련된 모든 행위, 그 행위를 하는 사람들, 또 그와 관련된 이슈를 보도하는 모든 영역, 그리고 이런 행위를 메시지로 전달받는 수용자들을 아우르는 내용을 정치 커뮤니케이션 이해의 틀 안에 놓고 보는 것이 옳겠다.

이런 광의(廣義)의 관점에서 우선 논한다면, 우리나라의 경우, 3대 요체 중 하나인 리더십 분야에서는 편의상 대통령이나 국회의원 등이 활동하는 청와대 또는 국회라는 입법 기관 이외에 행정부와 사법부 등이 정치 커뮤니케이션 틀 안에 들어온다고 볼 수 있겠다. 우선 입법부는 여당과 야당, 그리고 군소 정당들이 활동하는 영역이다. 정기국회나 국정감사, 국회의원 선거 등 국회의원이나 그 후보들이 정치적 목소리를 내는 분야에서 그들 사이의 의사소통이 있지만, 매체들이 이를 보도함으로써 그 내용이 또 다른 정치 커뮤니케이션 요체인 대중들에게 전달될 수 있다. 또 대통령을 입법 기관으로 분류할 수 있겠는가의 문제에 대해서는 여러 견해가 있을 수 있지만, 대통령을 선거로 뽑는다는 점과 대통령 후보자들이 대부분 각 정당에서 경선 등을 거쳐 나오기에 입법 기관과 무관할 수 없다는 점 등에 비춰보면, 소위 정치인과 관련된 의사소통이라는 협의(狹義)의 개념에 속하는 입법부 관련 정치 커뮤니케이션 분야에 포함할 수 있겠다. 매체 보도 측면에서 더 보자면, 정치부 기자들은 청와대와 각 정당, 국회 외에도 외교통상부, 통일부, 국방부 등의 정부 부처를 출입하며, 정치인들의 정치 행위와 연관된 분야를 집중적으로 취재해 전달한다.

위와 같이 협의의 정치 커뮤니케이션 영역을 넘어서면 행정부의 일부 요소들도 정치적 의사소통의 분야에 넣을 수밖에 없는 상황이 벌어진다. 먼저 앞서 거론한 국정감사는 국회의원들이 행정부의 업무를 감시하고 견제하는 행위이다. 결국 정치적 행위와 무관할 수 없다. 또 정치부 기자들은 이들 행정부 중 일부 부처를 담당하고 있으며, 사회부나 경제부, 문화부 등에 속한 기자들도 국정감사 기간에는 정치부 기자들과 호흡을 맞춰, 일반 수용자들이 궁금해할 만한 내용들을 보도한다. 게다가 대부분 정무(政務)직인 장관이나 차관들은 엽관제(獵官制)적 경향이 짙은 국내 정치 풍토에서 대통령이 지명하는 경우가 많아, 이들의 인사(人事) 내용은 리더십의 심중을 읽고 해석하는 중요한 요소가 된다. 사법부 역시 마찬가지이다. 일반인들을 대상으로 한 송사 내용이야 보통 사회의 단면을 보여주는 정도의 역할을 하겠지만, 정치인이나 정치 행위와 관련된 내용들은 집권 여당이나 야당에 대한 국민들의 반대 또는 지지로 이어질 수 있기에, 정치 커뮤니케이션에서도 대단히 중요한 영역이 된다. 검찰의 수사 상황이나 법원의 판결은 이와 같은 정보 흐름을 더욱 역동적으로 만드는 역할을 하기도 한다. 또 다른 행정부와 마찬가지로 법무부 장관이나 차관, 검찰총장 등의 인사는 사법부와 권력의 관계를 짚어 볼 대상이 된다. 하위 법률에 대한 헌법재판소의 위헌 여부 판단은 이후 입법 기관의 업무에 큰 영향을 미치게 된다는 점에서 이에 대한 보도 행위 역시 정치 커뮤니케이션 색채를 띠고 있다.

사실 리더십의 개념을 더 확대해보면, 사회의 이익단체나 시민단체들의 행위도 정치적 색채를 낼 때 정치 커뮤니케이션의 영역에서 해석할 수 있다. 환경문제를 중점으로 하는 환경단체가 행정부의 정책 집행에 문제를 제기하고, 이 내용이 입법부 혹은 정치 행위와 관련된 영역으로 확대되면 역시 정치적 의사소통으로 볼 수 있다. 또 한 나라 리더십에 영향을 미치는 대규모 경제 문제나 대기업의 사업 구조, 외국의 동향도 정치 커뮤니케이션의 흐름 속에서 이해될 수 있는 것이다.

2) 선거를 중심으로 한 정치 커뮤니케이션

행정부나 사법부의 역할, 또 기업가나 국외의 상황들까지 정치 행위와 연관됐다면, 정치 커뮤니케이션의 영역에서 다룰 수 있다. 이런 상황을 연구한 논문들이 많이 소개됐고, 그만큼 정치 커뮤니케이션의 범위가 확대돼왔다. 하지만 가장 핵심적인 정치 커뮤니케이션은 역시 입법부, 혹은 정치인들과 관련된 내용을 다룬다. 특히 이들 선량들을 뽑는 선거와 이를 배경으로 한 커뮤니케이션 형태는 정치 커뮤니케이션 연구의 중심이 돼 집중적 관심을 받아왔다. 이 관심사는 미디어 선거 캠페인의 3대 요소로 불리는 언론의 선거 보도, TV 토론, 정치 광고에 몰려 있다.

(1) 언론의 선거 보도

현대 선거는 매스미디어 선거라고도 불린다. 유권자들이 정치인을 선택할 때 후보와 관련된 정보를 대중매체를 통해 얻고, 정치인들이 이들 매체를 통해 자신들을 알리기 때문이다. 매개된 정치(Mediated Politics)라는 표현은 대의정치(代議政治)를 뜻할 수도 있지만, 정치 커뮤니케이션 영역에서는 매스미디어를 통한 정치라고 해석된다. 구체적으로 보면, 정치인은 유리한 득표를 위해 대중매체를 직 · 간접적으로 활용하고, 대중매체는 유권자가 알아야 한다고 판단되는 내용들을 보도하며, 유권자들은 대중매체의 보도 내용을 수용하고 이를 활용하는 행위를 매개된 정치의 기본 축이라고 정리할 수 있는 것이다. 이런 환경 때문에 학자들은 매체를 통한 선거 캠페인이 입법가 등 정치인을 뽑고, 정책을 형성하며, 권력을 분배, 전달하는 역할을 한다고 본다. 또 이 같은 캠페인을 통해 논쟁의 장이 마련되고, 사회의 울타리 안에 존재하는 마찰이 부각되기도 하며, 유권자들은 표를 통해 정치인들에 대한 피드백의 기회를 얻게 된다(Mancini & Swanson, 1996).

대중매체는 이 과정에서 후보자의 정책 및 이슈에 대한 정보를 제공하고, 후보자의 외모나 말투, 몸동작, 성격 등에서 비롯되는 이미지를 형성해 전달한다. 매체는 또 정치인과 정치 시스템 자체에 대한 유권자의 태도 형성에 영향을 미치며, 결국 이런 투표에 참가할지 여부를 결정하는 정치 행위 참여 동기를 부여하게 된다. 여기서 후보자의 정책 및 이슈, 이미지 전달 등은 매체의 행위이고, 정치인에 대한 태도 형성 및 투표를 비롯한 정치 행위 참여 동기 확보는 그런 매체 정보에 영향을 받은 유권자의 행태가 된다. 유권자가 받는 영향의 정도는 앞서 정리한 강한 매체-약한 수용자, 또는 약한 매체-강한 수용자라는 매체 효과론의 측면에서 다양하게 연구되고 해석될 수 있다. 그러나 매체의 행위는 효과론 이외의 또 다른 측면에서 탐구되기도 한다. 즉, 이런 매체 정보가 과연 유권자들의 판단 근거로 유용하게 작용할 수 있는가에 대한, 다시 말해 올바른 방식으로 필요한 정보가 전달되고 있는가에 대한 측면이다.

학자들은 언론의 선거 보도가 유권자들의 정치적 인식에 영향을 미친다고 보며, 바람직한 영향을 위해서 노력해야 할 부분이 많다고 지적한다(오택섭 · 권혁남 · 김성태, 2005). 이를 위해서는 정치인들의 이미지가 아닌 정책과 공약에 대한 비교 · 분석 · 해설 기사, 유권자가 느끼는 중요 이슈를 발굴하고 이에 대한 후보들의 입장이나 후보 지지도 조사 결과를 전달하는 데만 천착하는 것을 탈피해 유권자가 원하는 선거 이슈에 대한 여론조사를 강화한 보도 등을 강조한다. 기존에는 언론들이 선거가 시작되기 훨씬 이전부터 후보 지지도 등을 전달하고, 정치인들에 대한 가십에만 집중한다거나, 언론사의 정치적 성향에 따라 편파보도를 하는 경우 등이 부정적인 사례로 꼽혔다. 또 여기에 정치 후보자들이 지도자로서 보여줘야 할 특정 이슈나 정책에

홍사덕 32.7 정세균 32.0
(서울 종로)

손수조 25.1 문재인 44.5
(부산 사상)

서울 동작을 여론조사선
정몽준 37.5 이계안 35.7
정몽준 43.0 허동준 26.9

'정치 1번지' 서울 종로에서 홍사덕 새누리당 의원과 정세균 민주통합당 의원이 초박빙 접전을 벌이고 있는 것으로 나타났다. 중앙일보 조사연구팀과 여론조사 전문기관 엠 … 당(34.1%)에 대한 정당 지지율은 비슷했다.

민주통합당의 경선지역인 서울 동작을에선 민주통합당 후보로 이계안 전 의원이 나설 경우엔 새누리당 정몽준 후보 37.5%, 이 후보 35.7%, 진보신당 김종철 후보 4.4%였다. 이 전 의원 대신 허동준 지역위원장이 민주통합당 후보로 나설 경우엔 정 후보 43.0%, 허 후보

그림 3-3
2012년 3월 7일 중앙일보 총선 관련 보도(왼쪽)와 같은 해 1월 2일 KBS 대선 관련 보도

대한 분석 없이 단순히 이미지를 부각하는 요소들만 두드러져, 정작 중요한 판단 근거가 돼야 할 정보들이 언론 보도에서 누락되는 것도 큰 문제점으로 지적됐다. 그림 3-3은 자세한 공약이나 정책에 관련된 내용보다는 특정 후보들 또는 영향력 있는 인물들에 대한 여론조사를 바탕으로 그들에 대한 지지도를 보여주는 보도 내용들이다. 사실 이런 지지도 관련 보도는 국민들의 의사를 반영한다는 긍정적인 측면도 있지만, 왜 그런 지지도가 형성되고 있는지에 대한 구체적인 정보 없이 결과만 노출하기 때문에 흥밋거리만 제공한다는 지적이 나오는 것이다.

이런 비판을 극복하기 위해 언론 보도 형태에 대한 각종 규제가 생겨나고, 또 공정한 보도를 위한 가이드라인들이 제시되기도 한다. 하지만 이런 규제나 가이드라인들이 그 자체로 완벽하지는 않다. 정치 커뮤니케이션 자체가 역동적인 것만큼, 관련 현상들도 지속적인 논쟁과 변화를 겪고 있다. 예를 들어, 국내에서는 신문이 사설을 통해 특정 후보를 공개적으로 지원하는 언론 지지(Media Endorsement)를 막고 있다. 이 제도는 미국에서는 허용되고 있지만 가치가 들어 있는 논평에 허위 사실이 들어갈 가능성을 배제할 수 없다는 이유로, 국내에서는 인정되지 않는다. 하지만 사설이나 칼럼 등의 행간(行間)에 특정 정치인이나 정당에 대한 지지가 포함되는 경우가 많아, 언론 지지의 불허가 오히려 애매한 마찰만 불러온다는 지적도 있다. 또 국내의 선거법은 투표일을 일정 기간 앞둔 시점부터 투표일 당일까지 여론조사 결과를 보도하지 못하게 하거나, 투표 장소로부터 일정 거리 안에서는 유권자가 어떤 후보를 선택했는지를 묻는 출구조사를 못 하도록 제한을 두고 있다. 언

론 보도가 투표자들의 판단에 영향을 미친다는 정치 커뮤니케이션 연구 결과 등에 따른 조치이다. 그러나 여론조사 결과 보도 시점 지정이나 출구조사 거리 제한 등의 내용도 시대에 따라 변하면서, 그 조치가 완벽할 수 없다는 의견도 나오고 있다. 언론 지지(Media Endorsement)에 대한 찬반 여부도 지속적인 논쟁을 이끌고 있다.

이밖에 선거 관련 보도에서 발생하는 오류를 바로잡기 위해 반론 보도 청구권을 두고 있다. 하지만 반론 보도를 청구하는 절차도 까다로울뿐더러, 이미 보도된 내용을 바로잡기 전에 선거가 진행되는 경우가 있어 이런 법적 제도로 공정한 보도를 담보하기에는 부족하다는 불만이 쌓인다. 또 각종 심의위원회를 설치해놓고 있지만 신문이나 방송, 인터넷 등 매체별로 상이한 원칙들이 있기에 정치인이나 매체, 유권자 모두 정확하게 이를 활용하지는 못하는 실정이다.

(2) TV 토론

앞에서 설명한 제도상의 미비점 또는 사회적 합의의 어려움으로 대중매체의 선거 보도에 대한 의구심이 일자, 정치인들이 곧장 대중들에게 접근할 수 있는 방법을 찾게 됐다. 그중 하나가 TV 토론이다. 미국에서 1950~1960년대 시작된 뒤(그림 3-4), 1995년 정원식, 조순, 박찬종 후보가 맞붙은 서울시장 선거를 통해 처음 한국에 도입된 TV 토론은 이후 1997년 김대중, 이회창, 이인제 대통령 후보의 합동 TV 토론으로 확대되면서 점차 국내에 정착되기 시작했다. 공직자의 TV 토론은 언론의 해석에 의해 발생할 수 있는 각종 불공정성의 오해를 피할 수 있다는 장점 때문에 그 대안으로 각광을 받는다. 특히 후보를 한자리에 모을 수 있어 정책과 자질에 대한 비교가 가능하고, 이를 통해 유권자가 후보자에 대한 장 · 단점을 직접 파악할 수 있으며, 일부

그림 3-4
1960년 미국 대통령 선거에 출마한 닉슨과 케네디 후보의 TV 토론 장면(출처: http://www.humanevents.com/article.php?id=48205)

러 후보자가 유권자에 접근하는 시간과 공간적 제약을 극복할 수 있다는 장점이 있다. 하지만 동시에 정책이나 이슈에 대한 판단보다는 후보자의 외모나 말투 등 이미지 전달 도구로 전락할 가능성이 있고, 후보자 개인만 부각시킴으로써 현대 민주정치의 중심일 수 있는 정당정치가 퇴보한다는 지적도 있다. 또한 아무리 언론의 해석이 없다고 하더라도 결국 TV 제작자의 의도에 따라 정치적 쇼로 전락할 가능성 높다는 단점도 내포한다.

이처럼 선거를 둘러싼 정치인과 언론의 관계는 복잡하고 팽팽한 긴장감과 상호 견제 속에 존재한다. 이 과정에서 매체가 정치인과 후보자만 조명하면서 이들을 뽑는 공중(公衆)은 철저히 소외된다는 비판이 나온다. 특히 정치인의 정책보다는 이미지에 집중하는 매체의 정보가 대중들을 정치로부터 멀어지게 하고, 그럼에도 투표에 나서야 하는 유권자들이 결국 눈에 익은 후보자를 선택하게 되는 경향을 보이게 되므로 자의와는 별개로 정치인들이 무조건 언론에 모습을 드러내야 하는 기괴한 현상이 발생하기도 한다.

(3) 정치 광고

바로 앞서 설명한 언론의 선거 보도와 TV 토론은 일정 부분 정치 상황에 대한 언론의 해석과 연관된다. 비록 TV 토론이 언론 보도보다 정치 후보자 쪽의 자율성이 높게 확보된다고 하더라도, 결국 토론 프로그램을 운영하는 진행자의 의도에 따라 정보가 조정될 여지는 남는다. 이런 관점에 비춰볼 때, 매체와 정치가 맺고 있는 관계 가운데 정치 광고는 정치인이 직접 메시지를 통제할 가능성이 가장 높다. 결론적으로 메시지에 대한 정치인의 조정 가능성은 정치 광고, TV 토론, 언론의 선거 보도 순으로 작아진다.

정치 광고는 정치 후보자를 포함한 정치인, 정당, 선거관리위원회 등을 포함하는 비용 부담의 주체가 의도적으로 유권자에게 전달하는 일련의 메시지를 뜻한다. 신문, TV 등 전통 매체뿐 아니라 인터넷이나 휴대전화 등 모든 가능한 채널을 통한 광고를 다 포함한다. 과거에는 신문 등 인쇄 매체의 지면이나 TV 등 방송 매체의 시간 사용에 대한 비용을 지불하는 정치 메시지가 주를 이뤘으나, 커뮤니케이션 환경의 변화와 함께 인터넷, 휴대전화 등을 통해 비용을 적게 들이거나 아예 경비가 발생하지 않는 정치 광고도 성행하

그림 3-5
미국 오바마 대통령과 한국 이명박 대통령의 대선 후보 정치 광고

기 시작했다.

광고(Advertising)가 일반적으로 소비자들에게 특정 물품을 구매하게 만드는 설득의 효과를 갖는다는 점을 대입하면, 정치 광고는 정당이나 정치 후보자를 브랜드로 인식해 해당 정당이나 후보자를 지지하게 만드는 목적을 가지고 있다(그림 3-5). 즉 일반 상업 광고를 통해 물건을 팔고 수익을 얻는 기업과 대비했을 때, 정치인 등은 정치 광고를 통해 자신을 홍보하고 표를 얻는다고 볼 수 있다. 특히 설득이라는 측면에서, 그리고 경쟁을 통한 지지 호소라는 점에서 정치 광고는 선전(Propaganda)의 요소를 많이 지니고 있다.

본격적인 정치 광고는 미국에서 '독특한 판매 소구(Unique Selling Proposition)'라는 광고전략을 도입한 아이젠하워 대통령 후보의 1952년 선거 운동에서 비롯됐다고 보는 시각이 일반적이다. 비록 이전에도 옥외 광고나 신문광고 등의 부류로 해석될 정치 광고들이 있었지만, 텔레비전 등 영상물을 전달하는 매체의 발달과 함께 등장한 아이젠하워의 경우는 현대 정치 광고의 시발점으로 불린다. 이후 미국의 정치 광고는 1964년 공화당의 골드워터 후보에 대한 민주당 존슨 후보의 공격 광고로 알려진 '데이지 소녀' 광고, 1976년 자수성가한 땅콩 농장 주인 이미지를 부각한 민주당 카터 후보의 광고, 1988년 민주당 듀카키스 후보의 교도소 프로그램 공약을 공격한 공화당 부시 후보의 '회전문' 광고, 1992년과 1996년 자신의 일대기를 30~60분짜리 프로그램에 담아 소개한 무소속 페로 후보의 정보 광고(Informercial) 등으로 전개돼 왔다. 국내에서도 정치 광고는 6 · 25 전쟁 중 남한과 북한이 서로를 비방하는 내용을 담은 전단을 살포하고, 종전(終戰) 후 선거전에서 '못살겠다 갈아보자' 등의 구호와 함께 인쇄 매체 등을 통해 전달되는 형태로 존재했었다. 그러다가 1980년대 후반 민주화와 더불어 정치인들이 자신이 통제할 수 있는 정보의 범위가 넓어지게 되면서 정치 광고는 더 활성화됐으며, 이후 TV나 인터넷을 통한 정치 광고들이 넘쳐나게 됐다. 1990년대 말에는 대통령 후보들이 직접 텔레비전 광고 프로그램에 등장해 노래를 함께 부르는 장면이 일상화되고, 2000년대에 들어서는 노무현, 이회창, 이명박, 정동영 후보 등이 인터넷에 자신들의 주장과 이미지를 실은 광고를 뿌리기도 했다.

이런 정치 광고는 주로 이미지에 집중한다는 비판을 받는다. 언론의 선거 보도 등을 통해서도 정책에 대한 자세한 소개가 제대로 이뤄지지 않으니 정치 광고를 통해서라도 후보자가 당선 이후 추진할 정책에 대한 이해를 높이고자 해야 하지 않냐는 바람도 있다. 그러나 이는 현실적으로 이뤄지기 힘든 기대라는 비평도 많다. 우선 정책 광고를 하기 위해서는 자세한 설명을 해야 하는데, 광고를 위한 신문 지면이나 방송 시간 구매 경비가 대단히 높게 책정돼 있을 뿐 아니라, 일반 수용자들이 그런 정책 광고에 집중하지 않는다는 한계가 있기 때문이다. 정치 광고의 효시로 알려진 아이젠하워의 광고는 초기에 30초 정도였지만, 정책 광고가 필요하다는 판단에 이후에는 5~30분짜리 자서전적 정치 광고도 출현했다. 하지만 수용자들이 이를 지루하기 느끼고, 또 30초짜리 광고와 비교했을 때 메시지 전달 효과에 차이가 없다는 연구 결과가 나오면서 다시 30초짜리 TV 광고가 대세를 이루게 됐다. 30초라는 짧은 시간대에 정책 내용을 담을 수 없게 되자 정치 광고들은 이미지에 집중하고 있다. 결국 20세기 후반의 정치 광고 중 이성적인 정책을 다룬 내용은 20% 내외이며 감성적인 이미지 광고에 집중한 것이 적게는 40%에서 많게는 80% 이상을 차지한다는 연구 결과들이 이어졌다. 하지만 인터넷 등이 발전하면서 TV를 통하지 않고 후보자들이 유권자들에게 접근할 수 있는 길이 열렸고, 광고는 모니터 화면 속에서 다시 길어지는 경향도 나타났다. 다만 아직까지 많은 수용자들이 일부러 인터넷까지 찾아가며 정치 광고를 보려 들지는 않기에, 비용과 메시지 전달 면에서 효과적인 TV 광고가 짧은 형식으로 만들어져 전달되는 것이 일반적 추세이다(Perloff, 1998).

한편 정치 광고의 효용성을 확인한 정치인들은 더 효과적인 광고를 만들기 위해 광고 전문가 등을 후보 캠프에 중용하기 시작했다. 이들은 전략가들과 호흡을 맞추며, 자기 진영의 강점과 경쟁자 진영의 약점을 효과적으로 버무려 더 많은 표를 얻으려는 계획을 수립한다. 특히 미국에서는 1980년대에 들어서부터 이와 같은 접근법이 더욱 각광을 받았는데, 당시 레이건 후보 진영의 전략가들이 유권자들의 지향점을 파악하고 이를 선거 전략으로 참고해 '위계적 가치 지도(Hierarchical Value Map)'라는 것을 만들어 활용한 것이 대표적 사례이다. 이 과정에서 지나치게 경비가 많이 들게 되고, 여론을 조작까지 할 정도로 정치가 과도하게 전략적으로 흐른다는 비판이 나오기도 했다.

헤네버그(Henneberg, 2004)와 같은 학자는 결국 정치 광고는 정치적 이슈나 신념 등 기본적인 정치 정보보다는 화제 거리나 말장난에 치중해 후보자의 이미지 전달에 급급하게 되면서 근본적인 정치 현상을 훼손한다고 지적했다. 또 확고한 정치 신념보다는 표가 많이 몰리는 대다수 유권자의 변덕스러운 성향만 좇아가는 경향이 생겨 대중영합주의(Populism)를 초래하며, 이는 다시 지나친 고비용 선거를 이끌게 돼서 결국 돈 있는 후보만 유리하게 될 것이라고 비난했다. 하지만 정치 광고를 옹호하는 측의 반론도 만만치 않다. 이들은 정치 광고의 내용이 정치 커뮤니케이션의 필수적 요소로, 후보자의 이미지는 정책 신념이나 이슈와 밀접한 관계를 맺고 있으며 정치 발언은 말장난이 아니라 '수사학'이라는 입장을 보이고 있다. 또 여론조사 등을 통해 대중들의 요구사항을 확인하고 이에 대처하는 것은 마케팅 철학에 뿌리를 둔 것으로, 대중 영합이 아니라 유권자의 필요 욕구를 충족하는 기제로 작용한다고 설명한다. 게다가 꼭 돈을 많이 들인 사람이 성공하는 것이 아니기에 사용된 선거 비용과 선거 당락이 꼭 비례하지만은 않는다고 반박한다. 실제로 1990년대에 막대한 경비를 들여 30~60분짜리 정보 광고(Informercial)를 낸 페로(Perot) 후보는 낙선했다.

하지만 이와 같은 정치 광고 비판과 옹호론 속에서도 현대의 정치 광고 대부분이 상대방에 대한 비난 및 공격의 현상을 띠고 있는 것은 비판을 면치 못하는 상황이다. 비난 또는 공격 광고는 상대방을 비판하는 내용을 담는 것으로, 자신의 장점을 부각하기보다는 상대방의 약점에 초점을 맞추는 것이다. 앞서 소개한 1964년 미국 민주당 후보 존슨이 펼친 '데이지 소녀' 광고가 대표적이다. 공화당의 핵실험에 반대하는 내용을 담은 이 광고는 지나치게 유권자들에게 공포를 유발한다는 이유로 법적 · 윤리적 논란을 일으킨 뒤 1회만 방영되고 더 이상 TV 전파를 타지는 못했다. 이렇게 역효과도 발생하지만 일반적으로 남에 대한 비난은 사람들이 기억하기 쉽고, 이 기억이 사람들의 평가를 바꾸는 경향이 강하다는 등의 이유로 비난 광고는 점차 늘어나는 추세이다. 선거 현장에서 열세에 있는 후보는 잃을 것이 없어 무조건 공격을 하게 되고, 우세 후보는 선제공격을 통해 상대의 기선을 완전히 제압할 수 있다는 유혹에 비난 광고를 한다. 또 광고를 통해 공격을 받고 가만있으면 결국 비판을 인정하는 꼴이 되기 때문에 상대방의 비난 광고를 무시할 수 없다. 이는 재반박 광고를 부르고, 이 과정에서 다시 상대방을 비난하는 공격 광고를 하는 현상이 반복된다. 더욱이 확인되지 않은 비난 광고 때문에 이익을 본 측, 즉 결과적으로 선거에서 승리한 쪽은 결국 권력을 손에 넣음으로써 이후 법적 제재를 피해가는 경우가 생기는데, 이런 현실도 비난 광고의 확대를 부채질하고 있는 것으로 보인다. 이에 대해 학자들은 건강한 정치 정보의 유통을 위해 비난 광고에 대한 법적 제재를 강화할 필요가 있다고 주장하기도 한다.

3) 인터넷과 정치

인간의 의사소통 방법은 커뮤니케이션 기술의 발전과 함께 진화해왔다. 매스커뮤니케이션도 그 변화에서 벗어날 수 없으며, 정치 커뮤니케이션도 마찬가지이다. 인쇄 기술, 운송 수단, 방송 매체의 발명 등이 그 영향력의 중심에 섰고, 21세기 전환점을 전후해 대폭 확장된 인터넷 기술은 정보 혁명을 가져왔다. 특히 신문, 잡지, 방송 등 과거 전통적인 매체가 일방적으로 정보를 전달하는 성격이 강했다면, 인터넷은 매스미디어로부터 정보를 받아들이기만 하던 수용자들이 정보 생산자로 거듭나게 만들었다. 정치 커뮤니케이션 환경에서 이 변화는 고대 그리스식(式) 직접민주주의의 발현을 가능케 하리라는 기대로 이어졌다. 일반 유권자가 국회의원에게로 직접 의견을 전달할 채널

그림 3-6
대한민국 청와대 웹 사이트

이 확보되고, 적극적으로 정치 관련 정보를 검색할 수 있게 됐으며, 집단적으로 시민들의 생각을 결집하며 사람들을 동원할 능력까지 생겼다. 2000년대에 들어서며 여러 촛불 집회로 이어진 국내 상황들을 보면 이 현상은 실재(實在)하는 것으로 보인다. 하지만 그런 가능성이 과연 장삼이사(張三李四)로 불리는 평범한 개인들에게까지 이어지는지는 과학적 검증이 아직 더 필요하다는 시각도 있다.

인터넷을 매개로 한 일반인들의 정치 관련 의사소통이 늘어나고, 그에 따라 정치 참여가 확대된다는 시각은 일부러 정치 정보를 얻기 위해 장소를 이동하거나 하는 수고를 덜 수 있어 거기에 들어가는 비용이 감소하고, 정부나 정치인 등에 대한 평가가 용이해지며 사람들 사이의 토론이 늘어나 공공의 의제를 만들어 낼 수 있다는 기대에 기초한다. 대한민국 청와대의 웹사이트를 담은 그림 3-6은 이런 기대를 반영한 정치권의 소통 시도 사례라고 볼 수 있다. 특히 이런 생각이 '민중주의적 시각'에 연결되면, 시민과 정부와의 직접 의사소통이 가능해져 과거 정치 커뮤니케이션의 한 축을 담당했던 대중매체들의 역할이 위축되고, 인터넷을 통한 일반 유권자의 정치 활동이 활발해지리라는 점이 강조된다(Bimber, 2001).

하지만 이와 다른 견해도 있다. 인터넷이 기존 사회와 이익집단의 역할을 확대하고, 적극적 정치 활동을 하던 사람들의 입지만 더 공고히 할 것이라는 시각이다. 우리가 일반인들의 정치 참여 확대로 느끼는 것은 기존 이익집단의 동원에 의한 것이지, 일반 수용자나 유권자의 자발적인 의지가 아니라는 지적이다. 이를 다시 전통적 정치 커뮤니케이션 입장에 적용해보면, 정보의 수준을 판단할 수 있는 전문성을 바탕으로 엄청나게 늘어난 정보량 중 필요한 내용만을 선택해 부각하는 기존 대중매체의 중요성이 더욱 눈에 띄게 늘어나고, 그에 따라 대중매체의 역할은 더 증대할 것이라는 것이다. 이런 시각은 '매개 집단 강화론'이라는 관점(Davis, 1999)에서 해석이 가능하다.

그러나 이와 같은 생각들도 과연 일반인들의 정치 참여 개념을 어디까지로 보느냐에 따라 달리 풀이될 수 있다. 정치 참여는 행정부 · 입법부 · 사법부 등 권력 기관의 업무에 직 · 간접적으로 영향을 미치려는 시민의 활동이라는 거대 개념에서 투표 참여라는 한정적 요소에만 제한시키는 것까지 다양한 의미로 소개된다. 커뮤니케이션의 입장에서 보면, 투표 참가라는 직접적인 행위적 차원을 넘어, 선거 운동을 하거나 공동체 안에서 정치 관련 의사소통을 하는 행위, 또 권력 단체의 인물과 직접 접촉하는 것까지 정치 참여에 포함해 생각할 수 있다. 더 나아가면 혼자서 정치 관련 정보를 검색하는 것을 들 수 있고, 아예 정치적인 대화를 하지 않는 것도 정치 의사 표현의 일부로 간주해 정치 참여로 볼 수도 있다. 이렇게 다양한 개념들을 적용하다 보면 인터넷이라는 환경이 우리에게 과연 어떤 정도의 정치 참여를 실질적으로 이끌었는가에 대해 간단하게 답하기는 어렵다. 단지 우리는 무엇인가 변화가 있다는 것을 체감할 뿐, 이에 대해 사회과학의 이름으로 뭔가를 종합적으로 정리할 수 있는 단계는 아직 아닐 수 있다는 뜻이다. 학자들은 사람들의 궁금함과 의문점에 대해 답을 주기 위해 꾸준하게 연구를 이어가고 있고, 그러한 연구를 통해 사회경제적 지위(Socioeconomic Status)가 비교적 높고, 남성이 여성보다, 나이가 많은 사람이 적은 사람보다 인터넷을 통해 정치에 참여하는 경우가 많다는 결과가 나오기도 했다. 또 특정 정당에 대한 소속감이나 선거에 대한 관심도가 높을수록, 기존 매체를 통해 정치에 대한 관심을 많이 보인 사람일수록 정치 참여도가 높다는 결과도 있다. 하지만 이 역시 정치 참여의 개념을 어떻게 정리하느냐에 따라 달리 해석될 수 있다. 실제로 이 글을 읽는 사람들 중에서도, 자신의 경험 또는 자신이 가지고 있는 정치 참여의 정의에 따라, 인터넷 사용에 익숙하지 않은 노인들에 비해 활용도가 높은 젊은이들의 정치 참여가 적을 수 있다는 학자들의 의견에 동의할 수 없는 경우도 있을 것이다. 그렇기에 앞으로도 이와 같은 논의와 연구는 계속 이어져야 한다.

그럼에도 인터넷을 통한 정치 참여 가능성을 놓고 20세기 말 일차적인 정리가 이뤄졌다. 한 방향으로 진행될 것이라는 확정적 내용은 아니지만, 노리스(Norris, 2001)라는 학자는 이를 낙관적 관점, 비관적 관점, 양극화에 대한 우려 등 3가지 측면에서 정리해 소개했다. 인터넷과 이를 둘러싼 정치 환경은 계속 진행형이기에 소소한 변화는 있겠지만, 이 시각들은 전반적인 변화의 가능성을 아우르고 있으며, 이 책을 쓰는 현 시점까지 유효한 설명력을 가지고 있다.

우선 낙관적 관점을 종합하는 동원 이론(Mobilization Theory)은 인터넷을 통해 정보 이용 가능성이 확대되면서 시민의 의사소통 및 단체 결성 등이 활발해지고, 이는 결국 민주주의의 발전에 긍정적 영향을 줄 것이라는 점을 강조한다. 과거 인쇄 기술이 발전했을 때, 그리고 방송 기술이 발명됐을 때, 정보의 신속하고 광범위한 전달이 민주주의를 발전시키리라고 생각했던 당시의 기대와 맥을 함께한다. 이런 낙관적 관점의 배경에는 정보 확인 비용이 감소하고, 정치적 정보가 일반인들에게도 공개될 가능성이 높아졌다는 점, 그리고 이를 토대로 일반인들 간의 의사소통이 활발해져 집단적 의사 표출이 수월해졌다는 점 등이 있다(Rheingold, 2000). 그러나 과거 인쇄술이나 방송 기술 등의 발전 및 발명 시기에도 유사한 기대가 있었지만, 그 기대만큼 민주주의가 발전했는지에 대한 회의론도 남아 있다.

이런 회의론에 근거한 것이 강화 이론(Reinforcement Theory)으로 대표되는 비판적 관점이다. 이 시각은 앞선 커뮤니케이션 환경 변화에서도 기존 체계의 변동이 없었고 오히려 정보가 일부 권력 집단에 집중됐기 때문에, 인터넷 이용 역시 기존의 정치적, 경제적 권력층의 이익을 확대하고 나아가 사회적 불균형이 더욱 심화될 것이라고 보고 있다(Bimber, 2001). 이런 주장을 가능하게 하는 이유로는 과거에도 정치 참여로 인해 발생하는 효과가 적다는 것을 확인한 일반 대중이 정치 정보에 대한 관심을 더 키울 이유가 없다는 점, 또 소수만 관심이 있던 정치 정보는 역시 그들에게만 이용될 것이라는 점, 평범한 사람들이 주고받는 얘기는 결국 고급스러운 토론을 이끌지 못하기에 합리적 논의를 원하는 사람들을 더더욱 정치에 무관심하게 만들 것이라는 점 등이 거론된다. 정치적 사안 이외에도 일반적인 정보에 대해 인터넷 등에 떠도는 댓글 등을 접해본 사람들이라면 이런 우려가 기우(杞憂)만은 아니라는 것을 느낄 수 있을 것이다.

이와 같은 낙관론과 비관론은 다시 정치 참여가 양극화되리라는 우려로 이어진다. 이는 과거 전통 매체의 도래에 따른 민주주의 발전에 대한 기대가 현실에 그대로 반영되지는 못했지만 결국 일부 변화는 있었다는 관찰에 기인한다. 즉, 인터넷이라는 커뮤니케이션 환경이 어떤 형태로든 시민의 정치 참여에 영향을 미칠 것이라는 뜻이다. 간단히 말하면 인터넷이 모든 사람들을 한 방향으로 이끌어가는 것이 아니라, 그 이용자의 특성에 따라 정치 참여 성격과 정도가 달라진다는 이야기이다. 이 관점은 앞선 비관적 관점이 결국 민주주의 발전을 저해하리라는 관찰에서 나왔다. 양극화에 대한 우려는 정치적 관심이 높은 사람이 정치 활동을 위해 일부러 정치 정보를 찾는 '선택 효과'나 정치적 관심이 낮은 사람이 인터넷 이용 이후 정치 활동 참여가 높아지는 '미디어 효과' 등 인터넷이 정치 참여도를 높일 것이라는 주장을 일방적으로 받아들이지 않는다. 오히려 원래 정치에 관심이 많은 사람은 인터넷의 정치 정보를 점점 더 많이 활용하는 선택 효과가 그렇지 않은 사람들에게는 역으로 발생하는, 즉 정치에 관심 없는 사람은 인터넷의 정치 정보를 적게 활용해 민주주의에 대한 이들의 격차(Democratic Devide)는 더 벌어질 것이라는 예측인 것이다. 그럼에도 노리스(Norris, 2001)는 인터넷 등 새로운 매체 환경 속에서 양극화 하는 정치 참여 현상마저도 커뮤니케이션의 긍정적 역할에 기초한 '선순환(Virtuous Circle)' 구도 안에서 정치 자체의 발전을 부를 수 있으리라 기대했다.

인터넷이 웹 브라우저의 발명을 통해 일반화된 것은 1990년대 중반이다. 인터넷의 일반화는 신문이나 방송 시장의 변화를 이끌어올 정도로 그 충격파가 대단했다. 한국에서도 그 시기부터 신문의 판매부수가 급감했고, 속보성이라는 면에서 신문을 능가했던 방송마저도 인터넷 콘텐츠의 위협을 받아왔다. 정치 커뮤니케이션 분야에서 정보의 채널을 담당했던 전통 매체들의 위축은 정치 커뮤니케이션 지형을 바꾸고 있다. 하지만 학자와 현장의 경험, 그에 따른 예측만 있을 뿐, 그 지형도가 어떻게 그려질지는 아직 미지수이다. 20세기를 전후해 우리가 겪은 정치 현상들도 그 원인이 인터넷에 있다는 몇몇 연구 결과가 나왔고, 또 그 주장들이 실제 체감되기도 하지만, 이를 종합적으로 이해하려면 더 자세한 탐구가 진행돼야 한다. 특히 과거 매체 경험에서처럼 의견이나 사실의 스펙트럼이 다양해지기는 했어도 또 다른 양극화가 진행됐다는 지적이 인터넷 시대에도 재현되지 않도록, 또 건강한 시민사회를 추구하기 위해서 현 상황에 대한 성찰과 연구가 절실하다.

생각해볼문제

1. 뉴스의 관점에서 중요성(Importance), 연관성 및 흥미(Relevance and Interest), 참신성(Freshness) 등 대중매체 정보의 성격은 서로 무관하게 존재할 수 있는가? 즉, 중요하지 않지만 흥미로운 것, 흥미롭지만 참신하지 않은 것 등이 뉴스로 전달될 수 있는가? 최적의 뉴스란 무엇일까?

2. 호블랜드의 참전 군인 연구나 라자스펠드의 2단계 흐름 연구에서 나타난 결과들이 정말 약한 매체 효과론을 말하는 것일까? 매체 효과가 강하거나 약하다는 것을 어떻게 설명하고 증명할 수 있을까?

3. 많은 매체 효과 연구 이론이나 가설들은 서로 연관되어 있다. 1970년대 이후 강한 매체 효과론을 주장하는 지식격차 이론, 의제설정 이론, 문화계발효과 이론, 침묵의 나선, 제3자 효과 이론 등의 공통점과 차이점을 설명해보자.

4. 현대사회의 매체와 정치 관계에서, 가장 바람직한 정치 정보 전달 방법은 무엇일까? 언론의 선거 보도, TV 토론, 정치 광고 등의 측면에서 생각해보고, 이들의 한계점을 극복할 정치 정보 전달 방법을 고민해보자.

5. 인터넷 환경이 정치 정보에 대한 일반 대중의 접근에 변화를 가져오리라는 학자들의 주장이 엇갈린다. 일부는 활발한 정보 활용이 가능할 것이라고 하고, 다른 사람들은 오히려 정치 정보 접근이 감소할 것이라고 본다. 스스로는 어떤 입장을 지지하는가? 또 왜 그런 입장을 취하게 됐는지 논의해보자.

참고문헌

오택섭 · 권혁남 · 김성태(2005). 현대 정치커뮤니케이션 연구. 파주: 나남.

이건호(2010). 언론 글쓰기, 이렇게 한다: 예비 언론인을 위한 기획기사 작성 방법. 서울: 한울.

Ball-Rokeach, S. J., & DeFleur, M. L.(1976). A dependency model of mass media effects. *Communication Research*, *3*, 3-21.

Bimber, B.(2001). Information and political engagement in America: The search for effects of information technology at the individual level. *Political Science Quarterly*, *54*(1), 53-67.

Brown, R.(1958). *Words and things*. New York.: Free Press.

Davis, R.(1999). *The web of politics: The internet's impact on the American political system*. New York: Oxford University Press.

Davison, P. W.(1983). The third-person effect in communication. *Public Opinion Quarterly*, *47*(1), 1-15.

Gerbner G. & Gross, L.(1976). Living with television: The violence profile. *Journal of Communication*, *26*(2), 173-199.

Griffin, E.(2004). *A first look at communication theory*. New York: McGraw-Hill.

Henneberg, S. C.(2004). The views of advocatus dei: Political marketing and its critics. *Journal of Public Affairs*, *4*(3), 225-243.

Hoffman, D. L. & Novak, T. P.(1998). *Bridging the digital divide: The impact of race on computer access and internet use*. Project 2000, Vanderbilt University. [Online]. Available: http://www.cybercultura.it/pdf/1998_Bridging_Digita_Divide.pdf

Hovland, C. I., Jannis, I. L. & Kelly, H. H.(1953). *Communication and Persuasion*. New Haven, Conn.: Yale University Press.

Insko, C. A.(1967). *Theories of attitude change*. New York: Appleton-Century-Crofts.

Katz, E.(1957). The two-step flow of communication: An up-to-date report on an hypothesis. *Public Opinion Quarterly*, *21*(1), 61-78.

Katz, E.(1959). Mass communication research and the study of popular culture: An editorial note on a possible future for this journal. *Studies in Public Communication*, *2*, 1-6.

Katz, E., Gurevitch, M. & Haas, H.(1973) On the use of the mass media for important things. *American Sociological Review*, *38*, 164-181.

Klapper, J. T.(1960). *The effects of mass communication*. New York: Free Press.

Lasswell, H. D.(1927). *Propaganda technique in the world war*. New York: Peter Smith.

Lasorsa, D.(1994). Policymakers and the third-person effect. In J. D. Kennamer, (Ed.). *Public opinion, the press, and public policy*(pp.163-175). Westport, CT: Praeger.

Lazarsfeld, P. F., Berelson, B. & Gaudet, H.(1944/1968). *The people's choice: How the voter makes up his mind in an presidential campaign*(3rd ed.). New York: Columbia University Press.

Lee, A. M. & Lee, E. B.(1939). *The fine art of propaganda: A study of Father Coughlin's speeches*. New York: Hartcourt, Brace and Company.

Lee, G.(2005). *Agenda setting effects in the digital age: Uses and effects of online media*. Unpublished Ph.D. dissertation at University of Texas-Austin.

Mancini, P., & Swanson, D. L.(1996). *Politics, media and modern democracy: An international studies of innovations in electoral campaign and their consequences*. Westport, CT: Praeger.

McCombs, M. E. & Shaw, D. L.(1972). The agenda-setting function of mass media. *Public Opinion Quarterly*, *36*(2), 176-187.

McLeod, D. M., Eveland, W. P. & Nathanson, A. I.(1997). Support for censorship of violent and misogynic rap lyrics: An analysis of the third-person effect. *Communication Research*, *24*(2), 153-174.

McQuail, D., & Blumler, J. G. & Brown, J. R.(1972). The television audience: A revised perspective. In D. McQuail(Ed.). *Sociology of mass communications*(pp.135-165). Harmondsworth, Eng.: Penguin.

Noelle-Neumann, E.(1974). The spiral of silence: A theory of public opinion. *Journal of Communication*, *24*(2), 43-51.

Norris, P.(2001). *Digital divide?* New York: Cambridge University Press.

Perloff, R. M.(1998). *Political communication: Politics, press and public in America*. Mahwah, N.J.: Lawrence Erlbaum Associates.

Rheingold, H.(2000). *The virtual community: Homesteading on the electronic frontier*(2nd ed.). Cambridge, Mass: MIT Press.

Rogers, E.(1995). *Diffusion of innovations*(4th ed.). New York: Free Press.

Rubin, A. M. & Windahl, S.(1986). The uses and dependency model of mass communication. *Critical Studies in Mass Communication*, *3*, 184-199.

Scheufele, D. A. & Moy, P.(2000). Twenty-five years of the spiral of silence: A conceptual review and empirical outlook. *International Journal of Public Opinion Research*, *12*(1), 3-28.

Severin, W. J. & Tankard, J. W.(2001). *Communication theories: Origins, methods, and uses in the mass media*. New York: Longman.

Tichenor, P. J., Donohue, G. A. & Olien, C. N.(1970). Mass media flow and differential growth in knowledge. *Public Opinion Quarterly*, *34*, 159-170.

4장

수용자, 문화, 매체환경

1장부터 3장까지의 설명은 커뮤니케이션과 매스커뮤니케이션, 매스미디어에 대한 개념에서 출발해 매스커뮤니케이션 중 저널리즘으로 특화된 언론의 역할과 기능, 또 그를 둘러싼 효과 및 정치 현상 등을 짚어보는 것으로 이어졌다. 이 내용은 특히 발화자, 메시지, 채널, 수신자 등 커뮤니케이션의 4대 요인 중 주로 채널, 또는 발화자와 채널 역할을 동시에 담당하는 매스미디어에 집중됐다. 이번 장에서는 커뮤니케이션의 4대 요인 중 수신자를 중심으로 현대사회에서의 매스커뮤니케이션을 살펴보겠다. 특히, 커뮤니케이션 단계에서 수신자였던 존재가 수용자라는 이름을 달게 되면서 얻은 성격, 이 수용자와 발화자 또는 채널 사이의 메시지 해석, 이를 중심으로 생겨나는 문화현상도 확인해볼 것이다. 마지막으로는 이런 현상들과 함께 하는 언론에 대한 규제나 언론의 규범 등도 조망한다.

1. 수용자

1) 수용자 일반

(1) 수용자의 정의 및 기원

기본적인 커뮤니케이션 구도, 특히 베를로의 SMCR 모델에서 보면 발화자가 채널을 통해 전달한 메시지를 받아들이는 존재를 수신자(Receiver)라고 한다. 라스웰의 설명을 대입하면 수신자는 '누구에게(to whom)'라는 표현의 목적 대상이다. 하지만 매스커뮤니케이션, 특히 매스미디어를 포함하는 구도에서 보면 이 수신자는 '수용자(Audience)'라는 형태로 확대된다. 이 수용자는 현대에 오면 메시지를 받아들이는 환경이나 방법에 따라 여러 단계로 구분된다. 학문 발달의 과정에서 수용자의 실체는 기술과 경제, 정치의 변화 속에서 이해와 관심에 따라 이합집산하는 형태로 등장하기 때문이다. 이렇게 복잡다단한 수용자의 성격은 복합적 인간 행태에 기반을 둔 커뮤니케이션 행동(Activity)을 중심으로 정리되기도 한다. 커뮤니케이션 학문 내 개별 연구 분야에 따라, 수용자 행동은 인간의 기본적 커뮤니케이션 행태를 어떻게 바라보느냐 등의 기준에 의해 복잡하고 다양하게 해석된다는 뜻이다. 이는 대중매체 메시지에 대한 인간의 노출(Exposure)과 주목(Attention), 이해(Comprehension), 반응(Response)을 세밀하게 분석한 결과이다.

현대사회에서 이런 수용자를 이해하는 출발점은 공중(公衆)에 대한 개념에서 시작된다. 공중(公衆)의 사전적 개념은 사회의 여러 사람 또는 일반 사람들이다. 긴스버그(Ginsberg, 1986)는 이를 '시민들이 구성한 공공의 세계'로 정의한다. 공중은 수많은 사람의 무리 등을 뜻하는 대중(大衆)의 개념과 유사하지만, 그에 비해 하나의 집단으로서 성격이 강하다. 대중은 현대 산업사회에서 원자화된 각각의 개별자가 모인 집합을 설명하는 개념으로, 집단보다는 파편화된 개인의 모습에 집중한다고 볼 수 있다. 이후 설명할 현대사회 수용자의 모습은 이 대중에 가깝게 나타나지만, 어떻게 이런 대중사회에 이르게 됐는지는 공중의 개념을 먼저 알아보는 것이 순서라고 하겠다.

공중(公衆)은 유럽의 근대화 과정에서 생겼다. 처음에는 왕권 등 권력에 반대하는 민중 그룹이라는 뜻이었다. 이때는 집권층의 눈으로 보기에 부정적 의미의 천민(Populace) 개념이 강했다. 나중에 이 영어 단어는 서민 또는 대중 등의 뜻으로 순화돼 번역되지만, 이들 집단이 형성되던 초기에는 긍정적인 의미를 얻지 못했다. 그러나 이들의 모습은 시민권 또는 투표권의 부여와 함께 점점 변하기 시작했다. 특히 근대적 의미의 공중 개념은 커뮤니케이션이나 교통수단의 발전 등과 함께한 산업화와 이에 근거한 정치 · 경제 제도의 변화와 더불어 정립된다. 유럽을 예로 들면, 지방 제후의 통치에 불만을 품은 농민들이 저항을 하는 과정에서, 영주들에게 분산돼 있던 권력을 중앙으로 집중시키려는 통일 국가의 기틀이 마련된다. 이 시기에 상업 집단이 등장하게 되는데, 이들을 중심으로 한 일부 부르주아 계급들은 다양한 이해관계에 따라 지방 제후 또는 중앙 지향 권력과 밀고 당기는 세력 다툼을 하게 된다. 이 현상이 지속되면서 세력이 강해진 이들은 기존의 귀족들과 대등한 위치를 요구하며 자신들의 주장을 피력하기 시작한다. 이 과정 속에서 이들의 주장을 담은 의견 수렴의 장이 발현되고, 이는 다시 투표 형태로 발전한다. 투표권을 통한 의견 개진이 구체화하면서 공중 개념이 사회의 의미 있는 실체로 부상하게 되는 것이다. 이런 투표권과 이를 기초로 한 시민사회 구성원으로서 공중의 개념은 보편적 투표권을 통해 민주주의의 완성을 지향한 초기 미국사회에서 다시 한 번 강화된다. 이 바탕에서 '사회 구성원의 집합체', '이들이 형성한 세계'라는 의미의 공중 개념이 나타난 것이다. 우리나라에서는 20세기를 전후해 시작된 서구식 정치 시스템에 대한 이해, 일제의 강점, 한국전쟁 등을 통해 전달된 서방의 사고방식과 정치 · 경제체계의 전파, 이후 전개된 정치 · 역사 · 문화의 혼합 속에서 급속한 시민사회가 개발되고, 이 과정에서 공중이라는 의미가 전파됐다.

(2) 하버마스의 공중영역(公衆領域)

앞서 거론했듯이 이 공중은 성립 초기 당시 그 존재를 확인하기 어려웠고, 확인됐다 하더라도 긍정적인 의미를 가지지는 못했다. 하지만 지속적인 세력의 확장 과정에서 이들의 존재가 뚜렷해지고, 그 의미에도 변화가 왔다. 특히 독일의 사회철학자 하버마스(Habermas, 1962/1989)는 기술 발전과 산업

그림 4-1
하버마스(Habermas)의 공중영역 개념의 시발점이 되는 중세 살롱의 모습

화 등이 정치 세력의 변화를 이끌게 되면서 공중의 입지가 부상하는 현상에 주목하며, 이렇게 구체화한 현상을 공중영역(公衆領域 · Public Sphere)이라는 이름으로 소개하고 있다. 공론영역, 공공영역, 공론의 장, 여론형성기제 등으로 번역되고 있는 이 용어는 공중의 개념이 공고화하고, 이후 파편화된 대중사회로 넘어가는 기제를 다시 한 번 바라볼 계기를 마련해준다.

하버마스 공중영역의 기원은 17~18세기 문학과 예술에 대한 지배 계층의 토론 장소에 있다. 살롱과 고급 사교 클럽이 그 태동이 된 이 개념은 일부 귀족 계급과 계몽사상에 심취한 젊은 사상가들, 그리고 새롭게 상업 세력으로 부상한 부르주아들의 회동 장소로 주목받았다(그림 4-1). 이곳에서는 이후 문학이나 예술에 대한 토론을 넘어 정치 문제 등에 대한 논의가 시작됐고, 이 모임들은 왕정에 대한 비판과 저항운동의 시발점으로 진화한다. 이 과정에서 이 장소는 근대 유럽 사회에서 계몽사상가들, 신흥 부르주아 계급, 그리고 이에 동조하는 일부 귀족 등 지배 계층이 토론을 통해 자신들의 의견을 집중하고 여론화시켜 나가는 수단으로 삼는 여론정치의 통로가 됐다. 하버마스는 이 공중영역을 의사소통의 틀, 또는 의사소통을 통해 만들어지는 사회적 공간으로 규정했다.

이 공중영역은 일반적으로 사적(私的) 영역과 대비된 개념의 지대로도 해석된다. 즉 사회 개별 구성원의 개인적 관심사보다는 불특정 다수의 공통적 이해가 토의되는 장소가 되는 것이다. 이 차원에서 보면, 공중영역을 구성하고 있는 개별자로서의 일반 시민의 의미는 약하다. 또 이 장소는 이후 토론을 통한 여론 취합 및 전달 기능을 담당하는 영역으로도 정리된다. 이 여론 취합 및 전달이라는 기능에 주목하면, 이 지대는 커뮤니케이션 구도에서 채널의 역할을 하게 된다는 것을 알 수 있다. 이는 현대 매스커뮤니케이션 환경에서 매스미디어가 갖는 기능과 유사하기도 하고, 전혀 다른 대안 매체의 모습으로 진화하기도 한다. 그러나 언론이나 이익집단 등이 목소리를 크게 내면서 여론을 선도하는 현대사회의 모습에서도, 개별 시민들의 모습보다는 집단화된 의견의 흐름이 주목받는 것은 과거와 크게 달라진 것이 없다고 볼 수도 있다. 즉, 공중영역은 개인보다 집단적 성격이 강하다는 뜻이다. 이렇듯 공중영역은, 당초 하버마스가 정리한 것처럼, 천민(Populace)에게만 해당되는 것으로 보였던 민중이 스스로 경제적 토대를 마련해 부르주아로 발전하고, 이를 통해 사상가들이나 기존의 지배 계층이었던 귀족들과 함께 어울리며 집단적인 의견을 조성해가는 장소 또는 그를 위한 통로라는 역사적 의의를 갖고 출발하게 됐다.

하지만 시간이 흐르면서 이 공중영역은 또 다른 변화를 겪는다. 이상적으로 보면, 건강한 공중영역의 구성은 참가자들의 건전한 대화와 토론으로 이뤄진다. 그러나 참가자들이 지속적으로 증가하면서, 즉 여러 목소리를 가진 더 다양한 계층 사람들의 참가가 확대되면서, 이 공중영역 구성원의 계급 혹은 계층 차이가 커지게 되고, 개별 구성원이나 그룹 간의 대화(Discourse) 수준이 떨어지는 퇴화(Degeneration)가 일어났다는 것이다. 하버마스는 불평등의 확대와 함께 이해관계에 따라 그룹별로 결속이 맺어져 분화가 일어나는 재봉건화(Refeualization) 현상도 일반화했다고 봤다. 이 과정에서 공중영역은 점차 개별 구성원들이 하나로 이뤄져 집단화된 그룹의 모습이라기보다, 세분화된 그룹들의 집합체로 이해되거나, 한발 더 나가면 아예 원자화된 개인들이 이익이나 목표에 따라 이합집산(離合集散)하는 영역으로 해석되는 경우까지 생겼다. 비록 하버마스는 대화의 퇴화와 재봉건화 현상을 사회가 여러 개의 특화된 공중영역으로 발전하는 계기로 설명하고는 있지만, 이 과정은 하나의 공동체에 주목하던 공중의 모습이 앞서 얘기한 것처럼 개인에 초점을 맞춘 대중으로 변해가는 모습으로 비쳐지기도 하는 것이다(Calhoun, 1993). 어쩌면 현대사회는 전체 대중을 구성하는 모든 사람들이라는 뜻의 일반화된 공중(Generalized Public), 특정 관심을 갖고 있는 사람들의 모임이라는 뜻의 분열된 공중(Fragmented Public)의 집합이거나, 아니면 그보다 더 파편화된 분열된 개인(Fragmented Individuals)들의 집합일 수 있다는 뜻이다.

(3) 공중(公衆) 또는 대중(大衆) 그리고 수용자

평범한 일반인들, 즉 귀족 등 고전적 의미의 지배 계층이 아니었던 사람들의 모임은 위의 설명처럼 정치 · 경제 · 사회적 변화에 따라 그 성격을 달리해 왔다. 공동체라는 점을 강조하느냐 아니면 개인에 방점을 찍느냐에 따라 차이를 세밀히 할 수는 있으나, 뭉뚱그려보면 공중이나 대중 모두 일반인들의 모임이라는 커다란 뜻에는 큰 차이가 없다. 모두 사회를 구성하고 있는 인자들이라는 얘기이다. 전체냐 개인이냐를 논하는 차원을 떠나, 커뮤니케이션 정보를 이해하는 측면에서 이들 구성원들을 또 다른 시각으로 바라볼 수도 있다.

일반적으로 사람들은 행복을 추구한다. 이기적인 사람들은 자신만의 행복을 지향할 수 있고, 이타적인 사람들은 다른 사람들의 행복을 중요하게 여긴다. 스스로의 행복이건 다른 사람의 행복이건, 이것이 모두를 포함한 전체 공동체의 이익이면 더 바랄 것도 없다. 커뮤니케이션의 입장에서 보면 이런 행복을 추구하는 긍정적 발전의 씨앗 중 하나가 정보, 특히 진실한 정보에 대한 이해일 것이다. 이 내용이 확보된다면, 이를 둘러싼 다양한 해석이나, 이 해석에 기초한 분쟁 혹은 다툼도 줄어들 것이다. 하버마스의 퇴화(Degeneration)나 재봉건화(Refeudalization)는 결국 진실한 정보를 둘러싸고 벌어진 해석의 결과물들이었다. 그런데 학자들은 이 진실한 정보를 구할 수 있느냐 없느냐를 놓고 또 다른 시각차를 보인다. 이는 우리 사회의 구성원이 어떤 역할을 할 수 있느냐의 문제, 특히 대중매체가 발전한 현대사회에서 모두의 행복을 위해서는 사람들이 정보를 어떻게 이해해야 하느냐의 문제가 된다. 이는 다시 과연 대중매체의 정보를 받아들이는 사회 구성원들 능력의 문제로 귀결된다.

커뮤니케이션 학문, 특히 언론학 분야에서 경험 · 실증주의자로 알려진 리프먼(Lippmann, 1925)은 이 진실한 정보에 대한 사회 구성원의 이해 능력을 높게 보지 않는다. 평범한 사람들은 자신이 처해진 환경이나 이해관계에 따라 정보를 자의적으로 해석할 수밖에 없으며, 그런 편견에 빠져 있는 상황에서는 주어진 메시지의 실체를 파악할 수 없다는 것이다. 심지어 그는 매스미디어 조직에서 오랫동안 훈련받은 기자 등 매스커뮤니케이터들도 이런 정보의 실체를 정확하게 전달할 능력이 없다고 봤다. 매일 다르게 쏟아지는 뉴스들을 좇느라 바쁜 사람들이기에 하나의 문제에도 집중할 여력이 없어 현상 깊숙이 들어있는 본질을 알 수 없다는 것이다. 그에 따르면 이런 매스커뮤니케이터에 의해 정보를 전달받는 일반인들은 결국 더더욱 문제의 실체에 접근할 수 없다. 그는 현대 세계에서 일반인들의 역할은 그저 파편화된 대중(大衆) 사회 안에 존재하는 개별 관중(Spectator)에 불과하다고 봤다. 결국 사회 구성원들은 완전하지 않은 저널리스트들이 전달하는 내용을 수동적으로 받아들이는 대상에 그친다는 것이다. 여기서 주목할 것은, 리프먼 역시 진실은 없다고 주장하지 않는다는 점이다. 그가 보기에도 진실은 존재한다. 단지 신(新) 사무라이 계층과 철인(哲人) 왕, 과학자들만이 그 내용을 알고 있다고 그는 설명한다. 신(新) 사무라이 계층은 절대적 신념을 가지고 일반 시민들의 생각을 주조할 수 있는 지도자를 뜻하는 리프먼의 개념이고, 철인(哲人) 왕은 플라톤이 설명하는 절대적 군주이다. 과학자는 세상의 일들을 체계적이고 종합적으로 설명할 수 있는 학자를 뜻한다. 결과적으로 리더십을 갖춘 신(新) 사무라이 · 철인(哲人) 왕 · 과학자들이 확보한 정보를 불완전한 저널리스트들이 전달하고, 그 정보의 실체는 관중에 불과한 사회 구성원들이 이해할 수도 없고 밝힐 수도 없다고 보는 것이 리프먼의 엘리트주의 커뮤니케이션 관점이다. 결국 저널리스트들에 의해 매개된 커뮤니케이션(Mediated Communication)에 주목하는 리프먼의 시각에서 보면, 사회 구성원들은 수동적일 뿐만 아니라 대단히 무기력한 존재가 된다.

그와는 다른 시각을 보이는 학자가 듀이(Dewey)이다. 미국의 사회철학자인 그는 리프먼에 비해 이상적인 커뮤니케이션관을 가졌다. 사회 구성원들은 리프먼이 생각하는 것처럼 어리석지 않으며 건전한 대화를 통해 합의를 찾아갈 수 있고, 이렇게 결정된 합의가 사회 문제를 해결할 요체가 되며, 그 요체가 바로 진실이라고 본 것이다(Dewey, 1927). 그는 사회를 비슷한 생각을 가진 사람들의 모임으로 규정했다. 이는 어쩌면 위에서 거론한 집단적 모습의 공중과 유사하다. 하버마스가 논한 초기 공중영역의 모습과도 닮았다. 그러나 대화의 퇴화나 재봉건화를 통해 사회가 하부 단위로 분화된다는 하버마스의 시각과는 달리 듀이는 대화 자체를 통해 사회가 더 결집될 수 있다고 봤다. 리프먼이 전하는 엘리트주의 커뮤니케이션과도 다르게 사람들은 면대면(面對面) 대화(Face-to-Face Communication)를 통해 진실에 도달할 수 있다고 생각한 것이다. 진실은 대화와 합의를 통해 도래한다고 본 듀이의 생각은 이후 시민 저널리즘을 이끄는 기초가 된다(Glasser, 1999). 시민 저널리즘은 일반인들이 궁금해하는 내용을 매체가 찾아 보도해야 한다는 공공 저널리즘(Civic Journalism 또는 Public Journalism)을 거쳐, 시민들이 직접 취재와 보도에 참여해야 한다는 현대 인터넷 시대의 시민 기자 정신에도 이어진다.

정보를 접하는 사회 구성원에 대한 리프먼과 듀이의 상반된 논의는 이들 구성원을 매스미디어의 수용자로 치환했을 때 논할 수 있는 배경이 된다. 즉 리프먼은 대중매체의 수용자가 되는 현대사회의 구성원을 수동적인 정보 흡수자로 보고, 듀이는 이들을 능동적인 정보 추구자로 해석한다는 것이다(Schudson, 2008). 이는 앞서 매체 효과론에서 설명한 강한 매체 정보에 속수무책인 약한 수용자의 모습과 약한 매체 정보를 극복하는 강한 수용자의 모습으로 대변될 수 있다. 그러나 리프먼이나 듀이가 주장하는 것처럼 이들 사회 구성원들이 그렇게 극단적인 형태로만 설명되기는 어렵다. 1970년대 이후 매체 효과론들이 1940년대 이전의 무조건적인 강(强)효과를 벗어나 조건에 따른 매체 영향력을 주장한 것처럼, 여러 학자들은 리프먼과 듀이의 주장 사이 어딘가에 존재하는 수용자들을 바라본다. 셧슨(Schudson)은 경험적으로 듀이가 말하는 식의 대화, 즉 최적의 대안을 찾는 대화는 일어날 수 없다고 하고, 갬슨(Gamson)은 비록 관중에 불과한 대중들이 살고 있는 사회라고 할지라도 시민들은 사회 문제에 개입할 필요가 있다고 설명하며 수용자들의 정보 추구 역할에 힘을 조금 더 싣는다. 캐리(Carey)는 한발 더 나가 리프먼의 해석은 정치 정당과 시민의 존재를 무시하는 것이라고 비판하고, 글래서(Glasser)는 시민들 사이에서 저널리스트의 사실 확인 내용과 의견이 종합돼 '이해할 수 있는 또는 종합적인(Comprehensive) 전체'를 구성하는 것이 더 나은 공중영역을 만드는 기제가 된다고 했다. 리프먼을 한쪽 끝으로 하고 듀이를 다른 쪽 끝으로 한 '수용자에 대한 관점'의 스펙트럼을 가정한다면, 위에 거론한 셧슨에서 글래서까지의 주장의 순서는 아마도 리프먼에서 듀이의 견해로 이동하는 차례로 이해하면 될 것이다(Schudson, 1995).

2) 전통 커뮤니케이션 구도에서 본 현대사회의 수용자

현대사회에서 수용자의 개념은 간단하지 않다. 커뮤니케이션의 기본 구도로 따지면 수용자는 메시지를 전달받는 수신자의 모습을 띤다. 개인 사이의 의사소통에서도 등장하는 이 수신자는 일단 개별적인 존재이다. 사회적인 의사소통의 시각에서 보면, 매스커뮤니케이션 환경에서 이들 수용자는 집단적인 모습을 띤다. 우선 하버마스의 공중영역에 대입하면, 수용자는 공동체의 옷을 입은 공중(公衆)의 성격을 가지고 있다. 그리고 이 영역 안에서 서로 대화하며 단순한 메시지 전달자를 넘어 메시지를 만드는 존재가 된다. 더불어 대화의 퇴화 또는 저속화, 그리고 재봉건화 과정을 거치며 공동체는 소규모 하위 집단으로 분화하거나, 아예 아주 개인적인 존재로 돌아가기도 한다. 이런 흐름 속에서 공동체 안의 수용자는 다시 개인이 돼버린다. 앞서 설명한 것처럼 공동체에 집중하는 공중의 개념에서, 개별 수용자들에 주목하는 대중의 모습으로 변화해가게 된다는 것이다. 하지만 이들 대중 역시 사람들의 모임이라는 일반적 개념의 측면에서 보면, 개개인들을 완벽한 개별자로 해석하기는 쉽지 않다. 특히 인터넷 등이 발달한 21세기 현재, 서로 알지 못하는 다양한 개인들이 의견을 주고받으며 공통적인 이슈를 담론으로 형성해가는 단계에 오면, 하버마스의 시각에 따라 큰 공동체가 소규모 하위 집단으로 분화되는 것이 아니라, 오히려 개별자들이 모여 하나의 상위 집단을 마련해가는 형태를 띠게 된다. 즉 하버마스가 관찰한 방향과는 반대로, 개별화된 수용자들이 상위 단위로 결집해나간다고 볼 수도 있다. 일부 학자들은 대중매체 기술의 발달로 거대 정보(Mass Information)의 양이 증가하고 그 흐름이 다변화하면서 수용자의 범위가 공중의 범위에 근접해가고 있다고 보기도 한다. 이 설명들을 종합한다면, 현대사회의 수용자들은 개별자인 동시에 공동체적 존재가 되는 것이다.

(1) 현대사회 수용자의 형성

개인적인 동시에 집단적인 성격을 가진 존재가 과연 있을 수 있을까? 현대 커뮤니케이션 입장에서 보면, 특히 관념적인 차원에서는 가능하다. 하지만 상반된 2개의 성격이 공존하는 경우, 과연 그런 성격을 가진 사람을 어떻게 설명해야 할까? 현대의 커뮤니케이션 학자들은 이를 위해 기본적인 의사소통 구조에서 수신자(Receiver)에 머물던 존재를 수용자(Audience)라는 개념으로 진화시킨다. 매스커뮤니케이션의 특성을 대입하면 이들 수용자들은 매스미디어 메시지 또는 거대 정보(Mass Information)를 받아들이는 존재이다.

수용자는 매스커뮤니케이션 환경에서 대중매체가 형성하는 메시지와 그 매체 안에서 활동하는 커뮤니케이터를 둘러싼 다양한 제도적 환경 속에서 탄생한다. 즉, 매체 경제학, 매체 조직 상호 간의 산업 시스템, 정치적 소통 통로로서의 매체 등이 사회현상과 상호작용하는 가운데서 이들 수용자에 대한 개념이 정립된다는 것이다. 이런 배경에서 매체의 메시지를 받아들이는 존재는 '제도적으로 효과적인 수용자(Institutionally Effective Audience)'가 된다. 이는 매스커뮤니케이션 구도 속에서 전달되는 메시지가 얼마나 또 어떻게 받아들여지는지를 확인하는 대상이 되는 '(효과) 측정 가능한 수용자', 측정된 효과에 따라 분류되는 '특화되고 분화된 수용자', 또 이런 효과 측정을 위해 마련된 가설(Hypothesis) 안에 존재하는 '가설속의 수용자' 등을 뜻한다. 단순한 의미의 메시지 수신자(Receiver)와는 구분되는 개념이다.

이런 수용자들은 매체 메시지를 중심으로 해석되기에 어쩌면 무력한 존재로 느껴질 수도 있다. 하지만 이들에 대한 개념 설정이 위와 같이 마련됐다고 하더라도, 수용자가 매체 메시지를 무조건 받아들이는 것은 아니다. 이들이 메시지의 수용 정도에 따라 분화되고 특화될 수 있다는 설명이 이를 대변한다. 단지 이들의 힘 또는 사회적 기세는 위처럼 측정 가능한 대상일 때 파악될 수 있다는 뜻이다. 또 이들의 이미지는 수용자를 규명하려는 또는 측정하려는 단체의 목적과 관심에 따라 달라지기도 한다. 신문과 방송이 바라보는 수용자는 독자와 시청자로 구분되고, 같은 신문사라도 정치면을 읽는 독자나 문화면에 집중하는 독자는 구분되며, 한 방송사의 아침 뉴스와 오후 프라임 타임 뉴스 시청자는 달리 파악된다. 이런 시각을 적용하면, 대중매체의 수용자는 힘이 있다거나 없다는 주장을 막연하게 하는 것은 의미가 없다고 볼 수 있다. 분화된 목적에 따라 수용자에 대한 매체 영향력의 크기를 측정하고, 그 측정치에 따라 수용자에게 얼마나 힘이 있는지를 확인할 수 있다는 뜻이다.

이런 수용자의 존재는 특히 자본주의 사회에서 경제 가치가 있는 시장 구조의 부분으로 인식될 때 확연히 나타나기도 한다. 광고주가 상품 구매력이 있는 대상을 파악했을 때, 그 근거에 따라 매체에 게재할 광고 범위를 결정하는 것을 떠올려보면 현대사회 수용자의 존재를 생각하는 데 도움이 될 것이다. 사실 대중매체의 입장에서 보면, 개별 언론인들은 자신들이 생산하는 메시지의 수용자들이 누구인지 정확히 알지 못한다는 주장도 있다. 더 과격하게 표현하면 그런 세세한 수용자 정보에 대해 관심조차 없다는 견해도 나온다. 하지만 그 대중매체를 경영하는 입장의 사람들은 이들 수용자의 이미지가 그려진다. 매체에서 생산하는 정보를 누가 소비할 것인지를 알아야, 그들에게 맞는 메시지를 전달할 수 있고, 그런 수용자를 확보함으로써 그들을 위한 광고를 수주하는 것이 매체 존속을 위한 수익으로 직결되기 때문이다. 이런 사회적 구조를 알지 못하고 매체 정보를 받아들이게 되는 수용자들은 정보 흐름에서 소외된 순진한 피해자(Victim)이며, 그런 정보를 구매하는 소비자(Consumer)인 동시에, 매체가 광고주에게 자신의 영향력을 확인시켜 광고를 싣게 만드는 교환의 수단(Coin of Exchange)이 된다고 해석되기도 한다(Ettema & Whitney, 1994). 비록 이런 시각이 다시 한 번 힘없는 피해자라는 차원에서 객체적인 수용자만을 인정한다고 볼 수도 있지만, 이들이 메시지를 스스로 해석해 활용하는 사람일 수 있다는 입장을 고려하면 주체적이고 자율적인 수용자로서의 모습도 확인할 수 있다. 다만 이런 수용자의 힘은 그 측정의 정확도에 의해 과학적으로 규명될 때 현실적으로 발현된다는 것이다. 그리고 수용자가 전체 공중에서 하위 단위로 구분돼 대중사회 조직 내에서 원자화된 개별자에 머무느냐, 아니면 일정 정도의 그룹을 유지하며 공동체적 목소리를 내느냐 등에 따라 그들의 존재 자체와 존재 가치, 힘 등이 구체화될 수 있다.

(2) 현대사회 수용자의 종류

단순히 특정 출판물의 독자, 라디오나 텔레비전의 청취자, 시청자 등으로 규정되기도 하는 수용자는 앞에서 살펴보았듯 사회과학자들의 연구에 의해 정치 · 경제 · 문화적 매체 권력의 근본이 되는 대중 수용자(Mass Audience)의 모습으로 진화해왔다. 하지만 이들의 존재를 어떻게 구분할 수 있을지의 문제는 역시 간단하지 않다. 수용자의 실체가 손에 쉽게 잡히지 않기 때문이다. 하지만 통계적 분석 등 측정 기술 등이 발전하면서 커뮤니케이션 이론과 조사 방법 연구가 활발해졌고, 이 과정에서 수용자에 대한 개념화(Conceptualization)가 이뤄졌다. 사실 이런 개념화에 대해 이미 수용자 그룹이 너무 다양화해 있기에 이를 대중 수용자(Mass Audience)라는 개념으로 뭉뚱그려 설명하는 것이 진부하다거나, 그 사회적 배경의 근원적 성격 때문에 이들이 수동적으로만 치부될 수 있다는 지적이 있어왔다. 또 수용자를 측정 가능한 대상으로만 바라본다는 것 자체가 정치적 색채를 띤 매체 등 일부 사회 조직의 자가 발전적 한계라는 비판도 있다. 하지만 수용자에 대한 구조적 이해, 그리고 그들의 사회 권력을 현실화하는 도구로서 이 대중 수용자라는 개념은 아직 그 지위를 인정받는다고 할 수 있다. 이 책에서는 수용자를 단계별로 설명하는 방식 중 앤더슨(Anderson, 1996)의 분류를 소개하면서 현대 수용자에 대한 이해의 폭을 조금 더 넓혀보고자 한다.

앤더슨은 수용자를 크게 형식적 수용자(Formal Audience)와 경험적 수용자(Empirical Audience) 등 2가지로 나눴다. 형식적 수용자는 평범한 우리 자신의 모습을 설명한다. 이 안에는 기본 커뮤니케이션 구도에서 수신자(Receiver)로 규정하는 부호화된(Encoded) 수용자와 과학적 요구나 학술적 목적의 대상으로 규정된, 즉 모든 학술 연구에서 수용자라고 불리는 분석적(Analytic) 수용자 등 2종류의 수용자가 있다. 부호화된 수용자는 사회과학적 분석 대상으로 구체화하기 이전 단계의 존재로, 메시지를 전달받는 일반적인 수신자들의 집합으로 보면 되고, 분석적 수용자는 사회과학적 진단을 위해 학자들이 분류하고 관찰하는 대상으로 이해하면 무리가 없겠다. 아주 간단한 분류 방법에 의한 개념들이다.

우리가 곰곰이 생각하면 확인할 수 있는 경험적 수용자는 다시 선험적

(Transcendent) 수용자와 상황적(Situated) 수용자로 나뉜다. 선험적 수용자는 연극 관중 등 특정 장소에서 일어난 특정 에피소드에 노출된 수용자를 뜻하는 선험적 · 경험적(Transcendent Empirical) 수용자, 개별 인자들의 집합체로 군중 등 전체 속에서 개성이 사라진 수용자의 모임을 가리키는 집합적(Aggregate) 수용자, 실험 대상 등 인간 본성을 탐구하는 실험적 연구를 위해 모인 수용자를 칭하는 대리(Surrogate) 수용자 등 3종류를 포함한다. 대리 수용자는 전체 수용자를 대표하며, 연구 결과는 수용자로서 인간의 행태를 설명하는 특성을 지닌다. 경험적 수용자 중 상황적 수용자는 매체의 메시지를 해석하는 방법 등에 따라 순수 상황적(Situated) 수용자, 전략적(Strategic) 수용자, 종사적(Engaged) 수용자, 불시적(Emergent) 수용자 등 4부류로 정리된다. 순수 상황적 수용자는 상황을 선택할 권리는 없으나, 주어진 특정 상황에 따라 매체의 메시지를 해석하고 그에 따라 행동하는 사람들로, 가족 등 1차 집단에 소속된 수용자가 된다. 전략적 수용자는 다른 사람의 행위를 개발하고 가르치며 지도하는 수용자로, 공동체의 집합적 사고를 주도하는 '숨은' 지도자라 할 수 있다. 약한 의미의 여론 지도자라고도 한다. 종사적 수용자는 다른 사람의 행위를 개발하고 가르치며 지도하는 과정에서 공동체의 집합적 사고를 주도하는 '공개적' 지도자로서, 전략적 수용자에 비해 여론 지도력이 강력한 사람이다. 마지막으로 불시적 수용자는 전체 수용자의 집합적 행태와는 구분되지만 간접적으로 상황을 전해 들으며 사회적 행동을 하는 수용자다. 은둔적 사회 참여자라고도 할 수 있다.

현대사회에서 수용자는 이처럼 복잡한 모습으로 발현된다. 한 개인이 위에 거론한 앤더슨의 9가지 수용자 모습을 한꺼번에 가지기는 어렵다. 하지만 적어도 이들 분류 중 한두 가지는 스스로의 모습을 반영한다고 볼 수 있을 것이다. 만약 이 분류 어디에도 속하지 않는다고 느낀다면 그건 또 다른 수용자의 종류가 될 것이고, 수용자의 모습은 다시 한 번 더 복잡해질 수 있다. 우리는 이번 장에서 공동체의 성격이 강한 공중의 탄생, 역사의 흐름 속에서 커뮤니케이션 진행 과정 및 방법을 통한 이 공중의 분화, 이 세분화의 끝자락에 선 개별자와 그 개인들의 모임인 대중의 성격, 그 복잡함과 함께 하며 개인과 공동체의 모습을 동시에 보여주고 있는 현대 수용자의 주소를 들여

다봤다. 비록 단순하게 규정짓기는 어렵지만, 현대의 수용자는 매스커뮤니케이션 구조 안에서 다양한 매체를 통해 전달되는 메시지를 복잡다단하게 받아들이고 해석하며 활용하는 대중 수용자로 볼 수 있을 것이다.

2. 수용자와 문화

매스커뮤니케이션 혹은 대중매체 연구에서 '매체 수용자(Audience)'는 다양한 의미로 해석된다. 이 해석 중의 하나가 '수용자 행동(Audience Activity)'에 기초한 것이다. 이 접근 방식은 매체의 메시지를 어떻게 수용자가 받아들이느냐에 그 근거를 두고 있다(Power, Kubey & Kiousis, 2002). 이는 앞선 3장에서 매스미디어 효과를 설명할 때 '약한 매체 · 강력한 수용자' 또는 '강력한 매체 · 약한 수용자'의 모습을 지배적 패러다임의 시각으로 정리하면서 일부 소개된 바 있다. 메시지 수신자 영역을 중심으로 커뮤니케이션 현상을 설명하는 이번 4장에서는, 앞서 예고한 대로, 수용자 행동에 대안적 패러다임을 대입해 관련 내용을 짚어보겠다. 유럽 관념론 또는 경험론에 기초해 철학적 입장을 견지하는 대안적 패러다임은 전통적으로 독일의 비판 이론과 영국의 문화연구라는 학문적 틀 안에서 정리된다. 이 패러다임은 실증적 실험 등을 통해 현상들을 연구하기보다는 더 넓은 전체 사회구조를 인본주의적 관찰법 등 질적 방법론으로 탐구하는 과정에서 커뮤니케이션 현상을 통찰한다.

1) 비판 이론: 강력한 매체, 약한 수용자[强媒弱受]

비판 이론(Critical Theory)은 현상학이나 마르크스 경제철학에 근거를 둔 독일의 프랑크푸르트(Frankfurt) 학파가 이끌었다. 이 학파는 자본주의 사회구조와 뒤엉킨 대중매체를 비판하는 것에 학문의 초점을 맞췄다. 이들의 비판은 매체 소유주나 광고주 등 매체나 매체의 메시지를 조정하는 통제력에 집중된다. 특히 마르크스 경제관 중 이데올로기나 사회 권력이 집적된 상부구조에 주목한 이들의 이론은 정치 · 경제적 권력과 손을 잡은 매체의 횡포를 비난하고, 권력층이 전파하는 정보에 그대로 노출돼 이를 수동적으로 받아들일 수밖에 없는 약한 수용자를 소개한다. 매스커뮤니케이션 현상은 자본주의 경제 구조의 한 단면으로, 매체 소유주나 광고주 등의 정보 통제 권력이 대중들의 인식과 믿음, 행동 등을 제어한다는 철학적 고찰을 바탕으로 하는 것이다. 이들은 자본주의적 구조가 인간의 지적 · 사회적 발전을 이끌지 못할 뿐 아니라 오히려 이와 같은 발전을 저해한다고 비판하면서, 여러 서구 국가들이 이상적으로 지향하는 다원적 자유주의(Pluralistic Liberalism)가 현실적으로 존재하기 어렵다고 주장한다.

(1) 호르크하이머와 아도르노의 수동적 수용자론

20세기 중반 유럽의 사상계를 이끌던 학자들 중 호르크하이머(Horkheimer)와 아도르노(Adorno)는 미국 중심으로 전개되던 지배적 패러다임의 매체 연구 풍토를 비판해왔다. 아이러니컬하게도 이들은 지배적 패러다임의 시각에서 커뮤니케이션의 2단계 흐름을 발견해낸 라자스펠드의 초청으로 미국에 건너왔다. 지배적 패러다임 연구 방법에 한계가 있을 수 있다는 미국 학자들이 자각 때문이었다. 그러나 역시 이들은 자본주의를 선도하던 당시 미국의 매체환경을 지켜본 뒤, 오락 위주의 대중매체 정보가 매체 수용자들을 중요한 사안에 대해 무감각하게 만든다는 사실을 재차 확인했다. 이들은 미국에서 정치 · 경제적 권력과 결탁한 매체 정보에 무방비 상태로 노출된 수용자를 면밀하게 관찰한 것이다.

이들은 우선 사회를 생산자 계급인 노동자가 주축이 된 하부구조와 이들의 생산물을 토대로 잉여가치의 혜택을 누리며 권력층으로 군림하는 상부구조의 틀로 이해했다. 마르크스(Marx) 자본론에 뿌리를 둔 이들의 시각은 물질적 토대와 노동력을 기초로 한 생산물들이 스스로의 이익 증대에 사용되는 것이 아니라, 오히려 이들을 착취하는 자본가와 기존 권력 계층의 부를 축적하며 노동자들을 더욱 빈곤한 생활로 내몰고 있다고 봤다. 이 과정에서 대중매체는 자신들의 이익을 위해 부르주아로 대변되는 정신적 권력 계층에 편승하며, 물질적 생산을 담당하는 하부구조를 대변하는 것이 아니라 상부구조의 이해를 위해 노력하는 존재가 된다고 본 것이다. 호르크하이머와 아도르노는 매체가 사회의 구조 자체를 지배층과 피지배층으로 나뉘어 있는 것으로 인식하고, 정치 · 경제를 포함하는 문화적 요소를 지배층의 입장에서 정보화 해 전달하면서 이런 내용을 공고화 하는 역할을 담당하고 있다고 주장했다. 이렇게 상부구조의 이익을 대변하는 과정에서 권력층에 기생하는 매체 역시 스스로의 입지를 강화한다는 것이 이들의 견해이다(Horkheimer & Adorno, 1944/1972).

호르크하이머와 아도르노는 결국 모든 것이 문화 산물의 전달 형태나 방식에 따라 이미 정해지기 때문에 이들 문화 산물의 소비자, 즉 수용자들은 스스로가 지적인 개발을 할 수 없다고 봤다. 대중매체가 전달하는 뉴스 정보는 물론이고 텔레비전 프로그램 등을 통해 전달되는 오락 정보마저도 이런 경향성을 띠고 있기에, 매체 수용자들의 취향과 기대는 모두 이미 정해진 구도에 따라 매체를 통해 전달되는 문화 산물의 반복적인 흐름에 의해 기존의 구도를 강화하는 쪽으로 조성된다는 것이 이들의 주장이다.

특히 아도르노는 다시 불특정 다수의 수용자를 엘리트 계층과 일반 대중으로 구분했다. 엘리트 계층은 상부구조에 포함되며 일반 대중은 하부구조에 속한 사람들이다. 여기서 주장하는 그의 계층 구분법은 표면적으로는 지배적 패러다임에서 라자스펠드 등에 의해 확인된 커뮤니케이션 2단계 흐름의 여론 주도층과 추종자를 구별하는 방법과 닮아 있다. 하지만 근본적인 차이가 있다. 우선 2단계 흐름에서 매체 메시지를 직접 받아들이는 존재는 여론 주도층이다. 추종자는 여론 주도층에 의해 걸러지거나 재해석된 메시지를 수용한다. 하지만 메시지의 직접 수용 측면에서, 아도르노의 불특정 다수는 엘리트 계층이나 일반 대중은 차이가 없다. 이들 모두 매체의 직접적인 영향력에 무방비 상태로 놓여 있다는 것이다. 여기서 그는 하부구조에 속한 일반 대중 뿐 아니라 상부구조에 귀속된 엘리트 계층마저도 매체가 전달하는 정보를 그대로 받아들이며 각각의 자리와 위상을 변할 수 없는 진실로 받아들이게 만든다고 주장한다. 어느 계층에 속해 있든 모두 매체 정보에 대한 수동적 수용자라는 뜻이다.

(2) 마르쿠제의 일차원적 인간과 그람시의 헤게모니 이론

호르크하이머와 아도르노의 주장은 다른 학자들에 의해 더욱 강화돼 나간다. 그중 저명한 미국의 사회철학자 마르쿠제(Marcuse)는 대중매체의 정보가 최면의 성격을 가지고 있다고 지적했다. 반복적으로 대중매체가 전달하는 내용들은 해당 정보에 노출된 사람들을 최면 상태로 몰고 가, 결국 수용자들을 매체 메시지에 무력한 '일차원적 인간(One Dimensional Man)'으로 전락시킨다는 것이다(Marcuse, 1964). 여기서 일차원적 인간이란 고도의 산업 사회에서 공동체적 요소를 상실한 채 원자화된 객체로 전락한 개별 인간들을 뜻한다고 볼 수 있다. 마르쿠제에 따르면, 이들은 현대사회의 경쟁과 비인간적 환경 안에서 상실감과 소외감을 느끼고 있으나, 그 느낌의 원인도 모르는 채 자신이 처한 현실을 비판하지도 못한다. 마르쿠제는 원래 이성적이었던 인간이 사회의 다면체적 사안이나 대상들에 대해 다양한 생각을 못 한 채 즉물적이고 단세포적인 사고를 하게 된 이유 중 하나로 기존 권력의 이익을 대변하는 대중매체의 최면적 성격을 꼽은 것이다. 매일 노출되는 정보가 어느 정도의 천편일률적인 형식과 내용을 담고 있는 점을 생각해보면, 이 주장이 갖는 타당성을 생각해볼 수 있을 것이다. 특히 매스미디어의 기능 중 감시(Surveillance: 생활과 생존에 필요한 정보 전달)나 연결(Correlation: 사람들 사이의 관계 형성) 등은 이와 같은 마르쿠제의 지적에서 자유롭기 힘들다.

한편 마르쿠제의 지적이 수동적인 수용자, 즉 무기력한 하부구조의 모습을 다시 한 번 확인해준 내용이라면, 유럽의 정치가이자 혁명가로 고국 이탈리아의 공산당을 창당한 그람시(Gramsci)의 견해는 자신의 입지를 강화하려는 권력층, 즉 상부구조의 구성에 주목한다는 차원에서 약간의 차별성을 갖는다. 하지만 그 역시 강한 매체 · 약한 수용자를 강조한다는 입장에서 보면 그 흐름은 유사하다. 마르크스의 상부구조 이론을 체계화하는 과정에서 자신의 논리를 정리한 그람시는 커뮤니케이션 측면에서 아도르노의 해석법과 맥을 함께한다고 볼 수 있다. 헤게모니(Hegemony) 이론으로 불리는 그의 입장은 비록 전체적인 지배 계층의 권력 누적 및 심화 현상을 조망하고 있지만, 그 안에서 대중매체가 사실적 정보를 왜곡하면서까지 불특정 다수를 억누르고 이 과정에서 엘리트 계층의 권력 축적을 돕게 된다고 본다(Gitlin, 1985).

즉, 매체로부터의 정보는 매체 소유주나 광고주 등 매체나 매체의 메시지를 통제하는 사람들의 이익을 대변하는 쪽에 집중되기 때문에, 이 정보는 결국 일반 매체 정보 수용자로 하여금 세상의 지배 논리를 비판 없이 받아들이게 만들고, 메시지 통제 계급은 이를 통해 자신들의 입지를 더욱 강화해 나간다는 것이다. 여기서 주목할 것은 단순히 권력층에 이로운 정보만을 선택적으로 전달하는 것이 아니라 사실적 정보마저도 왜곡하는 매체의 행위이다. 또 매체가 스스로의 생존을 위해 자신에게 정치적, 경제적 후원을 하는 권력층이나 자본 계층과 결탁할 수밖에 없는 배경과 더불어, 그들에 의해 정보가 통제되거나 제어되는 것을 그대로 인정하는 한계를 지적하고 있다는 점도 눈여겨볼 대목이다. 여기서 우리는 앞서 매체가 권력의 대변인(Agents of Power)로 기능할 수밖에 없다고 본 알철(Altschull)의 견해를 유사한 맥락에서 확인할 수 있다.

결국 이들 비판 이론가들의 결론은 지배적 패러다임의 학자들처럼 실증적 방법을 통해 도달한 것은 아니지만, 이들의 강력한 매체 · 약한 수용자 이론은 지배적 패러다임의 강력한 매체 효과 옹호론자들의 주장과 맥을 함께 한다고 볼 수 있다. 한편 이들의 입장은 후기 프랑크푸르트 학파의 한 사람으로 알려진 하버마스에 의해 한 단계 발전하면서, 또 다른 해석을 낳게 한다. 앞서 공중영역(Public Sphere)을 설명할 때 소개된 하버마스는 같은 학파의 선배들 주장과는 약간 다른 입장을 취했다. 즉, 공중영역의 주민들인 수용자들이 단순히 그 안의 문화와 정보를 흡수만 하는 존재가 아니라, 이 과정에서 대화(Discourse)에 참여하는 주체가 된다는 점에 주목한 것이다. 비록 대화의 저급화(Degeneration) 과정 등을 통해 이 공중영역이 분화 또는 재봉건화(Refeudalization)되는 현상을 겪지만, 하버마스는 이들의 대화 참여에 주목했다. 이는 단순히 수동적인 수용자만을 의미하지 않는다. 다시 말해, 공중영역 내에서 이뤄지는 수용자의 대화, 생각의 교환은 전체적인 대화 수준의 저급화를 이끌지만, 그들의 대화 참여는 결국 특정 메시지를 주제로 놓고 이뤄진다는 점에서 능동적 수용자의 일면이 드러난다는 것이다. 비록 이들 수용자가 기본적인 지배 이데올로기에 대항하기에 미숙할 뿐 아니라, 그 대화의 수준이 계속 떨어지면서 지배적 구조를 허물 수 있는 가능성이 크지 않은 제한적 모습을 띠지만, 새로운 가능성을 열어주고 있다는 뜻이다. 하버마스의 이러한 통찰은 경제적 결정론에 입각해 수동적 수용자에 초점을 맞춘 비판 이론을, 확대된 사회구조 속에서 비교적 능동적인 수용자를 인정하는 문화연구 이론에 연결하는 교량 역할을 하게 된다.

2) 문화연구: 약한 매체, 강력한 수용자(弱媒强受)

대안적 패러다임의 다른 한 축을 이루는 문화연구(Cultural Studies)는 프랑크푸르트(Frankfurt) 학파가 이끈 비판 이론과 마찬가지로 마르크스의 사상을 기초로 했다. 하지만 마르크스의 사회 구성체 중 상부구조의 통제력에 집중한 비판 이론과 달리, 문화연구는 경제 결정론에 지나치게 천착한 마르크스주의를 발전시키며, 상부와 하부구조를 모두 아우르는 넓은 사회구조를 배경으로 한 것에서 차이가 난다. 결과적으로는 수동적 수용자의 모습에 주목한 비판 이론과 비교했을 때 문화연구는 수용자들의 능동적 메시지 해석 능력에 주목했다고 할 수 있다. 약한 매체와 강력한 수용자의 모습을 강조한 것이다. 홀(Hall)로 대표되는 문화연구는 영국 버밍엄 학파(Birmingham School)의 시각을 대변한다.

(1) 홀의 의미 있는 대화 구성요소: 부호화(encoding)와 해독(decoding)

경제 혹은 경제적 요건과 관계한 정치권력, 이에 협조하는 매체를 비난하는 비판 이론에서 벗어나, 홀(Hall)은 커뮤니케이션의 입장에서 문화와 이데올로기의 관계를 새롭게 정립한다. 홀이 중심이 된 문화연구는 적극적 대안이 부족한 상태에서 현상에 대한 단순한 비판이나 지적만 하는 것이 아니라, 사회의 문화를 매스커뮤니케이션의 시각에서 바라보고 이를 토대로 이론적 실천 양식을 개발하고자 했다는 평을 받는다.

홀은 비록 정치적 입장에서는 마르크스주의를 유지하지만, 교조적 마르크스주의는 탈피하고자 했다. 그는 이를 통해 상부구조와 하부구조는 서로 닫힌 대결 구도 속에서 양립하는 것이 아니라 상대적인 입장을 견지하며 상호 개방적인 자세를 취할 수 있다고 주장한다. 즉, 자본주의 체제를 계급이라는 도구만으로 분석하는 것이 아니라, 다양한 배경을 가진 여러 계층의 문화적 요소를 활용해 이 사회의 정치 · 경제적 환경을 풀이해야 한다는 것이다. 특히 그는 사회를 해석하는 틀로 사람들이 사용하는 언어를 중요하게 여겼다. 사회 구성원 사이의 의사소통은 단지 발화자나 수신자의 계급적 특성만을 반영해 대립적인 형태를 띠는 것이 아니라, 전체 커뮤니케이션 과정에서 자율적으로 이뤄지며, 그 안에서 새로운 변화의 모습을 이끌어낼 수 있다고 본 것이다. 이런 입장은 앞서 소개한 하버마스가 수용자의 대화 참여에 주목한 대목과 맥을 함께한다고 볼 수 있다. 홀의 주장은 그러나 커뮤니케이션과 관련된 통찰이 특정화된 이론으로 정착될 수 없으며, 다원적 차원의 대화들이 충돌하는 과정에서 여러 시각으로 이해될 수 있도록 가능성을 열어둬야 한다는, 다소 급진적이고 해체적인 주장을 견지한다.

이런 홀의 입장은 커뮤니케이션 현상에 대한 그의 해석에 잘 나타나 있다. 그는 메시지가 커뮤니케이터, 즉 발화자에 의해 부호화(Encoding)하고 수용자에 의해 해독(Decoding)되는 이 이원적 구조에서, 메시지의 해독에 집중한다(Hall, 1980). 즉, 정보를 전달하는 사람의 입장이 아닌 수용자의 독창적인 해석 능력을 강조하면서, 해독 작업은 단순한 부호 풀이의 차원을 넘어 새로운 창조로 발현된다는 것이다. 이는 마르크스의 사회 구성체 중 권력층과 매체가 결집돼 있는 상부구조의 메시지 전달 능력이 아니라, 하부구조에 위치한 수용자들의 능력에 더 주목하는 것으로 이해될 수 있다. 그렇다고 상부구조의 정보 생성 자체를 완전히 무시하는 것도 아니다. 메시지의 전달 과정 분석에서 대중매체의 정보와 그 해석으로 구성된 대화를 이끄는 사회의 문화적 구조를 이해해야 한다고 강조하는 것이다. 다시 말해, 상부와 하부구조로 나뉜 사회에서 강력한 정보 전달자의 대척점에서 무기력한 수용자를 바라보며 강력한 매체 또는 상부구조 지적에만 매달린 비판 이론과 달리, 홀의 문화연구 입장은 상부구조와 하부구조를 모두 아우르는 문화 현상 속에서 이들 수용자의 해석 능력을 더 강조하는 형태인 것이다.

메시지 해독에 대한 홀의 주장은 우선 간단하게 부호화를 담당한 커뮤니케이터가 의도한 대로 메시지를 해석하는 지배적 주도권의 입장(Dominant Hegemonic Position), 메시지를 수용자의 입장에 따라 커뮤니케이터의 의도와 배치되는 입장에서 해석하는 반대적 입장(Oppositional Position), 이들 두 입장의 혼합인 협상적 입장(Negotiated Position) 등 3가지의 가설로 정리된다. 지배적 주도권의 입장은 매스커뮤니케이션의 입장에서 보면 대중매체 혹은 그 매체가 소속된 지배 계층이 전달하는 대로 그 정보를 수용자가 비판 없이 받아들이는 것이다. 반대적 입장은 단순한 비판의 정도를 넘어서 그 지배 계층의 목소리를 의도적으로 대립적인 시각에서 수용하는 것을 뜻한다. 하지만 현실 세계에서 이와 같은 2가지 입장은 이론적으로만 가능할 뿐이지 실제 존재한다고 보기는 어렵다. 가장 일반적인 것이 두 입장을 적절히 배합한, 즉 수용자가 처한 배경에서 발화자의 메시지를 해석해 받아들이는 협상적 입장일 것이다. 여기서 홀은 이들 발화자와 수용자가 커뮤니케이션 현상이 포함된 공동의 시간과 공간에서 함께 공유하는 문화가 있고 그 안에서 이 해석이 일어난다고 봤다.

현실적으로 커뮤니케이터와 수용자들 사이에 이상적으로 완벽한 커뮤니케이션은 이뤄질 수 없다. 한쪽의 정보가 다른 쪽에 의해 그대로 받아들여지거나, 일부러 발화자의 의도와 상반된 해석을 하는 것도 어려울뿐더러, 혹시 둘 사이의 문화적 공감대가 일부 형성돼 있고, 그 안에서 수용자가 발화자의 의도를 적절하게 해석한다고 하더라도 완벽한 해독은 불가능하다. 이렇게 이원화된 커뮤니케이션 구도에서 해독자의 능력을 중시한 것이 홀의 입장이기는 하지만, 결국 인간의 의사소통은 상호 간의 정보 교환 과정에서 발생할 수 있는 오해(Misunderstanding)를 발견하고, 이 오해를 다시 서로가 이해(Understanding)하는 순환을 계속하게 된다. 홀은 이런 상황을 직시하며, 한 가지로 정착한 커뮤니케이션 이론은 존재하기 어렵고 단지 문화라는 틀 안에서 이들을 바라봐야 한다고 한 것이다. 비록 지배적 패러다임의 학자들이 실증적으로 검증하는 것과는 사뭇 다른 접근이지만, 일상적인 커뮤니케이션 현상을 자세히 관찰한 뒤 이에 대한 정교한 이해를 위해 수용자의 메시지 해독 능력에 주목하고자 한 것에 그의 주장이 기초하고 있다.

(2) 몰리의 급진적 문화주의

홀이 수용자들의 대화 참여라는 하버마스의 공중영역(Public Sphere)을 배경으로 하부구조의 능동적 해석 능력을 강조하기는 했지만, 얼핏 이는 개별적 수용자들에 한정된 이해로 느껴지기도 한다. 즉, 한 사회의 문화적 경향성을 전제로 하면서도, 개별적으로 차별화된 메시지 분석 주체의 존재에 집중한 것으로 보인다는 것이다. 학자들은 이와 같은 홀의 견해를 더욱 급진적이고 발전적인 문화 형태로 진전시킨 사람으로 그의 제자인 몰리(Morley)를 꼽는다. 몰리는 홀의 입장에서 한발 더 나아가, 메시지에 대한 해석들이 개별 수용자별로 차별화되는 것이 아니라, 수용자들의 소속 집단에 따라 유사성을 갖고 있다고 주장했다. 일부 수용자들의 사회적 지위나 교육환경이 같으면 대중매체의 메시지가 그들 안에서 비슷한 방식으로 해석되며, 이와 같은 해석의 유사성은 이 그룹을 다른 사회적 그룹으로부터 차별화하는 특징으로 발현된다는 것이다. 이는 다시 하버마스의 공중영역 개념에서 집합적 의견을 가진 공동체 의견이 하위 집단으로 분화되거나, 아니면 거꾸로 원자화된 개인들이 새롭게 결집하며 특정 집단을 구성해간다는 시각으로 해석될 수 있다. 홀의 입장에서 보면 개별 수용자들에 머물러 있던 메시지 해석의 단계가, 집단적 해석의 차원으로 승화된다는 점에서 더 급진적이라고 설명된다. 즉, 메시지 해석의 공감대를 기초로 한 문화 집단이 형성되면서 이를 통해 사회를 이해할 수 있다는 입장이 성립된 것이다(Morley, 1992).

몰리는 정부가 매체를 통해 발표한 정책 메시지가 가정경제 등에 미치는 영향 등을 연구하면서, 사람들이 자신이 속한 집단의 환경에 따라 매체의 메시지를 차별적으로 해석하고 있다는 사실을 확인하며 이와 같은 주장을 했다. 예를 들면, 부유층의 가족들은 텔레비전에서 나오는 정보를 큰 거부감 없이 받아들인 반면, 덜 부유한 사람들은 그렇지 않다는 사실을 보면서, 결국 수용자들은 그룹별로 메시지를 달리 해석하지만 한 그룹 안에 있는 수용자들은 그 메시지를 동일하게 해석한다고 본 것이다. 몰리의 이 주장은 이후 커뮤니케이션 기술의 발달과 연관된 후속 연구를 통해 더욱 급진적인 모습을 띤다. 한 사회 내에서 메시지에 대한 해석은 지역이나 영역별로 차별화하지 않고, 아예 하나의 모습으로 통일돼간다는 것이다. 커뮤니케이션 기술의 발달은 메시지 해석에 대한 이런 차별성을 감소하는 쪽으로 나아간다고 몰리는 바라봤다. 외부 정보가 대중매체를 통해 전달되면서 그 정보를 받는 사람들의 문화적 환경은 유사해지고, 이런 공감대가 형성된 사람들은 결국 매체 정보를 동일하게 해석하게 된다는 것이다. 결국 그는 이런 이유 때문에, 한 가정의 해석만 탐구하더라도 그 가정이 소속된 전체 사회, 또는 전체 국가 구성원의 메시지 해석 경향을 추론할 수 있다고 했다(Morley, 1997).

사실 이 단계까지 오면, 과연 문화연구의 주장이 수용자의 능동적 메시지 해석으로 이해될 수 있을까라는 의혹이 생긴다. 결국 그들이 생성한 문화적 공감대는 매체를 통해 전달되는 메시지에 기초한 것으로, 이는 메시지 전달자 측의 의도가 반영된 것으로 볼 수 있기 때문이다. 하지만 그럼에도 불구하고 문화연구 학자들은 수용자들이 문화적 관점에서 대중매체의 메시지를 해석한다는 것에 초점을 맞추고 있다. 매스커뮤니케이터가 수용자들이 가지고 있는 기존의 사회 · 문화적 관점과 무관한 방향에서 메시지를 전달하려 한다면, 수용자들은 이를 그대로 받아들이지 않을 뿐 아니라, 이런 성향은 문화적 배경이 유사한 사람들에게서 일관되게 나타날 수 있다고 주장한다. 즉, 사회 · 문화적인 배경이 유사한 집단의 메시지 수용 패턴도 유사하다는 사고가 중심일 뿐, 매체 정보에 대한 무조건적인 수용은 아니라는 것이다. 하지만 이 현상은 홀이 제시한 3가지 커뮤니케이션의 방법 중 어느 쪽으로 수용자들의 분석 능력을 바라보느냐에 따라 다양한 해석이 가능하기에, 급진적인 몰리의 주장은 결국 수용자의 능동성과 수동성의 경계를 또 다른 논란으로 이끌어갈 여지가 있다.

이와 같은 학문적 정체성의 모호함에도 불구하고 다른 학자들은 이런 몰리의 주장을 서로 다른 거대 집단을 구분하는 근거로 활용하기도 한다. 문화적 공감대가 다른 각각의 집단이 똑같은 정보를 접했을 때, 그 해석의 방향이 그룹별로 다르더라도 각 그룹 안에서만 존재하는 그 그룹만의 독특한 문화적 공감대는 해당 그룹 구성원들이 그 메시지를 같은 방식으로 해석하게 만든다는 것이다. 몰리의 주장을 더욱 혁신적으로 확대한 앙(Ang)은 〈달라스〉라는 미국 드라마를 접한 서로 다른 국적의 시청자들이 각국의 문화적 입장에 따라 그 메시지를 해석하고 있다는 연구 결과를 얻고, 한 사회의 문화적 공감대가 확고한 구성원들은 그에 기초한 확신을 가지고 전달된 메시지를 해석한다는 급진적 문맥론(Contextualism)을 강조했다(Ang, 1991). 홀이나 몰리, 앙 등은 해석의 강도, 그리고 그 해석이 기초하는 문화적 배경의 수용자에 대한 접근성 등을 이해하는 데 차이는 보이지만, 결국 커뮤니케이터가 전달한 메시지가 그들의 의도대로 받아들여지는 것이 아니라 수용자의 해석에 따라 달리 전달될 수 있다는 것을 강조한다는 점에서, 능동적 수용자 이론을 이끌고 있는 것이다.

3) 새로운 환경의 수용자와 문화현상

앞의 논의를 살펴보면 과연 대중매체나 수용자 중 누가 메시지 해독의 주도권을 가지고 있는가가 매체와 수용자를 이해하는 주요 열쇠가 돼왔다는 것을 알 수 있다. 특히 정치 및 경제 상황과 연계한 사회문화적 측면에서 보면, 대안적 패러다임의 학자들이 그 논쟁의 주도권을 잡아왔다고 할 수 있겠다. 하지만 이는 앞서 소개한 지배적 패러다임의 학자들 사이에서도 중요한 이슈였다. 1940년대 이전 강력한 설득 이론을 무기로 매체의 강한 효과론을 주장했던 학자들의 접근 방식은 이후 수용자들이 매체의 메시지를 어떻게 수용하고 이용해 이를 만족의 도구로 사용하느냐는 약한 매체 효과론으로 이어졌고, 이는 다시 수용자들이 처한 조건에 따라 매체 정보 전달력에 차이가 생긴다는 중(中)효과론으로 귀결됐다. 이 과정에서 지배적 패러다임의 학자들은 사회경제적 지위(Socioeconomic Status) 등을 변인으로 하며, 수용자들이 이런 배경 차이에 따라 매체 메시지에 대한 선택, 주목, 이해와 반응 등의 폭을 달리해왔다고 주장한다. 비록 지배적 패러다임이냐 대안적 패러다임이냐, 또는 강(强)효과론이냐 약(弱)효과론이냐 등의 입장 차이와 이들 서로 다른 진영의 차별화된 입장에 대한 발전적 비판은 있지만, 학자들은 수용자의 행태 차이를 인정하게 되면서 매체 효과 또는 수용자 해석 능력 등의 강약(强弱) 스펙트럼에서 점점 중간을 향해 수렴하는 경향을 보인다. 여기서 다시 한 번 주목할 것은 새로운 매체환경이 도래할 때마다 의사소통 현상에 대한 학자들의 시각이 변해왔고, 21세기 전환기에 인터넷 등 더 발전된 커뮤니케이션 환경이 소개되면서 이 현상에 대한 탐구도 새로운 지평을 열 수 있는 계기를 다시 마련하고 있다는 점이다. 비록 강한 매체 · 약한 수용자 또는 약한 매체 · 강한 수용자라는 스펙트럼의 중앙 지대로 수렴한다는 관찰이 설득력을 얻고는 있지만, 어쩌면 이는 아주 새로운 소통문화에 기초한 또 다른 해석을 낳는 시발점이 될 수 있다.

이런 시도 중 하나로 바라볼 수 있는 것이 수용자의 메시지 해석과 관련, 능동성과 수동성에 대한 접근 방식의 변화이다. 기존 커뮤니케이션 구도를 보면 결국 수용자는 메시지를 '전달받는' 위치에 있다. 즉, 생래적으로 수용자는 그 존재 자체가 무엇인가를 능동적으로 할 수 있는 성격이 없다고 볼 수 있는 것이다. 단지 하버마스가 논의한 공중영역에서 대화 참여가 가능한 주체로 인정받은 것이 그나마 그 능동적 수용자의 가능성을 열어줬다. 결국 전통적인 커뮤니케이션 학문은 대체적으로 수용자를 수동적으로만 파악한 것이라고 할 수 있겠다. 하지만 현대 커뮤니케이션 환경은 수용자의 이런 대화 참여 가능성을 메시지 해석뿐 아니라, 직접 메시지를 생산하는 커뮤니케이터의 입장으로 확대하고 있다. 라자스펠드가 어리 카운티 연구에서 수용자를 '능동적 해석자, 수동적 참여자(Active Thinker, Passive Participant)'로 정리한 것에서 한발 더 나아가, 메시지 생산의 차원에서 '능동적 참여자(Active Participant)'로 수용자를 이해할 수 있는 배경이 조성된 것이다.

사실 우리는 이미 이와 같은 수용자 그룹을 목격해왔다. 그들의 반응은 개인 수준에 머무는 것이 아니라 매체에 대한, 또는 매체에 대항하는 집단행동으로 나타나기도 한다. 그들은 매체의 메시지 내용을 선도하려는 시도도 하고 있다. 이와 같은 시도가 사회 운동으로 확대되기도 하는 것이다. 샘페드로(Sampedro, 2000)는 많은 사회 운동이 자신들의 저항운동을 미디어로 하여금 보도하게 함으로써 새로운 사회 문제를 대두시키고 정책 의제에 영향을 미치는 것을 목적으로 하고 있다고 진단했다. 단순히 로비나 협상의 수준을 넘어 자신들의 운동을 전시하는 쪽으로 나간다는 것이다. 이들의 사회 운동은 매체가 어떤 사안을 어느 방향에서 보도해야 하는지도 설정하고 있다. 뉴스뿐 아니라 일반적인 오락 프로그램의 내용도 단순히 매체 메시지를 해석하는 차원이 아니라 메시지를 선도하려는 수용자의 행동에 의해 영향을 받는다. 미국의 경우 이 현상은 1950년대부터 시작됐다(Montgomery, 1986). 당시 '유색 인종 인권 향상을 위한 전국연합(NAACP)'은 시민 기본권의 개선을 위해 한 코미디 시리즈의 줄거리를 바꾸라는 캠페인을 벌였다. 1909년에 설립된 NAACP가 40~50년의 침묵을 깨고 매체에 대해 메시지 내용의 전환을 요구한 것이다. 이와 같은 수용자들의 운동은 1960년대와 1970년대에 걸쳐 꾸준하게 나타난다. 적어도 서구에서 이와 같은 수용자상은 50년 이상 존재해왔다. 그러나 이들의 모습은 전통적인 수용자 연구에서 두드러지게 나타나지 못했다. 결국 학문적으로 이들의 존재가 이론화되지 못했던 것이다.

하지만 현대에 와서는 이와 같은 집단적 사회 운동이 현저히 늘고 있다. 특히 인터넷 탄생을 비롯한 커뮤니케이션 기술의 발달은 이와 같은 운동을 촉진하고 있다. 불특정 다수의 네티즌들이 사이버 공간에 모여 대중매체에 대한 자신들의 의견을 개진하고 있다. 미국의 경우, 미국 내 공공 텔레비전 프로그램의 독립성을 지지하고, 지역 방송 활성화를 위한 전국적인 지원을 목표로 하는 '방송을 위한 전국시민위원회(National Citizens Committee for Broadcasting)', 70만 명 이상의 회원을 확보한 채 텔레비전 오락 프로그램 내용 조절에 큰 목소리를 내고 있는 '부모 텔레비전위원회(Parents Television Council)' 등이 그 사례가 될 수 있겠다. 오락 프로그램에 대한 모니터를 하는 그룹들과는 달리, 뉴스 보도의 편파성이나 왜곡, 당파성 등을 지적하는 '미디어의 정확성(Accuracy In Media)'이나 '미디어 모니터 네트워크(Media Monitors Network)' 등은 1980년대 이후 미디어 교육 및 미디어 개혁 운동에 나서고 있으며, 인터넷 확장에 따라 그 영향력을 확대해가고 있다.

아프리카에서는 12개국의 시민운동가 연합체로 출발한 '남부아프리카 미디어협회(Media Institute of Southern Africa)'가 지역의 자유 언론과 다원적 매체 시장의 확보를 위한 운동을 전개하고 있다. 유럽에서는 1999년 설립된 독립 미디어 센터의 지역 분회가 시민운동 보도를 기치로 활동하고 있으며, 이들은 기존 언론 매체의 대항마로 세력을 키워나가고 있다. 영국 런던의 '보이스 21(Voice 21)', 네덜란드 암스테르담의 '시민 커뮤니케이션 차터(People's Communication Charter)', 스위스 제네바의 '국제 미디어 액션 (Media Action International)' 등도 같은 맥락에서 이해될 수 있다.

한국에서 2000년 떠오른 안티 조선 운동 등도 이와 같은 능동적 수용자 운동의 일환으로 해석될 수 있다. 이 운동은 조선일보라는 특정 매체를 겨냥,

이 매체가 정보를 왜곡하고 있다고 주장하며, 전달 정보의 수정을 요구하거나 신문 불매 활동을 전개하기도 했다. 이밖에도 한국의 민주언론시민운동연합 등 기타 운동단체 들도 교육과 출판, 매체 모니터, 학술 활동 등을 통해 자신들의 목소리와 행동을 키워가고 있다. 이밖에 오마이뉴스 등 시민 기자를 활성화하는 대안 매체, 또 2012년 등장해 다양한 사회 · 문화 · 정치적 이슈를 생산한 〈나는 꼼수다〉 등 팟캐스트(Pod Cast) 형태의 소통 채널들은 변화한 커뮤니케이션 환경에서 수용자들이 자신들의 메시지를 전달하고 공유하는 통로로 활용되고 있다. 비록 현재는 개혁적이고 진보적인 입장의 수용자들이 이런 활동에 더 많이 나서고 있는 것으로 알려지고 있지만, 또 다른 이념과 사고에 기초한 세력들 역시 적극적인 메시지 생산자 또는 선도자의 모습을 띠어가고 있다.

이와 같은 수용자들의 행동은 사회의 문화적 가치와 직결되어 있다고 볼 수 있다. 하지만 이런 현상은 지난 수십 년간 목격되어왔음에도 커뮤니케이션 이론의 측면에서 체계화하지 못하고 있다. 새로운 매체환경에서 그 활동영역이 증대되고 움직임이 거대해진 이들 수용자들의 모습은 새롭게 정리될 필요가 거론된다. 학자들은 이미 커뮤니케이션 환경 변화가 매체나 수용자 등을 바라보는 기존 패러다임에 전환을 가져왔다고 주장한다. 1990년대 초반, 이미 매스커뮤니케이션은 특정 매체가 일반 수용자에게 어떤 정보를 일방적으로 알려주는 수준을 벗어나, 세상에 어떤 일이 일어나고 있는지를 발견하는 작업에 동참하도록 수용자들을 초대하는 수준에 이르렀고, 그 이후 전개된 환경은 수용자들이 이를 통해 자신들의 자아를 인식하게 하는 배경을 확대해왔다. 이는 수용자들이 매체가 일방적으로 전달한 메시지를 그대로 해석하거나, 아니면 개인적 배경에 따라 해석하고 그 정보를 이용하는 단계를 벗어났다는 뜻이다. 결국 매체가 전달한 메시지 받아들여 어떻게 해석하느냐를 기준으로 약한 수용자 또는 강한 수용자를 구분하던 기존 커뮤니케이션 패러다임으로는 스스로 정보를 찾아 움직이고 이를 다른 사람과 공유하기 위해 행동하는 현대의 수용자들을 설명해내기 어렵다는 얘기이다. 현대 수용자들은 그저 정보를 전달받는, 그래서 메시지를 해석한다고 하더라도 생래적으로 수동적일 수밖에 없는 존재의 모습을 벗어나, 먼저 앞서서 나가며

	전통적 의미의 수동적 수용자	전통적 의미의 능동적 수용자	새로운 환경의 능동적 수용자
특성	• 미디어 메시지를 그대로 흡수	• 미디어 메시지를 비판적으로 해석 • 사회 의제 선도에 취약 또는 소극적	• 미디어 메시지를 비판적으로 해석 • 사회 의제 선도에 적극적
이론적 논의 또는 사례들	• 지배적 패러다임에서 – 라스웰의 '누구에게' – 섀넌과 위버, 베를로 등의 수신자 – 설득 과정의 피설득자 • 대안적 패러다임에서 – 프랑크푸르트 학파의 비판 이론 – 호르크하이머 등의 무감각한 수용자 – 마르쿠제의 일차원적 인간 – 아도르노의 불특정 다수	• 지배적 패러다임에서 – 라자스펠드와 머톤의 능동적 수용자, 수동적 참여자 – 클래퍼의 제한적 효과 – 이용과 충족 이론의 수용자 • 대안적 패러다임에서 – 버밍험 학파의 문화연구 – 홀의 해독자 – 몰리의 문화적 정체성 갖춘 수용자 – 앙의 문맥론에 근거한 수용자	– 유색인종 인권향상을 위한 전국연합 – 방송을 위한 전국시민위원회 – 미디어교육을 위한 행동연합 – 보이스 21 – 시민 커뮤니케이션 차터 – 안티 조선 – 민주언론 시민운동연합 – 남부아프리카 미디어협회 – 각종 블로그 및 유튜브 활동

표 4-1
수용자 유형 비교

매체의 메시지 내용을 선도하고 적극적으로 사회의 의제까지 이끌고 있다. 21세기 매체 환경 속에서 블로그를 통한 개인들의 사실 전파와 의견 개진, 위키로 결집하는 집단 정보, 포털이 모아 전달하는 다양한 뉴스들, 유튜브 화면을 통해 파급되는 개별 정보들은 이제 전통 매체에 귀속됐던 메시지 수용자의 피동적 모습이 아니라 직접 정보 창출과 보급에 참여하는 역동적 역할에 연결된다. 새로운 기술의 발전은 지속적으로 수용자들의 모습을 새로 정립해야 한다는 당위론을 끌어냈다.

3. 매체환경

기본적인 커뮤니케이션 구도는 비록 발화자, 메시지, 채널, 수신자라는 4가지 기본 인자로 구성돼 있지만, 매스커뮤니케이션 단계로 넘어오면서 이들 사이의 관계는 대단히 복잡하게 얽히게 된다. 앞서 살펴본 것처럼 발화자는 단순히 특정 정보를 처음 전달한 사람이 될 뿐 아니라 그를 받아 다시 2차, 3차에 걸쳐 연결하는 사람들을 포함하기도 한다. 커뮤니케이션 2단계 흐름에서 오피니언 리더와 추종자의 존재가 처음 발견된 뒤, 학자들은 이 개념들을 더욱 확대해 초기 개발자, 초기 채택자, 초기 대중, 후기 대중, 지체자 등으로 구분하면서 정보가 순차적으로 전달된다는 점을 확인했다. 이 과정에서 발화자의 층위가 나뉘며, 이런 발화자들은 커뮤니케이션 흐름의 단계에서 메시지를 받아들이고 해석하는 수용자와 단순하게 구별되지도 않는다. 2단계 흐름에서 확인된 오피니언 리더는 발화자의 역할도 하지만, 역시 대중매체의 정보를 받아들이는 수용자 영역에 포함되기도 한다는 점을 그 예로 들 수 있겠다. 그뿐 아니라 채널의 역할을 담당하는 매체들이 사회구조 속에서 스스로의 이익 추구 등을 목적으로 단순히 의사소통의 통로 기능만 담당하는 것이 아니라 자신의 목소리를 내면서 발화자의 모습을 띠기도 한다. 즉 여기서는 발화자와 채널이 섞이게 되는 것이다. 또 이러한 과정을 거치면서 메시지 자체는 초기 단계의 사실 그 자체만 순수하게 남는 것이 아니라, 이를 전달하는 주체에 따라 선택과 배제를 거쳐 새로운 해석을 얻게 된다. 메시지도 변화하는 것이다. 더불어 이들 메시지가 수용자에게 전달될 때, 수용자의 환경 등에 따라 해당 메시지는 다시 한 번 해독된다. 게다가 새로운 커뮤니케이션 환경에서는 메시지를 전달받아 해독하는 수용자의 역할이 환류(還流 · Feedback) 작용에 이어지면서, 메시지 생산을 담당하는 경우가 눈에 띄게 늘고 있다. 이렇게 복잡다단한 과정은 모두 현대 매스커뮤니케이션의 환경을 구성해간다. 이렇게 복합적으로 진화한 매스커뮤니케이션 구조는 메시지를 전달하거나 정보의 선택과 배제를 통해 해당 메시지를 새롭게 탄생시키는 매체의 역할을 다시 보게 만든다. 이는 또 이런 매체의 기능과 수용자의 역할을 제대로 이해하려는 성찰적 고민으로 이어질 수 있다. 이런 고민에 대해 특정한 답을 당장 얻기는 어려울지라도 현상을 파악하는 가운데 건강한 정보 전달과 수용을 위한 노력을 지속해나갈 수 있을 것이다. 이런 노력의 일환으로 자유주의 신념 속에서 대중매체가 절제된 정보를 수용자들에게 전달할 수 있도록 하는 각종 사회적 통제 유형 등을 알아보고, 나아가 부적절한 통제 압박에 대해 매체가 대응할 수 있는 규범적 방안 등을 살펴보고자 한다.

1) 언론에 대한 통제

모든 사회의 언론은 자유로워야 한다는 선언적 명제가 있다. 사회마다 역사와 문화에 따라 그 자유의 개념이 다를 수는 있어도, 각각의 사회는 자유 언론을 천명한다. 저널리즘 연구의 선두를 달리고 있는 미국은 수정헌법에 따라, 민주공화국을 헌법의 근간으로 하는 우리나라는 표현의 자유를 중심으로, 심지어 북한을 비롯한 전체주의 국가에서도 자유로운 언론을 수호한다고 말한다. 물론 이들 표현의 자유, 또는 언론의 자유는 국가별로 추구하는 가치에 따라 달리 나타난다. 앞서 2장에서 살펴본 언론의 4대 이론은 이런 배경을 설명해준다. 모순적으로 들릴 수 있지만, 이들 자유는 다시 언론 자유에 대한 규제 또는 통제로 나타난다. 무제한적인 자유가 공공선(公共善)을 추구하는 데 걸림돌이 된다는 역사적 통찰이 있었기 때문이다. 결론적으로 말하면 자유주의 국가이건 전체주의 국가이건 모두가 나름대로의 언론이나 표현의 자유를 인정하고 있는 것과 마찬가지로, 이들은 모두 각각의 제도 안에서 이들 자유를 일정 정도 제한하고 있다는 것이다. 이와 같은 제한적 자유는 각 사회가 추구하고자 하는 가치를 지향하는 것에 목적을 두고 있다. 그리고 이 제한적 자유 또는 통제는 수용자에 의한 규제에 근거를 둔다. 여기서 수용자는 단순히 매체의 메시지를 전달받는 수신자만 뜻하는 것이 아니다. 매체와 상호작용을 하는 모든 수신자, 즉 커뮤니케이션 4대 인자 중 수신자와 발화자를 모두 포함한다. 발화자도 때로는 매체 메시지의 수용자가 되기 때문이다. 결국 제한적 자유는 발화자를 포함하는 모든 종류의 수용자와 매체 간의 이해 상충을 해결하는 방편으로 제안되는 것이다. 여기서는 임영호(2005)의 분류 방법을 반영해 이런 통제 형태를 다음과 같이 설명한다.

(1) 정치적 통제

언론의 제한적 자유를 설명하는 언론에 대한 통제는 정치적 통제, 경제적 통제, 행정적 통제, 사법적 통제, 수용자의 저항운동 등으로 정리될 수 있겠다. 이들을 확연하게 구분하기는 어려우나, 통제나 처리의 주체 또는 규제의 적극성 정도에 따라 어느 정도는 구별이 가능하다. 이중 먼저 정치적 통제는 통치권과 관련된 뉴스의 검열, 매체 소유주나 언론인 등에 대한 임면권 및 특정 집단에 대한 취재 및 보도 제한 등을 들 수 있다. 이와 같은 내용의 통제가 전체주의 국가에서만 있다고 보면 오판이다. 과거 미국에서도 국익에 반한다는 이유로 간첩법 등을 적용해 통치 권력이 매체의 취재와 보도를 제한한 적이 있다. 간첩법(Espionage Act) 또는 외국인법(Aliens Act) 등은 행정 처리나 법 집행 등과 관련돼 있기에 행정적 통제 또는 사법적 통제로도 볼 수 있다. 이 부분에 대해서는 뒤에서 다시 한 번 거론하겠다. 또 언론인에 대한 임면권이 전체주의 국가에서 확연하게 드러나고는 있지만, 일부 자유주의 국가에서도 언론인 선발 전형을 국가가 관리하면서 간접적인 규제 형태를 띠기도 한다.

(2) 경제적 통제

소유주에 대한 통제는 정치적으로도 이뤄지지만 경제적인 측면에서도 발생한다. 권력이 직접 개입하지 않더라도 언론사 스스로가 생존을 위해 여타 언론사와 통폐합을 하는 경우가 그 사례가 된다. 이는 미국의 언론 프랜차이즈 형태에서 볼 수 있다. 뉴스 체인(News Chain)이라고도 불리는 이 형태는 가넷(Gannett), 나이트 리더(Knight Ridder) 등으로 대표된다. 유에스에이투데이(USA Today)를 포함해 100개 가까운 매체를 소유한 가넷이나 30개가량의 매체를 보유한 나이트 리더는 체인의 수지를 맞추기 위해 개별 매체들이 담당하는 지역의 뉴스를 통제하거나, 전체 그룹의 목적에 맞지 않는 언론인을 퇴출시키는 방법 등으로 표현의 자유를 조정한다. 이들 체인 방식과는 다르지만 한국에서도 한 가족이 운영하는 소위 신문 재벌, 또는 재벌 그룹의 지원을 받아 운영되는 소위 재벌 신문 등이 수직적 소유 구조를 이루는 하부 단위의 매체 및 매체 지원 회사들을 운영하며, 각각 자신들의 이익을 위해 뉴스를 조정한다는 지적을 받고 있다. 광고주에 의한 압박도 대표적인 경제적 통제 유형으로 꼽힌다. 광고 수익으로 전체 매출의 80% 정도를 유지하는 한국 신문들은 개별 기업의 광고 유치를 위해 광고를 자기 신문 지면에 싣는 광고주, 즉 기업들에 대해 비판적인 기사를 자제하는 경우가 있다. 아니면 광고를 싣는 기업들에 대해 아예 적극적인 홍보성 기사를 게재하기도 한다. 이는 신뢰도 높은 대중매체의 기사를 통해 자사에 대한 수용자의 이미지를 제고하려는 기업의 이해와 광고 수익을 얻기 위한 매체의 이해가 맞아떨어지면서 발생하는 언론 자유 통제 방법이다. 일반 수용자들이 과연 그런 메시지를 얻고 싶어 하는지 여부와는 무관하게 진행된다는 점에서, 즉 수용자들의 알고 싶은 내용에 대한 제약이 발생한다는 점에서, 이런 행태는 언론 자유의 제한적 요소로 지적을 받는다.

(3) 행정적 통제

행정적 통제는 크게 개인 권익, 사회 권익, 국가 권익을 보호하기 위해 정치권 등 입법 당사자가 정해놓은 규칙에 따라 행정부가 조치를 취하는 것을 뜻한다. 다른 사람의 저작물을 허가 없이 사용하거나 타인의 개인적 명예를 손상시키는 경우, 이들이 진실에 기초하고 전체 공익을 위한다는 명백한 증거가 없다면 언론은 이를 알릴 수 없게 만드는 것이 개인 권익 보호를 위한 규제에 해당한다. 또 초상권이나 성명권 등이 영리적으로 이용되거나, 아직 법원에서 확정 판결이 나지 않는 사람들을 실명 등으로 보도하는 것도 제한된다. 사회 전반의 권익을 위한 규제로는 일반적 상식을 벗어난 과대 또는 축소 보도나 광고, 또는 청소년 뿐 아니라 전체적인 사회에 물의를 일으킬 음란 내용 등에 대한 제한이 있고, 국익을 해치거나 이적(利敵) 행위에 해당하는 내용을 보도하는 경우도 제약을 받는다. 위에 정치적 통제 부분에서 거론한 미국의 간첩법이나 외국인법, 국내의 국가보안법 등에 의해 규제를 하는 것이 이들 국익 권익 보호를 위한 행정적 통제라고 할 수 있다. 결국 행정적 통제는 공공의 이익을 위한 것이라고 규정된다. 하지만 시대와 장소에 따라 그 규제가 과연 타당한 것인가에 대한 논란이 있다. 세월이 지나고 공간이 바뀌면 과거 또는 다른 장소에서 공공의 선이었던 것에 대한 개념이 달라질 정도로 환경의 변화가 오기 때문이다. 하지만 그 시대와 환경에 따라 이와 같은 행정적 통제는 공익 추구의 이름으로 진행돼왔다.

(4) 사법적 통제

다른 유형의 통제처럼, 사법적 통제 역시 공익을 위한다는 대전제가 적용된다. 언론 자유의 가치가 헌법에서 정한 국민의 기본권이나 공익과 충돌할 경우, 법적인 판단에 근거해 언론의 보도 내용이 제한받을 수 있다. 미국에서는 판례에 따라, 위험한 경향(Bad Tendency), 이익 형량의 원칙(Ad Hoc Balancing Test), 명백하고 현존하는 위험(Clear and Present Danger), 우월한 지위(Preferred Position), 절대 권론(Absolutist-Literalist Approach) 등으로 구분해, 언론 자유 제한의 근거로 삼는다. 위에 거론한 순서에 따라 뒤로 올수록 언론 자유가 우선해야 한다는 제안이다. '위험한 경향'은 언론의 취재 및 보도가 실질적인 해악을 초래할 경향이 있다고 보일 경우, 그 행위나 표현을 제한할 수 있다는 것을 뜻한다. '이익 형량의 원칙'은 특정 사안과 관련해 언론 행위가 가져올 사회적 이익과 손실을 따져 언론의 자유 제약 여부나 정도를 결정하는 것이다. '명백하고 현존하는 위험'은 보도 내용이 사회에 해악을 가져올 위험 가능성이 명백할 때에만 언론 자유를 제한할 수 있다는 논리이며, '우월한 지위'는 다른 기본권보다 언론 자유에 더 우월한 지위를 부여해야 한다는 내용이다. '절대 권론'은 절대적으로 언론의 자유가 지켜져야 한다는 주장을 담고 있다.

(5) 수용자의 저항운동

수용자의 저항운동은 제도적으로 이뤄지는 앞선 통제와는 달리 메시지를 받아들이는 수용자들의 자발적 행동에 의한 것으로, 이에 따라 언론 보도의 틀이 제한받을 가능성을 말한다. 앞서 거론한 새로운 커뮤니케이션 환경의 능동적 수용자가 이런 운동의 중심이 될 수 있다. 예를 들어 특정 신문에 대한 구독 거부 운동이나 대안 매체 설립 등이 있을 수 있고, 환경 단체나 시민단체 등 이익단체들이 자신들의 입장을 천명하거나 변호하기 위한 목적으로 매체에 압력을 가하며 보도 내용에 영향을 끼치는 행동도 이에 포함될 수 있다. 큰 의미에서 보면 앞서 설명한 경제적 통제 중 광고주에 의한 통제도 이들 수용자에 의한 통제의 모습으로 볼 수 있다. 공익이라기보다는 자신들의 이익에 반하는 내용의 보도가 생겨나지 않도록 매체의 메시지를 조절하려 하기 때문이다.

2) 언론의 규범

언론에 대한 통제는 헌법에서 보장하고 있는 표현의 자유 등이 대중매체에 의해 지나치게 사용돼 사회 구성원 개인의 이익이나 사회 혹은 전체 국가의 공익에 위반되는 경우를 피하려는 차원에서 마련된 것이다. 이는 자본주의 국가에서 기능하는 대중매체, 특히 언론이 사회의 공익을 유지하고 발전시키는 공기(公器)의 역할도 하지만 동시에 사업적 이익을 내야 하는 기업의 모습도 가지고 있기 때문에 나타나는 현상이다. 즉, 공동체의 이익을 위해 봉사해야 하는 존재가 사익(私益)의 유혹에 빠져 잘못된 길로 들어서는 것을 막기 위한 방편으로 각종 통제들이 등장한 것이다. 하지만 이런 통제가 일정 수위를 넘게 되면 오히려 건강한 언론 보도를 해쳐, 통제를 통해 얻고자 했던 긍정적 사회상(社會象)이 어그러질 수 있다. 언론은 이런 통제와의 긴장 관계를 유지하며 건강한 사회의 공기(公器)로서 역할을 해야 한다. 이를 위해 언론의 자발적인 노력이 요구되는데, 이때 필요한 것이 언론의 규범이다. 언론의 윤리를 포함하는 이 규범은 결국 언론통제에 대한 언론의 대응으로, 외부의 규제에 앞서 언론 스스로가 일정 수준의 도덕성을 갖추는 데 필요한 요소가 되는 것이다. 통제와의 긴장 관계라는 구도 때문에 이 규범은 상당 부분 언론에 대한 외적 규제와 연관된 내용들이 많다. 하지만 그 근본에는 밀턴, 홉스, 로크, 흄 등 영국의 고전적 자유주의 철학자들, 몽테스키외, 볼테르, 루소 등 프랑스 계몽주의 사상가들, 제임스, 듀이, 리프먼 등 미국의 실용주의 학자들을 거쳐 현대에 이르는 각종 언론 철학의 요소들이 숨어 있다. 간단하게 이들의 생각을 관통하고 있는 핵심을 이야기하면, 극단을 피하고 중간을 선택하는 아리스토텔레스의 중용의 원칙, 최대 다수의 최대 행복을 지향하는 벤담의 공리주의 원칙, 도덕철학에 기초한 절대적인 윤리 기준을 제시하는 칸트의 의무의 원칙 등이 있다고 하겠다. 언론 윤리나 규범과 관련된 근원이 궁금한 독자라면 언론과 관련된 이들의 사상을 탐독하면 깊은 이해를 얻을 수 있을 것이다. 이 책은 현대 대중매체, 특히 언론에 요구되는 규범과 관련해, 몇몇 기본적이고 실제적인 내용들을 살펴보겠다.

(1) 어떻게 알릴 것인가?

대중매체, 특히 사실적 정보를 전달해야 하는 언론 보도에 아리스토텔레스나 벤담, 칸트의 주장들이 적용된 개념으로 대표적인 것이 공정성(Fairness)이다. 공정성은 균형(Balance), 정확성(Accuracy), 객관성(Objectivity) 등 언론 보도의 준칙을 설명하는 다른 용어들과 균등한 수준에서 거론되기는 하지만, 이들을 모두 아우르는 총괄적 요소가 되기도 한다. 그렇기 때문에 어떻게 메시지를 수용자들에게 전달할까라는 질문은 간단하게 공정하게 전달한다는 답으로 귀결될 수 있다.

공정성을 이해하기 위해서는 우선 다른 요소들을 확인해볼 수 있겠다. 균형은 전달 정보에 등장하는 서로 다른 이해 당사자나 주장의 방향 등이 대등한 수준으로 정리되는 것을 뜻한다. 불편부당성이라는 의미도 포함하는 이 균형성은 양적 평균에 대한 예를 적용하는 것이 일반적이나, 질적 수준의 척도까지 적용돼야 한다는 의견도 있다. 즉, 2명의 이해 당사자가 있을 때 단순히 50대 50으로, 3개의 주장이 나올 때 각각 3분의 1씩 보도하는 것이 균형에 부합하는 것이라는 의견도 있지만, 기계적인 평균을 맞추는 것이 아니라 전체적인 상황을 봐서 각각의 이해 당사자나 주장이 사회적 함의에 부합하는 정도에 따라 그 내용을 전달하는 것이 올바른 균형이라는 견해도 존재한다는 것이다. 이에 대한 학문적 논란은 지속 중이다. 이 고민은 다시 정확성과 연관된다. 정확성은 간단히 오류가 없는 정보를 뜻한다. 이해 당사자나 주장, 사실이 결함 없이 진정하게 전달되고, 이 내용과 연관된 사람들 모두 만족할 만한 정보를 담고 있을 때 정확성이 인정될 수 있다. 이때 만약 산술적 균형에 맞춘 보도에 모든 이해 당사자가 동의한다면 이는 정확할 것이고, 보도에 들어간 정보의 산술적 균형에 맞지 않더라도 전체 정보에 대해 큰 반박이 없다면 이 역시 정확한 보도로 인정받을 조건은 어느 정도 갖췄다고 볼 수 있다. 객관성은 이 균형과 정확성을 아우르면서 동시에 뛰어넘을 수 있는 개념이다. 철학적으로 '물(物) 자체(Thing Itself)'라는 뜻을 가지고 있는 객관성은 인간의 가치 판단을 뛰어넘는 사물이나 대상의 본성을 말한다. 기계적인 균형성과 사람의 눈으로 확인한 정확성이 제한적일 수밖에 없기 때문에, 언론 보도는 그런 제약을 뛰어 넘어 이 객관성을 확보해야 한다는 주장이 있다. 또 달리 보면, 이 균형성과 정확성을 함께 가지고 있다면 객관적인 보도를 할 수 있다고도 생각할 수 있다.

이런 보도 준칙은 일견 타당하다. 하지만 모두 헛된 갈망일 수 있다. 모두 제한적인 능력의 인간이 확인하고 전달하는 것이기 때문이다. 양적 균형은 적당히 맞출 수 있으나, 다양한 사람들의 판단이 적용될 질적 균형은 장담하기 어려우며, 그렇기에 모든 이해 당사자가 만족할 만한 정확한 정보가 언론에 게재되기도 쉽지 않다. 또 이성적 · 감성적 판단 능력에 한계가 있는 인간이 만든 정보가 객관성을 담보한다는 것 자체가 어불성설이다. 특히 제한된 지면과 시간을 통해 선택된 정보만을 가지고 제작되는 보도 내용이 객관성을 담는 것은 불가능하다. 그럼에도 불구하고 많은 학자들은 이와 같은 가치를 위해 매체가 정진해야 한다고 한다. 이상(Ideal)을 향해 최대한 노력해야 한다는 것이다. 공정성은 어찌 보면 이와 같은 이상적 요인을 현실적으로 치환한 용어일 수 있다(박재영, 2005; 이민웅 · 이창근 · 김광수, 1993).

앞에서 균형성, 정확성, 객관성 등의 개념을 포괄하며 언론 현장의 실천적 규범으로 소개되는 공정성은 일반 수용자가 합리적 판단을 할 수 있도록 필요한 정보를 주는 노력이라는 큰 범주에서 거론될 수 있다. 이를 실질적으로 정리한 사례 중 하나로 미국 워싱턴 포스트가 전통적으로 고수해온 공정성의 원칙을 들 수 있다. 이 신문은 중요하고 심대한 주요 정보의 사실을 빠뜨리지 않는 완전성(Completeness), 심대한 정보를 빼지 않고 핵심 내용과 무관한 정보를 싣지 않는 적절성(Relevance), 의식적이건 무의식적이건 수용자를 잘못 인도하거나 기만하지 않는 정직성(Honesty), 애매한 표현을 사용해 기자의 편견이나 감정을 숨기려하지 않는 직접성(Straightforwardness) 등을 들고 있다. 이 실천적 요소들은 앞선 균형성, 정확성, 객관성 등 포괄적 개념보다 더 현실적이다. 하지만 이 역시 완전하지 않다. 이들 4가지 실천적 요소들을 설명하는 내용 중, 의식적으로 또는 무의식적으로(Consciously or Unconsciously), 애매하게(Subtly), 무관한(Irrelevant) 정보를 전달하고, 주요한(Major) 내용을 빠뜨려 수용자를 잘못 인도(Mislead)한다는 것이 어떤 것인가에 대한 일반적 동의는 있으나, 실제 현장에서의 해석은 달리 나타날 수 있기 때문이다. 그럼에도 불구하고 워싱턴 포스트의 이 제안은 언론 매체와 수용자 모두 공통적으로 받아들일 만한 내용들이라 볼 수 있다. 특히 앞서 소개된 각종 통제들이 위와 같은 제안을 지키기 못할 언론 보도의 위험성에 대한 견제라는 것을 생각해보면, 이 공정성의 가치는 높게 인정받을 만하다 (Mencher, 1992).

(2) 취재원 및 수용자와의 관계

이처럼 공정한 보도 못지않게 중요한 것은 아마도 매체의 메시지 생성에 도움을 주거나 전달되는 메시지에 반응하는 매체 밖의 존재들, 즉 발화자로서의 취재원과 해당 메시지를 전달받는 수용자가 메시지 자체에 대해 보내는 신뢰감일 것이다. 아무리 매체가 공정하게 보도했다고 자신한다 하더라도 메시지를 수용하는 사람들이 이를 올바르게 받아들이지 못한다면, 매스미디어를 둘러싼 커뮤니케이션은 그 의미가 축소될 수밖에 없다. 특히 그 메시지가 수용자의 환경에 따라 달리 해석된다는 점을 고려하면, 해석의 단초가 되는 메시지 자체가 의심 없이 전달돼야 하는 것이 기본적 요소일 것이다. 이런 신뢰감을 확보하기 위해서는 매체와 취재원, 수용자들이 함께 동의할 수 있는 이들 사이의 규칙들이 준수될 필요가 있다. 이는 언론 현장에서의 직업윤리와도 연결된다.

취재원과 언론인이 맺는 규칙 중 하나가 서로 간의 약속을 지키는 것이다. 이에 앞서 실천해야 하는 것은 기자가 스스로의 신분을 속이지 않는 것이다. 예를 들어 특정 정보를 얻기 위해 기관원을 사칭한다거나 신분을 위장하는 경우는 옳은 취재 방법이 아니다. 실제로 보도와 관련해 소송이 걸렸을 때, 대화를 몰래 녹음해 사용한 내용은 법정에서 증거 자료로 채택되지 못하고 기자의 결백이나 진실을 보호할 도구가 되지 못하는 경우도 있다. 또 몰래카메라에 담긴 내용 때문에 관련 인물이 직장을 잃거나 심지어 스스로 목숨을 끊는 경우가 생기면, 이에 대한 수용자의 비판을 피할 길이 없다. 하지만, 이런 신분 위장 또는 몰래카메라 취재 등이 공익을 위한 것이었다는 사회적 공감대가 형성되면 이와 같은 언론 행위에 대한 적극적인 비난이 생기지 않을 수도 있다. 그러나 일반적이고 전통적인 언론 규범은 취재원을 기만하는 행위를 용인하지 않고 있으며, 이와 같은 행태는 언론에 대한 각종 통제에 의해 규제를 받는다.

서로를 기만하지 않는다는 것을 기본 조건으로 해서 맺어지는 취재원과 언론의 약속은 취재원 쪽에서 기자들에게 일정 기간 동안 기사화 보류를 요청하는 엠바고(Embargo), 취재원과의 대화 내용을 취재원을 밝히면서 모두 기사화할 수 있는 온 더 레코드(On the Record), 취재원 쪽에서 정보를 제공하면서 비(非) 보도를 요청하는 오프 더 레코드(Off the Record), 보도를 하더라도 취재원을 밝히지 말라고 요청하는 백그라운드(Background) 등이 있다. 엠바고는 아직 확정되지 않거나 진행 중인 사안, 또는 보도로 정보와 관련된 사람이 피해를 입게 되는 경우에 맺어지는 것으로, 일단 취재원의 요청이 기자들에 의해 받아들여지면 그대로 준수되는 것이 옳다. 그 내용을 모두 보도하는 온 더 레코드는 큰 문제가 발생하지 않으나, 비 보도를 약속하고 들은 정보, 즉 오프 더 레코드인 정보를 기사화하는 것은 큰 문제가 된다. 이후로는 해당 취재원이 언론에 더 이상 정보를 주지 않을 수 있기 때문이다. 이때 쓰지도 못할 내용을 알려주는 이유는, 관련 기사를 쓸 때 해당 정보를 알아야 정확한 단어 등을 활용할 수 있기 때문이다. 백그라운드의 경우도 유사하다. 기사가 작성될 때 청와대 고위 관계자 등으로만 막연하게 취재원 정보가 등장하는 것은 취재원 보호를 통해 언론이 추후 정보를 확보하기 위한 노력이기도 하지만, 일부라도 취재원을 드러내 해당 정보가 믿을 만한 사안임을 확인해주는 장치가 되기도 한다.

사실 오프 더 레코드나 백그라운드의 경우는 취재원을 공개해 일반 수용자들로부터 대중매체가 전달하는 정보를 정확하게 전달하고, 그를 통해 정보 자체에 대한 수용자들의 신뢰를 얻을 수 있다는 취재원 공개의 장점에 반하는 내용이다. 원래 특별한 이유가 없다면, 즉 개인의 사생활을 침해하는 우려가 있는 등의 하자가 없다면, 취재원을 공개하는 것이 언론의 올바른 정보 전달 방법이다. 그러나 국익 등의 공익을 위해, 또는 개인 권리의 보호를 위해 이처럼 취재원을 가려 정보를 준 사람을 보호해야 하는 것도 언론의 책임이다. 오프 더 레코드나 백그라운드, 또는 취재원 감추기 등의 약속이 선행됐음에도 불구하고 이 약속이 언론에 의해 깨진다면, 언론은 신뢰를 회복하기 어려울 정도의 상황을 맞게 될 수 있다. 이와 연관된 예로, 2005년 미국 중앙정보국(CIA) 요원의 정체가 누출된 일이 발생했을 때 진행된 정황을 들 수 있다. 뉴욕 타임스의 주디스 밀러라는 여기자와 시사주간지 타임의 매튜 쿠퍼라는 기자가 이와 관련된 정보를 취재했다. 국가 기밀 또는 국익과 직결될 수 있는 사안이었기에, 권력 기관은 이 사건에 대한 수사에 들어갔고, 이 과정에서 이들 기자들에게 취재원을 밝힐 것을 요구했다. 사실 미국에는 정보원 보호를 위한 방패법(Shield Law)이 있다. 이는 취재원의 유출을 기자가 발설하지 않아도 되도록 만든 법이다. 하지만 공익 등에 대한 견해 차이 때문에 현실에서는 많은 마찰을 빚는다. 처음에 기자들은 이 방패법을 이유로 모두 취재원 공개를 완강히 거부했으나, 쿠퍼 기자는 취재원이 나중에 공개를 동의했다는 이유로 법원에 취재원을 밝혔고, 밀러 기자는 끝까지 밝히지 않은 채 구속됐다. 하지만 시민들은 취재원과의 약속을 엄중하게 여긴 밀러 기자의 석방을 국가에 요청했고, 밀러 기자는 곧 석방돼 국민적 영웅이 됐으며, 뉴욕 타임스는 다시 한 번 신뢰도 높은 언론으로 인정을 받는 계기가 됐다(그림 4-2).

NYT 밀러기자 취재원 보호위해 감옥 선택

밀러는 누구인가

빈 라덴 보도로 퓰리처상

정작 CIA요원 공개한 칼럼니스트는 무사

칼 로브가 취재원으로 드러나면 파장클듯

국가안보냐 언론자유냐

보도하지 않은 취재로 기자 가소된건 이례적

그림 4-2
2005년 7월 8일 조선일보 주디스 밀러 관련 기사

한편 언론의 보도가 특정 기자의 사익 또는 언론 조직의 이익을 위해 사용됐다는 점이 확인되면, 이는 사회적 공기로서 대중매체의 신뢰도가 회복될 수 없을 정도로 추락하게 만든다. 이중 대표적인 것이 보도 내용과 연관된 촌지 수수이다. 수용자의 믿음에 기초한 대중매체는 그 신뢰를 무기로 정보 수집 활동을 하고 기사를 작성한다. 권력 조직에 대한 견제의 힘을 발휘하기 위해 이를 긍정적으로 활용하는 것이 바람직하지만, 이를 옳지 못한 이익을 위해 사용한다면 지탄을 면치 못한다. 어떤 사람을 상대로 비리를 폭로하겠다며 돈을 갈취하는 것은 범죄 행위이다. 좋은 기사를 써주겠다며 금품을 얻는 것도 마찬가지이다. 과거 사이비 언론 중에는 이런 매체들도 있었다. 현재는 이런 모습이 많이 사라졌지만, 아직도 변칙적인 형태로 촌지 수수가 관행처럼 진행되는 경우도 있다. 무언가 시혜적인 것을 받으면 그에 대한 보답을 해야 한다고 느끼는 것이 인지상정이다. 그러나 이것이 개인적인 관계에서 이뤄지는 것이 아니라 공적인 정보와 관련된 것이라면, 그런 시혜를 둘러싼 행위는 범죄와 동일하다. 결국, 촌지는 언론 윤리의 암적 요소이다. 광고를 얻기 위해 대중매체가 홍보성 기사를 써주는 것도 큰 틀에서 보면 불건전한 취재 행위로, 근절해야 할 대상인 것이다.

이밖에도 기자들이 개인의 의지를 관철하기 위해 정보에 우선적으로 접근할 수 있는 권리를 남용하는 것도 경계해야 할 대상이다. 특정 이데올로기나 종교적 신념 때문에 자신과 다른 입장을 가진 이해 당사자의 주장 등을 폄하하거나 왜곡한다면 올바른 정보를 전달할 수 없다. 결과적으로는 자신의 기사와 스스로가 소속된 매체 조직의 신뢰를 떨어뜨리게 될 것이다. 또 매체의 구독률이나 시청률을 올린다는 목적으로 지나치게 자극적인 보도를 하거나, 심지어 다른 사람의 초상권이나 성명권, 재산권 등 개인 권리를 침해하는 것은 언론의 품격은 물론 대중매체로서의 자격조차 잃게 만들 수 있다. 이런 우려 때문에 앞서 거론한 외부의 통제들이 생기게 된 것이다. 그런 외부 통제를 부르기 이전에 대중매체가 지켜야 할 규범을 확보해 준수한다면 발화자를 포함하는 거대 단위의 수용자, 그리고 대중매체라는 채널은 건강한 사회를 지향하는 발전적 관계를 맺어갈 수 있을 것이다. 이 과정에서 수용자들의 알고자 하는 것(Want to Know)과 알아야만 하는 것(Need to Know)의 조화를 통해 언론은 더 많은 사람들이 공유하는 공정성을 확보해 나가게 된다.

생각해볼문제

1. 현대 한국사회는 공중(公衆)의 사회인가, 대중(大衆)의 사회인가? 매체 수용자의 입장에서 스스로는 공중인가, 대중인가? 앤더슨의 분류를 대입했을 때, 나는 어떤 종류의 수용자일까?

2. 대중매체가 뉴스 보도를 통해 진실을 전달할 수 있을까? 방관자에 불과한 수용자들은 진실을 알 수 없다는 리프먼의 주장과 커뮤니케이션 주체들 사이의 대화를 통해 진실을 확보할 수 있다는 듀이의 주장 중 어느 쪽을 지지하는가? 그런 입장을 갖게 되는 본인의 논리를 계발해보자.

3. 무기력한 수용자의 모습을 강조하는 비판 이론의 논점과 능동적 해독자의 성격을 높이 사는 문화연구의 입장 중 어느 쪽이 한국사회를 더 잘 설명한다고 보는가? 스스로는 또는 주변의 사람들은 어떤 모습을 보이고 있는가?

4. 언론에 대한 통제는 필요할까? 필요하지 않다고 본다면 그 이유는 무엇인가? 만약 필요하다고 생각한다면 어느 단계까지 필요할까?

5. 언론 보도의 공정성은 어떻게 확보될 수 있는가? 이상적인 공정성(Fairness)의 정의를 생각해보고, 이를 실천할 수 있는 현실적 대안을 고민해보자.

참고문헌

박재영(2005). 공정성의 실천적 의미: 문화일보 2002년 대선 보도의 경우. 한국언론학보, 49권 2호, 167-195.

이민웅 · 이창근 · 김광수(1993). 보도 공정성의 한국적 기준. 방송연구, 36권, 180-213.

임영호(2005). 신문원론. 서울: 한나래

Anderson, J. A.(1996). The pragmatics of audience in research and theory. In J. Hay, L.

Grossberg & E. Wartella(Eds.). *The audience and its landscape*(pp.75-93). Boulder, CO: Westview Press.

Ang, I.(1991). *Desperately seeking the audience*. London: Routledge.

Calhoun, C. J.(Ed.).(1993). *Habermas and the public sphere*. Cambridge, MA: MIT Press.

Dewey, J.(1927). *The public and its problems*. New York: Holt.

Ettema, J. S. & Whitney, D. C.(1994). Audiencemaking: How the media create the audience. Thousand Oaks, CA: Sage.

Ginsberg, B.(1986). *The captive public: How mass opinion promotes state power*. New York: Basic Books.

Gitlin, T.(1985) *Inside prime time*. New York: Pantheon Books.

Glasser, T. L.(1999). *The idea of public journalism*. New York: Guilford Press.

Habermas, J.(1962/1989). *The structural transformation of the public sphere: An inquiry into a category of bourgeois society*. Cambridge, MA: MIT Press.

Hall, S.(1980). Encoding/decoding. In S. Hall, D. Hobson, A. Lowe, & P. Willis (Eds.). *Culture, media, language: Working papers in cultural studies, 1972-79*(pp.128-138). London: Hutchinson.

Horkheimer, M. & Adorno, T. W.(1944/1972). *Dialectic of enlightenment*. New York: Continuum.

Lippmann, W.(1925). *The phantom public*. New York: Harcourt, Brace.

Marcuse, H.(1964). *One-dimensional man: Studies in the ideology of advanced industrial society*. Boston: Beacon.

Mencher, M.(1991). *News reporting and writing*(5th ed.). Dubuque, IA: Wm. C. Brown Publishers.

Montgomery, K.(1986). The political struggle for prime time. In S. Ball-Rokeach & M. Cantor(Eds.). *Media, Audience & Social Structure*(pp.189-199). Beverly Hills, CA: Sage.

Morley, D.(1992). *Television, audiences, and cultural studies*. London: Routledge.

Morley, D.(1997). The geography of television: Ethnography, communications and community. In J. Hay, L. Grossberg & E. Wartella(Eds.). *The Audience and its Landscape*(pp.317-342). Boulder, CO.: Westview Press.

Power, P., Kubey, R. & Kiousis, S.(2002). Audience activity and passivity: An historical taxonomy. *Communication Yearbook 26*, 1-45.

Sampedro, V.(2000). Media and social movements: an agenda-building perspective. In D. Fleming(Ed.). *Formations: a 21st Century Media Studies Textbook*(pp.331-346). Manchester,

Eng.: Manchester University Press.

Schudson, M.(1995). *The power of news*. Cambridge, MA: Harvard University Press.

Schudson, M.(2008). The Lippmann-Dewey debate and the invention of Walter Lippmann as an anti-democrat 1986-1996. *International Journal of Communication, 2*, 1031-1042.

5장

방송의 이념과 제도

1. 방송의 개념

방송이란 무엇인가? 매우 간단한 질문 같지만 멀티미디어 및 1인 미디어 시대에 방송의 개념이 애매모호해지고 있다. 예를 들어, 유튜브의 채널은 과연 방송이라고 할 수 있는가? 이러한 질문에 답하기 위해 방송의 개념을 확실하게 이해하는 것이 매우 중요하다.

방송은 영어로 'Broadcast'로 해석되는데, 'broad'(넓다)와 'cast'(던지다)의 합성어이다. 즉, 방송은 넓은 곳에 무언가를 던지는 것으로, 메시지를 대중에게 전달하는 것으로 해석할 수 있겠다. 방송의 사전적 정의는 "라디오나 텔레비전을 통하여 널리 듣고 볼 수 있도록 음성이나 영상을 전파로 내보내는 일"이다. 학자들은 방송을 "불특정 다수를 대상으로 전파를 이용하여 프로그램을 전송하는 행위"(한진만 · 정상윤 · 이진로 · 정회경 · 황성연 · 이정택, 2011)로 정의하고 있다. 여러 가지 정의를 종합하면, 방송은 전파를 이용해 사람들에게 어떤 내용을 전한다는 공통점이 있다. 또 방송의 정의에 공통적으로 등장하는 개념은 불특정 다수가 방송의 수신자라는 점이다. 따라서 방송을 이해하기 위해서는 '전파'와 '불특정 다수인 공중'이라는 2가지 개념에 주목해야 한다.

방송법의 방송에 대한 정의는 매우 포괄적이다. 방송법 제2조에서 방송은 "방송 프로그램을 기획, 편성 또는 제작하여 이를 공중(개별 계약에 의한 수신자를 포함하여, 이하 '시청자'라 한다)에게 전기통신설비에 의하여 송신하는 것"으로 정의되고 있다. 따라서 방송은 시청자들을 위한 프로그램뿐 아니라 이를 위한 사전 제작 과정 및 송출 과정을 포함하는 포괄적인 개념으로도 이해할 수 있다. 결국 방송 개념에는 무선통신, 방송 내용, 전송 방법, 수용자 등의 내용이 포함되어 있는 것이다(김규 · 전환성 · 김영용, 2005).

최근에는 IPTV(Internet Protocol Television) 등의 VOD 기능이 강화된 방송이 소개되었다. 아프리카, 티빙(Tving), Youtube Channel 등의 인터넷 OTT(Over The Top) 방송이 인기를 끌고 있다. 특히 1인 라디오 방송이나 유튜브를 통한 개인 방송의 경우, 방송의 대상이 불특정 다수가 아닌 경우도 있고, 전자통신설비 및 전파를 이용하지 않는다. 이러한 경우를 과연 방송으로 정의할 수 있는지 애매모호한 경우가 계속 발생하는 셈이다. 기존의 방송은 '공중'을 위해 전기 통신 설비를 통해 방송되는 것으로 정의되어왔다. 과연 IPTV 소유자나 Tving 가입자 등 특수 계층을 방송 수신자인 공중으로 정의할 수 있는지 생각해볼 문제이다. 이러한 방송들이 공중을 대상으로 방송한다고 인정되는 순간 공공성에 대한 의무가 주어지며 규제를 받게 된다. 방송 환경이 변화함에 따라 새로운 환경에 알맞은 방송의 정의가 필요한 시점이다.

2. 방송의 역사

1) 세계 방송의 발달사

(1) 라디오 발달사

방송은 다양한 기술과 문화가 어우러져 발생한 매체이다. 그 역사는 라디오와 함께 시작했다. 라디오는 벨(Bell)의 전화 발명, 독일 헤르츠(Hertz)의 고주파 전자파 발견, 마르코니(Marconi)의 무선 발명, 1904년 플레밍의 진공관 발명 등 다양한 기술자들과 발명가들의 업적을 바탕으로 태어나고 발전하게 되었다. 세계에서 처음으로 방송 전파가 발사된 것은 1920년 1월 미국 워싱턴의 아나고스티아 해군 비행장에서의 군악대 연주 방송이었다. 정규 라디오 방송은 1920년 11월 미국 웨스팅하우스(Westinghouse) 사의 실험국이었던 KDKA 방송국으로, 세계 최초의 공식 호출 부호를 가진 정식 방송국으로 발전하면서 널리 보급되었다. 영국의 경우, 현재 영국방송공사(BBC)가 1922년에 설립되어 최초의 뉴스 프로그램 방송을 시작했다. 프랑스 국영방송은 1921년, 독일의 경우 1923년 최초의 라디오 방송을 시작했다.

2차 세계대전 시기에는 '진공 기술'의 비약적 발전으로 라디오가 소형화되었고, 전쟁 뒤에는 휴대용 라디오가 등장했다. 미국의 경우 인구 1,000명당 2,100여 대가 보급되었으며, 한국의 경우 1,000명당 1,006대가 보급된 것으로 나타나 세계 6위의 라디오 보급률을 기록하고 있다(유세경, 2011). 한때 텔레비전의 급속한 발달로 라디오의 위기가 오는 것은 아니냐는 우려가 있었지만, 최근에는 라디오만의 장점을 살려 세분화되고 전문화된 라디오 매체가 등장하고 있다. 디지털 음성방송(Digital Audio broadcasting, DAB), FM 다중방송, AM 스테레오, 유선 라디오, 인터넷 라디오 등의 다양한 신기술이 라디오 발전을 이끌고 있다(유세경, 2011).

(2) 텔레비전 발달사

텔레비전 기술 개발을 위해서는 더 많은 과학자들의 참여와 오랜 기간의 투자가 필요했다. 프랑스의 물리학자 백쿼렐(Bacquerel)은 1839년 빛이 전기 화학적 효과를 낸다는 사실을 발견하고, 1884년 독일의 닙코(Nipkow)가 주사 효과(scanning effect)를 개발한 것 등이 그 사례이다. 닙코의 기술은 그림을 여러 부분으로 분해해 송신하고 수신하는 쪽에서 다시 조립하는 방법에 관한 것이었다. 과학의 힘을 입어 영국의 기술자 베어드는 1925년 닙코의 원판을 이용해 '텔레바이저'라고 하는 기계식 텔레비전 시스템을 제작했다. 이 기계식 텔레비전은 1926년 런던의 한 백화점에서 공개되기도 했다. 하지만 기계식 텔레비전은 화질이 별로 좋지 않았기 때문에 미국에서 개발된 전자식 텔레비전에게 자리를 내어주게 된다.

전자식 텔레비전은 미국의 판스워스(Farnsworth)와 즈보리킨(Zworykin)에 의해 탄생하게 되었다. 판스워스는 이미 16세에 텔레비전에 대한 개념적 아이디어를 제시할 만큼 천재적 기질을 보였다. 그는 후에 영상 판독기(image dissector)를 개발하여 특허를 받기도 했다. 비슷한 시기인 1928년 미국의 웨스팅하우스와 RCA에 근무하던 즈보리킨은 가장 초기 단계의 카메라 튜브(camera tube)인 아이코노스코프(iconoscope)를 개발했다. 텔레비전의 상업화 가능성을 본 RCA는 즈보리킨과 판스워스의 특허를 사용해서 TV를 개발하고, 1939년 세계 박람회에서 처음으로 텔레비전 방송을 시현하게 된다.

미국은 RCA 사가 1930년 뉴욕에서 WZXBS라는 실험용 텔레비전 방송국을 시작하면서 텔레비전 방송 역사를 시작했다. 1931년에는 엠파이어 스테이트 빌딩에 송신탑을 개설했고, 미국의 루즈벨트 대통령은 텔레비전 화면을 통해 일반 대중에게 얼굴을 보인 최초의 대통령이 되었다(Foster, 1982). 세계 최초의 정규 방송은 BBC가 1936년 런던 북쪽에 있는 알렉산드라 궁의 실험용 스튜디오에서 시작했다. 최초의 텔레비전은 일반인들에게 크게 환영받지 못했다. 텔레비전 수상기는 매우 비쌌고 시청할 만한 프로그램도 다양하지 못했다. 이 시기 텔레비전에 등장하는 탤런트들은 TV에 정상적으로 보이기 위해 녹색 분장을 해야 했고, 뜨거운 조명 앞에서 땀을 너무 많이 흘려 소금을 삼키면서 방송을 하기도 했다(Dominick, 2009). 텔레비전의 발달은 2차 세계대전 이후 주춤하다가 전쟁 종료와 경제 공황이 사라지자 향후 20년간 눈부신 성장을 하게 된다.

케이블 텔레비전은 1940년대 말 난시청 지역 해소를 위해 미국에서 처음 시작되었다. 산간 지역 시청자들을 위해 높은 산에 공동 안테나를 설치하고 수신한 방송 전파를 동축 케이블을 통해 각 가정에 분배하는 시스템이었다. 케이블은 또 멀리 떨어진 방송국의 전파를 끌어와 텔레비전 신호를 재송신하는 역할을 담당하기도 했다. 하지만 최근에는 좀 더 많은 채널을 시청하기 위한 새로운 매체로 부상했다. 위성TV는 각국의 군사 부문 경쟁으로 육성되던 기술이 통신과학 분야로 확대되면서 방송 매체로 개발되었다. 1964년 발사된 세계 최초의 정지궤도 위성인 신콤(Syncom) 3호를 통해 1964년 도쿄 올림픽 생중계가 이뤄지면서 본격적인 위성방송 시대가 도래했다. 1965년 세계 최초의 상업용 통신위성인 인텔셋(Intelsat)을 시작으로 1969년쯤에는 위성에 의한 전세계적 방송통신 네트워크가 구축되었다. 1988년에는 아스트라(Astra 1A) 위성에 의해 개인 가정에서도 작은 접시 안테나를 통해 방송을 직접 수신할 수 있게 되었다. 1990년대부터는 위성방송의 대중화가 진행되었다고 볼 수 있다.

2) 한국 방송의 발달사

한국 최초의 무선방송 실험은 1925년에 체신국 구내에 설치된 무선방송 실험실에서 출력 50W로 실시되었다. 1926년 11월에는 조선총독부에 의해 사단법인 경성방송국이 설립되었고, 이 방송국은 이듬해 2월 16일에 호출 부호 JODK로 우리나라 최초의 방송 전파를 내보냈다. 일제 시기였던 당시 방송국 직원은 대부분 일본인으로 구성되었고, 뉴스 방송도 일본어로 진행되었다. 일본인을 위한 일본 방송국이었던 셈이다. 1932년 4월 7일에는 경성방송국이 사단법인 조선방송협회로 개칭되면서 우리말 방송을 시작했다. 그러나 한국어 방송은 일본의 제국주의 정책을 효과적으로 홍보하고 한국인들을 회유하기 위한 수단으로 사용되었다. 실제 방송 내용은 총독부에게 검열을 당했다.

이 시기 독립운동과 관련된 방송 사건으로 '단파방송 사건'을 들 수 있다. 태평양 전쟁 이후 조선총독부는 외국의 정세가 한국인에게 전해지는 것을 막기 위해 '외국 단파방송 청취 금지령'을 공포했다. 이때 경성방송국에 근무하는 한국인 직원들이 위험을 무릅쓰고 미국 샌프란시스코에서 송출되는 '미

그림 5-1
KBS 본관 옆에 위치한 물망비

국의 소리' 한국어 방송과 중국 국민정부가 송출하는 중경방송국의 한국어 방송을 듣고 국제 정황을 전한 것이다. 일본이 전쟁에 패하고 있다는 소문이 돌자, 일제는 소문의 진원지를 찾았고, 단파방송이 소식의 진원지로 지목되었다. 일본 고등계 경찰은 1942년 12월 말에서 1943년 초까지 대대적인 검거를 단행해 경성방송국 직원 6명과 단파방송을 직접 듣거나 관련된 150여 명의 방송인과 민간인 150~300여 명을 체포했다.[1] 1943년 3월 공판에서 최종적으로 75명에게 유죄 판결이 내려졌고, 이중 6명이 고문 후유증으로 서대문형무소에서 옥사했다. 한국방송공사(KBS) 앞에는 이들의 독립정신을 기리기 위한 물망비가 세워져 있다. 단파방송 사건은 짧은 한국 방송 역사에서 방송을 통해 독립운동을 하고 민족정신을 고취시킨 사건으로 기억되고 있다.

광복 이후 미국 군정은 경성방송국을 공보부로 흡수했다. 방송 체제가 일본식 공영방송에서 국영방송으로 변환된 것이다. 1948년 대한민국 정부 수립 이후에는 조선방송협회가 명칭을 대한방송협회로 변경하고 정부의 공보처 방송국으로 흡수되었다. 제1공화국 시기에도 방송은 계속 국영화 체제를 유지한 셈이다. 6 · 25 전쟁 발발 이후에는 민간방송 및 상업방송이 활성화되었

1 단파방송 밀청사건(출처: KBS 박물관).

다. 1954년 최초의 민간방송인 기독교방송(CBS)이 개국했고, 1961년에는 문화방송(MBC)이, 1963년에는 동아방송(DBS)이 차례로 개국했다. 1954년 이후 국영방송 독점 체제가 막을 내리게 된 것이다.

최초의 텔레비전 방송국은 1956년 5월 12일 개국한 KORCAD의 HLKZ-TV 방송국이었다. 이로써 한국은 세계에서는 15번째이자 아시아에서 4번째로 방송국 보유국이 되었다(김규 · 전환성 · 김영용, 1996). 첫 방송 전파가 발사된 5월 12일에는 서울 파고다 공원을 비롯한 광화문, 서울역 앞에 수많은 시민이 운집하여 40여 곳에 설치된 TV 수상기에서 흘러나오는 개국 프로그램에 환호성을 질렀다고 한다(오명환, 1995). 당시 TV 수상기 가격은 21인치 TV의 경우 43만 환이었는데 쌀 22가마니에 해당했다고 한다(오명환, 1995). 개국한 지 얼마 되지 않아 방송국은 경영난에 허덕이게 되었고 화재로 문을 닫았다.

1960년대 초에는 3대 방송인 문화방송국(MBC), 서울텔레비전방송국(KBS), 동양텔레비젼(TBC)이 방송 문화를 주도했다. 1970년에는 방송 3사가 여의도로 사옥을 이전해 여의도 방송 시대를 열었다. KBS는 1976년에 여의도로 이전했고, TBS도 1980년에 신축 건물을 여의도에 완공했으나 방송 통폐합으로 KBS에 흡수되었다. MBC는 서울 정동에 사옥이 있었으나 1986년 여의도 사옥으로 이전했다.

1980년대에는 신군부에 의해 언론 통폐합과 미디어 산업의 인위적 구조조정이 실시되었다. TBS가 KBS에 흡수되었고, CBS는 보도 방송을 금지당했다. MBC는 KBS가 일반 주주의 소유분 65%를 인수하여 사실상 공영화되었다. 언론통폐합의 결과 텔레비전 방송 시장에서 KBS와 MBC만 남아 사실상 공영방송 독점 체제를 형성하게 되었다. 이러한 분위기는 1980년대에 방송의 공적 책임과 공공성에 대한 논의를 활발하게 했다. 1985년 제12대 총선 이후 방송의 불공정 보도는 비판의 대상이 되었고 KBS 시청료 거부 운동으로까지 이어졌다. 1980년은 KBS1을 필두로 흑백방송이 컬러방송으로 전환하면서 컬러방송 시대의 개막을 알린 시기이기도 하다.

1990년대에는 다양한 방송국이 개국되었다. 평화방송, 불교방송, 교통방송 등과 같은 특수 라디오 방송국들이 나타났다. 1991년 상업방송인 SBS의 개국은 기존의 공영 독점 체제를 1970년대와 같은 공 · 민영 혼합 체제로 바꾸었다. 1990년대부터 SBS를 포함한 방송 3사가 본격적인 시청률 경쟁에 돌입하면서 방송의 상업화 및 선정성에 대한 많은 논란이 시작되었다(김규 · 전환성 · 김영용, 2005).

1995년부터는 지상파 중심 방송 체제를 탈피해 다매체 다채널 시대가 도래했다. 1995년을 기점으로 케이블 방송이 시작되었고 1995년 8월부터 12개의 방송 위성채널이 도입되었다. 1995년 인터넷 스트리밍(streaming) 기술의 개발은 방송 3사 중심의 인터넷 실시간 방송을 가능하도록 했다. 1995년 10월 KBS가 처음으로 인터넷 서비스를 개시한 이후 MBC, SBS, EBS 등이 속속 가세했다. 1997년부터는 세분화되고 전문화된 다양한 전문 인터넷 방송국들이 등장했다. 2008년부터는 초고속 인터넷을 이용하여 정보 서비스, 방송 및 동영상 콘텐츠를 텔레비전 수상기로 제공하는 IPTV(Internet Protocol Television) 서비스가 시작되었다. IPTV는 방송 콘텐츠를 선택한 시간에 시청할 수 있는 양방향성이 강화된 서비스로 인기를 끌었다. 2011년 12월에는 뉴스 보도를 비롯하여 드라마, 교양, 오락, 스포츠 등 모든 장르를 편성할 수 있는 4개의 종합편성 채널이 개국하게 되었다. 종합편성 채널은 모든 장르를 방송한다는 점에서는 지상파와 차이가 없으나 케이블TV(유선 텔레비전)나 위성TV를 통해서만 송출되기 때문에 이에 가입한 가구에서만 시청이 가능하다. 종합편성 채널은 방송법 개정으로 신문사가 방송국을 소유할 수 있게 되었다는 데 또 다른 의미를 가지고 있다. 최근에는 티빙(Tving), 넷플레스, 훌루, 구글TV 등의 OTT(Over the Top) 방송이 인기를 끌고 있다. 향후 어떤 새로운 방송의 패러다임이 나타날지도 관심거리이다.

3. 방송의 이념

방송에 대한 이념은 각 나라마다 조금씩 차이가 있지만, 대부분 방송의 공공성과 공익성을 바탕으로 저마다의 이념과 정책이 형성되었다. 방송 이념과 관련된 핵심 가치가 방송의 공공성과 공익성이라고 할 수 있다. 방송과 관련된 많은 이슈들이 이 두 개념들을 바탕으로 논쟁되고 있을 만큼, 방송의 공공성과 공익성에 대한 이해는 반드시 필요하다.

1) 방송의 공공성

방송의 사회적 역할을 이해하기 위해 방송의 공공성을 이해하는 것은 매우 중요하다. 공공성은 '공적인 것(the public)' 과 '공통/공동의 것(the common)' 이란 의미를 가지고 있다(이영주, 2007). '공적인 것'은 '사적인 것'과 반대되는 개념으로, 방송이 한 개인에게만 관련된 것이 아니라 많은 사람들과 관련되어 있음을 뜻한다. '공통/공동의 것'은 방송이 특정 집단의 이익을 위한 독점적 소유물이 아니라 모든 사람들이 소유할 수 있는 공공의 소유물임을 의미한다. 따라서 방송의 공공성에 대한 논의는 방송이 특정 집단을 위한 것이 아니라 많은 사람들이 공개적으로 소유할 수 있는 공공의 소유물로 이해하는 것에서 출발한다.

방송의 공공성 개념은 보편성, 공동성, 다원성의 3가지 원리로 설명되기도 한다(최현철 · 안석환 · 신홍균, 1999, 193쪽). 첫 번째, 보편성은 국민이면 누구나 방송 서비스를 이용할 수 있어야 함을 뜻한다. 제도적 측면에서 방송은 누구에게나 평등하게 제공되는 서비스이어야 한다는 것이다. 두 번째, 공동성이다. 이는 방송 프로그램이 담고 있는 가치 및 이념이 전 사회 구성원에 의해 공유될 수 있고 상식적인 선에서 받아들여질 수 있어야 한다는 뜻이다. 영화, 잡지, 신문 등 다른 매체와 달리 방송은 공공성을 지니기 때문에 제작에 표현의 자유 못지않게 사회적 윤리 의식과 가치 반영이 고려되어야 한다는 것이다. 세 번째, 다원성 원리는 다양한 사회 구성원의 목소리를 균형 있게 방송에 담아야 함을 의미한다. 방송은 특정 집단의 이익을 대변하거나 한쪽으로 치우친 의견만 전할 수 없으며, 다양한 집단의 다양한 의견들이 중립적으로 시청자들에게 전달되어야 한다는 것이다. 특히 뉴스와 시사보도 프로그램은 이러한 다원성의 원리에 더 민감해야 한다. 방송은 또 프로그램의 편성에서도 다양성을 유지해야 하는데, 프로그램의 장르, 타겟, 방송 소재 및 주제에서도 다양성이 나타나야 한다(강만석 · 이영주, 2006). 시청률 높고 상업적 가치가 높은 프로그램만 편성하기보다는 다양한 계층과 연령층을 위한 프로그램들이 편성되어야 한다는 것이다.

왜 방송은 다른 매체보다 공공성을 더 요구받는가? 방송이 공공성을 가져야 한다는 근거는 다음 6가지 이유로 정리될 수 있다(김승수, 2010; 김규 · 전환성 · 김영용, 2005). 첫 번째는 전파의 희소성이다. 공중파 방송의 경우 전파를 이용해 프로그램을 송출한다. 사용할 수 있는 전파는 제한되어 있고 전파의 실제 소유주는 국민이기 때문에 방송은 공공성을 가져야 한다는 것이다. 최근 디지털 기술의 발달로 더 많은 채널의 방송이 가능하지만, 여전히 지상파 방송 채널에 대해서는 수요가 공급을 초과하는 상황이다(김승수, 2007). 둘째, 방송 자원을 많은 사람들은 공적 자원으로 인식하고 있기 때문이다. 방송이 사용하는 전파는 도로, 수도 시설, 전기 시설과 같은 공적 자원(public resource)으로 인식되기 때문에 방송에 공공성을 요구한다. 방송은 국민 소유 재산의 일부인 전파를 이용하기 때문에, 전파 자원을 운영하는 사람은 자신의 이익보다 사회 전체의 이익을 위해 방송해야 하는 것이다(Smith, Meeske, & Wright, 1995, p.47). 세 번째로는 방송의 막강한 영향력을 들 수 있다. 실제로 방송은 정치, 경제, 국제 관계 등 사회의 다양한 곳에서 막강한 영향력을 행사하고 있다. 다매체 다채널 시대에 공중파의 파급력이 다소 줄어든 점도 있지만, 여전히 방송 내용은 사회 전반에 걸쳐 많은 영향력을 행사하고 있다. 이 때문에 방송은 공공성에 신경 써야 한다. 넷째, 방송은 국가의 안보와 이익을 위해 공공성을 가지게 된다. 방송은 큰 영향력을 바탕으로 국가의 이익, 국민의 결속, 국민과 정부 간 관계 증진 등 국익을 위해 노력해야 하는 의무를 가지게 된다. KBS와 같은 공영방송은 특히 재정을 국민의 시청료에 의존하기 때문에 더욱 국가와 국민의 이익을 대변할 의무를 가지게 된다. 다섯째, 많은 사람들은 방송을 보편적 서비스로 인식하고 있다. 보편적 서비스(universal service)는 누구에게나 골고루 평등하게 제공되는 서비스라는 뜻이다. 보편적 서비스의 개념은 19세기 말 교통 부문에서 나타났고, 전화 산업이 적절한 요금을 부과하여 전 국민에게 서비스의 혜택을 제공하는 과정에서 실제 적용되었다. 지상파 방송은 오래전 보편적 서비스가 되었고, 케이블TV도 그렇게 되어가고 있다. 특정 매체나 기술의 보급률이 50%를 넘는 경우에 보편적 서비스 개념을 적용한다면, 지상파 방송과 케이블TV 상당수가 보편적 서비스로 간주될 수 있다(김승수, 2010). 실제로 방송은 많은 사람들의 생활의 일부분이 될 정도로 보편적 서비스로 제공되기 때문에 공공성 의무를 지니게 된다. 여섯째, 방송은 사회적 통합을 이룰 수 있는 가장 효과적인 미디어이기 때문에 공공성이 강조된다. 방송을 통해 공공정보를 교환하고 공공문화와 공공담론이 형성되면서 사회의 통합이 성취될 수 있다. 이러한 역할을 제대로 수행하기 위해서라도 방송의 공공성이 요구되어야 하는 것이다.

그렇다면 방송은 공공성을 획득하기 위하여 어떠한 사회적 역할을 해야 할까? 독일의 학자 하버마스(1961)는 공중영역(public sphere)이라는 개념을 소개했다. 공론장은 정치적이고 공적인 토론이 이뤄지는 공개적 장소로 정의될 수 있다. 하버마스는 대중매체에게 이러한 공론장의 역할을 기대했다. 방송이 제공하는 공론장에는 특정한 의견과 주장이 배제 없이 자유롭게 나타나야 하며 합리적으로 서로 경쟁하며 수렴과 합의가 모색되어야 한다. 방송은 국가(체계)와 사회(생활 세계)를 연결하는 여론 형성의 장으로서의 기능을 수행하며 다양한 의견에 대해 공평한 참여 기회를 제공하고 표현의 자유를 보장해야 할 것이다(김규 · 전환성 · 김영용, 2005). 이러한 공개적이고 평등한 토론의 장은 합리적으로 사회 문제를 해결하도록 돕고, 궁극적으로 민주주의의 발달에 도움을 줄 수 있다(이영주, 2007). 방송의 공공성은 성숙한 민주주의의 발전을 위해 필요한 조건이라고 할 수 있다.

최근에는 다매체 다채널 시대가 도래하며 방송의 공공성이 위협받는 상황이다. 1990년대 중반 디지털 혁명에 의해 다양한 방송 채널이 등장하자 전파가 공적 희소 자원이라는 주장이 약화되면서 '공공성' 명제도 흔들리기 시작했다(박태순, 2007). 또 방송 산업에 신자유주의 시장 논리가 적용되면서 소비자들의 방송 콘텐츠 선택이 존중되고 방송의 상업적 가치가 강조되고 있다(박태순, 2007). 많은 프로그램들의 평가 기준이 시청률로 정리되고, 프로그램의 질적 저하와 저속화로 이어지고 있다. 모든 문제는 방송을 이윤 추구의 대상으로 생각하고, 공공성보다 시청률에 더 높은 가치를 부여하기 때문에 생기는 현상이다. 한 사회가 다양한 이슈에 관심을 가지며 다양한 정보를 공유하고 합리적 여론을 형성하고 역동적으로 발전하기 위해서는 방송의 공공성이 주목받아야 할 것이다.

2) 방송의 공익성

공공성과 함께 방송의 주요 개념으로 강조되는 것이 방송의 공익성이다. 공익(public interest)의 사전적 의미는 공공(public)과 이익(interest)의 합성어로 '공공의 이익'이라고 정의된다. '공공의 이익'은 다양한 집단이 공존하는 다원화된 사회에서 구체적으로 파악하기 어려운 개념이며 다양한 해석이 가능하다(윤석민, 2008). 개인주의 사회에서는 개인의 이익이 존중되기 때문에 개개인에게 최대한 이득이 되는 것이 공익으로 간주될 수 있으며, 전체주의 성향의 사회에서는 개인보다 국가와 전체의 이익을 추구하는 방향으로 공익이 이해될 것이다. 방송의 공익성 또한 대부분 나라의 방송 정책에서 보편적 이념으로 제시되지만, 각 나라의 방송 제도에 따라 달리 해설될 수 있다(김규 · 전환성 · 김영용, 2005). 또 방송의 공익성은 한 나라가 처한 시대적 상황과 발전 단계에 따라서도 달라질 수 있다(김규 · 전환성 · 김영용 1996). 김승수(2007)는 방송의 공익성을 방송이 다양하고 대립되는 이익을 조정하고 다수 국민의 이익을 추구하는 이념과 장치로 보았다. 그밖에 방송의 공익성은 '구성원 개개인의 이익을 바탕으로 하여 그 사회가 정당하다고 일반적으로 수용한 공공의 이익'(한국언론학회, 1995, p.53), '특정한 사익에 지배되지 않고 일반이익에 기여하는 것'(한균태, 2003, p.176), '공동선에 대한 판단의 총합 혹은 인민전체의 의지'(최영묵, 1997, pp.54-62) 등이 있다. 윤석민(2002)은 방송이 특정한 사익에 지배되지 않고 일반적 사회 이익 또는 공공의 이익에 기여하는 것을 방송의 공익성 추구로 보았다. 결국 방송의 공익성은 시대와 사회의 이념에 따라 달리 해석될 수 있지만, 대체로 방송이 다양한 이해관계의 대립을 조정하고 일반적인 사회 및 다수의 이익을 추구할 때 공익성이 확보되는 것으로 이해할 수 있겠다.

방송이 이러한 공익성을 실현하기 위해 어떠한 역할을 해야 하는가? 방송법 제1조는 "이 법은 방송의 자유와 독립을 보장하고 방송의 공적 책임을 높임으로써 시청자의 권익 보호와 민주적 여론 형성 및 국민 문화의 향상을 도모하고 방송의 발전과 공공복리의 증진에 이바지함을 목적으로 한다"라고 명시하고 있다. 특히 방송법 제3조부터 제6조에는 방송의 공정성과 공익성에 대한 내용을 따로 규정하고 있다. 국민의 알 권리 및 표현의 자유 보호, 프로그램 편성의 다양성 및 비차별성, 방송 보도의 공정성과 객관성, 정치 집단에 관한 보도 및 정책 프로그램의 균형성, 국민의 문화생활에 기여 및 사회 교육 기능 확대, 소수 및 소외 집단 보호 등을 공익성 실현 방법론으로 제시하고 있다(김진웅, 2003). 맥퀘일(2000, pp.165-168)도 방송이 공익에 기여하기 위해서는 공공질서 유지 및 국가 안정에 기여하고, 보편적 서비스를 실시하고, 우수한 품질의 정보와 문화를 전파하고, 민주적 정치 시스템을 적절히 지원하고, 인권을 존중하고, 사회와 개인에 해를 끼치거나 공격하지 않아야 한다고 했다. 윤석민(2003)은 공익성에 부합하는 바람직한 방송의 모습을 5가지로 제시했다. 첫째, 방송은 환경 감시 및 건전한 오락 제공을 통해 바람직한 여론과 문화 형성에 기여해야 한다는 것이다. 둘째, 방송은 다양하고 다원적인 집단의 참여와 의견 개진이 보장되는 민주적 공론장의 역할을 해야 한다고 했다. 셋째, 방송은 정치적 경제적으로 독립되어야 한다고 강조했다. 넷째, 방송은 수용자 권익을 보장하고 복지를 극대화시켜야 한다고 했다. 마지막으로 방송은 사회적으로 바람직하다고 간주되는 가치들을 지키기 데 긍정적 기여를 해야 한다고 주장했다. 요약하면 방송이 공익성을 실현하기 위해서는 사회 후생 복지, 인간의 존엄성, 공정성, 자유, 안정, 개인과 공동체의 조화, 민족문화의 보존, 사회통합, 지역 발전 등의 측면에서 긍정적 역할을 수행해야 한다는 것이다.

방송의 공익성을 바라보는 시각은 2가지로 나뉠 수 있다(윤영철, 2001; 김진웅, 2011). 첫 번째는 숙의(熟議 · deliberation)적 관점에서 공익성 개념을 확립하려는 관점이다. 숙의는 참여자들이 다양한 정보를 접하고 자신의 의견과 다른 사람들과의 교류를 통해 자신의 오류를 수정하며 이성적 토론을 통해 합리적인 정치적 판단을 하게 되는 과정을 의미한다. 숙의는 하버마스가 주장한 공중영역을 바탕으로 발달된 이론이다. 하버마스는 사람들이 다양한 의견을 접하고 평등하고 자유롭게 토론에 참여할 수 있는 열린 논의의 장을

'공중영역' (public sphere)으로 정의했으며, 이러한 공론장의 역할을 방송에게 기대했다(Havermas, 1961). 방송이 다양한 의견을 가진 사람들이 상호 의견을 교환하며 새로운 정보를 얻고 합의를 추구할 수 있는 채널을 제공해야 한다고 본 것이다. 이러한 방송의 역할은 민주주의 사회의 유지와 발전에 바탕되는 여론 형성을 담당하게 된다. 숙의적 관점에서 방송은 공론장 역할을 수행하며 질 높은 여론을 형성시켜 민주주의 발전에 기여함으로써 공익성의 실현이라고 할 수 있다.

두 번째는 시장자유주의 시각에서 방송의 공익성을 바라보는 입장이다. 이러한 시장과 경쟁 중심의 관점에서는 방송이 시청자들에게 다양한 선택의 기회를 제공하고 원하는 프로그램을 제공하는 것이 공익성의 실현이라고 본다. 이는 자유주의 철학에 바탕을 둔 '사상의 자유시장 원칙'에 기인한다(윤영철, 2001). 핵심은 정부의 규제나 간섭보다 수용자에 의한 자유 선택권과 자율 규제가 강조되는 것이다(김진웅, 2011). 다시 말해 방송의 공익성이 시장경제에 의한 경쟁을 통해 자연스럽게 형성될 수 있다고 본 것이다. 이러한 입장에서 방송의 공익성은 시청자가 원하는 프로그램을 방영할 때, 즉 시청자 취향을 최대한 반영할 때 확보되는 것으로 이해될 수 있다(윤영철, 2001, p.37). 시장주의자들은 따라서 시청률이 바로 공익성을 측정하는 지표가 된다는 한다. 레이건 행정부 당시 FCC(Federal Communications Commission: 전파 이용에 관한 포괄적인 업무를 수행하는 미국의 방송통신정책 주관기구이자 준정부, 준사법 기구) 위원장이었던 마크 파울러(Mark Fowler)는 "시장만이 미국 국민들이 무엇을 원하는지 가장 잘 알고 있으므로 탈규제가 공익구현을 위한 최상의 선택"이라고 공언했다(Brown, 1981, pp.21-22).

시장주의 관점의 문제는 공중이 원하는 것을 제공할 때 과연 공익(public interest)이 실현되겠느냐는 점에 있다. 공중은 자신의 개인적 욕구를 충족시키는 오락성 강한 프로그램을 원할 수 있으며, 방송은 이런 프로그램을 공급해야 시청률이 확보되며 시장과 경쟁 원리에 충실하게 되는 것이다. 시청률이 나오지 않는 어린이 프로그램이나 소수 계층을 위한 프로그램들은 시장에서 도태될 것이다. 공익이 우리 사회를 구성하는 다양한 계층의 이익을 뜻한다면 이런 결과는 공익 추구라고 하기 힘들 것이다. 공중이 원하는 하나의 프로그램이나 장르만 제공하지 않고 다양한 프로그램을 제공하는 것이 더 공익성 실현에 가깝다는 것이다. 시청자 취향의 최대 공약수를 공익으로 간주하는 정책은 숙의민주주의에 부정적인 영향을 미친다는 의견도 존재한다(Sunstein, 1993, pp.241-252). 또 시청자가 자신의 이익이 무엇인지 정확하게 알고 있고, 그 이익에 따라 자율적으로 프로그램을 선택한다는 시장주의자들의 의견에도 한계가 있다. 사회에 속해 있는 개개인들은 그 사회를 지배하는 이데올로기나 이념을 기준으로 자신의 이익을 결정하는 경우가 많다. 또 시청자들에게 주어진 선택의 폭 또한 시청자 개개인이 자율적으로 구축한 것이 아니라 정치, 사회, 시장 구조에 의해 결정된 것이다(윤영철, 2001).

이와 같이 방송의 공익성을 바라보는 두 시각(숙의민주주의 시각과 시장자유주의 입장)은 상반된 견해를 제시하고 있으며 서로 경쟁 관계에 놓여 있다. 이러한 두 관점은 한 나라의 방송에 대한 철학, 방송 체제, 방송 규제, 편성에 많은 영향을 미치고 있다. 숙의민주주의 관점은 방송을 공적으로 운영하고 어느 정도의 규제를 통해 방송의 공공성과 공익성은 이룰 수 있다는 의견을 보이는 반면, 시장자유주의 입장은 다양한 방송 프로그램의 경쟁 속에서 시청자들의 자유로운 선택이 보장될 때 방송의 공공성과 공익성이 구현될 수 있는 것으로 보고 있다.

방송에 공익성을 요구하는 근거는 2가지로 살펴볼 수 있다. 첫째는 주파수의 희소성이다. 앞서 방송의 공공성에서 언급한 바와 같이, 방송은 전파라는 희소한 공적 자원을 사용하기 때문에 공익성 실현을 요구받을 수 있다. 둘째는 방송이 공공재적 특성을 가지고 있다는 점이다. 방송 재화가 공공재(public goods)적 특성을 가지고 있고, 방송 산업 역시 공공산업(public utilities)의 특성을 가지고 있기 때문에 공익 추구의 의무가 주어진다는 것이다(김규 · 전환성 · 김영용, 2005). 하지만 최근 방송이 디지털화되고 케이블, 위성TV, IPTV 등 다양한 매체가 등장함에 따라 더 이상 방송의 공익성 요구의 근거로 전파의 희소성을 들기 어려워졌다(윤영철, 2001). 또 방송이 공공재라는 주장도 최근 신자유주의 영향에 의해 사회 전반의 공공산업이 축소됨에 따라 설득력을 잃어가고 있다. 전력 산업과 가스 산업 등 기존에 공공산업으로 인식되던 많은 산업들이 사기업화될 수 있는 상황인 것이다. 방송의 근본 이념으로서의 공익성 추구와 요구가 과거처럼 힘을 받지 못하고 있다.

4. 방송 제도론

세계 여러 나라는 다양한 방송 제도를 가지고 있다. 가장 일반적인 방송 제도 구분 방식은 소유와 재원의 형태에 따른 국영(國營), 공영(公營), 민영(民營)의 분류이다(유세경, 2006). 국영방송은 국가가 방송을 소유한 형태로 국가에 의해 경영되기 때문에 방송이 사회 전체의 이익과 국가의 이익을 보호하고 국가 발전에 도움을 주는 긍정적 측면이 있다. 하지만 정부의 영향에 의해 방송이 좌지우지될 수 있다는 부정적 측면도 존재한다. 공영방송은 정부가 설립한 공사가 사회책임주의적 언론 철학을 바탕으로 공공의 이익과 문화의 전파를 위해 방송을 운영하는 방식이다(김규 · 전환성 · 김영용, 2005). 공영방송의 주된 재원은 시청료이고, 광고 수입과 정부 보조 등으로 운영된다. 공영방송은 방송의 기능 중 교육, 교양, 정보 전달의 기능에 중점을 두는 성향이 있다(유세경, 2006). 민영방송은 사기업이 방송을 통해서 상업적 이윤을 추구하는 형태이다.

1) 영국의 방송 제도

영국을 비롯해 유럽의 경우, 대부분 정부 소유의 방송 형태를 지니고 있으며 중앙집권적 독점 운영 체제를 보여주고 있다. 방송국 재원도 시청료 및 세금이 주를 이루는 경우가 많다(김학천 역, 1993). 하지만 대부분 국가에서 국가가 방송 내용에 간섭하거나 통제하려 하지 않는다. 영국의 방송은 1922년 BBC(British Broadcasting Company)의 창사와 더불어 시작되었다. BBC는 완전한 독립기구이며, 비상업적 방송이다.

공영 체제의 장점은 시청률을 의식하지 않아도 되기 때문에 상업방송에서 제작하기 힘든 고품격 문화 및 교육 프로그램을 제작할 수 있다는 것이다(김학천 역, 1993). 예를 들어, 오페라, 오케스트라 음악회, 고전작품을 다루는 교양 프로그램이 강화될 수 있다. 부정적인 면으로는 시청자가 원하는 것보다 시청자에게 필요한 것 중심으로 프로그램이 제공되기 때문에 많은 시청자를 확보하지 못할 수도 있는 것이다. 15년간 BBC 방송의 총국장을 지낸 존 리히(John Reith)도 "종종 우리는 시청자가 원하는 것이 아니라 필요하다고 판단하는 것을 만들어낸다고 믿는다. 그러나 시청자가 원하는 것을 정확히 아는 사람은 거의 없다. 필요한 것도 마찬가지이다."라고 유럽의 방송 철학을 대변했다(김학천 역, 1993). 두 번째로는 이러한 공영 체제에서는 방송국 간 경쟁이 약하기 때문에 새로운 프로그램을 개발하거나 실험적 프로그램이 탄생되기 어렵다는 점을 들 수 있다. 세 번째 단점은 정부 영향력을 무시할 수 없다는 것이다. 공영방송의 경우 국영방송보다는 정치적 독립성을 인정받는다고 하지만, 상업방송에 비해 정부의 규제에 민감하다. 2차 세계대전 당시 라디오 매체가 아돌프 히틀러에 의해 독일 국민에게 나치 철학을 주입시키는 선동 기구로 이용되었고, 한국의 경우에도 일제시대 때 방송은 식민 통치를 위해 이용되었다.

2) 미국의 방송 제도

미국의 방송 제도는 유럽과 심한 대조를 보인다. 미국 대부분의 방송국들은 개인 사업체가 소유하는 상업방송에 속한다. 비상업적 텔레비전 방송의 대부분은 PBS(Public Broadcasting Service)라고 불리는 네트워크에 가입되어 있다. 1970년대에도 미국의 라디오와 텔레비전은 90%가 상업방송이었다. 따라서 미국 방송에서는 중앙집권적 통제나 편성이 힘들고, 각 방송국 네트워크 사이에 치열한 경쟁이 존재한다. 미국 방송국들은 수입원을 대부분 광고에 의지하기 때문에 광고주의 인기를 얻기 위해 많은 시청자를 확보해야 한다. 이를 위해 시청자가 원하며 시장에서 경쟁력 있는 프로그램들을 제작하려 노력한다.

이와 같은 방송 제도의 장점은 무엇보다 정부의 통제로부터 자유롭다는 것이다(김학천, 1993). 정부의 통제 없이 다양한 정보와 논의가 방송을 통해 제공될 수 있는 환경이 갖춰져 있다. 미국 방송의 단점은 방송의 지나친 상업화에 있다(김학천 역, 1993). 시청률 중심의 편성이 이뤄지기 때문에 방송이 오락화되고 저급 프로그램들이 양산되기 쉽다. 시청자들에게 필요한 프로그램보다 시청자들이 원하는 프로그램이 제공되는 것이다. 상업적 가치가 있는(이윤을 남길 수 있는) 프로그램들 위주로 제작하기 때문에 시청자들의 보편적 권리에 해당하는 교육 프로그램이나 소수 계층을 위한 프로그램 시청에 제한을 받게 된다.

그렇다면 한국의 방송 제도는 어떠한가? 우리나라는 전통적으로 공영 체제를 유지해오다 1991년 민영방송인 SBS가 개국함으로써 공영과 민영이 공존하는 이원적 방송 체제로 전환되었다. 하지만 여전히 공영 중심의 방송 질서가 견지되고 있다(김진웅, 2003). 우리나라의 방송에서는 여전히 방송의 공공성과 공익성이 기본적 방송의 이념으로 자리 잡고 있다. 하지만 1990년도 이후에는 방송 산업이 다양해지고 다양한 매체가 등장함에 따라 방송의 상업화 속도가 빨라지고 있다.

5. 방송 편성

방송의 공공성과 공익성 실현을 위해 각국 정부는 여러 가지 정책을 통해 방송을 규제한다. 방송에 대한 규제는 크게 2가지 차원에서 이루어진다(한진만 · 정상윤 · 이진로 · 정회경 · 황성연 · 이정택, 2010). 첫째는 방송 면허 및 소유권 제도를 통한 방송 사업과 시장에 대한 규제이다. 정부는 재정적 기초, 공공복리, 국가 이익 등을 고려해 방송 면허를 부여함으로써 방송 사업에 대한 진입을 규제할 수 있다. 방송국은 또 주기적 심사를 통해 방송 면허를 갱신받아야 한다. 두 번째 차원은 방송 내용에 대한 규제이다. 이는 주로 편성에 대한 직 · 간접적 영향력 행사를 통해 이루어질 수 있다. 물론 방송국과 이에 종사하는 언론인들은 편성의 자율성 확보와 사수를 매우 중요하게 생각한다.

그렇다면 방송이란 무엇인가? 이에 대해 2가지 측면의 정의가 있다. 우선 협의(協議)의 편성은 단순히 방송 프로그램을 기획하고 배열하는 것으로 정의된다(한진만 · 정상윤 · 이진로 · 정회경 · 황성연 · 이정택, 2011). 구체적으로 편성은 무엇(방송 내용)을 누구(방송 대상자)에게, 언제(방송 일시), 어떻게(방송 형식), 얼마나(방송 시간) 들려주거나 보여주는냐를 결정하고, 이 계획대로 프로그램을 배열하는 전 작업이라고 할 수 있다(차배근, 1981). 둘째, 광의(廣義)의 편성 개념은 다양한 분야의 이익과 편의를 방송을 통해 균형 있고 적절한 비율로 대변하는 하나의 장치라고 정의될 수 있다. 최창섭(1985)에 따르면 방송은 공적 특성을 가지고 있어 어떤 매체보다 국민의 이익과 행복에 기여해야 하며, 이것이 바로 편성의 기본 이념이 된다. 넓은 의미에서는 편성은 방송의 공공성과 공익성 이념이 프로그램으로 표현된 것으로 볼 수 있다. 방송 전파의 제한성, 공유성, 공공적 사업 등의 특성을 가진 방송은 각계 각층의 다양한 목소리와 욕구를 일정한 품위를 유지하며 충족시켜야 하며, 이러한 조율은 궁극적으로 편성을 통해 이뤄지는 것이다. 결국 편성의 가장 큰 목적은 공익성 추구라고 할 수 있다(유세경, 2011). 방송은 공익성 실현을 위해 대중이 원하는 것뿐 아니라 대중이 필요로 하는 것도 제작해 전달해야 한다. 대중이 원하는 것과 대중이 필요로 하는 것이 일치하지 않는 경우가 많은데, 방송은 편성을 통해 적절한 균형을 유지해야 한다(유세경, 2011). 예를 들어 시청률이 낮은 시사 보도 및 교양 프로그램도 시청자들에게 필요한 정보라고 판단되면 편성을 통해 방송되도록 해야 한다.

현재 방송법은 편성과 관련해 공공성과 공익성을 보장하기 위한 몇 가지 장치를 갖추고 있다. 우선 방송법 제4조는 방송 편성의 자유와 독립 보장을 명문화하고 있다. 이와 함께 방송법 제69조 등은 프로그램 편성이 공정성, 공공성, 균형성, 사실성 등에 부합하도록 이뤄져야 하며, 종합 편성의 경우 정치, 경제, 사회, 문화 등 각 분야가 균형 있게 나타날 수 있도록 방송 사업자에게 요구하고 있다. 결국 방송국은 편성의 자유와 독립을 보장받는 대신 사회에 대한 공적 책임과 의무도 부여받은 것이다. 구체적으로 현행 방송법에 따르면, 방송 프로그램들은 보도, 교양, 오락 등 3가지의 비율을 조화롭게 편성되어야 하며, 전체 방송 시간에서 오락 프로그램 비율이 50% 이하가 되어야 한다. 여기에 '대통령령이 정하는 주시청 시간대에는 특정 방송 분야의 방송 프로그램이 편중되어서는 아니 된다'고 되어 있어 주시청 시간대에 시청률 높은 장르의 프로그램 이외의 다양한 프로그램들이 편성되도록 하고 있다(백미숙, 2007). 그밖에 국내 제작물에 대한 편성 비율, 외주 제작 방송 프로그램에 대한 편성 비율 등이 법으로 정해져 있다.

편성의 목적으로 공공성과 공익성의 개념은 매우 추상적이다. 이런 개념들의 실현을 위한 구체적으로 방법론이 제시되어야 한다(윤석민, 2008). 공공성과 공익성 등의 핵심 가치와 방송법에 나타난 편성 원칙을 바탕으로, 바람직한 편성을 위한 방법론으로 세부 개념들을 제시하면 다음과 같다.

첫째는 다양성이다. 민주주의 발전을 위해 미디어는 다양한 아이디어가 자유롭고 평등하게 논의되는 공론장을 제공해야 한다. 이와 같은 숙의민주주의 측면에서 방송은 다양한 의견들이 교환되고 수렴되는 장을 마련하는 공익적 역할을 수행해야 한다. 다양성 확보는 편성을 통해 확보될 수 있다. 이러한 다양성은 방송의 여러 단계와 여러 차원에서 권장되어야 한다. 프로그램 제작 국가의 다양성, 프로그램 제작 사업자의 다양성, 프로그램 장르의 다양성, 프로그램 타겟 시청자의 다양성, 프로그램에 표출된 관점의 다양성 등 다양한 차원에서 다양성이 논의되어야 한다. 현행 방송법도 특정 외국의 방송이나 오락과 같은 특정 장르가 너무 많은 비중을 차지하는 것을 규제하고, 다양한 독립 제작사가 제작에 참여하도록 권장한다. 다양성은 프로그램 편성 차원을 떠나 프로그램 안에서도 주의되어야 한다. 한 프로그램 안에서 어떤 이슈에 대한 긍정적 관점과 부정적 관점이 모두 나타나야 하며, 잘 다루어지지 않은 소수의 관점도 포함되어야 한다. 이와 같은 내용 측면의 다양성은 법으로 규제하기 어렵기 때문에 제작자의 자체적 내용 심의와 윤리에 맡기는 경우가 많다.

두 번째 개념으로 공정한 정보 제공을 들 수 있다. 한 나라가 정치 · 사회적으로 발전하기 위해서는 공정하고 객관적인 정보의 유통이 매우 중요하다. 방송은 신뢰할 수 있는 공정한 정보를 제공하는 프로그램을 제작해 시청자들이 세상을 정확하게 이해하는 데 도움을 주어야 한다. 이러한 정보를 바탕으로 이성적이고 합리적인 토론이 가능하게 되고, 이러한 여론 형성 과정을 거쳐 사회 발전에 도움이 되는 사회적 합의와 공감이 형성될 수 있다.

셋째, 방송의 공공성을 확보하기 위해 보편적 서비스 혹은 소비자 권익을 보호하는 편성 개념이 필요하다. 방송은 물, 공기, 도시가스 등과 같이 모든 사람들이 혜택을 누릴 수 있는 공공자원이자 시설물로 인식된다. 따라서 방송 내용의 보편성 확보가 요구된다. 많은 국민들이 관심을 가지는 스포츠나 문화 행사 등은 누구나 접근해 시청할 수 있도록 해야 한다. 또 다양한 계층을 위한 교육 프로그램 등이 편성되어야 할 것이다. 누구나 방송을 이용할 권리를 가지기 때문에 사회 내 다양한 계층이 이 혜택을 누려야 한다. 이를 위해 소수자와 사회적 약자를 보호하기 위한 프로그램의 편성도 필요하다. 예를 들어, 시청률이 보장되지 않는 어린이와 노인을 대상으로 하는 프로그램, 소수 인종을 위한 프로그램, 장애인들을 대상으로 하는 프로그램 등이 편성되어야 할 것이다.

넷째는 문화적 정체성 보존이다. 공공성과 공익성 실현을 위해 방송은 우수한 문화를 전파하고 자국 문화를 보호할 의무를 지닌다. 자국에서 제작된 프로그램의 일정 비율을 유지해 자국의 고유 전통문화를 유지하고 전파해야 한다. 시청률이 낮더라도 국악 공연과 같은 한국의 문화를 널리 알릴 수 있는 프로그램을 편성해야 할 것이다.

다섯째는 시청자 참여이다. 공공성과 공익성을 위해 다양한 의견이 방송에 표출되도록 해야 하지만 이를 방송국 제작진의 노력으로만 달성하기는 어려운 것이 현실이다. 디지털 영상 시대가 도래하면서 다양한 계층의 사람들이 다양한 목소리를 내세운 영상물을 도처에서 제작 방송하고 있기 때문이다. 이 점을 고려하면 시청자가 참여할 수 있는 프로그램의 편성이 필요하다.

최근 다채널 시대를 맞아 방송 시장은 무한 경쟁에 돌입했고, 이러한 상업주의적 경쟁은 시청률 경쟁으로 나타나고 있다. 방송의 공적 성격보다 상업성, 수익성, 수용자 요구에 맞춘 편성이 늘어나고 있다. 시청률을 기준으로 한 편성의 문제는 어제 오늘의 일이 아니다. 또 프로그램의 편성 기준이 협찬이나 PPL(Product Placement)에 의해 좌우되는 경우도 있고, 심지어 프로그램 내용이 협찬사에 의해 영향을 받는 경우도 발생한다. 이제 방송은 상업성과 공익성을 잘 조율하며 최대한 많은 사람들이 필요하고 유익한 프로그램을 이용할 수 있도록 편성에 주의를 기울여야 할 것이다. 일부에서는 상업방송과 공영방송의 편성 규제를 달리해야 한다고 주장한다. 공영방송은 더 공익적 성격이 강한 프로그램을 편성해야 하는 의무가 주어져야 하며, 상업방송은 편성의 자율성과 독립성을 더 확보해야 한다는 주장이다. 하지만 방송이 가지는 공적 특성과 책무를 인정하고 동의한다면, 상업방송도 공익을 위한 편성 이념에서 자유로울 수 없을 것으로 생각된다.

6. 방송 심의

방송 심의는 공익성 있는 높은 수준의 프로그램들이 제작될 수 있도록 정부나 방송 단체 등에서 법규, 프로그램 기준, 윤리 강령 등을 근거로 방송 내용을 심사, 감시, 평가하는 것을 말한다(최영묵, 1997). 방송이 시청자들에게 사회적 인식과 가치를 심어줄 정도로 사회적 영향력이 매우 크기 때문에 이와 같은 방송 심의는 매우 중요하다(유세경, 2006). 실제 방송 내용에 의해 시청자들 가운데 잘못된 가치관, 습성, 말버릇 등이 나타날 수 있고 이에 따른 정신적 피해는 쉽게 치유되지 못한다(유세경, 2006). 또 왜곡된 가치관을 담은 프로그램을 시청한 사람들은 의식하지 못한 채 주어진 가치관에 젖어들기 때문에 신체적 피해보다도 더 심한 정신적 피해를 입을 수 있다. 따라서 방송은 특정 집단의 이익이나 가치를 대변해서는 안 되며, 사회 · 문화적 공통 가치를 해하는 내용을 전달해서도 안 된다. 이와 같은 방송 프로그램의 질적 향상을 위해 방송 심의를 통한 내용 규제가 필요하다.

서구 국가는 표현의 자유를 보장하는 전통이 강하기 때문에 언론 매체의 내용에 대한 직접적 심의가 강하지 않다. 심의가 국민의 기본권인 표현의 자유와 상치된다고 보고 극히 제한적인 수준으로 심의가 이루어진다. 대부분 심의가 자체 심의기구에 의한 자율 심의로 이뤄지며, 프로그램에 대한 사전 심의는 거의 이뤄지지 않는다(강남준, 1997).

한국의 경우 법적 · 윤리적 근거를 바탕으로 방송에 대한 내적 · 외적 규제를 하고 있다. 우선 내적 규제로는 자율적 심의 규제로 각 방송국에서 자체로 심의 조직을 설치 · 운영하는 것을 들 수 있다. 방송법 제86조에도 "방송사업자는 자체적으로 프로그램을 심의할 수 있는 기구를 두고, 보도에 관한 방송 프로그램을 제외하고, 프로그램이 방송되기 전에 이를 심의해야 한다"고 규정하고 있다. 외적 규제 기구 가운데 가장 대표적 기관은 방송통신심의위원회이다. 방송통신심의위원회는 외부의 부당한 지시나 간섭을 받지 않도록 법적으로 독립된 기관이다. 방송통신심의위원회에서는 방송 심의를 통해

KBS2 TV 드라마 〈착한남자〉의 한글 표기법 문제

방송 초기 포스터(출처: KBS 홈페이지)

한글 표기법 문제로 수정된 포스터(출처: KBS 홈페이지)

2012년 9월에 방송된 〈세상 어디에도 없는 차칸남자(이하 '차칸남자')〉가 방송통신위원회의 심의를 받았다. 문제는 '착한남자'를 발음 그대로 '차칸남자'로 표기한 점이다. 한글학회 부설 한말글문화협회가 KBS를 상대로 명칭 사용금지 가처분 신청을 제기했다. 협회는 "명백한 한글과 한국어 파괴 행위다"라고 비난했다. 반면 '차칸남자' 측은 표현의 창의성을 인정해달라고 부탁했다. 제작진은 "기억을 잃고 뇌 손상을 입게 된 주인공이 일기장에 맞춤법에 어긋난 표기로 기재한 표현을 인용한 것"이라며 "제작진의 창의성을 이해해달라"고 말했다.

_미디어뉴스, 2012년 09월 17일

이와 같이 방송 제작자들이 주장하는 표현의 자유와 방송 심의가 충돌하는 경우가 발생한다. 방송 제작자들은 창의성과 작가주의를 중요시해 기존 사회에서 인정되어온 규범에서 벗어나려는 시도를 하게 된다. 반면, 방송은 올바른 국어와 발음을 사용해 국민들에게 언어 사용의 본보기를 보일 의무를 가지기 때문에, 심의 단체는 방송의 공정성과 공익성을 이유를 들어 제작자 측 시도를 규제한다.

심의의 대상이 되는 사업자 혹은 방송 프로그램 책임자나 관계자에게 권고 혹은 의견 제시를 할 수 있다.

방송 심의의 기준은 방송의 공익성으로, 이에 어긋나는 정도가 논의된다. 유세경(2006)은 방송통신위원회에서 제정한 '방송 심의에 관한 규정'을 바탕으로 기본 방송심의원칙을 다음과 같이 제시하고 있다. 방송이 진실을 왜곡하지 않아야 한다는 '공정성'과 '객관성', 개인 사생활의 자유를 보장하는 '권리 침해 금지', 국민의 가치관과 규범에 위배되지 않아야 한다는 '윤리적 수준', 성이나 폭력 등 부도덕한 내용을 다루면 안 되고 불가피할 경우 신중을 기해야 한다는 '소재 및 표현 기법', 어린이와 청소년의 인격 형성에 힘써야 한다는 '어린이 청소년 보호', 바른 말을 사용해야 한다는 '방송 언어' 등 8가지이다. 이러한 심의 원칙을 바탕으로 방송 제작자는 프로그램을 만들어야 하며, 자체적 내부 심사를 거쳐야 하고, 이를 위반할 경우 방송통신심의위에서 주의나 경고 조치를 받게 되는 것이다.

7. 방송 윤리

방송의 기본 가치인 공공성과 공익성은 법적 규제와 심의만으로 지켜지지 않는다. 방송이 자율적으로 이런 가치를 실현하기 위해서는 사업자와 제작자들의 높은 수준의 윤리 의식이 필요하다. 어느 사회에나 법적 강제성이 없어도 최소한 지켜야 할 도리와 사회적 관습이 존재하듯, 방송도 공적 가치 실현을 위해 최소한 지켜야 할 도리와 윤리가 존재한다. 이를 우리는 방송 윤리라고 한다(유세경, 2006).

방송 윤리도 여러 차원에서 논의가 가능한데 4가지 영역으로 요약될 수 있다. 첫 번째 영역은 진실성에 대한 논의이다. 방송 프로그램은 사실성, 객관성, 공정성을 바탕으로 제작되어야 한다. 방송은 제작자가 확인할 수 있는 최대한의 진실을 보도해야 하는 책임을 가지고 있다. 특히 보도 프로그램에는 정보원의 검증이 매우 중요하다. 검증 없이 객관적이고 공정한 프로그램인 양 전달된다면 이에 따른 사회적 문제와 파장은 걷잡을 수 없을 것이다.

따라서 방송인은 최대한 형평성을 유지하며 객관적 검증을 통해 왜곡된 보도를 하지 않도록 노력해야 한다. 때로는 방송 제작자가 가지고 있는 가치관과 시청자들의 가치관이 다르기 때문에 문제가 발생하기도 한다. 제작자가 윤리적으로 아무 문제없을 것으로 판단하고 방송했으나, 받아들이는 수용자가 전혀 다른 평가를 내릴 경우에 이러한 문제가 발생한다(김규 · 전환성 · 김영용, 2005). 제작자가 자신이 준비한 정보가 공정하며, 정확하고, 객관적이라고 판단하더라도, 이는 지극히 개인적 판단에 불과할 수도 있다. 따라서 방송 제작자들은 항상 시청자의 입장에서 사회에서 일반적으로 통용되는 가치관과 관습을 중심으로 상식적인 선에서 판단하도록 노력해야 한다.

두 번째는 개인의 존엄성과 사생활 보호의 영역이다. 개인의 존엄성과 관련된 주요 사항은 인권 침해, 취재원 보호, 개인의 명예 훼손 또는 프라이버시 침해 등으로 요약될 수 있다(한진만 · 마동훈 · 오창호 · 김신동 · 박천일 · 이권영 · 황근 · 남궁협, 2000). 방송은 신문과 달리 영상과 음성을 통해 시청자들을 설득해야 하기 때문에 작품의 완성도를 위해 몰래카메라가 사용되는 경우가 간혹 있다. 이때 가장 큰 문제는 취재된 개인의 인권과 프라이버시가 침해되는 것이다. 이렇듯 방송 제작 과정에서 인권 침해와 제작자의 표현의 자유는 대립하는 경우가 종종 있다(유세경, 2011). 제작자들은 표현의 자유 만큼 취재원의 인권도 중요함을 염두에 두고 프로그램을 제작해야 한다. 특히나 상업성, 선정성, 흥미를 위해 취재원을 노출시켜 시청률을 올리려는 몰래카메라 이용 취재와 보도는 자제되어야 한다(김규 · 전환성 · 김영용, 2005).

세 번째는 상업적 이윤 추구이다. 상업적 이윤 추구에 대한 윤리 의식은 방송국 차원의 문제이다. 시청률을 바탕으로 한 상업성 추구와 공익을 바탕으로 한 방송 이념 추구는 대부분의 경우 대립된다. 개인적 차원에서도 방송 제작자는 시청률 높은 프로그램을 만들지, 공익성 프로그램을 제작해야 할지에 대해 윤리적 고민을 해야 한다. 어떤 경우엔 시청률 높은 프로그램과 공익적 프로그램이 대립되지 않기도 한다. 공익성이 높으면서 높은 상업성을 지닌 프로그램이 존재하기 때문이다. 방송 제작자가 공익성과 시청률이라는 2개의 가치를 놓고 올바른 판단을 할 수 있도록 윤리 교육이 필요하다.

산골 소녀 영자 이야기

2000년 7월에 방영된 KBS 〈인간극장: 그 산골에 영자가 살고 있다〉

영자는 KBS 〈인간극장: 그 산골에 영자가 살고 있다〉에 주인공으로 방송된 산골 소녀이다. 전기도 들어오지 않는 깊은 산골에 아버지와 단둘이 살며 약초를 캐고 밭을 일구는 영자의 순수함에 많은 시청자들이 매료되었다. 영자가 책 읽기를 좋아하고 문학가가 되는 것이 꿈이라고 하자 전국의 시청자들이 책을 보내와 마당에 한가득 쌓일 정도였다. 폭발적인 시청자 반응이었다. 영자는 이동통신사의 광고 모델로 출연해 대중적 인기를 누리기도 했다.

문제는 그 이후이다. 영자의 아버지가 살해되는 사건이 발생한다. 영자에게 들어온 후원금을 노린 강도가 집에 침입했다 아버지를 살해한 것이다. 설상가상으로 영자의 후원금이 빼돌려진 사건까지 터진다. 충격에 빠진 영자는 결국 정든 마을을 떠나 절로 들어가 비구니가 된다. 당시 KBS 〈인간극장〉의 담당 CP 인터뷰에 따르면, 영자 이야기를 제작했던 PD 또한 상당한 정신적 충격을 받았다고 한다.

방송을 통해 많은 시청자들은 한 산골 소녀의 순수함에 가슴이 따뜻해지는 감동을 받았다. 하지만 방송에 노출된 영자의 삶은 비극적 결과로 이어졌다. 방송 프로그램의 완성도와 인기는 높았지만, 방송된 개인이 사회적으로 희생당하는 경우가 종종 있다. 성폭행 피해자를 방송에 출연시키는 경우도 마찬가지이다. 이와 같이 방송에서는 제작자의 표현의 자유와 취재원 개인의 인권 및 프라이버시 침해가 충돌하는 경우가 발생한다.

네 번째는 프로그램의 선정성과 폭력성의 영역이다. 드라마에 등장하는 불건전하고 부도덕적인 남녀 관계나, 쇼 프로그램 속 가수의 선정적 춤과 의상은 대체로 방송의 선정성과 관련된 내용이다. 이러한 선정적 내용은 그 사회의 윤리 의식과 공유된 가치를 해치는 요소가 된다. 방송에 나타난 신체적 언어적 폭력성은 정서적으로 민감한 어린이와 청소년들에게 미치는 영향력이 매우 크다. 방송의 선정성과 폭력성은 심의를 통해 어느 정도 규제되고 있지만, 일차적으로는 제작자들의 윤리 의식을 통해 사전 모니터되어야 할 것이다. 어린이나 청소년 관련 프로그램 제작자는 특히 제작하는 프로그램을 자신의 가족에게 보여준다고 생각하며, 방송 내용이 어떠한 결과를 가져올지 숙고해야 한다(유세경, 2011; 김영임 · 김우룡, 1997).

생각해볼문제

1. 한국의 라디오 방송 역사에 대해 더 자세히 알아보자.

2. Tving, Google TV, Hula 등 인터넷 텔레비전이 인기를 끌고 있다. 방송 프로그램은 전파라는 공공재를 사용해 불특정 다수에게 전달되는 메시지이다. 이와 같은 방송에 대한 정의에 따르면, 과연 인터넷 텔레비전도 방송이라고 할 수 있을까? 이러한 뉴미디어를 포함하는 새로운 방송에 대한 정의는 무엇일까?

3. 한국의 전통 음악인 국악, 판소리 등에 대한 프로그램은 시청률이 낮다는 이유로 자주 방송되지 않는다. 방송의 기본 개념을 생각할 때, 국악 프로그램 제작자는 어떤 근거로 이와 같은 프로그램의 편성을 주장할 수 있을까?

4. SBS가 2010년 월드컵 경기에 대한 중계권을 단독으로 체결해 논란을 빚었다. 방송의 공공성과 공익성의 측면에서 SBS의 단독 방송은 문제가 될 수 있을까?

5. 최근 많은 드라마에서 그동안 다루어지지 않았던 혼전 동거나 동성애 커플이 등장했다. 방송의 공공성, 공익성, 윤리적인 측면에서 이러한 소재의 등장이 어떠한 의미를 갖는지 논해보자.

6. 이번 장에서 영국의 공영방송인 BBC와 상업적인 미국의 방송 시스템에 대해 논의했다. 우리나라의 실정에 맞는 방송 시스템은 무엇이 되어야 할까?

7. 이번 장에서 방송의 공익성을 바라보는 2가지 시각으로 숙의민주주의와 시장자유주의를 제시했다. 어떠한 시각이 방송의 발전에 도움될 것인지 논해보자.

8. 탐사 보도 프로그램에서는 몰래카메라 기법이 시사 고발 취재 관행으로 사용되고 있다. 이 기법은 제작자의 측면에서 프로그램의 시청률을 높인다는 장점을 가지고 있지만, 취재원의 인권과 프라이버시가 침해될 수 있는 단점도 가지고 있다. 방송에서 몰래카메라 기법이 정당성을 확보하려면 어떻게 해야 하는가?

9. 요즘 우리는 은행 점포, 교통 혼잡 지역, 주차장 등 도처에서 감시용 카메라에 노출되어 있다. 우리가 촬영된다는 사실을 모른 채 생활하고 있는 것이다. 한편 폭로성 시사 프로그램은 이와 같은 취재 기법을 사용해 사회적 문제가 되는 행위를 고발하고 있다. 이는 일반 시민의 인권, 명예, 프라이버시 침해의 위험을 안고 있다. 이와 같은 상황에서 취재의 자유는 어느 정도까지 보장되어야 하는가?

10. 대부분의 방송 프로그램에서 공익성과 시청률은 편중된 형태로 나타난다. 잡기 힘든 두 마리 토끼인 셈이다. 원칙적으로 방송은 전파라는 국민 자원을 토대로 제작되는 것이며, 이에 대한 대가로 공익성 의무를 부여받고 있다. 하지만 우리는 공익성을 표방한 프로그램이 시청률 부진으로 폐지되는 전례를 봐왔다. 시청률이 저조한 프로그램은 폐지돼야 하는가? 그렇다면 (또는 그렇지 않다면) 이에 대한 근거는 무엇인가?

참고문헌

강남준(1997). 방송환경변화에 따른 지상파방송의 바람직한 심의방향. 방송연구, 44, 58-84.

강만석 · 이영주(2006). 방송 융합시대 공영방송 지배구조와 규제체계에 관한 연구. 방송위원회 수탁과제 결과보고서. 서울: 한국방송영상산업진흥원.

김규 · 전환성 · 김영용(2005). 디지털시대의 방송미디어. 파주: 나남.

김승수(2010). 미디어 시장과 공공성, 서울: 한울아카데미

김영임 · 김우룡(1997). 방송학개론. 서울: 한국방송통신대학교출판부.

김진웅(2003). 방송 공익성의 철학적, 제도적 분석. 방송과 커뮤니케이션, 4, 6-31.

김진웅(2011). 방송자유와 공영방송 Freedom of broadcasting & public broadcastings. 서울: 차송.

박태순(2007). 지상파 방송의 공공성. 한국언론정보학회 매체자본연구회 하계 워크샵 논문집, pp.89-103. 8월 10일. 의정부: MBC 연수원.

백미숙(2007). 시청자와 공영방송의 편성 전략. 방송통신연구, 64, 102-130.

오명환(1995). 방송프로그램 편성 50년 변천사. 방송연구, 41, 73-103.

유세경(2006). 방송학 원론. 서울: 이화여자대학교출판부

유세경(2011). 방송학 원론(2판). 서울: 이화여자대학교출판부

윤석민(2008). 2008년 초 정권교체 시점의 방송통신 정책기구 개편을 둘러싼 논의의 혼선과 쟁점들. 언론정보연구, 45(1), 29-66.

윤영철(2001), 디지털 시대의 방송의 공익성과 민주주의. 방송연구, 52, 33-55.

이영주(2007). 방송 공공성에 대한 사유와 실천: 네트워크 미디어환경을 중심으로. 한국언론정보학회 하계 워크샵 논문집, pp.27-45. 8월 23일. 수원: KBS 연수원.

최영묵(1997). 방송공익성에 관한 연구: 방송공익성과 심의제도. 서울: 커뮤니케이션북스.

최창섭(1985). 미디어 교육론. 파주: 나남

최현철 · 안석환 · 신홍균(1999). 산업조직론적 규제모델에서의 방송의 공공성 정립에 관한 연구. 사이버커뮤니케이션학보, 4, 191-230.

한진만 · 마동훈 · 오창호 · 김신동 · 박천일 · 이권영 · 황근 · 남궁협(2000). 방송론. 서울: 커뮤니케이션북스

한진만 · 정상윤 · 이진로 · 정회경 · 황성연 · 이정택(2011). 방송학개론. 서울: 커뮤니케이션북스

Brown, L.(1981). Fear of Fowler. *Channels of Communication*, 21-22.

Foster, E. S.(1982). *Understanding broadcasting(2nd ed)*. MA: Addison-Wesley.

Habermas, J.(1961). *the structural transformation of the public sphere, theory of the communicative actions*. Cambridge: MIT Press.

Mcquail, D.(2000). *Mcquail's Mass communication theory(4th ed)*. London: Sage Publications.

Smith, F. L., Meeske, M. D., & Wright, J. W.(1995). *Electronic media and government: The regulation of wireless and wired mass communication in the United States*. New York: Longman Publishers.

Summers, H. B., Summers, R. E., & Pennybacker, J. H.(1993). 김학천 역. 현대방송과 대중. 파주: 나남. (원전은 1978년에 출판).

Sunstein, C. R.(1993). *Democracy and the Problem of Free Speech*. New York: The Free Press.

Wimmer, R., & Dominick, J.(2009). *Mass Media Research: An Introduction, International Edition*. CA: Wadsworth.

방통심의위, KBS '차칸남자' 표기 심의 "드라마 특성 고려한다면 '문제없음' 나와야".(2012.09.17). 출처: 미디어스(http://www.mediaus.co.kr/news/articleView.html?idxno=27776).

6장

방송의 사회적 역할

1. 방송의 사회심리학적 특성

다매체 멀티미디어 시대에서도 여전히 대부분의 사람들은 많은 시간을 텔레비전 앞에서 보내고 있다. 2011년도 자료에 따르면 하루 평균 매체 이용 시간은 TV가 186.7분으로 모든 매체 중에서 가장 높았다(2011년 방송매체 이용행태 조사, 방송통신위원회, 2011). 흥미로운 점은 다양한 뉴미디어가 등장하고 있음에도 불구하고, TV 이용 시간은 평일 평균 170.7분, 주말 평균 226.6분으로 2010년에 비해 증가한 것이다. 방송이 많은 사람들의 생활에서 커다란 비중을 차지하며, 여전히 개인과 사회에 막대한 영향력을 행사하는 셈이다. 사실 방송은 우리의 언어, 사회, 문화 행동, 가치관, 정치적 성향 등 생활 전반에 영향을 미치고 있다. 방송 관련 연구에 자주 언급되는 이론들을 통해 방송이 사회와 개인에 미치는 영향에 대해서 논의하고자 한다.

(1) 의사 상호작용(Parasocial Interaction)

의사 상호작용은 텔레비전 시청자가 등장인물에게 실제 현실의 친구와 같은 친근한 느낌을 갖는 경향을 말한다. 즉, 시청자가 텔레비전 등장인물에 대해 가상적으로 감성적 관여(affective participant involvement)를 보이는 현상이다(Rubin & Perse, 1988). 의사 상호작용을 통해 시청자들은 드라마나 오락 프로그램에 등장하는 연예인들을 친구로 여기고 이들과 감성적 유대 관계를 형성하고 이들과 만나고 싶어 한다(Rubin & Perse, 1985). 예를 들어, MBC의 예능 프로그램 〈무한도전〉을 자주 시청하는 사람이 길에서 프로그램 등장인물을 만났을 때 마치 알고 있던 지인처럼 생각하고 행동하는 현상이 의사 상호작용의 결과이다. TV 드라마에서 의사 상호작용을 경험한 시청자들은 종영이나 극중 죽음으로 등장인물과 헤어지게 되면 실제 인간관계에서 이별한 듯한 의사관계 이별(parasocial breakup)을 느끼는 것으로 나타났다(Cohen, 2003). 의사 상호작용 이론을 통해 팬덤(fandom) 현상에 대한 설명도 가능하다.

(2) 몰입(Engagement)

몰입은 소설을 읽는 동안 독자가 스토리에 빠져들어 주인공이 경험하는 세계를 같이 경험하는 상태를 말한다(Green & Brock, 2002). 텔레비전을 시청할 때도 이러한 몰입 현상이 발생한다. 시청자들이 프로그램에 빠져들어 등장인물이 느끼는 감정을 같이 느끼고 등장인물이 겪는 상황을 같이 경험하는 것처럼 상상하는 상태이다. 구체적으로 몰입은 인지적 몰입(cognitive engagement), 감성적 몰입(emotional engagement), 심적 상상(mental imagery) 등 3가지로 나누어진다(Green et al, 2008). 몰입된 시청자는 프로그램에서 일어나는 상황에 빠져들어 이야기 전개 방향에 대해 깊게 관여하며(인지적 참여), 등장인물이 느끼는 감정을 같이 느끼며(감성적 참여), 등장인물에게 벌어지는 상황을 같이 경험하는 것처럼 상상한다(심상). 몰입의 정도는 등장인물에 대해 공감하고 자신을 이에 동일시하려고 할 때 강화된다.

(3) 실재감(Presence)

실재감은 텔레비전을 시청하면서 '그곳에 있다는 느낌(Being there)'을 갖는 상태에서 발생한다(Heeter, 1992). 비오카(Biocca, 1997)는 실재감을 '가상 세계에 자신이 물리적으로 들어가 있는 듯한 주관적 느낌'이라고 정의했다. 텔레비전을 보며 자신이 화면 속에 존재한다고 느끼거나, 화면에 나타난 장소에 있는 것 같은 주관적 느낌이 들거나, 감정과 생각들이 TV 매체를 통해 매개된 것처럼 느껴지지 않아야 실재감을 겪는 것이다. HD TV 및 3D TV의 개발로 화면 해상도와 입체감이 높아지는 요즘, 시청자들은 생생하고 사실적인 텔레비전 화면 덕에 TV 속 상황과 하나가 되는 실재감을 더 쉽게 체험한다.

(4) 사회학습 이론(Social learning theory)

사회학습 이론은 밴두라(Bandura, 1977) 이래 텔레비전 효과를 연구하는 이론적 모델로 많이 사용되어왔다. 이 이론에 의하면, 어린이는 텔레비전을 통해 사회의 다양한 면을 학습하고 모델링한다고 볼 수 있다. 사회학습 이론은 주로 미디어의 폭력성이 어린이들의 폭력성을 증대시키는 데 영향을 미치고 있음을 증명하는 데 많이 사용되었다(Singer & Singer, 1983). TV는 이밖에도 다양한 측면에서 어린이와 성인들을 학습시키고, 이들의 가치관 형성에 많은 영향을 미치고 있다. 예를 들어 TV에서 제시하는 남녀 관계의 묘사나 남녀의 사회적 역할이 실제로 어린이들이 장래 희망 직종을 선택할 때 영향을 미치는 것으로 나타났다(Thompson & Zerbinos, 1997). 남자 어린이가 경찰과 소방관, 여자 어린이가 간호사와 주부를 장래 희망으로 선호하는 이유는 이 직업들이 TV에서 자주 등장하는 남성과 여성의 직업이었기 때문인 것이다.

(5) 문화계발효과(Cultivation)

문화계발효과 이론은 텔레비전 시청이 사회 현실 인식에 미치는 영향에 대해 설명한다. 이 이론은 텔레비전 시청을 많이 할수록 텔레비전의 세계를 현실로 인식하는 경향이 나타난다고 주장한다. 텔레비전은 다양한 형태의 현실 세계를 텔레비전을 통해 일관되고 광범위하게 제공하고 있으며 반복적으로 텔레비전 화면에 나타나는 내용들은 시청자의 실제 사회에 대한 평가, 태도, 인식에 영향을 미친다(Gerbmer, Gross, Morgan & Signorielli, 1980). TV 시청을 많이 하는 중시청자(heavy viewers)의 경우, 특히 더 텔레비전이 보여주는 사회를 실제 사회의 보편적 상황으로 인식할 가능성이 높다. 문화계발효과는 다양한 곳에서 나타나고 있다. 텔레비전에 주로 날씬하고 마른 연예인들만 등장하기 때문에 여성들의 이상적인 신체 이미지가 TV에 등장하는 날씬한 여성들의 이미지로 고착화되며 자신의 신체에 대해서 냉정한 평가를 내린다(Richins, 1991). 또 텔레비전 드라마에 재벌들이 많이 등장하기 때문에 시청자들은 무의식적으로 물질만능주의를 지향하게 되고, 이러한 상류 사회 동경을 통해 자신의 처지를 비관하게 된다(양혜승, 2006). 데이트 프로그램을 많이 시청한 사람들은 데이트는 일종의 게임이고 여성은 성적 대상물이라는 태도를 갖게 된다(김미라, 2008). 또 성형 관련 프로그램을 많이 보는 사람들일수록 성형에 대해 관대해지고, 성형을 할 의사가 높아지는 현상도 관측되었다(Nabi, 2009). 한류의 영향으로 한국 드라마를 많이 시청한 외국인일수록 한국을 방문하고 싶어 하며, 한국 문화에 대해 높은 평가를 하게 되는 것도 문화계발효과의 사례이다(김미주, 2009).

(6) 고정관념/스테레오타입(Stereotype)

고정관념 또는 스테레오타입(Stereotype)은 어떤 대상이나 집단에 대해 많은 사람이 공통으로 가지는 고정된 견해와 사고이다. 사람들은 많은 정보를 효과적으로 처리하기 위해 고정관념이라는 머릿속 이미지를 사용하며, 새로운 인물을 만날 때 그 개인의 성격과 행동을 추론하는 데도 고정관념을 사용한다(Farley, Chia & Allred, 1998; Macrae, Milme & Bodenhausen, 1994). 문제는 우리 사회의 이러한 고정관념을 방송이 심화시킨다는 것이다. 방송은 한 장면 안에서 빠르게 등장인물을 소개해야 하기 때문에 고정관념을 이용한다. 따라서 드라마 안에는 성별, 연령, 학벌, 직업 등 다양한 유형의 스테레오 타입이 등장하게 되고, 이러한 유형들은 현실보다 과장되고 왜곡되게 표현된다. TV를 통해 제시된 스테레오 타입은 사람들의 고정관념 형성에 매우 중요한 영향을 미치는 만큼 주목받을 필요가 있다(양문희 · 강형철, 2005).

2. 방송과 정치

방송은 각종 정치적 이슈와 정보를 제공하며 이에 대한 다양한 의견과 목소리를 전달한다. 특정 이슈에 대해 방송이 제시하는 시각과 관점은 많은 시청자들의 의견에 영향을 미친다. 특히 선거 때는 후보자의 정책과 자질에 대한 검증을 통해 유권자의 결정을 돕는 방식으로 민주주의 체제 유지에 기여하기도 한다. 이처럼 방송의 기능과 역할은 정치적 관점에서도 매우 중요하다.

1) 전통적 관점과 비판적 관점에서 본 방송의 정치적 기능

전통적 관점에서 방송의 정치적 기능은 크게 3가지로 나눠볼 수 있다(김원용, 1990). 첫째, 방송은 한 사회 내에서 발생한 다양한 사건에 대한 정보를 제공하며 환경 감시의 역할을 담당한다. 방송은 그날 일어난 수많은 정치, 사회, 경제 사건들 가운데 시청자에게 선택적으로 전달되어야 할 중요한 뉴스가 무엇인지 결정한다. 다시 말해 방송은 그날 중요한 정치적 뉴스를 결정함으로써 그 사회의 중요한 정치적 이슈들을 시청자들에게 선택적으로 제시한다. 또 방송은 정치, 경제, 사회 각 분야의 잘못된 정책이나 문제되는 관행을 찾아 폭로하여 정부와 시민이 적극적인 개선에 나서도록 한다. 환경 감시 역할을 통해 한 사회의 문제를 적극적으로 파악하고, 비판하고, 해결 방법을 제시하는 것이다. 방송의 두 번째 정치적 기능은 사건의 해석과 전망이다. 방송은 정치적 뉴스를 해석할 단서를 제공하고, 다양한 정치적 이슈의 중요성 정도를 파악할 수 있는 실마리를 제공해준다. 대부분의 정치 뉴스는 다양한 하위 이슈들이 서로 얽혀 있어 복잡한 경우가 많다. 때로는 커다란 틀에서 봐야 이해되기도 하고, 정치적 지식을 필요로 하기도 한다. 이처럼 복잡한 정치 이슈에 대해 방송은 특정한 해석 관점을 강조하는 방법으로 이슈 해석의 틀(frame)을 제시한다. 세 번째는 방송의 정치사회화 기능이다. 방송은 시청자 개인이 그 사회의 기본 가치와 방향을 학습하게 하며 이를 통해 사회에 적응하도록 도와준다(김원용, 1990). 실제 수많은 사람들이 정치 관련 사건이나 이슈를 방송 뉴스를 통해 접한다. 이 내용들은 시청자가 자신이 속한 사회 내에서 정치사회화 과정을 밟는 데 바탕 자료로 활용된다. 방송이 시민의 정치 의식 수준을 향상시키고, 정치 참여에 동원하는 역할을 하는 것이다(Brynin & Newton, 2003).

반면, 비판적 관점에서 방송은 전혀 다른 정치적 기능을 수행하고 있다. 프랑크푸르트(Frankfurt) 학파나 알튀세 등 비판 연구가들은 방송을 자본주의 체제 유지에 기여하는 지배 세력의 도구로 지적한다(Althusser, 1970; Tuchman, 1974). 방송이 기존 지배 체제를 보장하고 정당화하여 시민들을 기존의 체제에 통합시키고 현상 유지하는 이데올로기적 도구로 보는 시각이다(김원용, 1990).

알튀세(Althusser, 1971)는 자본주의 사회가 유지되기 위해서는 피지배자인 노동자들이 현 체제 질서와 이데올로기에 순종해야 한다고 주장했다. 구체적으로 현대 국가는 사회통합과 현상 유지를 위해 '억압적 국가 장치'와 '이데올로기적 국가 장치'를 사용한다는 것이다. 전자에는 정부, 군대, 경찰, 재판소, 감옥 등이 속하며, 후자에는 교회, 학교, 언론, 문화 예술 등이 속한다. 방송 및 매스미디어를 사회 지배 계층이 이데올로기적 지배를 통해 사회통합을 유지하는 데 사용되는 장치로 본 것이다. 프랑크푸르트 학파 또한 한 국가의 미디어는 지배 계급의 이데올로기를 전파해 기존 사회 지배 체제에 시민들이 복종하도록 하는 역할을 한다고 보았다. 자본주의 사회에서 생산되는 대중문화가 소비자로 하여금 지배 계급의 자본주의적 이데올로기를 포함한 기존 사회규범을 받아들이도록 하는 것이다. 요컨대, 비판적 커뮤니케이션 학자들에게 방송은 그 사회의 헤게모니를 유지하고 정치사회적 통제 수단으로 이용되는 매개체인 것이다(김원용, 1990).

실제로 방송은 기존 정치 세력을 정당화시키고 기존 사회질서를 옹호하는 경향이 있다. 실제로 기존 사회질서를 파괴하는 새로운 주장이 방송을 통해 새롭게 논의되는 경우는 별로 없다. 새로운 사상이 아예 출현하지 못하는 경향도 있다(Tuchman, 1974:39). 특히 방송은 공공성의 제약을 받아 전달 내용이 기존 정치사회 체제가 허용하는 범위 내에서 제약되는 경우가 많다. 방송의 공공성은 또 방송으로 하여금 많은 사회 구성원이 공유하는 가치를 반영하도록 한다. 따라서 기존의 사회질서와 다수 구성원의 가치에 반하는 소수 의견이 무시되기 쉽다. 현 체제의 허용 범위에서 벗어나는 견해들은 비정상적이거나 괴팍한 것으로 취급되는 경향이 있고, 시청자들로 하여금 그런 견해들이 중요치 않다고 생각하도록 한다(Milliband, 1959, p.238). 방송이 현 정치체제를 옹호하고 사수하는 역할을 담당한다는 주장인 것이다.

미디어가 사회 통제 기능을 수행하면서 의식적, 무의식적으로 지배 계층의 이념을 강화시키고, 피지배 계층의 의견을 축소하는 사례도 연구되었다. 기틀린(Gitlin)은 1960년대 미국 좌익 학생운동에 대한 미디어 보도를 분석해 학생운동이 기존의 정치체제에 적대적인 것으로 묘사되었음을 밝혔다. 미디어는 학생운동의 폭력성 등 사소한 이슈를 강조함으로써 학생운동의 본질을 왜곡하고 의미를 축소시키는 방향으로 보도했다는 것이다(Gitlin, 1980; 김원용, 1989). 방송이 다큐멘터리 프로그램을 통해 기존 사회적 지배 이데올로기를 정당화하는 사례도 연구되었다. 백선기와 최경순(2000)은 MBC 〈성공시대〉에 내재된 '성공 신화'에 대한 이데올로기를 분석했다. 대부분 프로그램은 주인공이 역경을 극복하고 성공에 이른 요인들을 중심으로 이야기를 구성했다. 서사구조를 보면 우선 시련의 동일화 전략이 나타난다. 대부분 프로그램에서 주인공에게 생활고나 인종차별 등의 시련이 닥치고, 이러한 시련 극복을 위해 주인공들이 초인적 힘을 발휘하는 모습을 그렸다. 이러한 서사구조를 통해서 성공한 사람은 모두 엄청난 시련을 극복한 초인적 의지와 능력의 소유자로 묘사되고 있다. 이는 평범한 사람들도 모두 개인적으로 열심히 노력하면 성공할 수 있다는 점을 강조하는 것이다. 두 번째 서사구조적 특징은 빈곤의 승화이다. 프로그램에서 빈곤은 가장 큰 시련이면서 동시에 성공의 원인으로 묘사됐다. 이러한 서사구조는 시청자들로 하여금 현실적인 시련에 대한 불합리와 고통을 정당화하고 용인하도록 한다. 세 번째 서사구조는 빈곤의 개인화이다. 빈곤의 문제를 사회구조적 문제로 인식하기보다 극히 개인적인 불행으로 묘사하는 것이다. 또한 성공의 척도가 물질에 기반을 둔 경우가 많다. 즉, 성공의 척도로서 경제적 지위의 격상이 제시되는 것이다. 이러한 이야기 구조는 성공은 결국 경제적 보상이라는 가치관을 확대, 재생산시킨다. 이러한 다큐멘터리를 통해서 다큐멘터리는 궁극적으로는 자본주의 이데올로기를 강화하고 있다. 사회 구성원들은 시련이 닥쳐도 낙오하지 않고 최선을 다해 노력하면 경제적 성장이라는 보상을 받게 된다는 서사구조를 통해 시청자로 하여금 물질주의와 자본주의의 근본 가치에 매몰되게 만든다. 또한 노력하는 사람들이 대가를 받는다는 이야기 구조를 통해 차별적 보상과 경제적 불평등을 용인하게 만드는 경향이 있다. 사회에 저항하기보다 순응하고 노력해 성공의 보상을 받으라고 권유하며, 기존의 사회질서를 유지하는 이데올로기적 기능을 수행하는 것이다.

요컨대, 방송의 정치적 기능과 역할은 크게 2가지로 요약될 수 있다. 방송은 환경 감시 역할을 하며 사회의 주요 이슈가 무엇인지 알려주고 해석해주는 역할을 수행한다. 반면, 방송은 한 사회의 기존 이데올로기를 전파시키며 사회체제 옹호와 유지에 기여하는 역할을 하고 있다고 볼 수도 있다.

2) 방송과 선거

방송은 선거 과정에서 매우 중요한 역할을 담당한다. 방송은 선거에 필요한 정보를 실시간으로 제공하고, 후보자 및 지지자 인터뷰, 공약 발표 및 연설, 후보자 간 토론, 유권자의 반응과 의견 등을 제공한다. 요컨대 방송은 유권자에게 필요한 정보를 제공하고 후보자의 장단점을 비교, 평가해 유권자가 투표에 적극적으로 참여하게 만든다는 점에서 긍정적 역할을 수행하는 셈이다.

방송과 선거를 다루는 많은 연구들이 진행되고 있다. 기존 연구에서 지적된 방송의 선거 보도에 대한 이슈들은 다음과 같다(윤호진, 2007; 백선기, 2001). 첫째, 공정한 보도의 문제이다. 최근 방송에서는 동등시간 원칙(equal time rule)이 지켜져 형식적인 평등성이나 공정성 측면에서 많은 개선이 이루어졌다. 하지만, 질적인 공정성 측면에는 여전히 문제가 지지적된다. 후보자들에게 같은 방송 시간을 할애한 뒤에도 누가 먼저 어떤 소재와 시각으로 보도되느냐는 문제가 남는다.

둘째, 흥미 위주의 보도도 문제가 되고 있다. 이는 후보자 승패 위주의 판세 보도에 초점을 맞추는 '경마 저널리즘' 성향으로 나타난다. 경마식 판세 보도는 어떤 후보자의 지지율이 앞서는가에 보도가 집중되어 공약 비교 중

방송에 의한 정치의 오락화

최근 정치인이 정치 토론회 이외에 토크쇼 등의 오락 프로그램에 출연해 선거에 많은 영향을 미치고 있다. 유력한 선거 후보자가 이같은 프로그램을 통해 개인적 이미지의 개선과 지지율 상승을 꾀하는 경우가 나타난 것이다. 후보자가 공식 선거 기간 이외에 오락 프로그램에 출연하는 것에 대한 규정은 현재 없다. 하지만 후보자의 정책 비교 중심의 선거를 위해 유력한 후보자의 오락 프로그램 출연에 대해 사회적 논의가 필요한 시점이다.

대선주자들, 안철수 '힐링캠프' 출연 맹비난

새누리당과 민주통합당 대선주자들은 22일 SBS 예능프로그램 '힐링캠프'에 안철수 서울대 융합과학기술대학원장이 출연하는 것에 대해 "공정하지 않다"며 한목소리로 비판했다. 이들은 안 원장이 방송 출연으로 지지율이 올라가면 향후 선거 구도에 강력한 영향을 미칠 것으로 보고, SBS 측의 안 원장 출연 결정을 강하게 비판하는 한편 다른 후보들에게도 동등한 기회를 줄 것을 요구하고 있다.

새누리당 조동원 홍보기획본부장은 이날 여의도 당사에서 브리핑을 통해 "안 원장의 힐링캠프 출연은 국민 지지도에서 우월적 지위를 가진 안 원장에게 차별적 기회를 제공하는 것"이라고 비판했다. 그는 "최근 SBS가 공정성 문제로 여권 경선후보의 (힐링캠프) 출연 요청을 거부했던 것을 고려하면 안 원장의 방송은 형평성 측면에서 큰 문제가 될 수 있다"고 지적했다. 그러면서 "안 원장은 범야권에 속해 있으니 야권에서 (문재인 상임고문까지) 2명이 나왔다면 여권에서도 박근혜 전 비대위원장을 포함해 2명이 나가야 한다"고 주장했다. 새누리당 김문수 후보는 올해 초 SBS 힐링캠프 출연을 타진하다 무산된 것으로 알려졌다. 김 후보 측은 이에 대해 "SBS 관계자와 비공식적으로 논의를 하다가 '정치인은 안 된다'는 이유로 거절당했다"고 설명했다.

민주당 후보들은 문재인 후보에 이어 범야권 대선후보로 꼽히는 안철수 원장마저 힐링캠프 출연으로 지지율이 오를 경우 자신의 지지율에 직격탄이 될 수 있다는 점에서 더욱 경계심을 나타내고 있다.

손학규 후보 측은 "올해 초부터 힐링캠프 출연을 계속 요청했는데 SBS 측이 거절했다"며 "대선 경선이 본격화하는 시점에 방송사가 안 원장의 출연을 결정한 것은 선거 개입이자 공정성의 원칙에 어긋나는 것"이라고 비판했다. 김두관 캠프 정진우 부대변인은 서면브리핑에서 "방송 프로그램을 통해 어떤 후보는 인지도와 지지도 상승의 덕을 누리고, 어떤 후보는 그 기회조차 주어지지 않는다면 참으로 불공정한 일"이라며 "전파의 공공성을 감안할 때 대선후보들에게 공정한 기회를 주는 것이 마땅하다"고 주장했다. 정세균 후보 측 전병헌 의원은 기자들과의 오찬간담회에서 "안철수 원장이 힐링캠프에 나오면 지지율이 올라갈 것"이라며 "불공정게임이다. 우리도 나가야 한다"고 말했다.

_문화일보, 2012년 07월 23일

심의 선거에 부정적 영향을 미친다. 또 후보자 간 지나친 과열 경쟁을 조장하고 유권자가 선거 자체에 무관심과 냉소를 가지게 할 수도 있다. 특히 추문 밝히기 식의 폭로, 가십성 중심의 보도 등은 유권자들의 정치적 외면을 불러일으킬 수 있다(백선기, 1997). 결국 흥미 위주의 보도는 유권자들이 이성적이고 합리적 판단을 하는 데 부정적으로 작용한다.

셋째, 정책 중심의 심층 보도가 강화되어야 한다. 방송 뉴스는 후보자의 정책 소개 및 분석보다 후보자의 이미지에 관한 보도를 더 많이 하는 것으로 비판받아왔다. 최근에는 정치인들의 교양 및 오락 프로그램 출연이 빈번해지면서 화면에 비춰진 정치인들의 이미지가 선거에 큰 영향을 미치고 있다. 후보자들의 개인적 취향이나 생활 또는 이미지 위주의 가십성 보도 형태에서 벗어나 정책 중심의 보도가 강화되어야 한다. 후보자의 정책 수행 능력, 공약의 검증, 쟁점에 대한 입장 등이 다른 후보자의 것과 비교, 분석되는 심층 보도가 늘어나야 한다. 선거를 통한 민주주의 실현을 위해 방송은 정확하고, 객관적이고, 균형적인 선거 정보와 정책 중심의 심층 분석 내용을 유권자들에게 전달할 의무를 가지고 있다.

3. 방송과 어린이

어린이 만화 캐릭터 '뽀로로'가 '초통령'으로 불릴 정도로 많은 인기를 끌고 있다. 이를 비롯해 많은 텔레비전 프로그램이 어린이 시청자들을 확보하고 이들에 상당한 영향을 미친다. 1999년에서 2004년까지 어린이의 텔레비전 시청 현황을 종합적으로 살펴보면, 초등학교 1~2학년은 평일 기준으로 하루 평균 2시간 정도, 초등학교 3~4학년은 약 3~4시간, 초등학교 고학년은 1~1.5시간 정도 TV를 시청하는 것으로 나타났다(김정기, 2002; 배영 · 박소라, 2005; 은혜정 · 박웅진, 2004). 학문적으로 사회학습 이론 등 많은 이론 연구자들이 방송이 어린이에 미치는 영향력에 주목하고 있다.

1) 어린이 프로그램의 현황

어린이는 직접경험을 많이 할 수 없으므로 TV 시청을 통해 사회에 대한 학습을 한다. 이는 가치관 형성에도 영향을 미친다. 이 시기 학습된 사회화 결과와 가치관은 전 생애를 통해 인격체 및 성격이 형성되어가는 데 영향을 미친다. 어떤 학자는 TV가 어린이에게 미치는 영향을 백지 위에 낙인 찍는 것과 같다고 표현하기도 했다(변동현 · 김영기, 1993). 그만큼 어린이가 보는 TV 프로그램의 내용은 매우 중요하다.

현재 4개의 공중파 방송 이외에 어린이 프로그램을 중점적으로 편성하고 있는 케이블 채널은 약 10개에 이른다. 2007년 데이터에 따르면 18개 어린이 채널을 통해 일주일 평균 1,743시간, 즉 하루 평균 249시간 동안 어린이 프로그램이 방송되는 것으로 나타났다(유홍식 · 조은희 · 김지혜 · 이민 · 유선선 · 홍양선, 2008). 한 가지 문제는 어린이 프로그램 편성이 지나치게 케이블 채널에 집중되어 있다는 점이다. 공중파 3사의 어린이 프로그램 편성 비율은 전체의 4.15%에 불과하고, EBS를 포함해도 11.37%인 것으로 나타났다. 공중파의 어린이 프로그램의 경우, 공공성을 의식해 교육적인 프로그램들로 구성되지만, 케이블은 주로 오락 프로그램 성격으로 편성하고 있다. 어린이 프로그램의 장르를 분석하면 애니메이션에 대한 지나친 편중이 지적될 수 있다. 케이블 및 위성 채널의 애니메이션 편성 비율은 87.44%였으며, 공중파 채널도 52.6%였다. 애니메이션은 대부분 교육적 프로그램이 아니며, 어린이에게 부적합한 폭력적 내용이 많기 때문에 문제로 지적된다.

어린이 프로그램은 또 해외 프로그램 비율이 지나치게 많다는 단점도 가지고 있다. 전체 어린이 프로그램 중 30% 정도만 국내 제작물이며 70% 정도는 해외 수입 프로그램이다. 어린이 프로그램의 50% 이상이 미국과 일본 수입물인 것으로 집계된다. 어린이들은 방송을 통해 자신이 속한 사회와 나라의 고유 풍습과 전통 가치들을 습득하게 된다. 예를 들어, 우리나라 어린이 프로그램에는 어른을 공경하고 스승을 존경해야 하다는 유교적 가치가 내재되어 있다. 하지만 미국 프로그램은 주인공 대부분이 금발의 백인인 상황이다. 동양인들은 대체로 조연을 담당하는 이야기 구조이다. 어린이가 TV를 통해 동서양 및 한국과 미국의 가치를 함께 습득하는 것이다. 이러한 학습이 어린이들에게 어떠한 영향을 줄 것인지 생각해봐야 한다.

어린이 프로그램의 문제로서 지나친 폭력적 내용도 지적된다. 국내 지상파 방송의 어린이 프로그램을 분석한 연구(한균태 · 하승태 · 서영남 · 조의현, 2007)에 따르면, 20분 정도의 프로그램에서 폭력 장면이 평균 4건씩 발견되었다. 애니메이션은 이보다 높은 5.6건 정도로 다른 장르에 비해 훨씬 많은 것으로 나타났다. 어린이 프로그램에서 폭력에 대한 처벌은 단지 7%에 불과하며, 이에 대한 처벌보다 간과(66.3%)가 훨씬 많은 것으로 분석되었다. 이는 어린이 시청자에게 폭력의 모방과 학습이 가능하도록 할 수 있다. 장르별로도 폭력성이 다르게 나타난다. 학습 및 교육 프로그램에서는 폭력 장면이 거의 등장하지 않지만, 놀이 및 체험 프로그램에서는 폭력 장면이 자주 나타났다(안정임 · 유홍식, 2007).

방송이 어린이에게 미치는 영향을 바라보는 관점은 크게 긍정적인 면과 부정적인 면으로 나뉜다. 긍정적인 측면에서는 텔레비전 시청이 교육적 효과를 가진다고 보고 있다. 미국의 많은 연구에서 교육 프로그램은 학습에 대한 긍정적 태도 형성, 학교 적응 및 학업 성적의 향상, 공격성 감소에 도움을 주는 것으로 나타났다(e.g., Huston, Anderson, Wright, Linebarger, & Schmitt, 2001). 또 친사회적행위 및 사회성 발달에 긍정적 효과를 가져올 수 있는 것으로 밝혀졌다(e.g., Collins & Getz, 1976). 반면, 텔레비전이 어린이의 정서 발달, 현실 인식, 독서능력, 소비 성향, 건강 등에 부정적 영향을 미친다는 입장도 존재한다. 특히 어린이가 TV 프로그램에서 묘사된 폭력적 행위를 관찰 학습을 통해 모방하여 결과적으로 폭력적 행위가 증가한다는 주장이 있다(e.g., Bandura, 1965; Bandura, Ross, & Ross, 1963; Bandura & Walters, 1963).

텔레비전 시청은 어린이에게 긍정적이면서 동시에 부정적인 영향을 미치는 것으로 나타났다. 그렇다면 왜 이렇게 다른 결론이 도출된 것일까? 중요한 것은 결국 어떠한 내용의 프로그램을 시청하는지가 중요하다. 교육적 프로그램의 경우 어린이들의 정서 발달 및 학습에 도움을 줄 수 있지만, 폭력이 난무하고 말초신경을 자극하는 오락 프로그램의 경우 어린이들에게 부정적 영향을 미치게 된다. 텔레비전 프로그램의 신중한 선택이 어린이들의 정서 및 인지 발달에 매우 중요하다고 하겠다.

2) 방송이 학습에 미치는 영향

과연 텔레비전은 어린이의 학습에 도움을 줄 수 있는가? 이는 어린이의 텔레비전 시청에서 매우 중요한 문제이다. 학습 효과를 살펴보기 위해 우선 어린이의 집중(attention)과 이해(comprehension)에 대해 살펴보자. 텔레비전은 오디오와 비디오 메시지를 동시에 처리해야 하는 복잡한 과정을 거치기 때문에 주의와 집중을 요하는 매체이다. 집중과 이해의 관계에 대해서는 2가지 가설이 존재한다(Bickham, Wright, & Huston, 2001). 첫 번째는 수동적 시청 모델이다. 어린이는 수동적으로 텔레비전을 시청하기 때문에 시청하는 프로그램의 화려한 편집과 음향 효과에 무의식적으로 집중한다는 것이다. 이렇게 수동적 집중을 통해 시청된 내용은 제대로 된 인지처리 과정을 밟지 못하게 되고 프로그램 내용의 이해에도 별 도움이 되지 않는다고 한다(Singer, 1980). 어린이가 화면이 자주 바뀌고 요란한 음향 효과를 동반하는 광고에 집중하는 현상을 이런 시각에서 설명할 수 있다. 이 이론적 모델을 바탕으로 짧고 빠른 화면 전환이 특징인 미국의 〈세서미 스트리트(Sesame Street)〉 프로그램이 개발되었다. 두 번째는 능동적 시청 모델이다. 이 모델은 어린이가 자신의 시청 목적과 의지에 따라 프로그램의 선택과 집중을 스스로 통제한다는 이론이다(Huston & Wright, 1989). 어린이가 빠른 화면 전환이나 요란한 음향 등의 형식적 요소에 끌리기보다 프로그램 내용을 이해하는 경우에 집중 시청한다는 것이다(Calvert et al., 1982). 어린이의 반응을 유도하고 대답할 시간을 주며 천천히 진행되는 어린이 프로그램 〈블루스 클루스(Blues' Clues)〉나 〈탐험가 도라(Dora the Explorer)〉 같은 프로그램들이 이런 모델을 바탕으로 개발되었다. 이런 프로그램들은 일주일 동안 동일 프로그램을 반복해 보여주기도 한다. 반복 시청을 통해 교육이 이뤄지며 시청률도 오히려 향상되는 현상이 나타난다. 어린이들이 반복 시청을 통해 이해력을 향상시키고 학습 경험을 쌓기 때문에 더 적극적으로 시청하게 되는 것으로 추정된다.

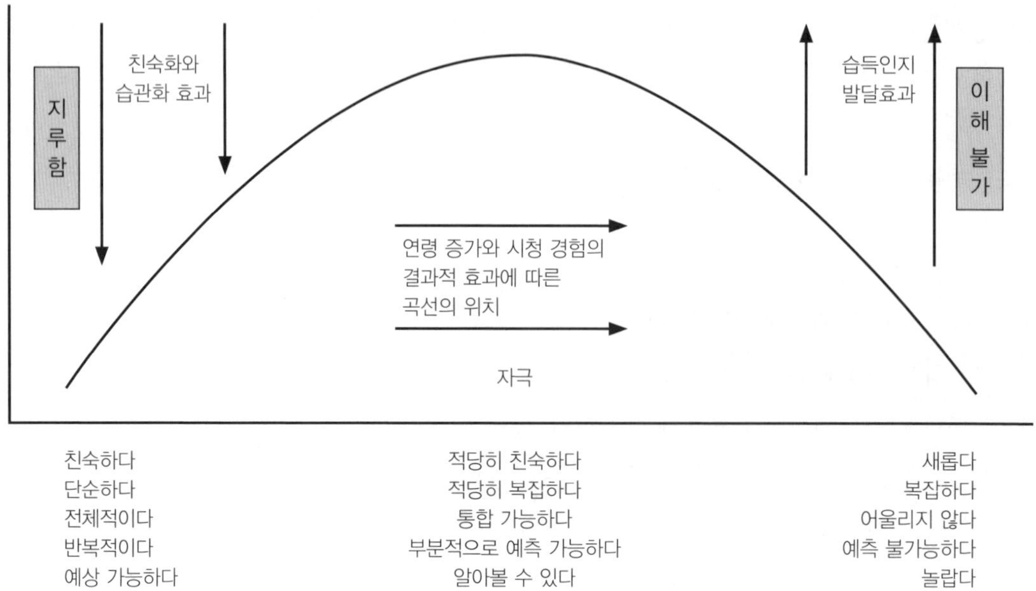

그림 6-1
여행 렌즈 모델(Traveling Lens Model)[1]

어린이의 수동적 또는 능동적 시청 현상은 연령에 따라 다르게 나타난다. 유아기 어린이는 수동적 시청을 하기 때문에 주의 집중한 프로그램을 보는 것으로 그치는 반면, 더 큰 어린이는 텔레비전 시청 요령을 터득하고 프로그램 내용을 이해하기 위해 전략적으로 화면에 주의 집중하는 것으로 나타났다(Wright et al., 1984).

주의 집중과 이해도에 관한 종합적 모델은 그림 6-1에서 보는 바와 같다(Rice, Huston, & Wright, 1982). 모델에 따르면, 어린이는 친숙하고, 간단하고, 반복적이며, 지속적이고, 통합적이며, 예상 가능한 영상은 지루해하기 때문에 주의 집중을 잘 하지 않는다. 또 새롭고, 복잡하고, 지속적이지 않으며, 통합적이지 않고, 예상할 수 없는 영상도 이해하기 힘들기 때문에 주의 집중 대상이 아니다. 적당히 새롭고, 자극적이고, 복잡하고, 예상할 수 있는 영상이 어린이의 집중을 유발하기에 적합한 것이다. 어린이가 최대한 학습하는 경우는 친숙하지 않으나 적당히 새롭고 적당히 어려운 영상을 시청할 때인 것으로 나타났다. 적당히 어려운 영상을 보여주었을 때 어린이는 적당한

1 그림은 Rice, Huston & Wright의 『The forms and codes of television: Effects on children's attention, comprehension, and social behavior』에서 인용했다.

관심을 가지면서 새로운 내용을 습득하게 되는 것이다. 비고스키(Vygotsky, 1978)는 이러한 학습이 최대화되는 영역을 '근접발달영역(zone of proximal development)'이라고 명명했다.

텔레비전 시청이 어린이 학습에 미치는 영향을 장기적으로 분석한 연구도 있다. '얼리 윈도 프로젝트(The Early Window Project)'는 1990년대 미국의 〈세서미 스트리트(Sesame Street)〉의 시청 효과를 3년 동안 추적 연구했다. 연구 결과에 따르면, 2~3세 어린이 가운데 알파벳과 숫자를 가르쳐주는 이 프로그램을 시청한 집단이 그렇지 않은 집단에 비해 초등학교 학습 준비가 잘 이뤄지는 것으로 나타났다. 이 프로그램을 시청한 어린이들은 학교 교육에 필요한 기본 개념들과 알파벳이나 숫자에 대해 더 높은 이해도를 보였다. 하지만 4세 이상의 어린이들에게는 특별한 시청 효과가 나타나지 않았다. 이 연구 프로젝트는 더 장기적 효과를 살펴보기 위해 참여 어린이들이 15~19세로 성장했을 때 다시 설문을 실시했다(Anderson, Huston, Smith, Linebarger, & Wright, 2001). 연구 결과, 5세 때 주 5시간 정도 이 프로그램을 시청한 집단이 시청하지 않은 집단에 비해 15~19세 때도 영어, 과학, 수학에서 더 높은 점수를 보였다. 특히 〈미스터 로저의 이웃 동네(Mister Rogers' Neighborhood)〉와 같은 교육 프로그램을 시청한 학생들의 경우 일반 어린이들에 비해 높은 창의력 지수를 보여줬다(Singer & Singer, 1981). 한편, 어린 시절 오락 프로그램을 많이 시청한 어린이들일수록 청소년기에 학습적으로 부진하다는 결과가 도출되었다. 앤더슨과 그 동료들은 텔레비전 시청이 어린이들에게 많은 지식을 직접 전달하지는 않지만 자기 훈련법과 학습에 대한 열망과 기술을 갖도록 돕는다고 밝혔다(Anderson et al, 2005). 결국 시청하는 프로그램의 내용이 중요한 것이다.

3) 어린이들의 텔레비전 시청과 부모의 역할

텔레비전 시청을 올바르게 지도하기 위해 부모의 역할은 매우 중요하다. 어린이들의 텔레비전 시청으로 야기되는 부정적 효과를 가장 효율적으로 줄일 수 있는 방법이 부모의 중재(intervention)이다. 어린이는 부모와 대화를 통해 미디어의 내용을 비판적으로 이해하고 수용하게 된다. 어린이가 비판적 시청자가 되는 것은 가정 내 부모의 시청 지도에 달려 있는 것이다.

기존 연구들에 따르면 부모 및 보호자가 어린이와 같이 텔레비전을 시청하는 경우가 많지 않은 것으로 나타났다(Atkin et al., 1991; Desmond et al., 1990). 부모가 어린이의 TV 시청에 중재 역할을 하는 경우도 드물었다. 부모의 중재는 어린이의 학습 효과를 증폭시키고, 친사회적 태도를 유도하고, 폭력물 등의 부정적 묘사로 인한 부정적 효과를 감소시키는 것으로 나타났다(Bybee et al., 1982). 실제로 부모의 시청 제한이나 중재를 겪은 어린이들은 실제 세계와 텔레비전의 허구적 이야기를 더 잘 구분하고, 텔레비전을 보면서 불안감을 덜 느끼게 되고, 덜 공격적 성향을 보이는 것으로 나타났다(Desmond, 1990).

따라서 어린이의 올바른 텔레비전 시청을 위해 부모의 적극적 개입이 필요하다. 2세 이하 유아의 경우 가급적이면 텔레비전 시청을 하지 못하도록 하는 것이 좋다. 2세 미만의 아기가 TV나 비디오를 너무 많이 시청하면 언어 장애나 대인 기피증이 생길 수 있다는 조사 결과가 있다. 일본 소아과의사회가 후쿠오카 시의 영유아 1,000명을 대상으로 연구한 결과, 하루 10시간 이상 TV를 켜놓은 가정에서는 눈을 맞추려 해도 눈길을 돌리는 어린이의 비율이 96.6%에 달했다(한국일보, 2004년 2월 8일). 이는 TV가 켜져 있는 시간이 하루 3시간 미만인 집의 어린이가 눈길 피하는 비율(37.5%)보다 3배 가까이 높은 것이다. 일본과 미국의 소아학과 학회는 만2세 미만 어린이들의 시청을 단속할 것을 권하고 있다. 4세 이상 어린이의 경우 일주일 동안 어떤 프로그램을 시청할 것인지 부모와 상의해 결정하는 계획적 시청이 필요하다. 또 어린이는 부모와 함께 시청하는 것이 중요하다. 어린이들이 시청하는 프로그램에서 궁금해하는 것을 질문하도록 하고 적절히 대답해주는 것이 학습 효과를 증진시키고, 텔레비전 시청의 부정적 효과를 줄이는 데 도움이 된다. 특히 태풍이나 홍수 등의 재난, 폭탄 테러, 전쟁 영상 등 어린이에게 지나치게 자극적인 뉴스 영상은 어린이가 시청을 한 후에 잘 설명해주는 것이 중요하다.

뉴스 영상이 어린이들에게 미치는 영향

최근 뉴스의 선정성에 대한 지적이 나올 만큼 자극적인 뉴스 영상들이 많이 방송되고 있다. 실제로 리비아 카다피가 피살되었을 당시 피 흘리며 쓰러지는 카다피의 영상이 하루 종일 방영되기도 했다. 어린이들도 이러한 자극적인 영상에 노출되었을 것이다. 이렇게 텔레비전의 부정적 효과를 방지하기 위해 부모의 역할이 매우 중요하다.

후세인 교수형 동영상이 어린이 12명의 목숨 앗아갔다

후세인 처형 동영상을 본 10대들이 교수형을 흉내 내다가 12명이나 숨진 것으로 집계됐다. AFP 통신은 8일(현지시각) 후세인 전 이라크 대통령이 교수대에서 처형당하는 동영상 장면을 TV에서 본 뒤 따라하다가 숨진 12번째 어린이는 사우디아라비아에서 나타났다고 보도했다.

(중략) 소년의 아버지는 "아이들이 TV에서 후세인 처형의 동영상을 본 뒤 교수형을 모방하다가 변을 당했다"고 말했다. 또 인도 동부 지방에서는 15살짜리 소녀가 후세인 처형 장면을 본 뒤 방 천장의 팬을 사용해 교수형 놀이를 했다가 사망했다. 미국에서는 10살 소년이 우연히 교수형 흉내를 냈다가 지난 4일(현지시각) 숨졌다고 휴스턴 크로니컬지가 지난주에 보도했다. 알제리에서는 학교 친구들이 한 친구(12살)를 장난삼아 줄로 목을 맸다가 살해하는 사건을 저질렀다.

폭력 영화나 만화를 많이 노출된 어린이가 폭력적으로 변하는 경향이 있듯이 후세인 처형을 동영상으로 촬영해 유포시키고, 그러한 끔찍한 화면을 삭제 없이 텔레비전을 통해 방영한 어른들의 잘못된 행동이 호기심이 많은 무고한 어린이들의 목숨을 앗아갔다.

_CBS노컷뉴스, 2007년 1월 9일

4. 방송과 폭력

미디어 폭력(media violence)은 텔레비전 시청이 사회에 미치는 영향에 관한 연구 가운데 이미 상당히 많은 연구가 진행된 분야이다. 많은 실증 연구들이 미디어 폭력과 이에 노출된 개인의 공격성 간의 관계를 설명해왔다. 이들 연구에 따르면 미디어 폭력물을 많이 시청한 사람일수록 개인의 공격적 성향 또는 행위가 증가하는 것으로 나타났다. 텔레비전 시청이 과연 폭력성을 증대시키는 원인인지에 대한 논란의 소지가 있지만, 최소한 미디어 폭력물 노출이 공격 성향 또는 공격적 행동의 증가와 관계되며, 텔레비전 폭력물 시청은 반사회적 행동과도 연관성을 보이는 것으로 나타났다(Paik & Comstock, 1994; Wood, Wong & Chacere, 1991).

1) 방송에 나타난 폭력성

방송에 나타난 '폭력'이라 함은 신체적인 공격(physical aggression)을 떠올리기가 쉽다. 폭력은 넓은 의미로는 다른 사람을 해하려는 의도에서 유발된 모든 행동이라고 정의될 수 있다(Felson, 1996). 버코위츠(Berkowitz, 1993)에 따르면, 폭력은 사람을 신체적 혹은 심리적으로 다치게 하려는 의도가 있는 행동으로 설명된다. 반두라(Bandura, 1973)는 폭력을 사람의 신체나 기물 등의 파손을 유발하는 행위로 정의하며 신체적이며 물체적인 가해뿐 아니라 심리적인 가해도 포함한다고 했다. 언어 폭력이나 모함 등의 경우도 폭력에 포함되는 것이다.

실제로 방송 프로그램에 많은 폭력이 나타나고 있다. 신체적 폭력 장면뿐 아니라 언어적 폭력 장면도 많이 방송된다. 지상파 방송 프로그램을 분석한 결과, 1시간당 약 5.7회의 폭력이 묘사되는 것으로 나타났으며, 유형별로는 물리적 폭력이 가장 많았다(민영 · 이정교 · 김태용, 2007). 케이블TV 프로그램의 폭력성은 더 심각한 수준인 것으로 드러났다. 2006년 국가청소년위원회가 지상파 4개 채널과 청소년이 즐겨보는 케이블 채널 16개 등 20개 채널의 1,277개 프로그램을 대상으로 폭력 장면을 분석했다. 케이블TV의 경우 시간당 10.7회의 폭력 장면을 묘사하여 지상파 1.9회에 비해 6배 정도 많게 나타났다.

정기완과 곽은경(2007)은 한국 텔레비전 드라마에 나타는 폭력성의 특징을 5가지로 분류하고 있다. 첫째, 폭력의 유형 가운데 언어적 폭력이 가장 빈번하게 방송되는 것으로 나타났다. 둘째, 영웅이나 주인공 등 매력적 인물이 악당보다 더 빈번하게 폭력을 행사하는 것으로 나타났다. 셋째, 폭력의 동기 측면에서는 계획된 폭력보다 순간적 분노에 의한 폭력 행사가 더 잦은 것으로 나타났다. 이러한 텔레비전 속 충동적인 폭력 행위는 유사한 실제 상황에서 드라마의 폭력 장면이 단서가 되어 폭력이 실제 사용되는 위험성도 안고 있다. 넷째, 드라마 속에서 가해자와 피해자가 서로 잘 아는 사이에서 폭력이 주로 발생하는 것으로 나타났다. 다섯째, 텔레비전에서 폭력이 묘사된 경우 폭력의 결과인 육체적 혹은 정신적 상해는 거의 나타나지 않는 것으로 나타났다. 이는 시청자로 하여금 폭력의 심각성을 간과시킬 우려가 있다. 이렇듯 텔레비전에는 많은 신체적 · 언어적 폭력이 등장하고 있으며, 이는 언제든 청소년들이 모방하기 쉬운 위험을 안고 있다.

2) 텔레비전의 폭력성이 청소년에게 미치는 영향

텔레비전 폭력성이 청소년에 미치는 영향은 심리학, 커뮤니케이션학, 사회학 등 다양한 학문 분야에서 연구되어왔다. 이와 관련된 이론으로는 사회인지 이론(Social cognitive theory), 점화 이론(Priming theory), 문화계발 이론(Cultivation theory)을 들 수 있겠다.

사회인지 이론에 따르면 시청자는 매스미디어에 의해 전달되는 새로운 행동들을 관찰 학습을 통해 배우게 된다고 한다(Bandura, 2002). 사람들은 직접적으로 경험하지 못한 일이라도 미디어를 통해 간접 학습을 할 수 있다. 사람들이 미디어에 의해 묘사된 폭력 장면을 시청하면서 자연스레 학습이 이루어질 수 있다. 관찰 학습은 무의식으로 발생하기 때문에 폭력에 대한 반복적 노출은 우리 머릿속에 각인되어 유사한 상황이 발생하면 쉽게 폭력을 행사하게 되는 것이다.

두 번째 이론은 심리학을 중심으로 발전한 점화 이론(Priming theory)인데, 주로 단기적이고 폭력적 자극의 효과를 설명하는 데 적용되어왔다. 이 이론에 따르면, 폭력에 자주 노출된 사람들은 폭력과 관련된 지식 체계가 활성화되어 있다. 이들이 텔레비전에서 시청했던 사건과 유사한 상황에 직면하면 폭력 관련 사항이 더 잘 인지적으로 기억이 되고, 이러한 인지적 접근성이 쉽게 폭력 행사로 이어진다는 것이다. 심리학에서는 사람의 기억 구조를 수

많은 결절(node)들의 연합 네트워크(associate network)로 본다. 하나의 노드는 다른 노드들과 자주 연관되어지는 정도에 따라 강하게 혹은 느슨하게 연결되어 있다(Riskos-Ewoldsen, Roskos-Ewoldsen & Carpentier, 2002). 예를 들어 '간호사' 라는 단어는 자주 같이 언급되는 '의사' 라는 단어와 강하게 연결되어 있고, '사자'는 '호랑이'와 강한 연계를 이루고 있는 것이다. 점화 이론은 사람들이 폭력적 영상에 노출될 때마다 폭력과 연계된 기억이 활성화되기 때문에 공격을 받았을 때 더 쉽게 공격적 반응을 보이게 된다고 설명한다.

세 번째 매스미디어 폭력성의 효과에 대한 중요한 이론으로 문화계발 이론(cultivation theory)을 들 수 있다. 이에 따르면 텔레비전은 시청자들에게 현실 세계에 대한 인식을 배양시키는 역할을 한다(Gerbner, Gross, Morgan & Signorielli, 1980). 방송에서 제공하는 내용은 실제가 아닌 상징적 허구의 세계이지만 오랫동안 텔레비전을 시청하면 이러한 허구의 세계를 바탕으로 현실을 인식하게 된다는 것이다. 예컨대, 텔레비전을 많이 시청하는 사람들은 텔레비전이 전달하는 사회 현실을 더 쉽게 받아들여 텔레비전에 많이 등장하는 폭력이나 범죄 등 사회 불안에 대해 민감하게 반응하게 된다.

위의 이론들을 바탕으로 한 다수의 연구에서 방송의 폭력성은 시청자들의 폭력성에 상당한 영향을 미치는 것으로 나타났다. 텔레비전이 제공하는 공격적 행위에 대한 학습은 학교 폭력, 가정 폭력, 사회 폭력 등 청소년 비행 및 범죄의 주요 원인으로 밝혀졌다(Mullin & Linz, 1995). 텔레비전 폭력성을 조사한 217개의 연구를 종합한 메타분석에서도 폭력적인 텔레비전 프로그램과 수용자의 공격성 및 반사회적 행위 간에 유의미한 상관성이 있다고 밝히고 있다(Paik & Comstock, 1994). 한국의 청소년들을 대상으로 한 연구들에서도 텔레비전을 통해 폭력적 영상물을 많이 접한 청소년들은 그렇지 않은 청소년들보다 공격적 행위를 더 잦게 하는 것으로 나타났다(강태완, 2005; 곽진희, 2004; 김수정, 2000; 박아청, 2001; 변동현 · 김영기, 1993; 유홍식 외, 2004; 최선열, 1991). 중 · 고등학교 남녀 학생들을 대상으로 실시한 설문 연구에 따르면 TV의 폭력적인 장면을 보고 난 후 "따라해보고 싶다", "자신도 모르게 흥분된다", "재미있고 통쾌하다" 등의 적극적 반응이 47.3%나 나타났다(김경근, 2000). 청소년들은 텔레비전에서 보여지는 허구를 현실과 혼동하기 쉬우며(김남희, 1994; 정윤이, 2004), 자아정체성이 확립되는 청소년기에 폭력적 콘텐츠에 노출될 경우 이에 대한 모방 효과는 매우 크다고 할 수 있다(Hoffner & Cantor, 1985; Zillmann & Bryant, 1991).

최근 연구에서는 폭력의 단순한 빈도보다 폭력이 발생하는 맥락적 요소들이 시청자들에게 더 큰 영향을 미친다고 보고 있다(하승태 · 김창숙 · 최수진 · 유성훈, 2008). 폭력의 가해자가 '슈퍼맨'처럼 매력적인 캐릭터일수록(Bandura, 1986; Potter & Warren, 1996), 총기류 같은 도구를 사용할수록(Carlson, Marcus-Newhall, & Miller, 1990) 폭력을 미화하게 되고 강한 모방 심리를 갖게 하는 것이다. 텔레비전 등장인물이 매력적일수록 수용자는 해당 인물과 자신을 동일시하게 되고 궁극적으로 공격적 행위에 대한 모방 의향이 강해진다(김기태, 1999). 또 폭력 행위에 대한 부정적 결과들을 보여주거나 이에 대한 처벌이 이루어질 경우에는 모방 심리가 감소하는 것으로 나타났다(Bandura, 1986; Potter & Ware, 1987). 문제는 대부분의 영화나 드라마에서 폭력을 행사하는 사람들이 매력적인 주인공이고, 폭력 후 책임져야 할 문제에 대해 잘 다루어지지 않는다는 데 있다.

방송의 폭력성에 대한 많은 연구가 진행되어왔지만, 텔레비전 폭력물 시청이 실제로 시청자들의 공격적 성향이나 행위에 미치는 영향에 대해 의구심을 표명하는 주장들도 있다(Comstock, 1978; Kaplan, 1972). 몇몇 연구는 실증적으로도 텔레비전 폭력물 시청과 시청자의 공격성 간에 의미 있는 증거가 발견되지 못했다고 밝혔다(Feedman, 1984). 헤롤드(Hearold, 1979/1986)는 텔레비전 속의 폭력 장면 시청과 반사회적 행위 간의 관계가 명확한 상관성을 나타내기보다 상황에 따라 달라질 수 있다고 보고했다. 정화 이론(catharsis theory)은 텔레비전 폭력물 시청이 오히려 대리 만족을 통해 시청자들의 공격적 성향을 낮춘다고 주장한다. 폭력적 방송 시청 정도와 시청자의 폭력적 태도 및 행동 사이의 인과관계가 100% 명확하게 밝혀진 것은 아니다. 일회성 설문조사 이외에 장기간 관찰 및 실험 연구를 통해 이들 간의 인과관계를 규명해볼 필요가 있다고 하겠다.

생각해볼문제

1. 방송을 통해 특정 집단이나 대상에 대해 고정관념이 생기는 예는 무엇이 있는가? 시청자와 제작자는 이러한 고정관념을 극복하기 위해 어떠한 일을 해야 하는가?

2. HDTV, 3D TV, Interactive TV 등 새로운 방송 기술이 텔레비전 시청에 어떠한 영향을 미치고 있는가?

3. 이번 장에서는 방송 프로그램 〈성공시대〉에 내재된 이데올로기를 소개하고 있다. 이와 유사하게 〈생활의 달인〉 등과 같은 프로그램 속에는 어떠한 이데올로기가 존재하는지 분석해보자.

4. 선거 보도에서 방송의 공정성이 매우 강조되고 있다. 방송의 공정성이란 무엇인지 여러 문헌을 통해 정리해보자.

5. 신문 기사에 대한 연구는 객관성, 사실성, 공정성, 다양성 등의 항목을 적용해 기사의 질(quality)을 측정하는 시도를 하고 있다. 방송의 경우 영상과 음성이 지원되는 매체이기 때문에 신문 기사와 그 성격이 매우 다르다. 방송 뉴스의 질을 결정짓는 요인들에는 어떠한 것들이 있을까?

6. 최근 정치인이 토크쇼 등 오락 프로그램에 출연해 선거 판세에 영향을 미치고 있다. 구체적으로 이와 같은 사례가 유권자에게 어떤 영향을 미칠 수 있는지 논해보자.

7. 방송에 등장하는 폭력을 시청하는 것은 시청자의 폭력적 성향을 유발한다고 한다. 하지만 TV 시청을 우리 사회 속 폭력 발생의 주요 원인으로 지목하기에는 그밖의 요인들도 매우 많다. 어떤 요인들이 있으며, TV 시청은 이들 요인과 비교해 어느 정도의 영향을 미치고 있는지 논해보자.

8. 방송은 어린이의 학습 효과를 최대화하기 위해 어떤 프로그램을 기획하고 제작해야 하는가? 어린이 프로그램 기획안을 작성해보자.

참고문헌

강태완(2004). 방송의 청소년 유해환경 실태조사 및 개선방안. 서울: 청소년위원회

곽진희(2004). 디지털 시대 미디어 폭력 연구. 서울: 한울아카데미

김경근(2000). 영상매체의 폭력성이 청소년에게 미치는 영향에 관한 연구. 미출판 석사학위 논문. 명지대학교대학원, 서울.

김규(1996). 방송미디어. 파주: 나남

김남희(1994). 텔레비전 드라마에 나타난 갈등 유형과 그 해결 방법: 여성등장 인물을 중심으로. 미출판 석사학위 논문. 한양대학교 대학원, 서울.

김미라(2008). 리얼리티 데이트 프로그램 시청이 데이트와 이성 관계에 대한 시청자 인식에 미치는 영향에 관한 연구. 한국언론학보, 52(2), 353-377.

김미주(2009). 태국사회에서 한류 대중문화 상품이 한국의 국가이미지 인식과 한국 방문의향에 미치는 영향. 관광연구, 23(4), 101-125.

김수정(2000). 청소년 TV 시청의 행태와 영향에 관한 연구. 정책과학연구, 10, 109-135.

김승수(2007). 방송의 공공성-공익성: 이론적 진화. 한국언론정보학회 매체자본연구회 하계 워크샵 논문집, pp. 41-87. 8월 10일. 의정부: MBC 연수원.

김원용(1989). 텔레비전 시청과 공산권 국가 인식 및 태도에 관한 연구. 한국언론학보, 24, 193-209.

김원용(1990). 방송의 정치적 기능에 관한 일고찰. 한국방송학보, 1, 39-51.

김정기(2002). 어린이 시청자의 도구적 시청과 관습적 시청경험연구. 한국방송학보, 16(3), 168-206.

민영 · 이정교 · 김태용(2007). 주 시청시간대 지상파 텔레비전의 폭력성 연구: 폭력의 양과 유형을 중심으로. 한국방송학보, 21(5), 84-126.

박아청(2001). 청소년과 폭력성 멀티미디어에 대한 일고찰. 사회과학논총, 20, 29-44.

박태순(2005). 미디어 선거의 제도화와 공론장 형성에 관한 연구. 정치커뮤니케이션연구, 3, 5-29.

방송통신위원회(2011). 2011년 방송매체 이용행태 조사. 서울: 방송통신위원회.

백선기(2001). 선거방송 보도시의 쟁점과 과제 및 해결방안: 새 선거방송 보도준칙 제안을 중심으로. 한국언론학회 심포지움 및 세미나 발표집, pp. 47-63.

백선기 · 최경순(2000). 한국사회의 성공 신화와 이데올로기: MBC-TV 「다큐멘터리 성공시대」에 대한 분석을 중심으로. 기호학연구, 7, 243-276.

변동현 · 김영기(1993). 어린이들의 텔레비전 만화영화 수용과 관련한 가치관의 유형 연구. 한

국언론학보, 30, 129-169.

안정임 · 유홍식(2007). 방송위원회 KI지수 연계 유아 · 어린이 프로그램의 품질평가모델 개발 연구. 서울: 방송위원회.

양문희 · 강형철(2005). 텔레비전 드라마의 직장 내 여성 관리자 및 경영자 묘사에 대한 연구. 한국언론학보, 49(5), 95-124.

양혜승(2006). 텔레비전 시청이 상대적 박탈감에 미치는 영향에 관한 경로모델 연구. 한국방송학회 가을철 정기학술대회 발표문초록 , pp. 369-388.

유홍식 · 임성원 · 김수정 · 박원준 · 김인경(2004). 폭력적 이종 격투기 프로그램 시청이 수용자의 지각 각성, 상태 분노, 상태 적대감 및 행위의도에 미치는 영향. 한국언론학회, 48(4), 147-174.

유홍식 · 조은희 · 김지혜 · 이민 · 유선선 · 홍양선(2008). 국내 어린이 프로그램의 편성현황 및 발달단계별 내용분석. 스피치와 커뮤니케이션, (9), 31-67.

윤호진(2007). 2007 대통령 선거 시기, 방송 보도의 이슈와 원칙. 한국방송학회 세미나 및 보고서 대통령 선거 시기, 방송을 어떻게 할 것인가?, pp.29-50.

은혜정 · 강익희 · 박웅진(2004). 시청 행태 심층 분석. 서울: 한국콘텐츠진흥원.

이영주(2007). 방송공공성에 대한 사유와 실천: 네트워크 미디어환경을 중심으로. 한국언론정보학회 학술대회 발표초록집, pp.27-45.

이호배 · 박현수 · 박창희 · 박은아(2003). 방송프로그램 및 선정성과 시청률의 관계연구. 한국방송학회 가을철 정기학술대회 및 정기총회, pp.372-385.

이효성(1995). 민주정부와 언론정책: 공익 저버린 '선택되지 않은 권력'. 저널리즘비평, 15, 46-55.

정기완 · 곽은경(2007). 텔레비전 드라마에서 나타난 폭력의 특성. 한국언론학회 2007년도 대학원생 컨퍼런스 발표초록집, p.16.

정윤이(2004). TV 연예, 오락 프로그램의 가학성이 청소년에게 미치는 영향. 미출판 석사학위 논문. 중앙대학교대학원. 서울.

차배근(1981). 사회과학 연구방법. 서울: 세영사

최선열(1991). 텔레비전 폭력물이 아동의 폭력성향에 미치는 영향 연구. 방송조사연구보고서, 제22집. 서울: 방송위원회

하승태 · 김창숙 · 유성훈(2008). 케이블 TV에 나타난 폭력성 연구: 폭력의 맥락화를 중심으로. 한국언론정보학보, 41, 200-231.

한균태(2003). 언론학적 관점, 시장원리와 공익성의 조화. 서울: 한국광고주협회.

한균태 · 하승태 · 서영남 · 조의현(2007). 지상파 텔레비전의 어린이 프로그램에 나타난 폭력성 연구: 내용분석을 중심으로. 한국방송학보, 21(1), 311-351.

한진만 · 박천일(2000). 방송론. 서울: 커뮤니케이션북스

Althusser, L.(1970). *For Marx (B. Brewster, Trans.)*. New York: Random House.

Anderson, D. R., Huston A. C., Schmitt K., Linebarger D. L. & Wright, J. C.(2001). Early childhood television viewing and adolescent behavior: The Recontact Study. *Monogr Soc Res Child Dev, 66*(1), 1-147.

Anderson, D. R., & Pempek, T. A.(2005). Television and very young children. *American Behavioral Scientist. 48*(5), 505-522.

Atkin, D. J., Greenberg, B. S., & Baldwin, Th. F.(1991). The home ecology of children's television viewing: Parental mediation and the new video environment. *Journal of Communication, 41*(3), 40-52.

Bandura, A.(1965). Influence of model's reinforcement contingencies on the acquisition of imitative response. *Journal of Personality and Social Psychology*, *1*, 585-595.

Bandura, A.(1986). *Social foundations of thought and action: A Social cognitive theory*. NJ: Prentice Hall.

Bandura, A. R., Ross, D. & Ross, S. A.(1963). Imitation of film-mediated aggressive models. *Journal of Abnormal and Social Psychology*, *66*, 3-11.

Bandura, A. & Walters, R.(1963). *Social learning and personality development*. New York: Holt Rinehart and Winston.

Berkowitz, L.(1993). Pain and aggression: Some findings and implications. *Motivation and Emotion*, *17*(3), 277-293.

Bickham, D. S., Wright, J. C. & Huston, A. C.(2001). Attention, comprehension, and the educational influences of television. In *Handbook of Children and the Media* (Singer & Singer, Eds.).CA: Sage Publications.

Biocca, F. & Cakmakci. O.(1998). Virtual & augmented reality, In A. Grant. (ed.) *Communication Technology Update(6th Ed)*. USA: Focal Press, pp. 151-174.

Bryant, J. & Zillmann, D.(1991). *Responding to the screen: Reception and reaction processes*. Hillsdale: L. Erlbaum Associates.

Brynin, M. & Newton, K.(2003). The national press and voting turnout: British general elections of 1992 and 1997. *Political Communication, 20(1)*, 59-77.

Bybee, C., Robinson, D. & Turow, J.(1982). Determinants of parental guidance of children's television viewing for a special subgroup: Mass media scholars. *Journal of Broadcasting*, *26*, 697-710.

Calvert, S. L., Huston, A. C., Watkins, B. A. & Wright, J. C.(1982). *Child Development*, *53*, 601-610.

Carlson, M., Marcus-Newhall, A. & Miller, N.(1990). Effects of situational aggression cues: A quantitative review. *Journal of Personality and Social Psychology*, *58*(4), 622-633.

Cohen, J.(2004). Parasocial break-up from favorite television characters: The role of attachment styles and relationship intensity. *Journal of Social and Personal Relationships*. *21*(2), 187-202.

Collins, W. A. & Getz, S. K.(1976). Children's social response following modeled reactions to provocation: Prosocial effects of a television drama. *Journal of personality*, *44*(3), 488-500.

Comstock, G., Chaffee, S., Katzman, N., Mccombs, M. & Roberts, D.(1978). *Television and human behavior*. New York: Columbia University Press.

Desmond, R. J,. Singer, J. L. & Singer, D. G.(1990). Family mediation: Parental communication patterns and the influence of television on children. In J. Bryant(Ed.), *Television and the American family*(pp.293-309). NJ: Erlbaum.

Farley, S., Chia, R. & Allred, L.(1998). Stereotypes about attractiveness: When beautiful is not better. *Journal of Social Behavior and Personality*, *13*, 479-493.

Felson, R. B.(1996). Mass media effects on violent behavior. *Annual Review of Sociology*, *22*, 103-128.

Freedman, J. L.(1984). Effect of television violence on aggressiveness. *Psychological Bulletin*, *96*(2), 227-246.

Gerbner, G., Gross, L., Morgan, M., Signorielli, N.(1980). Television violence, Victimization, and power. *American Behavioral Scientist*, *23*(5), 705-716.

Gitlin, T.(1980). *The whole world is watching: Mass media in the making and unmaking of the new left*. Berkeley: University of California Press.

Green, M. C. & Brock, T. C.(2002). In the mind's eye: Transportation-imagery model of narrative persuation. In M. C. Green., J. J Strange & T. C. Brock(Eds.), *Narrative impact: Social and Cognitive Foundations* (pp. 315-342). NJ: Lawrence Erlbaum Associates, Inc.

Green, M. C., Kass, S., Carrey, J., Herzig, B., Feeney, R., Sabini, J.(2008). Transportation Across media: repeated exposure to print and film. *Media Psychology*, *11*(4), 512-539.

Grogan, S., Williams, Z., Conner, M.(1996). The effects of viewing same-gender photographic models on body-esteem, *Psychology of Women*. *20*(4), 569-575.

Hearold, S.(1986). A synthesis of 1043 effects of television on social behavior. *Public Communication and Behavior*, *1*, 65-133.

Hearold, S. L.(1979). *Meta-Analysis of the Effects of Television on Social Behavior.* Unpublished doctoral dissertation, University of Colorado.

Hoffner, C. & Cantor, J.(1985). Developmental differences in responses to a television character's appearance and behavior. *Developmental Psychology*, *21*(6), 1065-1074.

Huston, A. C. & Wright, J. C.(1989). The forms of television and the child viewer. *Public Communication and Behavior*, *2*, 103-158.

Kaplan, R. M.(1972). On television as a cause of aggression. *American Psychologist*, *27*, 968-969.

Macrae, C. N., Milne, A. B. & Bodenhausen, G. V.(1994). Stereotypes as Energy-saving Devices: A peek inside the cognitive toolbox, *Journal of Personality and Social Psychology*, *66*(1), 37-47.

Marsha L. R.(1991). Social comparison and the Idealized Images of Advertising *Journal of Consumer Research*, *18*(1), 71-83.

Green, M. C. & Brock, T. C.(1992). Organizational Membership versus Informal Interaction: Contributions to Skills and Perceptions That Build Social Capital. *Political Psychology*, *26*(1), 1-25.

Mullin, C. R. & Linz, D.(1995). Desensitization and resensitization to violence against women: Effects of exposure to sexually violent films on judgements of domestic violence victims. *Journal of Personality and Social Psychology*, *69*(3), 449-459.

Nabi, R. L.(2009). Cosmetic surgery Makeover Programs and Intentions to Undergo Cosmetic Enhancements: A Consideration of Three models of Media Effects. *Human Communication Research*, *35*(1), 1-27.

Paik, H. & Comstock, G.(1994). The effects of television violence on antisocial behavior: A Meta-Analysis1. *Communication Research*, *21*(4), 516-546.

Rice, M. L., Huston, A. C. & Wright, J. C.(1982). The forms and codes of television: Effects on children's attention, comprehension, and social behavior. In D. Pearl, L. Bouthilet, & J. B. lazar (Eds.), Television and behaviour: *Ten Years of Scientific Progress and Implications for the 80's*, *2*, 24-38.

Roskos-Ewoldsen, D. R., Roskos-Ewoldsen, B. & Dillman Carpentier, F.(2002). Media priming: A synthesis. In J. Bryand and D. Zillman(Eds.), *Media effects in theory and research* (2nd ed., pp. 97-120). NJ: Erlbaum.

Rubin, A. M. & Perse, E. M.(1988). Attribution in Social and Parasocial Relationships. *Communication Research*, *16*(1), 59-77.

Rubin, A. M., Perse, E. M. & Powell, R. A.(1985). Loneliness, parasocial interaction and local television news viewing. *Human Communication Research*, *12*(2), 155-180.

Singer, J. L. & Singer, D. G.(1983). Psychologists look at television: Cognitive, developmental, personality, and social policy implications. *American Psychologist*, *38*(7), 826-834.

Thompson, T. L. & Zerbinos, E.(1997). Television cartoons: Do children notice it's a boy's world?, *Sex Roles*, *37*(5-6), 415-432.

Tuchman, G.(1974). Assembling a network talk show. In The TV establishment: *Programming for Power and Profit*. NJ: Prentice-Hall.

Wood, W., Wong, F. Y. & Chachere, J. G.(1991). Effects of media violence on viewers' aggression in unconstrained social interaction. *Psychological Bulletin*, *109*(3), 371-383.

2살 미만 아기 TV.비디오 과잉시청 대인기피증 유발(2004.02.08.). 출처: 한국일보(http://news.hankooki.com/ArticleView/ArticleView.php?url=society/200402/h2004020709213221950.htm&ver=v002).

여야 대선주자, 안철수 힐링캠프 출연에 이구동성 불만(2012.07.24.). 출처: 중부일보(http://www.joongboo.com/news/articleView.html?idxno=799609).

7장

광고와 커뮤니케이션

1. 광고의 정의와 진화

1) 광고의 정의

광고는 자본주의 사회를 움직이는 원동력으로, 다양한 매체 산업의 근간이다. 방송, 인쇄 매체, 인터넷을 비롯한 뉴미디어에서 광고는 매체 운영의 주요 수익원이기 때문이다. 광고는 자본주의 경제체제의 주요 요소일 뿐만 아니라 소비자에게는 다양한 제품과 서비스에 대한 정보를 제공하는 정보원이기도 하다. 오늘날 광고의 역할과 영향력은 다각적으로 확산되고 있기에 현대사회에서 차지하는 비중에 대해 사회, 문화, 경제적인 관점에서 면밀한 검토가 필요하다. 광고에 대한 정의는 바라보는 관점에 따라 상이하고 미디어 환경의 변화와 함께 변모해왔다. 표 7-1은 1960대년대부터 최근까지 광고에 대한 다양한 정의를 보여준다. 미국 마케팅학회(1963)에 의하면 광고는 "명시된 광고주에 의해 아이디어, 상품 또는 서비스가 비대인적으로 제시되고 촉진되는 모든 유료 행위"로 정의되었다. 에런스(Arens, 1996)는 "다양한 매체를 통하여 자신의 이름을 밝힌 스폰서의 제품(재화, 서비스 또는 아이디어)에 관한 정보"로서 통상적으로 유료이며 설득적 속성을 지닌 비대인적 커뮤니케이션으로 정의했다. 좀 더 간결하게, 던컨(Duncan, 2005)은 광고를 명시된 광고주에 의한 비대인적 유료의 고지(행위)라고 정의내렸다. 벨치와 벨치(Belch & Belch, 2012)의 광고에 대한 정의도 "명시된 광고주에 의한 조직, 제품, 서비스, 아이디어에 관한 다양한 방식의 비대인적 커뮤니케이션"이다. 이러한 광고 정의들에 있어 공통적으로 거론되는 요소는 유료의 매스미디어를 이용한 비대인적 설득 커뮤니케이션이다. TV, 라디오, 신문 등 전통매체를 통해 모두 동일한 광고를 접하던 시대의 미디어 환경이 광고의 정의에 반영되어 있다.

그러나 변화된 미디어 환경에서 위와 같은 정의들은 진화하는 광고를 설명하는데 한계점을 지니고 있다. 특히 TV, 라디오, 신문 등 유료의 매스미디어에 의존하던 광고가 이메일 등 다양한 비전통매체를 통해 맞춤형 메시지로 전달되면서 유료, 매스미디어, 비대인성(non-personal) 요소는 더 이상 적합하지 않은 정의 요소가 되었다(Kerr & Richards, 2021). 무엇보다 기존의 유

표 7-1
광고의 정의[1]

출처	정의
미국마케팅학회(1963) (American Marketing Association)	명시된 광고주에 의해 아이디어, 상품, 또는 서비스가 비대인적으로 제시되고 촉진되는 모든 유료 행위
Wells & Burnett(1989)	명시된 광고주가 대중매체를 이용하여 청중을 설득하거나 영향력을 행사하려고 하는 유료의 비대인적 커뮤니케이션
Arens(1996)	다양한 매체를 통하여 자신의 이름을 밝힌 스폰서의 제품(재화, 서비스 또는 아이디어)에 관한 정보로서 통상적으로 유료이며 설득적 속성을 지닌 비대인적 커뮤니케이션
Duncan(2005)	명시된 광고주에 의한 비대인적 유료의 고지(행위)
Belch & Belch(2012)	명시된 광고주에 의한 조직, 제품, 서비스, 아이디어에 관한 다양한 방식의 비대인적 커뮤니케이션
Kerr & Richards(2021)	명시된 브랜드를 위해 유료, 온드, 언드 미디어를 활용하여 소비자의 인지적, 감정적, 행동 변화를 현재 또는 미래에 유도하고자 하는 설득 의도를 지닌 중재된 커뮤니케이션

료(paid) 미디어에 의존하던 광고 집행이 온드(owned) 미디어, 언드(earned) 미디어로 확장되었다. 광고주가 소유하고 있는 홈페이지와 같은 온드 미디어, 소셜미디어의 구전 효과와 같은 언드 미디어의 영향력이 그 어느 때보다 중요해졌다. 즉 매체비를 지불하고 집행하는 전통매체를 통한 광고보다 소셜미디어를 통해 입소문을 타고 소비자에 의해 공유되는 정보의 중요성으로 언드 미디어의 역할이 커졌으며 자체적으로 소유하고 있는 다양한 온드 미디어 활용이 나날이 증대되고 있다. 또한 TV를 통해 모두 같은 광고를 보던 시대에서 모바일을 통한 개인 맞춤형 광고 시대로 접어들면서 전통적으로 거론되어 온 비대인성 요소는 더 이상 유효하지 않게 되었다. 이에 커와 리처드(2021)는 오늘날 광고를 명시된 브랜드를 위해 유료, 온드, 언드 미디어를 활용하여 소비자의 인지적, 감정적, 행동 변화를 현재 또는 미래에 유도하고자 하는 설득 의도를 지닌 중재된 커뮤니케이션으로 정의내린다. 커와 리처드의 광고에 대한 새로운 정의는 유럽, 북미, 아시아, 아프리카의 광고학자와 실무자를 대상으로 한 포괄적이고, 체계적인 델파이 연구의 결과물이며 원문은 다음과 같다. "Advertising is paid, owned, and earned mediated communication, activated by an identifiable brand and intent on persuading the consumer to make some cognitive, affective or behavioural change, now or in the future."

2) 광고의 유형과 진화

오늘날 다매체환경에서 소비자가 접하게 되는 광고는 그 양이 늘어날 뿐만 아니라, 방식에 있어서도 매우 다양한 형식을 띄고 있다. 표 7-2는 사용 매체, 광고 대상, 목표 시장, 지역 범위에 따라 상이한 광고 유형을 제시하고 있다. 먼저 사용 매체에 따라 전통적인 텔레비전, 라디오, 신문, 잡지 광고를 필두로 옥외 광고, 교통 광고, 온라인 광고 등 다양한 광고 유형이 존재한다. 광고 대상에 따라서는 제품이나 서비스가 중심이 되는 제품/서비스 광고가 있고, 기업에 대한 긍정적 이미지 형성을 위한 기업 광고, 사회적인 이슈를 근간으로

1 표는 이두희의 『광고론』(2002, 8쪽)에서 수정 · 보완한 것이다.

분류 기준	대분류	세부분류
사용 매체	방송 매체	TV 광고, 라디오 광고
	인쇄 매체	신문광고, 잡지 광고
	장소 매체	옥외 광고, 교통 광고, 기타
	뉴미디어	케이블TV, 온라인 광고, CD-Rom, 기타
광고 대상	제품/서비스	제품/서비스 광고
	조직(기업이나 단체)	기업 광고, 이슈 광고, 정치 광고
목표 시장	일반 소비자	소비자 대상 광고
	조직이나 산업	산업 광고, 중간상 광고
지역 범위	국제 광고	다국가 광고, 특정 국가 내 광고
	국내 광고	전국 광고, 지역 광고

표 7-2
광고의 유형[2]

한 이슈 광고, 선거철에 정치인이나 정당을 알리는 정치 광고도 있다. 광고 대상에 따라 광고 목표는 상이하게 표출된다. 먼저, 특정 제품과 서비스를 판매하기 위한 제품/서비스 광고에 비해, 기업 광고는 기업의 사회적 책임, 고객을 우선하는 기업정신 등 기업 자체에 대한 호의적인 이미지 형성을 목표로 한다. 이슈 광고는 사회적인 문제에 대한 관심이나 태도 변화를 유도하고, 정치 광고는 정당이나 정치인에 관한 긍정적 이미지 창출과 지지를 목표로 한다. 또한 목표 시장에 따라 일반 소비자를 대상으로 하는 소비자 대상 광고가 있는데, 매스미디어를 통해 접하게 되는 대부분의 광고가 이에 해당된다. 소비자 대상 광고와는 달리 조직이나 산업을 대상으로 하는 산업광고, 중간상 광고가 있다. 산업 광고는 생산과정에 필요한 산업재(industrial products)를 구매하려는 기업체들을 대상으로 하는데, 주로 전문성을 띤 잡지에 등장하는 사무기기, 컴퓨터 광고가 이에 해당한다. 최근에는 대형화된 점포나 중간상의 역할이 커지면서 중간상을 대상으로 한 중간상 광고(retail advertising)도 그 중요성이 부각되고 있다. 또한 광고는 그 도달 범위에 따라 국제 광고와 국내 광고로 구분될 수 있다. 국내 광고의 경우 광범위한 전국 광고와 특정 지역에

2 표는 안광호 · 이유재 · 유창조의 『광고 관리』(2010, 21쪽)에서 수정 · 보완한 것이다.

한정되어 집행되는 지역 광고로 분류될 수 있다.

무엇보다 광고는 다양한 방식으로 진화하고 있다. 다양한 신유형 광고는 우리의 일상과 밀접히 연결되어 나타난다. 신유형 광고는 '미디어 기술과 결합해, 이용자 참여 혹은 이용자와의 상호작용을 기반으로, 데이터를 활용한 맞춤형 정보를 제공하는 새로운 광고' (강신규 · 이해수, 2021)라고 정의된다. 오늘날 광고는 다양한 비전통매체를 통해 소비자와 상호작용하고 있으며, 전통매체를 통해서도 진화된 유형의 맞춤형 광고가 전달된다. 지하철이나 버스의 위치기반 디지털 광고는 운행 구간에 따라 병원을 지날 때는 병원 광고, 은행을 지나는 구간에서는 은행 광고가 나온다. TV를 통해서도 TV를 시청하는 가구의 특성과 관심사에 따라 가구별로 각기 다르게 송출하는 맞춤 광고인 어드레서블(addressable) TV 광고가 가능하다. 신한은행의 '로지'와 같은 가상 인플루언서를 활용한 TV 광고도 주목을 받고 있다. 광고는 우리의 일상 속에서 다양한 방식으로 진화하고 있는 것이다. 안순태(2023. p. 289)는 "변화하는 생물(生物)로서, 진화하는 하나의 종(species)으로서 광고를 이해하고, 평가하고, 활용해야 하는 시점"이라고 적고 있다.

진화하는 광고는 우리 사회에서 여러 가지 역할을 수행한다. 크게는 마케팅 커뮤니케이션 측면과 사회 · 경제 · 문화적 측면의 역할로 나누어볼 수 있다. 먼저, 광고는 기업 경영의 측면에서 이윤 확보를 위한 다양한 경영 활동 중 하나이다. 4P(product, price, place, promotion)라고 불리는 마케팅 믹스(marketing mix)는 제품(product), 가격(price), 유통(place), 촉진(promotion)을 관리하는 것으로, 기업 이윤을 위해서는 좋은 제품을 생산하는 일만큼 생산된 제품에 대한 효과적인 커뮤니케이션 활동이 필요하다. 4P 중의 하나인 촉진(promotion)에는 광고를 비롯한 여러 마케팅 커뮤니케이션 도구들이 포함되고, 광고는 제품이나 서비스에 대한 설득적 메시지를 전달하는 기능을 위해 활용된다. 즉 효율적인 기업 경영을 위해서는 생산 관리, 인사 관리, 재무 관리, 정보 관리, 마케팅 관리가 필요한데, 그중 마케팅 관리를 위해서는 제품, 가격, 유통, 촉진이라는 4P에 대한 효율적 집행이 필요하다. 광고는 바로 이 촉진을 위한 하나의 도구이다.

또한 기업 경영 차원을 넘어서서, 광고는 소비자 수요를 유도하고 창출하는 과정을 통해 사회의 가치와 유행에 영향을 미치며, 가격과 경쟁 구조에 영향을 주는 사회 · 경제 · 문화적인 측면의 기능도 한다. 하나의 제품이나 조직에 대한 긍정적 이미지와 정보를 표현하면서 새로운 가치나 기준을 제시하기도 하며, 사회 속에 깊이 내재되어 있는 관념과 인식을 환기시키기도 한다. 다시 말해 광고는 기업 경영 측면에서 마케팅의 주요한 도구이자 동시에, 우리 사회의 변화하는 가치를 생산하고 이를 반영하는 사회 · 문화적 기구의 역할을 담당하고 있다. 특정 광고에서 나온 옷차림, 말투, 관계 설정 등이 실생활 속에서 통용되기도 하고, 우리 사회의 단면이 광고를 통해 표출되기도 한다. 광고를 통해 고착화될 수 있는 고정관념, 물질주의 등은 광고의 사회 · 문화적 영향력을 잘 나타낸다. 이러한 맥락에서 광고의 기능은 소비자에게 미치는 영향과 사회 전반에 미치는 영향으로 나누어 논의될 수 있다. 이 장에서는 기업 경영을 위한 마케팅 커뮤니케이션으로서의 광고전략 수립과 설득에 대한 논의가 개괄적으로 진행되고, 다음 장에서는 사회 · 경제 · 문화적 측면에서 광고와 관련된 주요 쟁점을 살펴보기로 한다.

2. 광고의 역사와 변천

1) 근대 광고의 역사

시장 경제의 성립과 산업혁명을 거치면서 근대 광고는 탄생했다. 1700년대 영국에서 시작된 산업혁명은 1800년대 초에 미국으로 전파되었고, 이는 광고가 발달하는 데 큰 영향을 주었다. 산업혁명은 대량 생산이라는 혁신을 일으켰을 뿐만 아니라 소비 방식에도 큰 변화를 유발했다. 산업혁명 이전, 대부분의 필수품을 자급자족하던 농경 사회에서는 광고의 중요성이 부각되기 힘들었다. 본인이 필요한 만큼 만들어서 소비하던 시대에서 대량 생산된 제품을 판매하고 구매하는 시대로 전환되었을 때, 공급과 수요를 연결시켜주는 채널로서 광고의 필요성이 대두되었다. 더욱이 인구의 증가와 도시화가 진행됨에 따라 생산자와 소비자의 거리가 멀어지면서, 이를 효과적으로 연결시켜주는 광고는 자본주의 경제 유지를 위한 필수적 요소가 되었다. 또한 기계화를 통해 대량 생산된 상품들은 소비자에게 판매되기 위해 서로 경쟁하게 되었는데, 경쟁이 심화되면서 소비자에게 특정 상품에 대한 인지도와 선호도를 창출하기 위해 1880년대 이후 브랜드가 등장하게 되었다. 단순한 비누, 청바지, 카메라가 아니라 아이보리, 리바이스 진, 코닥이라는 특정 비누, 특정 청바지, 특정 카메라를 광고하게 된 것이다. 미국의 경우 1905년에는 이미 1만 개의 브랜드가 등록이 되었고, 이중 대표적인 것들이 1800년대에 만들어진 리바이스 진(1853), 캠벨 수프(1869), 아이보리 비누(1879), 코카콜라(1886), 코닥 카메라(1888) 등이다(양정혜, 2009, p.60). 기업들은 브랜드화를 통해 소비자에게 영향력을 강화할 수 있었는데, 이는 비누를 찾는 소비자 대신 특정 브랜드, 예를 들어 아이보리 비누를 찾는 소비자가 많아지면서 자연스럽게 이루어질 수 있었다(그림 7-1). 아이보리는 물에 뜨는 순수한 비누라는 전략으로 브랜드 이미지를 차별화했는데, 1800년도에 시작된 아이보리 브랜드는 아직도 건재하고 있다. 이러한 브랜드화를 통해, 수요와 공급을 연결시켜주고 상품을 단순히 알리는 기능의 광고에서 벗어나, 브랜드 자산을 창출하고 유지하는 커뮤니케이션 도구로서 광고의 역할이 부각되기 시작했다.

그림 7-1
1800년대 아이보리 비누 광고

대중매체의 발달은 근대 광고의 탄생을 위한 주요 요소였다. 신문은 최초의 대중매체였는데 볼니 파머(Volney Palmer)가 필라델피아에서 신문 지면의 매매를 시작하면서 최초의 광고 대행업자로 기록되었다. 초기 광고대행업은 인쇄 매체와 광고주를 연결시켜주는 일종의 중개인 역할에 머물렀다. 1877년 최초의 광고대행사로 기록되는 에이어 앤드 선(N.W. Ayer & Son)이 설립되면서, 신문 지면의 매매뿐만 아니라 광고 기획과 제작을 하는 종합적인 서비스가 시작됐다.

그림 7-2
과장된 약품 광고의 예

미국의 초기 광고는 대부분 인쇄 매체를 통한 각종 특허 약품 광고였다. 특히 소비자의 관심을 끌기 위한 허위 또는 과장 광고가 범람했다. 1861년 독립전쟁 이후 부족한 의사와 낙후된 의술 등으로 의약품에 대한 수요는 증가했으나, 의약품에 대한 정부 규제는 미흡했다. 이러한 시대적 상황을 이용해, 이른바 만병통치약을 표방한 약품 광고들이 신문 지면을 가득 채우게 되었다. 그림 7-2의 광고는 소화불량, 변비, 설사, 류마티스, 신장병 등 온갖 병을 치유한다고 주장하면서, 아무런 위험도 없다고(no risk) 말하는 허위·과장 광고의 전형적인 예이다. 광고의 윤리성 문제와 함께 사회적으로 광고에 대한 불신이 심화되면서, 1906년 미 의회는 특허 약품의 성분에 대한 표기를 의무화하는 법안을 통과시키고, 광고 개혁 움직임이 시작하게 되었다. 광고 개혁의 주된 대상은 그림 7-2의 광고처럼 과장된 내용과 검증되지 않은 정보를 제시했던 특허 약품 광고들이었다(양정혜, 2009, p.92).

1차 세계대전은 광고업계가 사회에 기여할 수 있는 기회를 제공하는 동시에, 새로이 변모할 수 있는 시기였다. 광고대행사들이 주도하여 설립된 전쟁자문위원회(National War Advisory Board)는 전쟁의 명분을 정당화하며 전쟁 자금을 마련하고 병사들을 징집하는 역할을 담당했다. 기업들이 제품 광고 대신 전쟁을 지원하는 데 적극 참여함으로서 전쟁은 광고업계가 국가와 사회를 위해 기여할 수 있음을 보여주었다. 이를 통해 광고인에 대한 부정적 시각을 바꾸고 광고인들이 전문적인 직업인으로 인정받는 계기가 되었다(양정혜, 2009, p.102). 전쟁 후에는 미국이 거대 산업국가로 거듭나면서, 사회 전반에 소비를 추구하는 분위기가 확산되며 광고업계가 급성장하게 되었다. 광고업계는 경제성장, 기업 규제 완화, 소비에 대한 관용적인 사회 분위기에 영향을 받아, 1919년에 22억 달러에서 1929년에는 34억 달러로 광고 지출이 크게 증가했다(양정혜, 2009, p.106). 광고업계는 제 2차 세계대전에도 정부의 전쟁 사업에 적극 동참했는데, 현재 미국 공익광고위원회(Advertising Council)의 전신인 전시광고위원회(War Advertising Council)가 창설되어 에너지 절약, 안보 등의 공익 광고를 담당했다. 특히 전쟁으로 인한 국내 노동력 부족을 매우기 위해 여성의 사회 참여를 권장하는 'We can do it' 캠페인은 큰 효과를 거두어 많은 여성들이 생산 공장에 투입되는 결과를 낳았다(그림 7-3).

제2차 세계대전은 미국사회가 불황에서 벗어나 비약적인 성장을 맞이하는 기회를 제공했고, 1941년 텔레비전이 도입되면서 광고는 또 다른 황금기를 맞게 되었다. 1940년대 말과 1950년대 초 번영기에 소비 성향은 증가하고, 광고 메세지도 사회적 수용, 스타일, 사치, 성공 등을 강조하는 크리에이티브 경향이 생겨났다(양영종 · 김상훈 · 정걸진, 2007, p.45). 1960년대는 크리에이티브 혁명기로 지칭되며, 데이비드 오길비(David Ogilvy), 빌 번바크(Bill Bernbach), 리오 버넷(Leo Burnett) 등과 같은 광고계의 거물들이 등장했다. 버넷은 상징적인 캐릭터의 효과적 활용으로 잘 알려져 있는데, 토니 호랑이(Tony the Tiger), 찰리 튜나(Charlie the Tuna), 졸리 녹색 거인(Jolly Green Giant), 말보로 맨(Marlboro Man) 등과 같은 유명한 아이콘을 만들어냈다. 오길비를 지칭할 때 '과학과 리서치(Science and Research)'라는 수식어가 자연스럽게 연결되는데, 이는 오길비의 과학적이고 조사 지향적인 철학을 잘 드러낸다. 해서웨이 셔츠(the Man in Hathaway Shirt)라는 캠페인을 통해 차별화하기 힘든 남성용 셔츠를 성공적으로 브랜드화했는데, 셔츠에 브랜드명을 새겨넣어 브랜드 정체성을 확립하는 방식은 오늘날 대부분의 의류 브랜드에서 활용하고 있는 방법이 되었다. 번바

그림 7-3
2차 세계대전 당시의 'We can do it' 공익 광고

크의 대표작은 폭스바겐의 “작게 생각하자(Think Small),” 에이비스(Avis) 렌트카 회사의 “우리는 2위일 뿐입니다(We are only No. 2)” 등이다. 폭스바겐의 “작게 생각하자”는 큰 것이 좋다는 인식이 팽배하던 미국사회에서 폭스바겐의 실용적인 혜택을 설득력 있게 제시하며 주목받는 광고가 되었다. 에이비스는 업계 2등이라는 사실을 직설적으로 인정하며 1등이 되기 위해 노력하는 에이비스의 서비스를 설득력 있게 전달한 성공적 광고로 알려져 있다.

2) 우리나라 광고의 역사

우리나라는 1886년 신문광고가 처음 등장하는데, 2월 22일 한성주보 제4호에 게재된 독일의 상사 세창양행 광고(그림 7-4)인 ‘덕성 세창양행 고백’이 최초의 광고로 기록된다(신인섭 · 서범석, 1998, p.27). 광고라는 용어는 맨 처음 1883년 한성순보에 게재된 ‘회사설’이라는 기사에서 “회사를 하는 자는 주지(主旨)를 세상 사람들에게 광고하여 동지를 얻는다”라는 구절에서 사용되었다(한국광고 100년[3]). 근대 광고는 한성주보에서 기원하지만 1896년 독립신문이 창간된 이후로 광고 활동은 활발해지기 시작하며, 국문판보다 영문판에 광고가 더 많이 실렸다(신인섭 · 서범석, 1998, pp.27-30). 1896년부터 1899년까지 독립신문과 황성신문 총 지면의 광고 비율이 10~14% 정도였는데 주로 약품과 책에 대한 광고였다(심성욱 · 전종우 · 황장선 · 고한준 · 강형구, 2011, p.67). 또한 1900년 이후 창간된 대한매일신보와 황성신문의 경우 거의 50% 지면이 광고였다(오인환, 1968, pp.21-22).

최초의 광고대행사인 ‘한성광고사’가 1910년에 설립되었고, 1926년 11월 3일 동아일보는 ‘광고도안 현상 투표’를 발표하면서, 한국 최초의 광고 수상제도를 실시했다(김충기, 1996, p.190). 1920년대 후반에서 1930년 후반에 이르는 사이에 광고 표현과 양식 등에 많은 발전을 보였으나, 중일전쟁과 태평양전쟁이 시작되면서 조선일보와 동아일보가 폐간되고 국내 신문 중에는 매일신문만이 남게 되었다. 이렇듯 신문 면수가 급격히 줄어들자 광고의 양도 줄

3 한국광고 100년(http://www.advertising.co.kr/dat/ad100/00.html).

그림 7-4
독일의 상사 세창양행 광고가 실린 한성주보 제4호.

어들게 되었다(신인섭 · 서범석, 1998, pp.135-147).

1956년 국내 최초의 TV 방송국인 HLKZ-TV의 개국과 함께 TV 광고가 시작되었고, 1959년 부산 MBC를 통해 첫 라디오 광고방송이 시작되었다. 1954년 6월 9일에 창간된 한국일보는 '광고상담소'를 마련해 광고 업무를 처리했고, 7월에는 광고국으로 확장되었다. 1960년에는 '새광고'라는 월간 광고전문지가 창간되었고, 민간통신사인 합동통신 안에 광고 기획실이 생겨 광고대행을 시작했고, '합동광고'라는 월간지를 발행했다.

1969년 동아일보와 두산 그룹의 공동투자로 만보사가 설립되면서 실질적인 광고대행업이 시작되었다. 1970년대에는 1973년에 삼성 그룹의 제일기획, 1979년 두산 그룹의 오리콤, 1982년에 롯데 그룹의 대홍기획, 1982년에 태평양 그룹의 동방기획, 1983년에 현대 그룹의 금강기획, 1984년 엘지 그룹의 LG애드가 만들어지며 인하우스(In-House) 에이전시로 지칭되는 대기업 계열 대행사들이 차례로 설립되었다. 1989년 대행사에 대한 방송광고 인정 조건이 대폭 완화되고 독립광고회사의 설립이 용이해지면서 국내 광고업계는 질적 및 양적 성장기를 맞이하게 되었다. 1990년대 광고 시장 개방 이후 외국계 광고회사의 국내 진출이 시작되었다. 2002년 12월에 국내 2위 광고대행사인 LG애드가 영국계 글로벌 광고 그룹인 WPP에 매각된 것을 시작으로, 외국 광고회사의 점유율이 1998년에는 7.6%에 불과했으나, 2001년에는 36%로 증가했다(심성욱 외, 2011, p.70). 외국 광고회사들의 성장세는 2006년 37.1%까지 증가했고 2007년 35.6%로 다소 주춤했지만(한국광고산업협회, 2008) 그 후 꾸준히 증가해 2011년에는 외국계 광고회사 14개의 시장 점유율이 전체 시장의 50%를 넘어섰다(한국콘텐츠진흥원, 2011).

3. 광고전략 수립에 대한 이해

1) 마케팅과 광고의 관계

광고는 기업 경영에서 중요한 역할을 담당하는데, 마케팅 커뮤니케이션 측면에서 광고를 살펴보기 위해서는 먼저 마케팅에 대한 기본적 이해가 필요하다. 2007년 미국마케팅학회는 "마케팅은 소비자, 고객, 파트너 그리고 사회 전체를 위해 가치가 있는 것들을 창출해내고, 소통하고, 전달하고, 교환하는 활동(activity), 일련의 기관들(set of institutions), 과정(process)"이라고 정의한다. 마케팅은 기업 경영을 위한 주요 기능들 중의 하나로, 4P로 지칭되는 제품(place), 가격(price), 유통(place), 촉진(promotion)의 마케팅 믹스(marketing mix)에 대한 관리이다. 즉 소비자가 원하거나 가치 있다고 생각하는 제품이나 서비스를 개발하고(product), 기업 이윤과 함께 소비자가 가치를 느낄 수 있는 가격을 책정하고(price), 제품과 서비스를 전달하기 위한 유통망을 제시하며(place), 이를 알리고 설득할 수 있는 효과적인 커뮤니케이션 프로그램(promotion)을 개발해야 한다.

4P중 하나인 촉진(promotion)의 핵심은 소비자와의 커뮤니케이션이다. 이를 위해 광고, PR, 인적 판매(personal selling), 판매 촉진(sales promotion), 직

촉진 방식	후원자 공개 여부	매체 사용료
광고	후원자가 밝혀짐	매체 사용료 지불
PR	후원자가 밝혀지지 않음	방송보도나 신문기사의 형식으로 전달되기 때문에 일반적으로 매체 사용료가 없음
판매 촉진	후원자가 밝혀짐	매체 사용료는 없으나 인센티브 제공에 따른 비용이 발생됨
인적 판매	후원자가 밝혀짐	매체 사용료는 없으나 판매원에 대한 임금이 지급됨

표 7-3
촉진 믹스의 비교[4]

접 마케팅(direct marketing) 등이 사용되며, 광고는 소비자와의 커뮤니케이션에 있어 중추적 역할을 담당한다. 표 7-3에서 나타나듯이, 광고는 촉진의 다른 마케팅 커뮤니케이션 도구와 구분된다. 먼저 광고는 명시된 광고주, 즉 후원자가 밝혀짐에 비해, PR은 후원자가 밝혀지지 않으며, 무엇보다도 일반적으로 매체 사용료가 발생하지 않는다는 점에서 광고와 구분된다. 판매 촉진은 후원자가 밝혀지기는 하지만, 역시 매체 사용료가 발생하지 않고, 인센티브 제공에 따른 비용이 발생한다. 인적 판매는 고객과의 대면 접촉에 의해 커뮤니케이션이 일어난다는 점에서 다른 커뮤니케이션 도구와 주요 차이점을 보인다. 물론 앞서 논의되었듯이 끊임없이 변화하고 진화하는 광고 방식은 다른 커뮤니케이션 도구와의 차이점을 흐리게 만들기도 한다. 유료의 매체 뿐만 아니라 광고주가 소유하고 있는 온드(owned) 미디어, 소셜미디어 등을 통한 언드(earned) 미디어의 비중과 역할이 어느때 보다 중요해지고 있기 때문이다.

표 7-4는 다양한 마케팅 커뮤니케이션들의 상이한 성격과 기능, 전형적인 목표의 차이점을 보여준다. 광고는 소비자를 대상으로 한 브랜드 인지도 창출을 통해 브랜드의 이미지를 구축한다는 독특한 역할을 담당한다. PR은 공중의 태도나 의견에 영향을 미치기 위해 뉴스나 기사를 통해 다양한 이해관계자와의 관계를 구축할 때 주로 사용된다. 방송 보도나 신문기사를 통해 제품이나 기업에 대한 소식을 전할 때 광고와는 달리 신뢰도를 높일 수 있기 때문이다. 직접 마케팅은 개인적 관심과 관련성을 이끌어 정보를 제공함으로서 제품 수용을 유도하는 데 주요 목적을 두고 있다. 판매 촉진은 그 대상에

4 표는 안광호 · 이유재 · 유창조의 『광고 관리』(2010, 12쪽)에서 수정 · 보완한 것이다.

마케팅 커뮤니케이션 유형	전형적인 목표
광고(advertising)	대중을 대상으로 브랜드의 인지도 창출, 브랜드 차별화 및 브랜드의 이미지 구축
PR (public relations)	뉴스나 기사를 통해 공중의 긍정적 태도나 의견에 영향을 미침. 신뢰성과 호감의 극대화, 이해관계자와의 관계 구축 및 개선
직접 마케팅(direct marketing)	판매 유발, 개인적 관심(흥미)과 관련성 창출, 정보 제공, 혹은 확신을 통한 제품 수용의 창출
소비자 판매 촉진 (consumer sales promotion)	소비자의 직접적인 반응을 유발하거나, 욕구와 동기를 파악. 무료 샘플, 쿠폰, 경품, 보너스팩(bonus pack), 가격 할인, 리베이트(rebate) 등이 포함
중간상 판매 촉진 (trade sales promotion)	도 · 소매상들을 대상으로 자사 제품을 전시 혹은 취급하도록 동기부여. 중간상 할인, 중간상 인센티브, 박람회 등이 포함
인적 판매(personal selling)	직접적인 상호작용에 기초한 예상 고객의 욕구나 동기 파악과 충족, 구매 유발
구매시점 광고(point-of-purchase)	즉각적인 판매 증진, 의사결정 시점에서의 주목 유도, 흥미 유발을 통한 즉각적인 구매 촉구, 시용 권장을 통한 구매 유발

표 7-4
마케팅 커뮤니케이션 유형에 따른 전형적인 목표들[5]

따라 소비자 판매 촉진(consumer sales promotion)과 중간상 판매 촉진(trade sales promotion)으로 구분된다. 소비자 판매 촉진은 직접적이고 즉각적인 반응과 판매를 유도하기 위해 쿠폰과 경품 등 소비자에게 다양한 인센티브를 제공하는 역할을 한다. 이에 반해 중간상 판매 촉진은 중간상을 대상으로 인센티브를 제공하여 자사제품을 전시 또는 취급하도록 설득하는 데 주로 사용된다. 인적 판매는 직접적인 대면 커뮤니케이션을 통해 고객이 원하는 것과 필요한 것에 대한 정확한 이해를 기반으로 효과적인 판매를 목표로 한다. 또한 구매시점 광고는 제품구입 시점에서 흥미와 관심을 유발하여 구매를 촉구한다는 전형적인 목표를 두고 있다.

이러한 다양한 마케팅 커뮤니케이션의 활용은 통합적 마케팅 커뮤니케이션(Integrated Marketing Communication, IMC)이라는 관점에서 이해되는데, IMC는 "광고, 직접마케팅, 판매촉진, PR 등 다양한 커뮤니케이션 수단들의 전략적인 역할을 비교 · 검토하고, 명료성과 일관성을 높여 최대의 커뮤니케이션 효과를 제공하기 위해 이들 다양한 수단들을 통합하여 총괄적 계획의 부가가치를 창출하는 마케팅 커뮤니케이션의 개념"이다(미국광고업협회,[6]

5 표는 김봉현 · 김태용 · 박현수 · 신강균의 『광고학 개론』(2011, 217쪽)에서 수정 · 보완한 것이다.
6 미국광고업협회(AAAA, American Association of Advertising Agencies, http://www.aaaa.org).

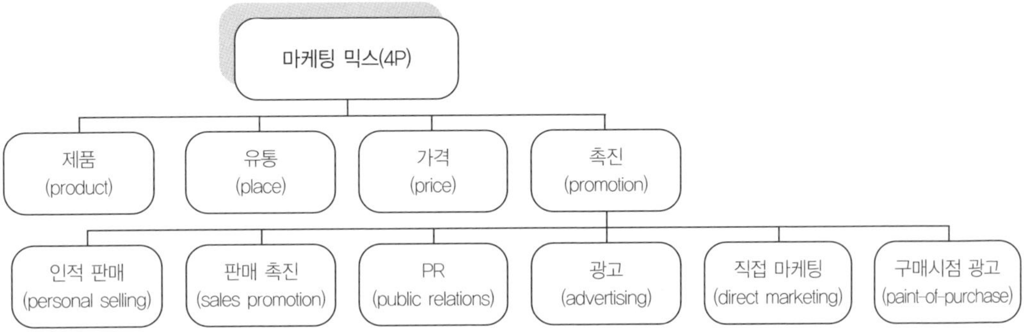

그림 7-5
마케팅 믹스(4P)와 광고 및 다양한 커뮤니케이션 도구간의 유기적 관계

1989). 광고는 통합적 마케팅 커뮤니케이션의 중추적인 역할을 담당하지만, 유일한 커뮤니케이션 도구는 아니며, 다양한 커뮤니케이션 수단들이 유기적으로 연계되고 효과적으로 활용될 때 시너지(synergy)를 얻을 수 있는 성공적인 IMC가 가능해진다. 그림 7-5는 마케팅 믹스와 광고 및 다양한 커뮤니케이션 도구들의 유기적 관계를 보여준다.

2) 통합적 마케팅 커뮤니케이션의 등장과 필요성

통합적 마케팅 커뮤니케이션과 광고의 역할을 이해하기 위해서는 1980년대부터 시작된 시장환경의 변화에 대한 이해가 선행되어야 한다. 먼저 소비자 집단이 세분화되고 데이터베이스 마케팅의 활용이 용이해지면서 개인화(personalized)된 메시지의 필요성과 효율성이 강조되기 시작했다. 더불어 매체의 다양화와 채널의 증가로 대중매체를 통한 광고 메시지 효율성이 저하됨에 따라, 선별성이 떨어지는 대중매체를 통한 광고 의존도가 낮아졌다. 따라서 광고 이외의 촉진 활동의 중요성이 부각되면서, 세분화된 표적 시장에게 개인화된 커뮤니케이션이 가능한 판매 촉진, 직접 판매 등을 통합적으로 실행할 필요성이 부각되었던 것이다. 이와 함께, 시장 구조에도 큰 변화가 생겼는데, 대형 소매상 중심으로 유통 구조가 재정비되면서, 중간 소매업자의 역할이 부각되었다. 이는 소비자를 대상으로 한 소비자 판매 촉진과 함께 중간상들에 대한 다양한 중간상 판매 촉진 활동이 급증하는 현상을 유도했다. 또한 책임성 시기(accountability era)로 불리는 이 시기는 세계경제가 둔화되면서 경영 활동의 비용을 절감하고 효율성을 높이려는 광고주의 노력과 관심이 부각되었다. 따라서 장기적인 관점에서 브랜드 이미지를 형성하고 유지하는 데 적합한 광고에 대한 투자보다는, 단기간에 판매 실적을 올리고 이윤의 변화를 가져올 수 있는 다양한 판매 촉진 방식이 주목을 받게 되었다. 더불어 각종 대행사 간의 병합과 흡수가 증가하여 메가에이전시(mega agency)라고 불리는 거대 광고회사들이 형성되면서 하나의 그룹에 광고 PR 촉진 등을 담당하는 전문 업체들이 공존하게 되었다(Wells, Burnett, Moriatry, 2003, p.21). 결과적으로 이러한 모든 변화들은 광고 외에 판매 촉진, PR, 인적 판매, 직접 마케팅 등에 대한 수요와 중요성을 증가시켰고, 이러한 다양한 커뮤니케이션 도구들을 통합적으로 연계시키려는 IMC의 도입은 자연스러운 결과라고 볼 수 있다.

3) 통합적 마케팅 커뮤니케이션에 대한 이해

이러한 차원에서 기존의 4P가 4C의 개념으로 전환해야 한다는 것이 통합적 마케팅 커뮤니케이션의 핵심이다. 표 7-5는 4P와 4C를 설명하고 있는데, 4C는 소비자가 원하는 제품을 만들어내는 것보다(product) 소비자가 원하는 가치와 편익을 제공하며 소비자(customer)에 초점을 둔다는 것을 그 기조로 한다. 가격(price)에서도 제품이나 서비스의 단순한 가격을 넘어서서 고객이 치러야 하

4Ps	4Cs
Product →	Customer
Price →	Cost
Place →	Convenience
Promotion →	Communication

표 7–5
4P와 4C[7]

7 표는 김봉현 · 김태용 · 박현수 · 신강균의 『광고학 개론』(2011, 119쪽)에서 수정 · 보완한 것이다.

는 금전적, 시간적, 노동적 비용을 모두 생각하여야 한다는 것이 비용(cost) 개념이다. 유통(place)에서도 어느 곳에서 제품과 서비스를 전달할 것인가보다는 소비자가 얼마나 편리하게 접근할 수 있는가 하는 것이 편의(convenience)의 개념이다. 또한 촉진(promotion)을 통해 어떻게 판매를 유도할 것인가보다는 소비자와의 소통이 중심이 되어야 한다는 것이 커뮤니케이션(communication) 개념이다. 이 모두는 관점의 전환을 의미하는데, 기존의 제품이나 기업 중심의 외향적 플래닝(inside-out planning)에서 벗어나 소비자의 가치나 욕구에 근간을 두는 내향적 플래닝(outside-in planning)으로 변화하는 것을 나타낸다. 내향적 플래닝의 핵심은 소비자에 대한 이해이며, 이러한 맥락에서 성공적인 IMC를 집행하기 위해서는 쌍방향적 소통이 매우 중요하다.

이러한 통합적 마케팅 커뮤니케이션 개념의 도입과 활용은 광고 유형의 다양화를 유도했는데, TV를 포함한 이른바 ATL(Above the Line)이라고 불리는 4대 매체를 활용한 전통적 광고에서, 최근에는 온라인 광고, 이벤트, 스폰서십 등으로 대표되는 BTL(Below the Line)의 활용이 두드러지고 있다. ATL과 BTL의 구분은 현업에서 시작했다고 알려지는데, 광고대행사들이 청구서를 발행할 때, 매체사에서 받는 커미션(commission)에 포함되는 4대 매체 광고는 청구서 윗부분에 기재하고, 매체사의 커미션이 없는 광고 유형은 다른 방식으로 요금을 청구하기 위해 청구서 아랫부분에 기재하는 방식에서 유래했다고 한다(천현숙, 2011, p.11). ATL은 마케팅 커뮤니케이션 활동 중 TV 등 전통적 미디어를 활용하고, BTL은 소셜미디어 등 비전통 미디어 활용에 기반을 둔다. 즉 기업의 마케팅 커뮤니케이션 활동 중에서 TV, 신문, 잡지, 라디오 등의 이른바 4대 매체 광고를 제외한 모든 촉진활동은 BTL이라 할 수 있는데, 통합적 마케팅 커뮤니케이션의 활용과 함께 그 역할이 증대되어왔다.

4. 통합적 마케팅 커뮤니케이션 전략 수립과 실행

광고 캠페인을 기획하고 실행하기 위해서는 먼저 제품이나 서비스에 대한 마케팅 전략을 확립하고, 이에 근거하여 통합적 마케팅 커뮤니케이션 전략을 수립하고 제작하여야 한다. 성공적인 광고 캠페인은 마케팅 믹스에 대한 분명한 이해로부터 출발한다. 즉, 마케팅 믹스 프로그램 개발에 따라 IMC 전략을 세우고, 하나의 통일된 전략을 효과적으로 전달하기 위해 광고, PR, 판매 촉진, 인적 판매, 직접 마케팅 등 다양한 커뮤니케이션 도구들을 활용해 시너지 효과를 내는 것을 목표로 한다. 이때 광고, PR, 판매 촉진, 인적 판매, 직접 마케팅 등의 특징을 살릴 수 있는 세부적인 전술(tactics)의 개발과 함께 일관성(consistent) 있는 하나의 전략(strategy)을 전달하는 것이 중요하다.

1) 마케팅 전략 수립

(1) 상황 분석

마케팅 전략 수립 과정은 상황 분석, 세분 시장 마케팅 전략 수립, 마케팅 믹스 프로그램 수립 과정을 거친다. 먼저 상황 분석은 제품이나 서비스가 처한 현 시장 상황에 대한 분석이다. 상황 분석에는 거시적인 환경 분석과 구체적인 제품 시장 분석이 함께 이루어진다. 거시적 환경 분석에는 소비자에 대한 인구통계학적 요인, 사회 · 정치 · 경제적 변화와 추세에 대한 분석이 포함된다. 즉 소비자 분석을 통하여 자사 제품의 소비자는 누구이며, 어떤 특징을 가지고 있는지, 또한 유망한 잠재 고객들의 인구 통계적, 지리적, 심리학적 분석도 진행되어야 한다. 이와 함께 소비자의 선호도와 기호에 영향을 미치는 사회 · 정치 · 경제적 환경들에 대한 체계적 검토를 통해, 소비자들의 변화하는 생활양식, 구매 행동에 따른 특징 등에 대한 이해도 필수적이다. 제품시장 분석에는 시장 규모와 성장률 등 제품의 경쟁자 및 잠재적 경쟁자를 확인해 강점과 약점에 대한 체계적 검토가 포함된다. 특히 경쟁 분석을 통해 주요 경쟁 브랜드는 누구이며, 지금까지 경쟁 우위는 무엇이었으며 소비자에게 제시하는 핵심 개념은 무엇이었는가를 살펴봐야 한다. 또한 자사 및 경쟁사 제품의 마케팅 및 광고전략이 어떻게 진행되어왔는가를 검토하고 커뮤니케이션 프로그램들의 강 · 약점도 분석해야 한다(안광호 · 이유재 · 유창조, 2010, p.83).

(2) 세분 시장 마케팅 전략 수립

STP는 시장 세분화(Segmentation), 표적 시장 선정(Targeting), 포지셔닝(Positioning)의 약자이다. 첫 단계인 S는 현 시장에 있는 경쟁사들의 마케팅 활동과 소비자 반응을 분석하여 상대적으로 동질적인 세분 시장(market segment)의 범주로 분류하는 단계이다. 하나의 제품 시장은 다양한 욕구를 가진 개별 소비자들로 구성되어 있고, 비용경제성의 측면에서 이 모든 욕구를 충족시키는 것은 현실적으로 불가능한 경우가 많다. 따라서 시장 세분화의 개념은 전체 제품 시장을 일정한 기준에 따라 동질적인 세분 시장으로 나누고, 그중에서 자사가 가장 효과적으로 공략할 수 있는 세분 시장을 선정하는 것이다. 시장 세분화 변수로는 인구통계학적, 사이코그래픽(psychographic), 행동적 변수 등이 있는데, 세분 시장 내에서 소비자가 동질성을 유지하며 세분 시장 간에는 이질성을 갖도록 분류해야 한다. 또한 각 세분 시장의 규모와 구매력, 고객 특성을 측정할 수 있도록 세분화가 이루어져야 하며, 각 세분 시장이 크기가 충분한 이익을 실현할 수 있는 규모를 갖도록 이루어져야 한다.

두 번째 단계인 T는 표적 시장(target market)의 선정 단계이다. 시장 규모, 경쟁 상황, 성장 가능성 등을 고려하여 주(primary)표적 시장과 부(secondary)표적 시장을 정한다. 각 세분 시장에 대한 매력도를 구체적으로 평가해 주표적 시장과 부표적 시장을 결정하는데, 특히 부표적 시장이 주표적 시장과 어느 정도 연관이 되어 있을 때 시너지 효과를 얻을 수 있다. 세분화된 시장 모두를 한꺼번에 공략할 수는 없기 때문에 제품이나 서비스의 특징, 경쟁상황 등을 세밀히 검토하여 최적의 표적 시장을 결정해야 한다.

마지막 단계인 P는 브랜드의 포지셔닝을 결정하는 단계이다. 브랜드의 특성을 고려하여 표적 고객의 마음속에 인식시키는 것이다. 포지셔닝이란 특정 제품이 경쟁 브랜드들과 비교하여 소비자의 마음속에 차지하고 있는 상대적 위치를 말한다. 포지셔닝을 위해서는 자사 브랜드와 대체 관계에 있는 경쟁 브랜드들을 파악하고, 자사 브랜드와 경쟁 브랜드들이 표적 청중에게 어떻게 인지되고 있는지를 조사하기 위해 제품 지각도를 작성하여 검토한다. 제품 지각도는 제품 속성상에서 경쟁 브랜드들이 차지하는 위치를 2차원에 그

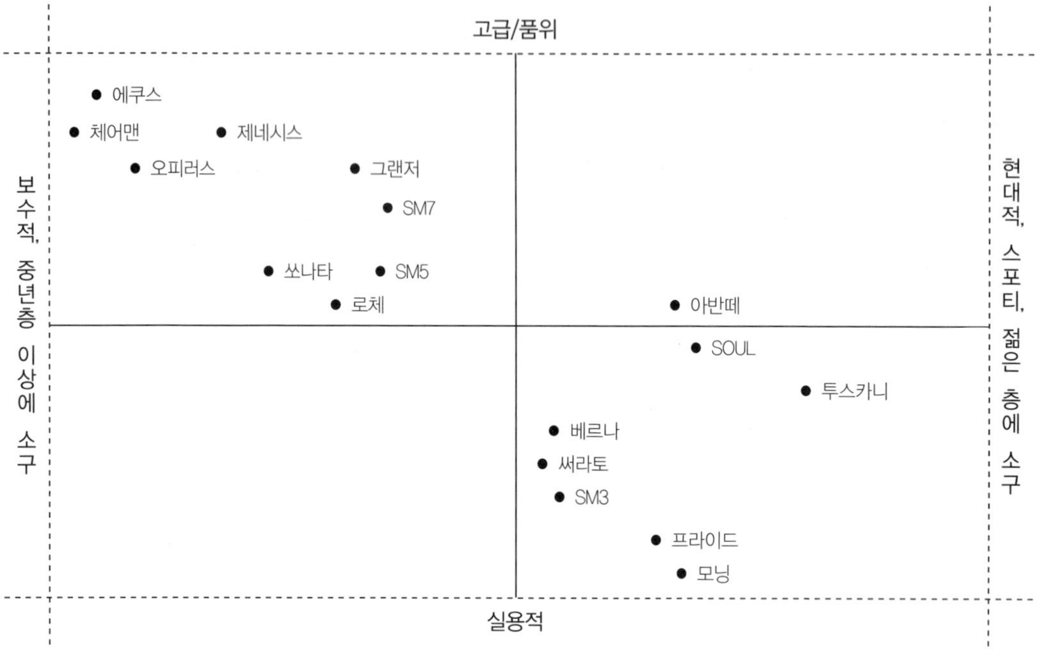

그림 7-6
국내 승용차 시장에 대한 제품 포지션 맵[8]

림으로 표시하는 것인데, 그림 7-6은 국내 승용차 시장에 대한 제품 지각도를 보여주는 예이다. 이를 통해 자사 브랜드의 포지셔닝이 자사가 바라는 위치인지를 분석하고, 결정된 제품 포지셔닝에 적합한 전략을 수립하게 된다.

STP를 통해 마케팅 전략이 수립되면 4P로 일컬어지는 제품, 가격, 유통, 촉진에 대한 결정이 이루어진다. 4P 중의 하나인 촉진에 인적 판매, 판매 촉진, PR, 광고 등이 속하고, 이러한 다양한 마케팅 커뮤니케이션의 효과적인 활용이 IMC의 핵심이다. 즉, 이러한 다양한 마케팅 커뮤니케이션이 하나의 전략으로 일관성 있게 표현되어 시너지 효과를 창출하는 것이 통합적 마케팅 커뮤니케이션이다(안광호 · 이유재 · 유창조, 2010, pp.89–112).

2) IMC 전략 수립 과정

마케팅 전략에서 결정된 STP를 토대로 표적 청중을 구체화하고 이들에게

8 그림은 안광호 · 이유재 · 유창조의 『광고 관리』(2010, 106쪽)에서 인용한 것이다.

전달할 브랜드 콘셉트를 고안해야 하며, 이러한 콘셉트를 일관성 있게 전달할 수 있는 다양한 마케팅 커뮤니케이션 도구들의 활용에 대한 검토가 필요하다.

(1) 마케팅 전략의 검토

IMC 전략은 마케팅 전략과 관계하여 마케팅 목표를 달성할 수 있도록 구성되어야 한다. STP(시장 세분화, 표적 시장 선정 및 제품 포지셔닝)와 마케팅 믹스 프로그램을 검토해 구체적인 커뮤니케이션 전략을 수립해야 한다. 마케팅 전략을 구성하는 STP는 IMC 전략에서 표적 청중과 브랜드 콘셉트의 토대가 되며, 마케팅 믹스 프로그램과 IMC 전략은 상호보완적이고 일관성 있게 연결되어야 한다.

(2) IMC 목표 설정과 마케팅 커뮤니케이션 도구들의 전략적 활용

표적 청중과 브랜드 콘셉트가 선정되면 구체적인 커뮤니케이션 목표를 세우고 다양한 마케팅 커뮤니케이션 도구들을 일관성 있고 효율적으로 활용해야 한다. IMC 목표는 각 커뮤니케이션 도구들의 세부 전략의 근거가 된다. IMC 목표는 마케팅 목표를 토대로 결정되지만, 마케팅 목표와 IMC 목표는 동일하지 않는 경우가 많다. 마케팅 목표는 판매량, 시장 점유율, 이익 등과 같은 계량화가 가능한 것들로 세워지는 것이 일반적이다. 그러나 판매량, 이익, 시장 점유율로 표시된 마케팅 목표는 구체적인 IMC 목표로는 적절하지 않을 수 있다. 광고, 인적 판매, PR, 판매 촉진 등 다양한 마케팅 커뮤니케이션 도구들에 적합한 커뮤니케이션 목표가 수립되어야 한다. 예를 들어, 광고는 주로 초기에 많은 소비자에게 신제품을 알리는 데 적합하며 특히 TV 광고는 브랜드 이미지 형성에 목표를 두는 경우가 많다. 인적 판매는 대면적 상호작용을 통해 소비자와 소통하게 되므로 소비자들의 세세한 질문이나 불만에 융통성 있게 대처할 수 있다는 목표를 위해 주로 활용된다. PR은 언론 매체를 통해 전달된다는 성격상 신뢰성을 높이고 제품 속성에 대한 믿음을 심어주기에 효과적이다. 판매 촉진은 단기적인 제품 구매의 증대를 유도하는 데 적절하다. 다시 말해, 전체적인 마케팅 목표 달성을 위해 IMC 목표는 각 커뮤니케이션 도구들의 장점을 살려 구체적으로 수립되어야 한다.

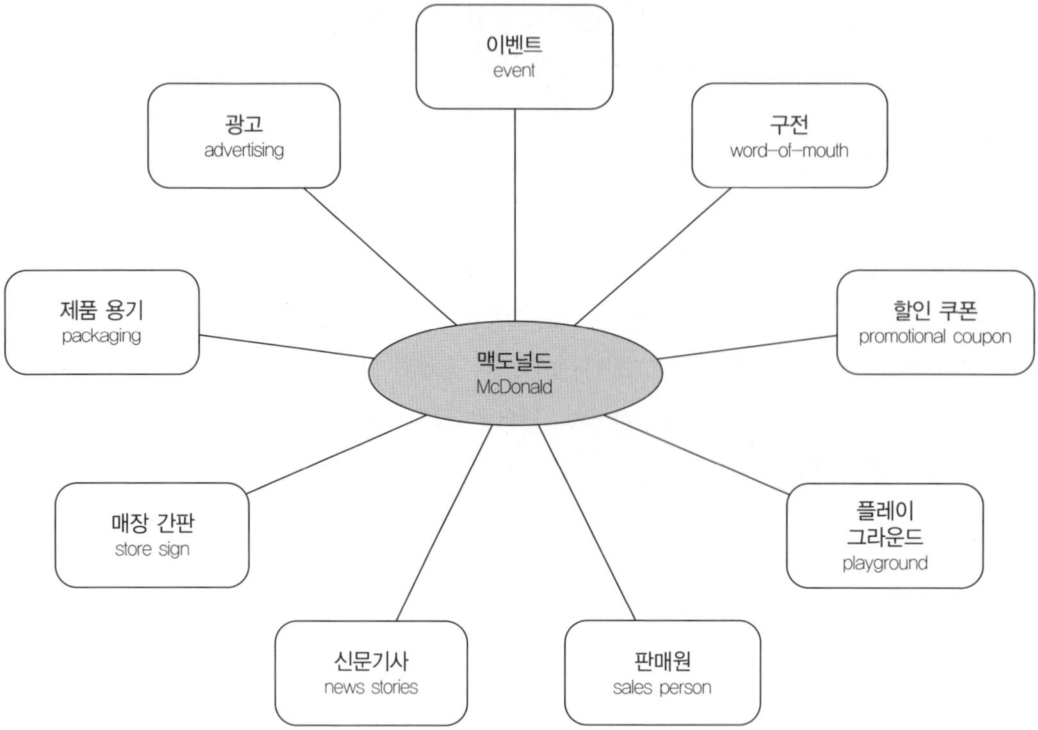

그림 7-7
맥도널드로 살펴본 브랜드 접점(Brand Contacts)

(3) 이해관계자(stakeholder)와 접점(contact point)의 활용

IMC는 모든 형태의 고객 접점(contact point)을 메시지 전달 경로로 활용한다. 접점(contact point)이란 표적 청중에 도달 가능한 모든 유형의 메시지 경로를 의미한다. 그림 7-7은 맥도널드에 대한 접점의 예를 보여준다. 그림에서 보듯이 광고는 마케팅 커뮤니케이션의 핵심적인 요소이지만 유일한 요소는 아니다. 모든 접점이 효율적이고 효과적으로 활용되어야 하고, 이러한 맥락에서 IMC는 소비자를 포함한 모든 이해관계자(stakeholders)를 대상으로 한다. 이해관계자는 브랜드의 성공에 이해관계를 가진 모든 개인이나 집단을 지칭하는데 소비자, 여론지도자, 제조업자, 종업원, 주주, 투자자, 정부조직, 규제기관, 관련 비영리 단체 등을 모두 포함한다. 따라서 IMC 전략은 브랜드에 대한 메시지를 전달할 수 있는 모든 접점을 확보하기 위해 다양한 방식을 활용하고 이러한 다양한 커뮤니케이션 도구들의 활용이 일관성 있게 전달되는 것이 쟁점이다. 즉 이해관계자들이 브랜드를 경험하게 되는 모든 접촉의 효과를 극대화하기 위해 광고뿐 아니라 뉴스, 구전, 소문, 팸플릿, 포스터, 포장지, 판매원 등 다양한 매체를 활용하고, 노출 방식에 관계없이 소비자의 마음속에 기업이나 브랜드에 대한 하나의 통합된 이미지를 창출하는 것을 목표로 한다. 이러한 맥락에서 소비자 중심의 내향적 플래닝(outside-in planning)이고, 다양한 접점의 효율적 활용이 성공적 IMC의 핵심이다. 즉 오늘날 광고전략의 수립과 실행은 다양한 접점의 효율적이고 효과적인 활용을 위해, 다른 커뮤니케이션 도구들과 긴밀히 연계되어 통합적으로 진행되어야 한다. ATL이라고 불리는 전통적 4대 매체광고에서 벗어나 그림 7-7에서 보듯이 다양한 BTL의 활용이 그 어느 때보다 중시된다.

생각해볼문제

1. 급변하는 매체환경 속에서 광고의 방식과 유형은 다양해지고 있다. 미래의 광고 방식은 어떠한 형태를 띄게 될지 생각해보자.

2. 개인화된 맞춤형 광고 메시지가 증가하고 있다. 인터넷에서 소비자들의 행태 정보를 활용한, 이른바 행동기반 맞춤형 광고(online behavioral advertising)의 유용성과 문제점에 대해 살펴보자.

3. 광고전략 수립 시 외향적 플래닝(inside-out planning)과 내향적 플래닝(outside-in planning)의 차이점을 비교하고, 본인이 기억하는 광고들은 2가지 중 어떤 관점에서 기획되었는지 생각해보자.

참고문헌

강신규 · 이해수(2021). 미디어 · 광고산업 혁신성장을 위한 신유형광고 진흥방안. 서울: 한국방송광고진흥공사 광고산업진흥국.

김봉현 · 김태용 · 박현수 · 신강균(2011). 광고학 개론. 서울: 한경사.

김충기(1996). 광고매체의 어제와 오늘. 한국광고학회 편, 한국의 광고. 파주: 나남.

신인섭 · 서범석(1998). 한국 광고사. 파주: 나남.

심성욱 · 전종우 · 황장선 · 고한준 · 강형구(2011). 광고학 개론. 서울: 서울경제경영출판사.

안광호 · 이유재 · 유창조(2010). 광고관리. 서울: 학현사.

안순태(2023). 광고 리터러시: 디지털 미디어 시대, 브랜디드 콘텐츠와 뒷광고를 중심으로. 서울: 한나래.

양영종 · 김상훈 · 정걸진(2007). 현대사회와 광고. 서울: 형설.

양정혜(2009). 광고의 역사. 파주: 한울.

오인환(1968). 한국 신문 개화기의 광고. 서울대학교 석사학위논문.

이두희(2002). 광고론. 서울: 박영사; 김봉현 · 김태용 · 박현수 · 신강균(2011). 광고학 개론. 서울: 한경사, p.26(재인용).

천현숙(2011). BTL 광고에 크리에이티브라고?. 파주: 나남.

한국광고산업협회(2008). 한국광고산업협회보 69호.

한국콘텐츠진흥원(2011). 국내 광고산업 전망과 방송광고시장 활성화 방안. KOCCA 포커스, 2011-08호.

Kerr, G., & Richards, J. (2021). Redefining advertising in research and practice. International Journal of Advertising, 40(2), 175-198.

Wells, W., Burnett, J. & Moriarty, S. E.(2003). *Advertising: Principle and practice*. New York: Prentice Hall.

8장

광고와 사회

1. 광고 산업에 대한 이해

우리나라 광고 산업의 규모는 1970년 127억 원 정도였고(신인섭, 2009) 급성장세를 보이면서 1988년에는 국내 총광고비 규모가 1조 원을 넘어서게 되었다. 이후 매년 광고 산업은 평균 20%의 성장률을 보였다(임응배, 2008). 1997년 IMF 외환위기로 사상 처음 마이너스 성장을 기록했으나 다시 꾸준히 성장하면서 2005년에는 8조 2600억 원, 2009년에는 9조 1869억 원으로 증가, 2010년에는 10조 원 규모를 넘겼다(문화체육관광부 · 한국방송광고공사, 2011). 2011년에는 전년도 대비 약 18%의 성장세를 보이며 12조 1727억 원을 기록했다(문화체육관광부 · 한국방송광고공사, 2012). 그림 8-1은 최근 국내 총광고비의 변화를 보여준다(한국방송광고진흥공사, 2021). 다매체 시대가 도래함에 따라 전통매체 광고는 줄어들고 PC와 모바일 광고는 지속적으로 증가하고 있다. 특히 모바일 광고비의 경우 급성장세를 보이고 있다(안순

그림 8-1
총광고비 변화 추이

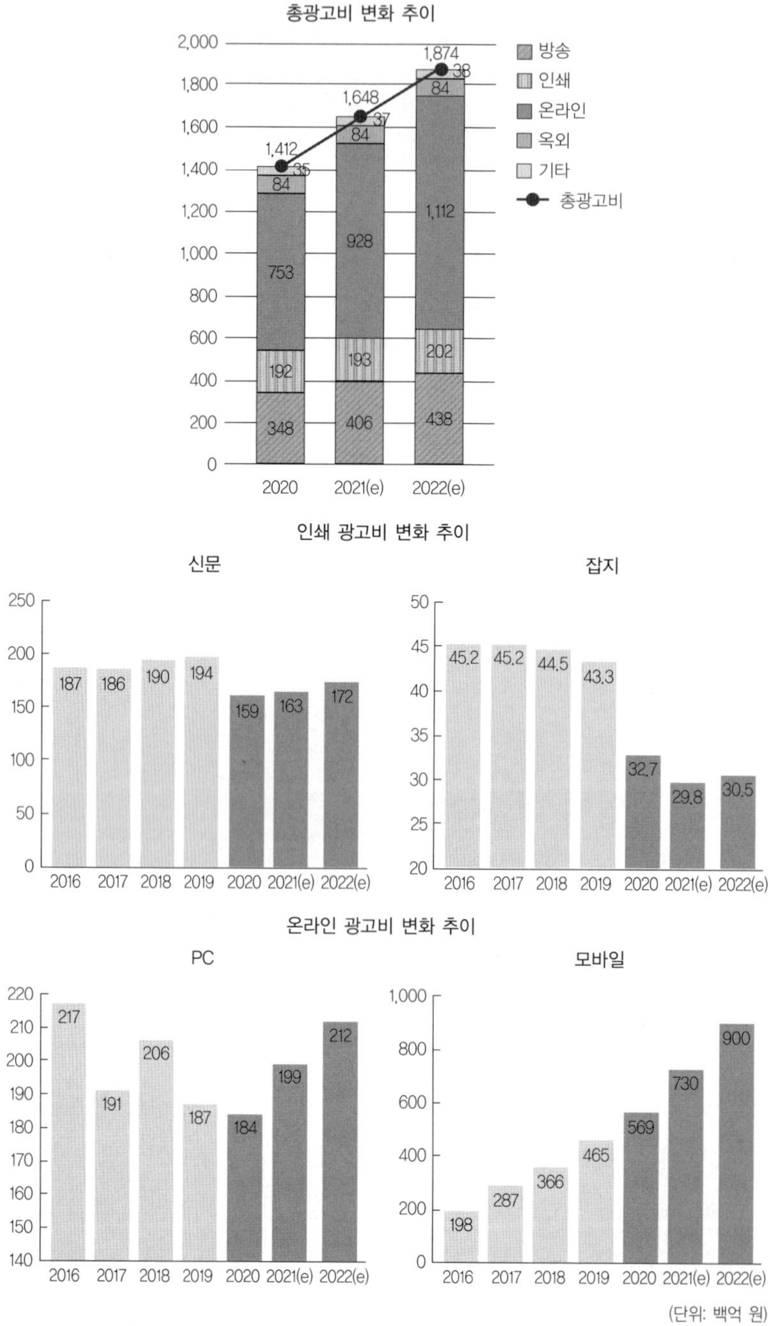

태, 2023, 26쪽 그림 재인용).

우리나라 광고 산업은 소비자와 광고주의 존재를 필두로, 광고대행사, 매체사, 미디어렙, 광고 조사회사, 광고 제작회사 등과 같은 조성 기관과, 정부나 자율규제기구, 한국방송광고공사 등과 같은 관련 기관을 포함한다.

1) 광고주

광고주(advertiser)는 광고의 실질적 주체로서, 광고 비용을 지불하고 광고대행사에 광고 제작과 집행을 위탁하는 개인이나 조직체를 말한다. 제품이나 서비스를 생산하고 판매하는 각종 기업들이나, 공공 기관 및 비영리 기관을 모두 포함한다. 즉 광고주는 광고 대행사를 선정하여 광고 기획을 의뢰하며 광고 집행에 필요한 예산을 승인 및 관리한다(이혜갑, 2016, 77쪽). 광고주는 광고대행사에게 광고 업무를 위탁하기도 하지만, 회사 내에 마케팅 및 광고 활동을 담당하는 부서를 따로 두고 있는 경우가 대부분이다. 담당 부서의 위치나 업무 영역은 광고주의 크기, 제품의 특성에 따라 상이한데, 판매 기능에 초점을 두고 있는 기업에서는 광고 부서를 판매담당의 중역 밑에 두기도 하고, 마케팅을 중요시하는 회사에서는 마케팅 담당 중역 밑에 두기도 한다.

광고주 내의 광고 부서는 독립 광고대행사(independent agency)의 선정과 관리를 통해 광고 기획과 집행을 관리하거나, 광고주의 조직체 범주에서 운영되는 계열 광고대행사(in-house agency)를 활용해 내부적으로 광고 기획과 집행을 담당하기도 한다. 광고 부서는 광고대행사가 선정되면 대행사와 긴밀한 논의를 통해 광고 목표를 수립하고, 예산을 결정하며, 광고 기획과 집행 후 목표 달성에 대한 평가를 통해 상표에 대한 지속적 관리를 책임진다. 독립 광고대행사와 계열 광고대행사의 장 · 단점은 표 8-1에 요약되어 있다. 독립 광고대행사가 시장이나 소비자에 대해 좀 더 객관적인 시각을 유지하고 전문화된 서비스를 제공하는 데 비해, 계열 광고대행사는 광고주의 비밀 유지가 보장되고 친숙성으로 인해 광고 업무가 일관되게 추진될 수 있다는 장점이 있다.

구분	독립 광고대행사	계열 광고대행사
장점	• 전문화된 서비스 • 객관적 시각	• 기업 비밀 유지 • 회사와 제품에 대한 친숙성 • 비용 절감
단점	• 비밀 보장의 어려움 • 비용	• 객관적 견해 부족 • 경쟁 결여로 인한 서비스의 질적 저하

표 8-1
독립 대행사와 계열 대행사 비교[1]

2) 광고대행사

광고대행사는 광고주를 대신하여 광고 기획과 집행을 처리하는 조직이다. 인쇄 매체를 시작으로 발전한 광고대행사는 신문 잡지 등의 지면 판매를 알선해주는 중개인의 역할로 시작하여, 광고 기획을 위한 조사, 메시지의 제작, 매체 집행 등을 총체적으로 관리해주는 이른바 '종합 광고대행사(full service agency)'로 발전해왔다. 종합광고대행사가 제공하는 서비스는 광고 분야 서비스(Above The Line, ATL)와 비광고 분야 서비스(Below The Line, BTL)로 나눌 수 있다. 광고 분야 서비스는 광고 기획, 제작, 매체 선정 및 집행, 조사 등이고 비광고 서비스 분야는 PR, 판촉, 이벤츠, 직접 마케팅 등이다(이혜갑, 2016, 81쪽).

광고대행사의 유형은 크게 대기업의 계열사인 계열 광고대행사와 독립된 기관으로 광고를 기획 집행하는 독립 광고대행사로 나누어볼 수 있는데, 우리나라의 경우 취급고가 큰 대행사들은 계열 광고대행사가 많다. 현재 삼성 그룹(제일기획), 현대 기아차 그룹(이노션), SK 그룹(SK 마케팅앤컴퍼니), 롯데 그룹(대홍기획) 등이 계열 광고대행사를 운영하고 있다. 2022년 한국광고총연합회가 실시한 조사에 따르면 취급액을 기준으로 10대 광고회사는 제일기획, 이노션, HS애드, 대홍기획, SM C&C, FSN, 그룹엠코리아, TBWA KOREA, 레오버넷, 디블렌트이고 상위 10개 광고회사의 총 취급액은 15조 8,004억으로 전체 광고 물량의 83%를 차지하고 있다(한국광고총연합회, 2022).

광고대행사는 다양한 전문가로 구성되어 있는데, 기획 부문을 담당하는 AE(Account Executive)는 대행사와 광고주 사이를 연결해주는 역할을 담당한

1 표는 양영종 · 김상훈 · 정걸진의 『현대사회와 광고』(2007, 71쪽)에서 수정 · 보완한 것이다.

다. 광고주의 상황 및 요구 사항을 파악하여 광고 기획팀에 전달하고 대행사에서 진행되는 광고 기획 및 집행 활동에 대해 보고하는 전반적인 업무 진행을 책임진다. AE는 광고주 관리를 바탕으로 광고주 유치를 담당하며 대행사 영업의 한 축을 담당한다. 제작 부문을 담당하는 직책으로 CD, GD, CW, CM planner, PD 등이 있다. CD(Creative Director)는 크리에이티브를 총괄하는 전문가이고, GD(Graphic Designer)는 그림이나 사진 등과 같은 시각적 표현을 담당하는 직책이다. CW(Copy Writer)는 광고물의 언어적 표현을 담당하며 CM planner와 PD(producer)는 영상 광고물 제작을 담당하는 직책이다. AP(Account Planner)는 광고기획 과정에서 소비자에 대한 기본적인 분석을 통해 전략 수립을 위한 방향 설정을 담당한다. 미디어 부문에는 매체 기획자(media planner)와 매체 구매자(media buyer)가 있어서 매체를 기획하고 구매하여 집행하는 미디어 관련 일을 담당한다.

광고대행사 보상 방법은 크게 4가지로 나누어볼 수 있는데, 광고 매체비의 일정 비율을 서비스에 대한 대가로 보상하는 매체 수수료 제도(commission), 부가율(markups), 광고주에게 소요된 광고대행사의 비용과 시간에 의한 약정요금(fee or retainer), 사전에 합의한 목표 달성 여부나 결과에 따라 지급되는 성과급(incentive)으로 분류될 수 있다. 매체 수수료는 일반적으로 매체 비용의 15%에 해당하는 금액으로, 처음 광고대행사가 등장했을 때부터 시행되어, 세계 대부분의 국가들이 하나의 관행으로 채택하고 있다. 우리나라의 경우 인쇄매체는 15%로 설정되어 있으며, 방송 광고는 9~13% 수준이다(양영종 · 김상훈 · 정걸진, 2007, p.80). 부가율(markups)은 광고를 제작하는 과정에서 외부 전문 서비스 제공업체로부터 받은 다양한 서비스에 대해 부가율을 적용하는 것이다. 약정요금(fee or retainer)은 광고에 필요한 특정 서비스를 제공하고 별도의 약정을 통해 받는 수입원이다. 예를 들면, PR 활동이나 마케팅 조사 등은 수수료를 받을 수 없으므로 대행사가 광고주와 시간당 혹은 월별로 모든 서비스에 대해 확정된 비용을 청구하는 방식이다. 마지막으로 성과급(incentive)은 광고 효과나 결과에 따라 보상을 해주는 방식이다. 최근 전통 매체를 통한 광고 효과에 대한 의문이 증가함에 따라, 실질적인 성과를 바탕으로 대행사에게 성과급을 지불하는 보상 제도가 빠르게 도입되고

그림 8-2
10대 광고회사의 매체별 취급액 점유율(단위: %)

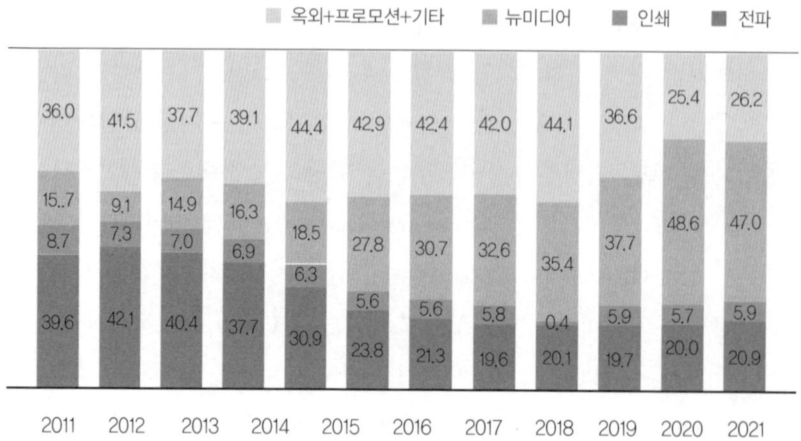

있다. 미국의 경우 전국 규모 광고주의 약 1/3만이 기존의 15% 매체 수수료 제도에 의존하고 있었으며, 나머지 2/3는 약정요금(fee or retainer)이나 성과급 방식을 사용하고 있는 것으로 나타났다(김봉현, 2006, p.66).

3) 매체사와 미디어렙

광고매체는 텔레비전, 라디오, 신문, 잡지, 인터넷 등 광고 메시지를 전달해주는 채널의 기능을 한다. 그림 8-2는 10대 광고 회사의 매체별 취급액이다. 2011년부터 2021년까지 매체별 변화를 관찰할 수 있는데, 2021년을 기준으로 전파, 인쇄 매체 점유율이 30% 미만 수준을 보이고 있으며 온라인과 모바일을 중심으로 한 뉴미디어가 절반가량을 차지하고 있다. 2011년 15.7%였던 뉴미디어가 2021년 기준 47%로 성장한 것을 볼 수 있으며 그 성장세는 앞으로도 지속될 전망이다(한국광고총연합회, 2022).

(1) 미디어렙

미디어렙(media rep)은 매체사를 대신하여 매체 지면이나 시간을 광고주나 광고대행사에게 전문적으로 위탁판매하는 기관을 말한다. 즉 매체사의 광고영업 부서에서 하는 일을 전문적으로 대행하는 조직이다. 미디어렙은 미국형과 유럽형으로 구분되는데, 상업방송이 중심인 미국은 지리적으로 방대한 시장을 관리하는 독립 민영 미디어렙이 발달했다. 유럽의 경우는 공영방송이 강조되면서 방송사가 설립한 자회사의 공영 미디어렙이 더 발달되어 있다(양윤직, 2007, p.77). 공영 미디어렙은 공영 매체사의 자회사 형식의 미디어렙이고, 민영 미디어렙은 민영 매체사에서 운영하는 자회사 형식이거나 독립된 미디어렙의 형식을 지니고 있다.

대부분의 나라에서는 방송 광고 판매와 관련하여 당사자 간의 직거래를 제한하고, 미디어렙을 통하도록 하고 있다. 이는 방송사가 광고를 유치하기 위해 광고주에게 압력을 행사하거나, 반대로 자본가인 광고주가 광고를 빌미로 방송사에게 영향을 끼치는 것을 막기 위해서이다. 예를 들어 상대적으로 자본력이 부족한 광고주의 경우 방송사의 압력이나 횡포를 그대로 수용할 수밖에 없으며, 반대로 자본력이 막강한 경우에는 방송사가 그 광고주에 좌우되어 광고주의 이익을 대변하는 방송사로 전락할 위험에 처하게 되기 때문이다. 따라서 방송 편성 및 제작을 광고 영업과 분리시켜 전문화, 효율화를 꾀함으로써 방송 경영의 합리화와 수익성을 제고할 수 있다. 광고주의 입장에서도 미디어렙이 시청률 조사 등의 분석 자료를 통해 광고주들에게 적합한 방송 광고를 제시해주고, 사후 광고 효과 분석과 같은 방송 광고에 관련된 제반 서비스를 제공해주는 혜택이 있다(양윤직, 2007, p.77).

(2) 국내 미디어렙 현황

국내에서는 1981년 한국방송광고공사법에 따라 한국방송광고공사(이하 KOBACO)가 특수법인으로 설립되어 지난 30년간 지상파 3사를 포함해 EBS, 지역 민방, 종교 방송, 지상파 DMB의 광고를 독점판매해왔다. 2008년 헌법재판소는 KOBACO의 독점판매에 대한 위헌 결정을 내렸고, 2012년 2월 지상파 방송 광고 판매시장 경쟁 도입과 중소방송 지원을 담고 있는 '방송광고 판매대행 등에 관한 법률'(이하 미디어렙법) 제정안이 국회 본회의에서 통과되었다. 이에 따라 KOBACO의 지상파 방송 광고 판매 시장 독점이 경쟁 체제로 전환되었다. 현재 진행 중인 미디어렙 체제는 기존의 한국방송광고공사(KOBACO)를 승계하는 한국방송광고진흥공사가 설립되어 KBS와 MBC의 방송 광고 판매를 대행하고, 다민영 체계를 도입하는 것이다. 새로 설립된 한국방송광고진흥공사는 기존의 단일 영업 본부를 KBS 등의 광고 판매를 담당하는 영업1본부와 MBC 등의 광고 판매를 담당하는 영업2본부 체제로 개편하여 영업 조직을 구축했다. 또한 디지털 기반의 방송통신광고산업 육성 등 신규 진흥사업 수행을 위해 광고진흥본부를 신설했다. 기존의 광고 연구 조사, 광고 교육 등과 같은 진흥 사업 외에 방송 광고 제작 산업 육성, 시청 점유율 조사 검증, 광고 표준화 사업 등을 추가로 수행하게 된다. 한국방송광고진흥공사의 공영 미디어렙과 함께, SBS는 국내 최초 민영 미디어렙인 ㈜미디어크리에이트를 설립했고, 미디어크리에이트는 SBS와 불교방송, 원음방송, 경기방송의 광고 판매를 맡는다. OBS의 광고 판매는 한국방송광고진흥공사와 나눠 담당하게 된다. 30년에 걸친 KOBACO의 광고 독점판매 제도가 새로운 경쟁체제로 전환되면서, 국내 광고 판매시장은 급격한 변화를 겪고 있다.

4) 광고 조성 기관 및 관련 단체

광고 산업은 매체사, 광고주, 광고대행사 그리고 이들을 전문적으로 도와주는 다양한 광고 조성 기관이 함께한다. 주요 조성 기관으로는 크리에이티브 부티크(creative boutique)와 조사회사(research companies) 등을 들 수 있다. 크리에이티브 부티크는 광고 표현 및 제작을 전문으로 하는 업체를 말한다. 크리에이티브 부티크는 광고주와 직거래를 하는 경우도 많아 대규모의 광고대행사와 경쟁을 하기도 한다. 조사 회사는 광고 기획과 전략 수립에 필요한 정보를 제공하기 위해, 소비자 조사, 메시지의 평가, 최종 광고물의 평가 등에 관련된 조사 업무를 맡는다. 또한 각각의 업계는 공동 이익을 대변하기 위해 다양한 광고 단체를 구성하고 있다. 한국광고단체연합회는 최초의 광고 관련단체로 1971년 광고주, 매체사, 광고 회사, 광고학계 회원들에 의해 창립되어, 광고 산업의 발전을 모색하고 광고계의 이익을 대변하는 협의체로서 그 역할을 하고 있다. 한국광고업협회는 15개 광고대행사를 중심으로 1986년에 설립되었고, 한국ABC협회는 1989년에 설립되어 광고 매체인 신문, 잡지 등의 발행 부수와 사업 상황을 공식적으로 조사, 확인하는 역할을 하고 있다. 한국방송광고공사는 1981년 1월 방송 관련법에 의해 방송 광고 질서를 정립하고 방송 문화의 발전 및 방송 광고 진흥에 기여한다는 취지로 설립되어 이어져오다 2012년 현재는 한국방송광고진흥공사로 그 명칭을 변경했다.

2. 광고 규제와 심의

1) 광고와 표현의 자유

미국의 경우 광고와 표현의 자유에 대한 논의는 1942년 발렌타인 대 크리스텐센(Valentine vs. Chrestensen)이라는 대법원 사례에서 시작되었다. 크리스텐센이 오래된 해군 잠수함 구경에 관한 광고 전단을 뉴욕 거리에서 배포한 후, 전단 배포가 뉴욕시 위생조례에 위배된다는 금지처분을 받았고, 이에 대해 수정헌법 제1조 표현의 자유를 주장하면서 소송을 제기했다. 광고와 표현의 자유에 대한 첫 번째 대법원 판례에서, 미 연방대법원은 순수한 영리행위(purely commercial activity)는 표현의 자유 영역에 포함되지 않는다는 간결한 판시를 통해 크리스텐센의 패소를 판결했다.

그러나 1960년대 사회 전반에 걸친 시민권 운동 및 소비자 운동의 시작과 함께 1976년 버지니아 제약위원회 대 버지니아 소비자위원회(Virginia Board of Pharmacy vs. Virginia Citizen's Consumer Council)에서 미 연방대법원은 상업적 광고에 대한 수정헌법 제1조의 적용 가능성을 대폭 확장했다. 당시 버지니아주 법은 처방 의약품 가격 광고를 금지하고 있었는데, 버지니아 소비자위원회는 이를 소비자의 알 권리에 대한 침해로 주장하고 해당 주법에 대한 위헌 소송을 제기했다. 미 연방대법원은 판결을 통해 상업적 정보가 갖는 공익적 요소를 논의했다. 구체적으로 "광고는 때로는 저속하고(tasteless), 지나쳐(excessive) 보일지라도 누가, 무엇을, 어떤 이유로, 얼마에 팔고 있다는 정보를 제공한다"라고 판시했다(Virginia Board of Pharmacy vs. Virginia Citizen' s Consumer Council, 425 US 748, 1976). 광고의 정보 제공 기능을 부각시키면서, 자유 경제 체계하에서 개인의 자원 배분을 위한 결정은 중요한 가치를 지니고 있다고 밝혔다. 이러한 결정들이 생각과 정보에 기반을 둔 합리적 결정

이어야 하기에 공익의 문제로 간주되며, 이와 관계하여 상업적 정보의 자유로운 흐름은(free flow of commercial information) 필수불가결(indispensible)하다고 판시한 것이다. 이는 상업 광고는 공익과는 동떨어진 경제적인 활동의 하나라는 기존의 입장과 대조되는 것으로, 공익의 범위를 개인 소비자의 재원 활용을 위한 상업적 정보까지 포함하여 확대한 것이다. 이를 통해 1942년에 시작된 광고의 헌법적 지위에 관한 미 연방대법원의 논의는 소비자의 정보 습득에 대한 권익이라는 차원에서 30년 후 재정립되었다(An, 2003).

광고가 헌법에서 보장하는 표현의 자유 영역에 포함된다는 것을 우리 헌법재판소도 분명히 하고 있다. 광고물은 사상, 지식, 정보 등을 전파하는, 언론 출판의 자유에 의한 보호 대상이고 순수한 상업 광고도 그 내용이 공익을 증진시키는 때는 헌법 제21조에 의해 보호된다고 밝히고 있다.[2] 헌법재판소는 "국민의 알 권리는 국민 누구나가 일반적으로 접근할 수 있는 모든 정보원으로부터 정보를 수집할 수 있는 정보 수집의 수단에는 제한이 없는 권리인바, 알 권리의 정보원으로서 광고를 배제시킬 합리적인 이유가 없음을 고려할 때, 광고는 이러한 관점에서 표현의 자유에 속한다"라고 판시했다.[3] 이는 정치적인 사상이나 지식과 같이, 광고라는 상업적 정보가 지니는 표현의 가치 그리고 국민의 알 권리에 광고가 기여할 수 있는 역할을 나타내는 것으로 보인다. 이러한 헌법재판소의 입장은 최근 방송 광고 사전 검열에 대한 위헌 결정에서 다시 한 번 확인되었다.[4] 따라서 광고도 창작물의 하나로 저작권의 보호를 받는다. 이와 관련하여 방송광고심의에 관한 규정 제12조에 따르면 "국내외 다른 광고를 표절하거나 현저하게 모방하는 행위는 상호 간의 동의가 있는 경우를 제외하고는 금지된다"고 규정하고 있다.

광고는 표현의 자유 보호를 받지만, 다른 표현과 비교해 많은 제약이 따른다. 광고 규제는 크게 자율 규제와 타율 규제로 나눌 수 있는데, 자율 규제는 광고주와 광고대행사, 매체사 등 광고업계 자체에 의해 운영되는 규제를 말하고, 타율 규제는 관련 법규에 의해 통제되는 규제 방식을 일컫는다. 많은 나라

---

2 헌재 1998. 2. 27 선고 96 헌바 2; 헌재 2000. 3. 30 선고 97 헌마 108; 헌재 2000. 3. 30 선고 99 헌마 143; 헌재 2002. 12. 18 선고 2000 헌마 764

3 헌재 2002. 12. 18. 선고 2000 헌마 764

4 헌재 2008. 6. 26. 선고 2005 헌마 506

에서 자율 규제를 지향하고 있는 추세이지만, 국내의 경우는 법률에 의한 타율 규제가 주도적 역할을 하고 있다. 우리나라에는 광고 규제와 관련된 많은 법들이 있고, 그중 '독점규제 및 공정거래에 관한 법률'은 일명 공정거래법이라 불리며 가장 중요한 역할을 담당하고 있는데, 공정거래위원회에서 운영한다. 또 다른 주요 법규는 1999년에 제정 · 시행된 '표시 · 광고의 공정화에 관한 법률'이 있으며, 소비자를 속이거나 소비자로 하여금 잘못 알게 할 우려가 있는 표시 · 광고 행위를 부당한 표시 · 광고행위로 규정하여 금지하고 있다.

2) 주요 규제 대상 광고

(1) 허위 · 기만 광고

'표시 광고 공정화에 관한 법률 시행령'에서는 허위 · 과장의 표시 광고를 "사실과 다르게 표시 · 광고하거나 사실을 지나치게 부풀려 표시하는 것"이라고 하고, 기만적인 표시 광고는 "사실을 은폐하거나 축소하는 등의 방법으로 표시 · 광고하는 것"으로 정의하며, 소비자를 속이거나 속일 우려가 있는 표시 광고행위를 법적으로 금지하고 있다. 허위(falsity) 광고는 크게 허위 표기(representation)과 중요한 사실을 빠뜨리는 생략(omission)으로 나눌 수 있는데, 허위 사실을 포함하는 것뿐만 아니라, 중요한 사실을 전달하지 않을 때도 규제 대상이 된다. 현재 '방송광고심의에 관한 규정'은 방송 광고의 객관적 주장에 대해서는 광고주가 신뢰도와 타당성을 갖춘 자료로 입증해야 한다고 규정하고 있다. 기만(deception) 광고는 전달된 의미가 광고의 주장과는 관계없이 상품에 관한 사실과 상이할 때 발생한다. 실제로 소비자가 기만당했을 경우뿐만 아니라, 기만의 가능성이 있는 광고도 규제 대상이 된다.

이와 관련하여 방송광고심의규정 제19조는 광고의 진실성을 제시하는데, 방송 광고에서는 소비자가 오인할 수 있는 다음의 표현들이 금지되고 있다.

① 성분, 재료, 함량, 규격, 효능 등에 오인하게 하거나 기만하는 내용
② 부분적으로 사실이지만 전체적으로 소비자가 오인할 우려가 있는 표현
③ 객관적으로 인정받지 못하거나 확인할 수 없는 최상급의 표현

④ 공신력 없는 단체의 자료 또는 발표 내용 등을 인용하는 표현
⑤ 난해한 전문용어 등을 사용하여 소비자를 현혹하는 표현
⑥ 제조국가 등에 소비자가 오인할 우려가 있는 표현

(2) 가상 광고와 간접 광고

광고는 다른 표현에 비해 제약을 많이 받는 편인데, 특히 광고는 프로그램 내용과 구분되어야 한다. 방송광고심의규정 제6조(방송 프로그램과의 구별)에 따르면 광고는 본 프로그램 내용과 구분되어야 한다는 조항이 있고, 이는 가상 광고와 간접 광고를 인정하지 않는 뜻이었다. 따라서 2010년 2월에 개정된 제6조 제1항은 가상 광고를 예외로 규정했고, 간접 광고에 대해서도 시간 제한을 부가하며 정당성을 인정했다. 가상 광고는 스포츠 경기 중계방송에서만 허용되는데, 화면 크기의 1/4을 초과할 수 없고, 프로그램 시작 전에 가상 광고가 존재함을 반드시 명시하여야 한다. 또한 간접 광고는 보도 시사, 어린이 프로그램에는 허용되지 않으며, 상품명 또는 구매를 권유하는 내용은 금지되어 있다. 방송법 제73조 제2항에 따르면 가상 광고는 방송 프로그램에 컴퓨터그래픽을 이용하여 만든 가상의 이미지를 삽입하는 형태의 광고이고, 간접 광고는 방송 프로그램 안에서 상품을 소품으로 활용해 그 상품을 노출시키는 형태의 광고로 정의된다.

(3) 비교 광고

비교 광고(comparative advertising)란 경쟁 기업의 상품이나 서비스를 비교하는 내용이 담긴 광고를 지칭하는데, 우리나라에서는 2001년 9월부터 비교 광고가 허용되었다. 그 이전까지는 비교 광고가 소비자 기만 및 오도 등 여러 가지 폐해를 초래할 가능성이 있다고 하여 금지했었다. 공정거래위원회는 2001년 비교 표시 광고에 대한 심사 지침을 다음과 같이 제정해 그 범위 안에서 비교 광고를 허용하고 있다.

① 다른 사업자 또는 다른 사업자의 상호, 브랜드, 고유 상품명, 기타 다른 사업자의 상품을 나타내는 기호 등을 직접 명시해 비교하는 표시 광고

② ①에 해당되지는 않으나 은유적 표현, 유사한 발음, 기호, 상징 등을 통해 일반 소비자가 통상적으로 다른 사업자 또는 다른 사업자의 상품임을 인지할 수 있는 방법으로 비교하는 표시 광고

이와 관련하여 방송광고심의규정은 "방송광고는 우위 또는 특성을 비교 주장함에 있어 비록 그 내용이 사실이라 할지라도 상대방을 비방(헐뜯음) 또는 중상(근거 없이 헐뜯음)하는 것이어서는 아니 된다"라고 규정하고 있다. 비교 광고와 관련하여 방송광고심의에 관한 규정은 "부당한 방법으로 비교하거나 배척하는 것을 금한다"는 조항과 함께 "객관적으로 측정이 가능한 특성의 비교는 허용함"을 밝히고 있다.

(4) 어린이 광고

어린이는 어른에 비해 광고에 대한 이해가 부족하고, 판단 능력이 제한되어 있으므로 광고에 의한 무분별한 영향으로부터 보호받아야 한다(안순태, 2020). 어린이의 광고에 대한 분별력은 학문적 · 정책적으로 많은 논의를 거쳐왔다. 텔레비전 광고의 경우 많은 나라에서 어린이의 미약한 인지 처리 능력을 고려하여 광고 안내문을 내보내는 것이 법령화되어 있다. 스웨덴에서는 12살 이하의 어린이를 대상으로 하는 광고는 텔레비전에 금지되어 있고 미국의 경우 1979년에 방송협회(National Association of Broadcasters)와 연방커뮤니케이션위원회(Federal Communications Commission)에서 광고와 프로그램을 구분시키는 기제를 법령화시켜, 광고가 시작할 때와 끝날 때 프로그램과 구분하는 안내문이 나가도록 되어 있다.

텔레비전 광고에 근거한 어린이 대상 연구들은 어린이 소비자에 대한 광고의 영향력을 잘 보여준다. 예를 들어, 사탕 광고에 대한 반복적 노출 후 5~8세 어린이들은 많은 과자 중에서 사탕을 선택했으며(Gorn & Goldberg, 1982), 식품 광고에 대한 아주 짧고 간단한 노출도 유치원 어린이들의 식품 선택에 영향을 미쳤다(Borzekowski & Robinson, 2001). 텔레비전 광고에 대한 노출이 정크 푸드(junk food)에 대한 호의적인 태도와 소비를 유도한다(Dixon et al., 2007)는 연구 결과도 있다. 우리나라 어린이를 대상으로 한 TV

나 인쇄 광고 연구도 광고가 어린이의 가치관과 소비 습관에 미치는 영향을 지적하고 있다. TV 시청량이 많을수록 상품 구매욕구가 커진다는 것을 발견했으며(윤희중, 1991), 광고가 우리나라 어린이들에게 중요한 "사회화 학습의 도구"임을 지적하고 있다(남경태 · 김봉철 · 2004, p.56).

어린이의 광고 노출 환경이 다변화되면서, 전통적인 텔레비전 광고뿐만 아니라 광고게임(Advergame)과 같은 혼성 메시지에 대한 연구도 활발하다. 광고게임은 게임에 광고가 접목된 것으로, 한 연구에 의하면 국내의 경우 15개 기업들이 300개가 넘는 광고게임을 운영하고 있으며, 많은 광고게임들이 기업 자체 웹사이트와 어린이 대상 인기 포털 사이트를 통해 중복해서 제공되고 있었다. 많은 광고게임이 저영양 고칼로리 식품을 게임 속에서 광고하고 있었고, 광고게임이 설득 의도를 지닌 광고의 일종이라는 광고 안내문이나 설명은 부재했다(안순태, 2012a). 어린이 대상 광고게임의 문제점은, 어린이의 광고 리터러시가 높지 않다는 점을 고려하면 많은 우려를 낳는다. 광고게임에 대한 실험 연구에서 광고게임을 광고의 일종으로 이해하는 어린이는 매우 적었으며, 광고 리터러시가 높은 어린이들이 광고에 대해 좀 더 회의적인 태도를 보여주었다(안순태, 2012b). 광고 리터러시는 다양한 형태의 광고를 분석, 평가, 활용할 수 있는 능력으로 정의되고(Young, 2003), 광고 리터러시가 높은 어린이들은 광고 내용을 액면 그대로 받아들이기보다는, 비판적이고 회의적인 태도로 상업적 메시지에 대해 스스로를 인지적으로 방어할 수 있는 것이다. 미디어 수용자 교육의 일종으로 어린이 수용자 보호를 위한 광고 리터러시 교육의 필요성이 꾸준히 제기되고 있다.

이러한 맥락에서, 방송광고심의에 관한 규정 제23조는 어린이 보호를 위해 다음과 같은 광고 표현을 하지 못하도록 명시하고 있다.

① 어린이가 상품과 관련된 상업문이나 광고 노래, 또는 상품의 특징을 전달하는 표현
② 상품의 소유로 어린이의 능력이나 행동이 변할 것이라는 표현
③ 상품을 소유하지 못하면 열등감을 갖거나 다른 어린이로부터 조롱의 대상이 된다는 표현

④ 상품을 구입하도록 어린이를 충동하거나 부모 등에게 상품 구매를 요구하도록 자극하는 표현
⑤ 어린이의 사행심을 조장하는 표현
⑥ 어린이를 위험한 장소에 있게 하거나 위험한 행동을 취하게 하는 표현
⑦ 어린이의 건전한 식생활을 저해하는 표현

3) 자율 규제와 광고 심의

우리나라에서는 1962년 방송윤리위원회가 자율기관으로 발족하면서 방송 광고에 대한 심의를 시작했다. 1962년 '국영 텔레비전 사업운영에 관한 임시 조치법 시행령'에서 방송 광고물의 사전 심사를 의무화함으로써 방송 광고의 사전 규제제도가 마련되어 1970년대에는 사전 심의제도가 정착되었다. 1980년대 방송위원회 사후 규제와 한국방송광고공사의 사전 규제, 1980년대 후반에서 1990년대까지 방송위원회 사전 규제가 이루어졌고, 2000년 한국광고자율심의기구가 설립되면서 방송위원회로부터 방송 광고에 대한 사전 심의 업무를 위탁받았다. 2008년 헌법재판소가 방송법 제32조 제2항 등에 대해 위헌 결정을 내리면서 한국광고자율심의기구에서 해오던 방송 광고의 사전 심의가 정당성을 잃게 되었고, 사전 심의가 위헌으로 판정되면서 현재는 방송협회에서 방송 광고를 사전 심의하고 있다.

방송 광고는 방송협회의 사전 심의에 더하여, 방송통신심의위원회에 의한 사후 심의도 받는다. 신문 광고의 경우에는 신문윤리위원회로부터 사후 심의를 받는다. 최근에는 인터넷광고자유심의기구를 통해 인터넷 영역에서의 자율 심의 기능이 시작되었다. 한편 의약 화장품 투자/보험 업계에서는 자율적으로 심의위원회를 설립하여 사전 심의를 진행하고 있다. 예를 들어, 의약품 광고의 경우 '약사법'에 의한 사전 심의를 거치며, 건강 기능식품 광고는 '건강기능식품에 관한 법률'에 따라 심의를 한다. 즉 현재의 광고 심의체계는 매체별, 광고 콘텐츠별로 다양한 기관에 의해 사전 · 사후 심의를 진행하고 있다. 또한 매체사들도 개별적인 기준으로 광고를 심의하여 적합하지 않은 광고를 거부할 수 있는 권리가 있다.

방송광고에 대한 규제는 상업적인 광고 정보가 방송이라는 대중매체를 통해 다수의 사람들에게 공개적이고 무차별적으로 전달된다는 점에서, 소비자를 보호하고 공공의 이익을 대변하기 위한 제도적 장치로 이해된다. 이와 관련하여 방송광고심의규정 제2장 제4조에 의해 금지된 광고 콘텐츠는 다음과 같다.

① 인간의 존엄성 및 생명을 경시하는 표현
② 폭력, 범죄, 반사회적 행동을 조장하는 표현
③ 지나친 공포감이나 혐오감을 조성하는 표현
④ 과도한 신체의 노출이나 음란 · 선정적인 표현
⑤ 신체적 결함, 약점 등을 조롱하고 희화화하는 표현
⑥ 지나치게 비속하거나 사회의 선량한 풍속을 해할 우려가 있는 표현
⑦ 특정 성을 비하하거나 성적 수치감을 느끼게 하는 표현

3. 사회 · 문화 · 경제적 관점에서 광고에 대한 논의

1) 광고와 문화

광고는 문화를 표현하고 전파하며, 또한 문화는 광고를 통해 새롭게 등장하고 해석되기도 한다. 상품의 소비를 통해 전통적 가치, 현대적 가치, 도덕주의, 권위주의, 물질주의 등 다양한 사상이나 이념들이 광고를 통해 전달되므로, 광고와 문화는 불가분의 관계를 맺고 있는 것으로 보인다. 예를 들어 광고는 연인에게 사랑을 전하는 방식, 가족 간의 사랑을 확인하는 법, 친구의 생일을 축하하는 모습 등을 광고되는 상품을 통해 의식화시키고 전파시킨다. 광고가 보여주는 일상생활의 단면을 통해, 또는 특별한 날을 기념하는 방식 등을 통해 사람들은 자신의 준거집단을 확인하거나 이상적인 생활양식을 추구하게 된다. 광고와 문화가 갖는 밀접한 관계는 광고가 문화를 반영하는지 아니면 문화를 창조해내는지에 대한 논의를 이끌어낸다.

특히 광고가 불필요한 욕구를 창출하거나, 물질적 소유가 삶의 행복을 결

정한다는 가치를 조장한다는 비판이 있다. 이러한 비판은 광고가 쾌락주의, 물질주의 가치관을 도모하며 사람들의 가치 체계를 저하시킨다는 시각에서 비롯된다. 광고가 물질주의를 조장한다는 비판에 대해, 광고가 물질 지향적 가치를 창출한다기보다는 이러한 가치를 반영할 뿐이라고 반박하는 의견도 많다(Holbrook, 1987). 또한 불필요한 소비를 조장한다는 비판에 대해서도, 이는 소비자들이 광고에 대한 저항 능력이 없다는 가정에서 비롯된 것이라고 논박하기도 한다. 대부분 소비자는 광고 노출 후 자신이 원하는 상표를 자유롭게 선택할 뿐이고, 필요하지 않는 제품에 대한 광고에는 관심을 보이지 않는다는 것이다. 이런 차원에서 광고의 주된 기능은 상표 간의 선택을 도모하는 선택적 수요(selective demand)를 자극하는 것일 뿐, 제품 카테고리 전체의 소비를 창출하는 본원적 수요(primary demand)에 미치는 영향력은 매우 제한적이라고 알려져 있다. 예를 들어 1991년과 1994년 사이에 게재된 300개의 그린 광고에 대한 조사 결과, 환경친화 제품을 판매하기 위한 그린 광고가 효과를 거두지 못한 것으로 나타났다(Goldman, 1994). 즉 광고의 영향은 본원적 수요를 창출하여 전체적으로 소비를 증가시킨다기보다는, 구매 의사와 필요를 느끼는 소비자의 상표 선택을 도와주는 선택적 수요에 영향력이 있다는 것이다. 흡연과 담배 광고에 대한 많은 논의도 담배 광고가 흡연자의 상표 선택에는 영향을 미치나, 비흡연자를 흡연자로 유도하기에는 그 영향력이 매우 미미하다고 알려져 있다.

2) 광고와 고정관념

사회학적인 관점에서 광고가 고정관념을 창출하고 고착화시킨다는 비판이 있다. 고정관념이란 특정한 집단의 구성원을 범주화시키는 것으로, 예를 들어 여성을 성적 대상으로 묘사한다거나 노인을 까다롭거나 지적으로 미숙한 대상으로 설정하는 것 등이다. 연구 결과들은 이러한 문제점을 실증적으로 보여주고 있는데, 광고에 나타난 여성들의 특징은 아름다운 몸매와 야한 옷을 주로 입고 있는 매력적인 외모의 소유자로 광고에 등장하는 남성들과 비교해 주로 시선의 대상으로 묘사되는 경향이 있다(Signorielli, Mcleod

& Healy, 1994). 타임(Time)과 뉴스위크(Newsweek)에 실린 765개 광고물에 대한 분석에서 노인들 특히 여성 노인들은 수동적이고 의존적인 모습으로 비춰지고 있음이 나타났다(McConatha, Schnell & Mckenna, 1999). 소수민족에 대한 고정관념도 관찰되었는데, 아시아 사람들은 일에 중독된 사람들(workaholics)로 비춰지는 경향이 있으며, 첨단 기계 제품을 광고할 때는 흑인들이 잘 나오지 않은 경향이 발견되었다(Taylor, Lee & Stern, 1995). 어린이에 대한 묘사에서도, 남자 어린이들은 활발하고, 적극적이며 주도적인 역할을 하는 것에 비해 여자 어린이들은 수동적이며 통제의 대상이 되는 경향이 많은 것으로 나타났다(Browne, 1998).

국내의 경우도 여성은 주로 젊고, 남성에게 의존하는 성적인 대상으로 묘사된다고 한다. 여성지 3개를 분석한 결과 물질적/외적미 추구형, 장식적 도구형, 가정형, 성적 측면 강조형 등의 순위로 여성에 대한 묘사가 순위화됐다. 이는 3개의 남성지 분석에서도 유사하게 나타났는데, 주로 여성의 외적 미모를 강조하며 여성의 역할이 가정주부나 어머니 등의 제한된 역할 수행에 치우치는 경향이 있었다. 또한 남성에게 의존하고 보호의 대상으로 묘사되는 경향도 발견됐다(송진희, 1991).

이러한 고정관념을 고착화시키는 광고들에 대해, 최근에는 많은 광고주들이 소수 집단이나 여성 묘사에 대해 민감해지면서 좀 더 현실적이고 호의적으로 그리는 경향도 발견되고 있다. 그 예로 도브(Dove)의 '리얼 뷰티(real beauty)' 캠페인은 현실적인 여성상을 그리며 국제광고제에서 여러 번 수상을 했을 뿐 아니라 제품 판매에도 성공적인 결과를 가져왔다. 기존의 깡마르고 인형 같은 이미지의 모델들 대신에 실제 여성(real women)이라는 컨셉으로 주의에서 흔히 볼 수 있는 체격의 여성들을 모델로 기용해 공감대를 형성했다.

3) 광고의 경제적 효과

광고는 제품에 대한 정보를 제공함으로써 기업 간의 경쟁을 위한 중요한 역할을 담당한다. 광고의 경제적 효과와 역할에 대해서는 상반된 견해가 존재하는데, 광고가 시장 진입을 원활하게 하는지 아니면 시장 진입을 방해하는지에 따라 시장지배 학파의 관점과 시장경쟁 학파의 관점으로 나누어진다. 2개의 상반된 견해는 다면적인 광고의 성격을 잘 나타내주는데, 급변하는 매체환경과 시장환경 속에서 어떠한 성격이 좀 더 두드러지게 부각되는지는 앞으로 지켜봐야 할 문제이다.

(1) 시장지배 학파(Market power model)

광고가 소비자의 취향에 영향을 미치고 상표 충성도를 창출하므로 상표 차별화를 가져온다고 보는 관점이다. 이에 따라 소비자는 특정 상표에 대한 높은 충성도로 인해 가격에 대한 민감도가 감소하고 대체품이 거의 없다는 인식을 갖게 된다. 새롭게 시장에 진입하려는 기업은 상표 충성도가 강한 기존 기업을 상대로 경쟁해야 하고, 따라서 시장 경쟁에서 불리한 입장에 처하게 된다. 광고로 형성된 상표 충성도와 선호도로 완전 경쟁이 이뤄지기 힘들며, 경쟁을 억제하여 기업 집중도가 높아지는 결과를 초래하게 된다. 결과적으로 상표 충성도가 강한 제품을 가진 기업들은 가격을 인상하고 높은 이윤을 실현하게 되며 가격 탄력도가 줄어들게 된다. 이러한 관점에서 광고는 명성의 독점(reputational monopoly)을 창출한다(Braithwaite, 1928). 또한 시장의 집중화(market concentration)을 가속화시키며(Kaldor, 1950), 독점을 도모하여, 광고 집중도(advertising intensity)와 이윤에는 정비례 관계가 있다(Comanor & Thomas, 1967)고 보는 것이다.

(2) 시장경쟁 학파(Market competition Model)

광고는 정보를 제공한다는 기본적 속성으로 인해 소비자들에게 제품을 알리는 기능을 하게 된다. 소비자는 광고를 통해 가장 효용도가 높은 제품을 선택할 수 있다. 소비자는 광고를 통해 가격과 제품의 특성을 놓고 쉽게 평가할 수 있으며, 이는 새로운 상표의 시장 진입을 용이하게 하고 기업 간의 경쟁을 증대시킨다. 이를 통해 가격 탄력성은 증가하며 상표 간 경쟁으로 인해 시장 집중도는 줄어들게 된다. 광고와 경쟁에 대한 실증적 연구에서는 광고 활동이 활발할수록 시장 점유율의 안정성이 감소하고 시장 진입이 용이해지는 것이 밝혀졌다(Telser, 1964). 벤함(Benham, 1972)은 미국에서 주별로 상이한 광고

정책의 영향을 분석했는데, 안경 광고의 경우, 광고를 금지하는 주와 비교했을 때 광고가 가능한 주에서 안경 가격이 25~30% 더 낮게 나타난다는 것을 밝혀냈다. 장난감 산업의 분석에서도 광고가 가격을 인하시키는 것이 밝혀졌다(Steiner, 1973). 이러한 연구들은 높은 광고비를 지출하는 소수의 기업들이 시장을 지배한다는 시장지배 학파 경제학자들과는 상반된 의견으로, 광고가 상표 품질을 향상시키고 평균 가격을 낮춘다(Ferguson, 1982)고 주장한다.

4) 광고와 언론의 공정성

언론사 수입에서 광고가 차지하는 비중이 높은 만큼, 광고주와 언론사는 이중적인 관계를 갖게 된다. 광고주는 언론사의 지면이나 시간을 구입해 기업과 상표를 알리고, 언론사는 이를 수입원으로 언론 기업을 운영해 나가기 때문이다. 광고 거래라는 이해관계가 언론의 공정하고 소신 있는 보도에 영향을 미치는지는 사회적으로도 중요한 문제이다. 특히 언론사가 자신의 주요 수익원인 광고주들에 대해 부정적 보도나 논평을 소신껏 할 수 있는가는 신문 산업의 위기와 더불어 그 심각성이 가중되고 있는 실정이다. 미국의 주요 신문사 대상의 실증적 연구에서(An & Bergen, 2007), 가상 시나리오를 통해 광고를 판매하는 담당자들의 인식을 조사한 결과, 광고주에 대한 부정적 보도를 회피하고, 광고주의 압력이나 요구에 따라 기사의 방향과 내용을 수정하려는 태도가 많이 발견됐다. 광고주의 요구나 압력에 따라 기사를 작성하거나 광고주가 좋아하는 기획 기사를 계획하려는 움직임은 규모가 작은 신문사에서 더 크게 나타났다. 이는 광고 수익원으로서 광고주의 존재가 절실한 작은 신문사일수록 광고주의 압력에 더욱 민감하다는 것을 잘 보여준다. 주요 광고주인 자동차 판매 대리점과 대형 마트가 지역 신문에 영향력을 가해 부정적인 보도를 하지 못하게 하거나, 이에 대한 신문사의 협조가 없거나 만족스럽지 않을 경우 광고 게재를 거부하는 사례들이 계속 보고됐다(Lesly, 1991; Singer, 1991; Williams, 1992). 매체의 다양화는 광고주에게 채널의 선택권을 증가시켰지만, 지면과 시간을 판매하는 매체는 매체 내의 경쟁뿐만 아니라 매체 간의 경쟁까지 고려해야 하는 상황을 맞이하게 됐다. 특히 방송과 신문 등 전통매체에 집중되던 광고비가 인터넷, 모바일 등의 뉴미디어로 옮겨가고 있기 때문에 방송사와 언론사에게 광고주의 존재는 더욱 절실하고 중요해 보인다. 언론의 공정성에 영향을 미치는 많은 요인들 중에서 상업적 압력, 즉 광고주의 영향도 앞으로 더 주시해야 할 문제이다.

생각해볼문제

1. 광고가 사회 · 문화적 가치를 창출하는지, 아니면 사회 · 문화적 가치를 단순히 반영하는지 논의해보자. 구체적 예시를 통해 2가지 관점의 타당성을 살펴보자.

2. 광고가 불필요한 소비를 조장하고 유도한다고 생각하는가? 다른 나라의 사례 또는 그 문화와 비교했을 때 우리 사회에서 광고가 소비에 미치는 영향은 어떠한지 비교문화적인 검토를 해보자.

3. 상업적 정보의 가치와 표현의 자유에 관해 생각해보자. 정치적 정보에 비해 상업적 정보로서 광고가 지니는 많은 표현의 제한은 어떤 논리에 의해 정당화될 수 있을까? 표현의 자유라는 관점에서 상이한 성격의 정보들은 어떠한 기준으로 그 가치와 공익성을 평가받아야 할지 생각해보자.

참고문헌

김광철(2012). 광고사전, 서울: 프로파간다.

김봉현 · 김태용 · 박현수 · 신강균(2011). 광고학 개론. 서울: 한경사.

남경태 · 김봉철(2004). TV 광고에 등장하는 어린이 모델의 표상에 관한 내용분석. 광고 연구, 여름호, 55-77.

문화체육관광부 · 한국방송광고공사(2011). 광고산업통계 2011. 서울: 문화체육관광부 · 한국방송광고공사.

문화체육관광부 · 한국방송광고공사(2012). 광고산업통계 2012. 서울: 문화체육관광부 · 한국방송광고공사.

송진희(1991). 잡지광고에 나타난 여성상 비교연구. 광고연구, 봄, 119-145.

신인섭(2009). 광고정보, 7월호, 30-31.

안광호 · 이유재 · 유창조(2010). 광고 관리. 서울: 학현사.

안순태(2012a). 어린이 대상 식품 광고게임의 특성에 관한 연구: 인터넷 광고게임의 문제점과 개선방안을 중심으로. 한국방송학보, 26(3). 333-37.

안순태(2012b). 어린이의 광고 리터러시(Advertising literacy): 광고에 대한 이해와 태도. 한국언론학보, 56(2), 72-91.

안순태(2020). 디지털 시대 어린이 광고. 서울: 한나래.

안순태(2023). 광고 리터러시: 디지털 미디어 시대, 브랜디드 콘텐츠와 뒷광고를 중심으로. 서울: 한나래.

양영종 · 김상훈 · 정걸진(2007). 현대사회와 광고. 서울: 형설.

양윤직(2007). 다매체 시대, 미디어렙의 어제와 오늘. 광고정보, 11월호.

윤희중(1991). TV 광고가 어린이 및 청소년에게 미치는 영향에 관한 연구. 광고학연구, 2호, 21-25.

이혜갑(2016). 광고의 이해. 서울: 이화여자대학교출판문화원.

임응배(2008). 한국광고 11년(http://data.adic.co.kr//it/seperate/ad100/14.html).

한국광고협회(2012a). 2012년 9월 광고주 순위 및 취급액 현황(http://www.kfaa.org/).

한국광고협회(2012b). 광고대행사 순위 및 취급액 현황(http://www.kfaa.org/).

한국방송광고진흥공사(2012). 2011년도 매체별 광고집행비 현황(Available: http://adstat.kobaco.co.kr/).

한국광고총연합회(2022). 2022년 광고회사 현황조사(https://static.ad.co.kr/data/lit/j11/54/0e/b2/bf/183999.pdf).

An, S.(2003). From a Business Pursuit to a Means of Expression: Supreme Court's Dispute over Commercial Speech from 1942 to 1976. *Communication Law and Policy*, 8, 201-225.

An, S. & Berger, L.(2007). Advertiser pressure on daily newspapeers: a survey of advertising sales executives, *Journal of Advertising*, 36(2), 109-119.

Benham, L.(1972). The Effect of Advertising on the Price of Eyeglasses. *Journal of Law and Economics*, 15, 337-352.

Borzekowski, D. & Robinson, T. N.(2001). The 30-second Effect: An experiment revealing the impact of television commercials on food preferences of preschoolers. *Journal of the American Dietetic Association*, 101(1), 42-46.

Braithwaite(1928). The Economic Effects of Advertisement. *Economic Journal*, 38, 16-37.

Browne, B. A.(1998). Gender stereotype in adversing on children's television in the 1990s: a cross-national analysis. *Journal of Advertising*, 27(1), 83-96.

Comanor, W. S. & Thomas, A. W.(1967). Advertising, Market Structure and Preformance, *The*

Review of Economics and Statistics, 49, 423-440.

Dixon, H. G., Scully, M. L., Wakefield, M. A., White, V. M. & Crawford, D. A.(2007). The effects of television advertisements for junk food versus nutritious food on children's food attitudes and preferences. *Social Science and Medicine*, 65, 1311-1323.

Ferguson, J. M.(1982). Comments on the Impact of Advertising on the Price of Consumer Products. *Journal of Marketing*, 46, 102-105.

Goldman, K.(1994). Survey asks which 'green'ads are read. *The Wall Street Journal*, April 11, B15.

Gorn, G. & Goldberg. M.E.(1982). Behavioral evidence of the effects of televised food messages on children. *Journal of Consumer Research*, 9(September), 200-205.

Holbrook, M. B.(1987). Mirror on the wall, what's unfair in the reflections on advertising. *Journal of Marketing*, 5(July), 95-103.

Kaldor, N. V.(1950). The Economic Aspects of Advertising. Review of Economics Studies, 18, 1-27.

Lesly, E.(1991). Realtors and builders demand happy news...and often get it. Washington Journalism Review, 13(November), 21-23.

McConatha, J. T., Schnell, F. & McKenna, A.(1999). Description of older adults as depicted in magazine advertisements. *Psychological Reports*, 85, 1051-1056.

Signorielli, N., Mcleod, D. & Healy, E.(1994) Profile: gender stereotype in MTV commercials: The beat goes on. *Journal of Broadcasting & Electronic Media*, 38(1), 91-101.

Singer, S.(1991). Auto dealers muscle the newsroom, *Washington Journalism Review*, 13(September), 25-28.

Steiner, R. L.(1973). Does Advertising Lower Consumer Price?. *Journal of Marketing*, 37, 19-26.

Telser, L.(1964). Advertising and Competition. *Journal of Political Economy*, 72, 537-562.

Taylor, C. R., Lee, J. Y. & Stern, B. B.(1995). Portrayals of african, hispanic, and asian americans in magazine advertising. *American Behavioral Scientist*, 38, 608-621.

Wells, W., Burnett, J., & Moriarty, S. E.(2003). *Advertising: Principle and practice*. New York: Prentice Hall.

Williams, W. S.(1992). For sale: Real estate advertising & editorial decisions about real estate news. *Newspaper Research Journal*, 13(Winter/Spring), 160-169.

Young, B.(2003). Does food advertising make children obese? *International Journal of Advertising and Marketing to children*, 4(3), 19-26.

9장

PR의 개념과 역사, PR 이론

1. PR 정의와 기능

1) PR의 개념 정의와 역할

커틀립과 센터, 브룸(Cutlip, Center & Broom, 2006, pp.1-2)은 '조직과 상호 호혜적인 관계를 맺고 있으며 조직에 의존적인 사람들, 즉 공중(public)들과의 관계'로 PR을 정의한다. 기업이든 정부든 비영리단체이든 어떤 조직이라도 조직을 둘러싼 다양한 이해관계자 공중과 관계를 맺고 상호작용하면서 살아가지 않는다면 사회에서의 생존과 발전은 불가능하기 마련이다. 따라서 조직과 공중과의 관계를 의미하는 PR은 조직에게 필수불가결한 기능이라고 할 수 있다.

1900년대 초반까지 PR은 긍정적으로 받아들여지지 않았다. 예를 들어, 진실되지 못한 행위를 가리켜 "그저 PR일 뿐이다"라고 비난하기도 했다. 1930년대 후반, 'Public Opinion Quaterly' 저널의 창시자인 하우드 차일즈(Harwood L. Childs)는 좀 더 진보된 개념을 제시했다. 그는 PR의 가장 기본적 기능은 "사회적 중요성을 갖는 개인적 행동이나 기업 활동에 대해 공중이 관심을 갖도록 조정"하는 데 있다고 설명했다. 즉, 차일즈는 PR의 기능이 기업으로 하여금 사회적 환경에 적응할 수 있도록 돕는 것이라고 봤으며, 이러한 개념은 현대 PR의 정의에 이르기까지 오랜 시간에 걸쳐 재조명되고는 했다(Cutlip, Center & Broom, 2006, p.4, 재인용).

국제PR협회(International Public Relations Association, IPRA)는 위의 개념을 채택해 "조직의 리더들에게 카운슬링을 제공"하는 것과 "계획된 프로그램의 실행"의 두 개념을 포함시켜 PR의 조정 역할을 강조했다(Cutlip, Center & Broom, 2006, p.4, 재인용). 저명한 PR 학자인 할로우(Rex F. Harlow)는 1900년대 초반과 1976년도에 쓰인 약 500개의 PR 정의를 보고, 그 정의들로부터 주요 요소들을 추출해 PR이 무엇을 하는지에 대한 기능에 초점을 맞추기보다는 PR이 무엇인지 설명할 수 있는 정의를 내리고자 했다. 그가 도출해낸 PR의 정의는 다음과 같다.

> PR은 조직과 그 공중 간에 발생하는 커뮤니케이션, 이해, 수용, 그리고 협력 간 상호 연결고리를 형성하고 유지하도록 돕는 독특한 관리 기능이다. PR은 다음과 같은 기능들을 수행하는데, 1) 문제 상황이나 이슈를 관리하고, 2) 조직의 관리자로 하여금 항상 여론에 귀를 기울이고 책임을 질 수 있도록 도우며, 3) 공적 이익을 달성하는 관리자의 책임이라는 것이 무엇인지 정의 및 강조하고, 4) 변화에 뒤쳐지지 않고 효과적으로 변화를 주도할 수 있도록 도와줄 뿐만 아니라, 5) 향후 트렌드를 예측하고, 6) 조사를 통해 건강하고 윤리적인 커뮤니케이션을 할 수 있게 한다(Harlow, 1976).

미국PR협회(Public Relations Society of America, PRSA)는 1982년 "PR은 조직과 공중이 서로에게 맞춰나갈 수 있도록 돕는다(Public relations helps an organization and its publics adapt mutually to each other)"는 정의를 채택했다.

당시 PR의 정의는 언론 대행 업무와 퍼블리시티에 초점이 맞춰져 있었으나, 최근 PR의 역할 변화와 기술적 진보가 다양하게 이루어짐에 따라 '관여(engagement)'와 '관계 구축(relationship building)' 개념에 좀 더 무게가 실리면서 PR의 현대적 정의를 새롭게 내려야 할 필요성이 높아지게 되었다. 이에, 2011년 9월 뉴욕에서 11개 PR 관련 단체들이 모여 'PR 정의 정상회의(Definition of Public Relations Summit)'를 열고 논의를 시작했으며, 2011년 11월부터 2012년 3월에 걸쳐 캠페인을 실행했다. 캠페인은 'Public Relations Defined'라는 배너를 달고 블로그를 만들어 공중들의 직접적인 참여를 도모하는 크라우드소싱(crowdsourcing) 방식으로 진행했다. 2012년 3월 1일 공식적으로 발표된, 30년 만에 재정의된 PRSA의 PR에 대한 정의는 다음과 같다.[1]

> "Public Relations Defined, After an Energetic Public Discussion."
>
> PR은 조직과 주요 공중이 상호 호혜적인 관계를 형성하고 유지하는 전략적 커뮤니케이션 과정이다(Public relations is a strategic communication process that develops and maintains mutually beneficial relationships between organizations and their key publics).

위 정의는 '상호 호혜적인 관계'를 강조하는 전략적인 커뮤니케이션 과정이라는 PR의 기본 개념을 명료하게 설명하고 있다. '과정(process)'은 기존의 일방향 커뮤니케이션이었던 탑다운 방식의 통제 개념을 떠올리게 하는 '관리 기능'을 대신하고 있다. '관계(relationships)'는 조직과 개인들을 주요 이해관계자들과 한데 모아 이어주는 PR의 역할을 설명하는 개념이다. 또한, '공중(publics)'은 '이해관계자' 개념을 대신하고 있는데, 전자가 PR의 공공 영역과 연관되어 있다면, 후자는 공적 거래가 이뤄지고 있는 기업들이라는 의미를 함축하고 있다. 최종적으로 채택된 PR의 정의에 담겨진 주요 용어들은 다음과 같다: 공중(public), 조직(organization), 커뮤니케이션(communication), 관계(relationship), 구축(builds), 상호의(mutual).

윌콕스와 카메룬(Wilcox & Cameron, 2012)은 오늘날 현대 PR을 규정하는

1 미국PR협회 홈페이지(www.prsa.org)에 실린 내용을 해석해 정리한 내용이다.

정의를 내리면서 주요 키워드를 다음과 같이 묘사한 바 있다.

① 자발적인(Deliberate): PR 활동은 의도적이다.
② 계획된(Planned): PR 행위는 조직적으로 기획된다.
③ 성과(Performance): 효과적인 PR은 실제 정책과 성과에 근거한다.
④ 공공이익(Public interest): PR 행위는 조직과 공중 둘 다에게 상호 호혜적이어야 한다.
⑤ 쌍방 커뮤니케이션(Two-way communication): PR은 단순히 정보를 전달할 뿐만 아니라 다양한 공중과 대화에 참여하고 경청하는 예술이다.
⑥ 경영 기능(Management function): PR은 최고경영진의 의사결정에 있어서 전략적이고 통합적인 부분일 때 가장 효과적이다.

이와 같은 다양한 정의를 통해볼 때 키워드는 공통적으로 '조직'과 '공중', '상호 호혜적 관계', '커뮤니케이션'임을 확인할 수 있으며, 최근의 정의에서는 조직의 관점보다 조직과 공중 균형적 관점으로 옮겨지는 것을 볼 수 있다. 즉, 조직의 '전략적 계획을 실현하는 경영 기능'에 초점을 맞추기보다 '조직이 공중의 이해와 협조를 구하는 활동'에 초점을 맞춰서 조직과 공중, 양측의 관점에 비중을 둔 정의가 많아지고 있다.

따라서 PR의 목표는 조직과 공중 모두에게 상호 호혜적인 관계를 형성하는 것을 목표로 하고 그 방법으로는 쌍방커뮤니케이션을 활용한다는 것에 초점을 맞춰서 다음과 같이 정의한다. 즉, PR이란 '조직이 공중의 협조와 이해를 구하고 상호 호혜적인 관계를 형성하기 위해서 쌍방 커뮤니케이션을 통해 조직을 경영, 관리하는 기능'이다.

2) PR 영역과 기능

커틀립 등(2006)은 특정 집단이나 공중과 조직 차원의 관계를 맺기 위해 PR이라고 불리는 광범위한 조직 관리 기능들을 PR의 영역 안으로 포함시켜 설명하고 있다. 사내 커뮤니케이션(internal relations), 퍼블리시티(publicity),

광고(advertising), 언론 대행(press agentry), 퍼블릭 어페어즈(public affairs), 로비(lobbying), 이슈관리(issues management), 투자자관계(investor relations), 개발(development: 펀드레이징 등을 포함하는 비영리 단체 후원/발전기금 모금활동 등을 의미함) 등이 여기에 포함되어 있다.

뉴섬 등(Newsom et al, 2004, 박현순 역, 2007)은 전문 PR 영역을 비영리조직, 교육 기관, 기금 모금, 리서치, 국제 PR, 재정 PR, 제조업 PR, 대기업/소기업 PR, 정부(정부 각 부처의 PR, 비정부조직의 대정부 관계, 정치 PR, 로비 등), 건강관리, 스포츠, 여가산업 등 다양한 영역의 다양한 업무로 구성하고 있다. 윌콕스와 카메론(2012)은 PR의 영역을 다음과 같이 제시한다: 컨설팅(counseling), 조사(research), 언론관계(media relations), 퍼블리시티(publicity), 사원관계(employee/member relations), 지역사회관계(community relations), 퍼블릭 어페어즈(public affairs), 정부관계(government affairs), 이슈관리(issues management), 투자자관계(financial relations), 산업관계(industry relations), 개발/펀드레이징(development/fund-raising), 다문화관계 및 업무 환경 다양성(multicultural relations/workplace diversity), 특별 이벤트(special events), 마케팅 커뮤니케이션(marketing communications).

이들 PR 영역을 정리해보면 주체별, 대상별, 기능별로 각각 구분할 수 있다. 먼저, 누가 주체인가에 따라서 기업 PR, 정부 PR, 비영리 PR 등으로 구분된다. 또한 이들이 수행하는 PR 활동의 대상이 누구인가에 따라서 사원관계, 지역사회관계, 소비자관계, 투자자관계, 언론관계, 국제관계 등으로 구분할 수 있다. 그리고 PR 기능에 초점을 맞춰보면 조사 및 컨설팅, 퍼블리시티, 개발/펀드레이징, 이슈관리, 위기관리, 퍼블릭 어페어즈, 로비, 명성관리, 특별 이벤트, 마케팅 커뮤니케이션 등으로도 구분할 수 있다. 물론 기능별 PR 활동은 주체별, 대상별 PR 활동과 중복되기도 한다. 또한 사회가 복잡해지고 뉴미디어가 발전되면서 조직에 영향을 미치는 공중이 많아지고 더욱 광범위해지게 되었다. 따라서 PR 활동은 NGO 관계, 산업 관계, 소셜 미디어 PR 등으로 더욱 다양해지고 확장되는 추세이다.

어떻게 보면 PR은 조직이 처한 상황에 따라서 매우 다른 역할을 수행하기 때문에 일관성이 없는 것처럼 보일 때도 있고 지나치게 광범위한 범위를 포괄하고 있다고 생각될 수도 있다. 그러나 이는 상황이 빠르게 변화하고 있고 다양한 이슈, 다양한 공중이 조직에 직 · 간접적으로 관여하면서 조직 상황이 매우 복잡하게 다변화되기 때문에, 그만큼 PR 활동이나 역할, 기능이 시시각각 수정되고 변화한다고 보는 것이 적절하다.

뉴섬 등(Newsom et al, 2004, 박현순 역, 2007, pp.17-18, 재인용)은 PR의 기능을 다음과 같이 제시한다. 첫째, PR은 조직의 필요와 욕구를 충족시키기 위해서 사람들의 태도와 행동에 영향을 미침으로써 공중을 통제하는 기능을 한다. 둘째, PR은 개발이나 갈등에 대한 공중의 반응을 조직적으로 관리하여 대응하는 기능을 한다. 셋째, PR은 직원, 소비자, 유통업자, 생산자 등 다양한 공중과 조화로운 교류를 통해 조직과 공중이 상호호혜적 관계를 유지하도록 돕는 기능을 한다.

이러한 PR의 3가지 기능은 서로 다른 관점을 갖고 있으며, 이는 PR의 역사와 맞물려 있다. 첫 번째 기능은 조직이 주도권을 쥐고 소비자를 희생자로 보는 조작모델이며, 두 번째 기능은 소비자를 왕으로 보고 적극 반응과 대응을 하는 서비스 모델이다. 세 번째 기능은 소비자를 파트너로 보면서 상호 이해를 도모하는 전문적 기획을 수행하는 교류 모델을 의미한다. 오늘날의 PR 기능은 세 번째 기능에서 제시한 것처럼 조직과 공중의 파트너를 통한 상호 호혜적 관계를 유지하는 기능을 강조하는 교류 모델이 점차 강화되어 가고 있다. 이 같은 관점에서 뉴섬 등은 PR의 구체적인 역할에 대해서 아래와 같은 10가지 원칙을 들어 정리하고 있다(Newsom et al, 2004, 박현순 역, 2007, pp.4-5, 재정리).

① PR은 항상 공익을 고려해야 하며 PR 프로그램은 치밀하고 구체적으로 기획되어야 한다.
② PR은 사익이 아니라 공익을 우선시하는 서비스 지향적 전문 직업이다.
③ PR의 궁극적 목적은 공중의 지지를 확보하는 것이다.
④ PR 전문가는 매스미디어를 통해 다수의 공중과 커뮤니케이션한다. 따라서 PR 전문가는 다양한 매스미디어 채널을 통합적으로 관리하는 능력을 보유해야 한다.

⑤ PR 전문가는 조직과 공중 사이에서 중재자 역할을 하기 때문에 효과적인 의사소통 능력을 갖고 있어야 한다. 즉, 조직과 공중 간의 상호 이해와 합의 도출을 위해 정보를 상호 전달해주어야 한다.
⑥ 원활한 쌍방향 커뮤니케이션을 위해 PR 전문가는 과학적인 여론조사를 폭넓게 활용해야만 한다.
⑦ PR 전문가는 여론을 제대로 파악할 줄 알아야 하고 공중과 효과적인 커뮤니케이션을 해야 한다. 그러기 위해서 심리학, 사회학, 사회심리학, 여론, 커뮤니케이션 연구, 기호학 등 다양한 사회과학 지식을 습득하고 활용해야 한다.
⑧ PR 전문가는 PR 리서치뿐 아니라 다른 영역의 관련 연구들을 폭넓게 활용해야 한다.
⑨ PR 전문가는 조직이 위기 상황에 처하기 전에 관련 공중에게 문제를 설명하고 협조를 구해야 한다.
⑩ PR 전문가는 단 하나의 기준, 즉, 윤리적 실천 기준에 의해 평가되어야 한다.

궁극적으로 PR은 무엇이어야 하며, 최종적으로 추구하는 PR의 가치가 무엇이어야 하는지 규범적 가치를 되새겨본다면 역할이나 기능이 계속 변화할지라도 방향성을 잃지 않을 수 있을 것이다. 그런 측면에서 뉴섬 등(Newsom et al, 2004, 박현순 역, 2007, 재인용)이 지적한 다음과 같은 PR의 기능을 눈여겨볼 필요가 있다.

① PR은 경영진에게는 관련 공중의 필요, 관심사, 욕구를 알려주는 것이고, 공중에게는 경영진의 입장을 이해시키는 일이다. 즉, PR은 조직과 관련 공중 간의 대화를 지속적으로 유지시키는 기능을 한다.
② 조직은 대화를 통해서 사회와 상호 조정을 원활히 할 수 있다.
③ PR 실무자는 거시적인 관점에서 사회를 이해해야 한다. 조직이 속해 있는 사회의 구체적 이해관계뿐 아니라 더 큰 사회적 이익을 위해서도 일해야 한다.

오늘날과 같이 복잡하고 조직의 책임성, 투명성이 요구되는 사회에서는 어떠한 조직도 오직 자기만의 목적을 추구하면서 생존할 수 없다. 바로 이러한 점에서 PR의 가치를 찾아볼 수 있다(Wilcox & Cameron, 2012). 즉, 정부와 사회의 허가를 얻지 않고서는 생존할 수 없다는 점이 중요하다. 따라서 투명하고 지속적인 커뮤니케이션을 함으로써 조직은 그들의 목적을 성취하고 직원들은 그들의 잠재력을 발휘할 수 있으며, 고객들은 선택할 수 있고 투자자는 조직에 대한 명확한 평가를 하고, 사회는 산업과 조직, 이슈에 대한 공정한 판단을 하도록 도울 수 있다.

(1) PR과 마케팅, 광고, 저널리즘, 퍼블리시티

PR은 마케팅, 광고, 저널리즘, 퍼블리시티와 종종 혼돈되거나 중복되는 개념으로 오해받기도 한다. 따라서 이들 개념 간의 비교를 통해서 PR의 역할과 기능을 명확히 이해할 수 있다. PR 학자인 그루닉(Grunig, 1992)은 PR과 마케팅의 차이를 아래와 같이 대조시키고 있다(Wilcox & Cameron, 2006, p.18, 재인용).

> 마케팅은 기업의 제품 및 서비스와 연관된 해당 시장과 커뮤니케이션해야 한다. 반면, PR은 기업의 공중들을 고려하여 활동해야 한다. 마케팅의 주요 목적은 수요 곡선의 경사를 더욱 가파르게 만들어 높임으로써 기업을 위한 수익을 창출하는 데 있다. 그러나 PR의 주요 목적은 기업의 능력을 제한하거나 증진시키는 공중과의 관계 형성을 통해 기업의 자산을 유지시키는 데 있다.

또한 그루닉은 공중을 어떻게 설명해야 하는지를 통해서 마케팅과 PR의 근본적인 차이를 짚어냈다. 마케팅이나 광고 전문가들은 '타겟 시장(target markets)', '소비자(consumers)', '고객(customers)'과 같은 용어를 주로 사용하는 반면, PR 전문가들은 '공중(publics)', '청중(audiences)', '이해관계자(stake-holders)'라는 단어를 주로 사용한다. 이러한 집단들은 기업의 활동에 영향을 주거나 또는 영향을 받을 수 있는 어떠한 공중도 될 수 있다. 그루닉에 따르면, "공중은 이해관계자 카테고리 안에서 떠오르는 개념인데, 사원, 지역사회, 투자자, 정부, 회원, 학생, 공급자, 후원자, 소비자와 같은 카테고리가 이에 해당된다"고 했다.

많은 PR 이론가들은 PR과 마케팅의 또 다른 근본적인 차이를 제시하고 있다. 가장 우수한 PR을 실행한다는 것은 곧 쌍방향 대화를 통한 상호이해와 협력을 이끌어내는 것을 의미하는 반면, 마케팅은 제품 및 서비스를 판매하기 위한 설득적 의도와 목적을 가지는 데 주력한다는 것이다. 홈스그룹(The Holmes Group)의 대표인 페일 홈스(Pail Holmes)는 "기업과 소비자 사이의 관계를 관리하는 마케팅이 기업과 모든 이해관계자 사이의 관계를 관리하는 PR보다 훨씬 좁은 범위를 다루는 개념"이라고 말한 바 있다(Cutlip et al, 2006, p.7.).

광고는 매스미디어의 시공간을 빌려 커뮤니케이션 메시지를 집행하는 방식이며, 시간과 지면을 구매하는 방식으로 진행된다. 무엇보다도 광고와 PR의 가장 큰 차이는 '비용'이다. 일반적으로 광고 집행에 들어가는 비용은 매우 크기 때문에 기업들은 비용 대비 효과적이면서 기사 형식으로 전달되어 신뢰도가 높은 PR의 활용 방안에 주목하고 있다. 둘째, 광고는 주로 매스미디어를 통해 집행되는 반면, PR은 브로셔, 슬라이드 프레젠테이션, 이벤트, 연설, 보도자료, 기획 기사 등 다양한 커뮤니케이션 도구를 활용한다. 셋째, 광고는 제품/서비스 소비자와 같은 외부 공중을 대상으로 제작되는 반면, PR은 투자자, 협력업체, 지역사회 리더, 환경 단체 등의 전문화된 외부 공중을 비롯해 기업 사원과 같은 내부 공중까지를 대상으로 포함한다. 마지막으로, 광고의 기능은 제품 및 서비스를 판매하는 것이지만, PR은 기업이 생존하기에 적절한 환경을 조성하는 것인 만큼, PR은 기업에 영향을 미칠 수 있는 경제, 사회, 정치적 요소 전반을 두루 다루게 된다(Wilcox & Cameron, 2012).

저널리즘과 PR은 사람들을 인터뷰하고, 많은 정보를 수집하고, 언론 보도 형식으로 자료를 작성하여 마감 날짜에 맞춰 양질의 보도자료를 만들 수 있게 훈련받는다는 점에서 공통점을 지닌다. 실제로, 이런 이유 때문에 많은 기자들이 나중에 직종을 바꾸고 PR 전문가가 되기도 한다. 그러나 두 영역은 다루는 범위, 목표, 공중, 채널 등을 포함해 근본적인 부분들에 큰 차이가 있다. 범위의 측면에서 보면, PR은 카운슬링부터 시작해 이슈관리에 이어 특별 이벤트까지 다양한 범위를 다루지만, 보도용 자료 작성 및 언론관계 관리는 이중에서 일부에 해당된다. 게다가 저널리즘에 비해 PR은 전략적 사고, 문제해결 능력 등 기타 경영 관리 기술을 요하는 분야이다. 목표의 측면에서도 차이가 존재한다. 기자는 대중들에게 뉴스와 정보를 제공하고자 하는 목적을 최우선으로 두고 정보를 수집하고 선택한다. 반면, PR 전문가들은 공중에게 전달하기 위한 정보 및 사실을 수집하기는 하지만, 주된 목표는 조금 다르다. 정보를 제공하는 것뿐만 아니라, 조직의 목표를 달성하기 위해 사람들의 태도와 행동에 영향을 미치거나 상호 호혜적인 관계 형성에 주된 목표를 둔다. 또한, 기자들은 객관적인 관찰자 입장인 반면에 PR 담당자들은 조직에 옹호적인 입장을 취할 수밖에 없다. 기자들은 우선적으로 대중을 위해 기사를 쓰지만, PR 전문가들은 공중을 다양한 인류사회학적 또는 심리학적인 특징에 따라 세분화하여 각각의 공중에게 적합하면서 그들이 필요로 하는 메시지를 제공한다. 채널의 경우, 기자는 그들이 속해 있는 언론사나 방송사의 보도 수단을 통해 공중에게 다가가지만, PR 전문가들은 신문, 잡지, 라디오, TV와 같은 매스미디어부터 인터넷에 이르는 다양한 매체의 다양한 조합을 활용해 공중에게 메시지를 제공한다.

PR과 마케팅, 광고, 저널리즘은 각각의 목표나 대상, 수단 등에서 명확한 차이를 보인다. 수단이 중복되거나 활동 영역이 겹쳐서 혼돈을 일으키기도 하지만, 목표나 공중 등 근본적 차이가 존재하기 때문에 이를 명확히 알고 사용할 필요가 있다.

2. PR의 역사와 미래

1) PR의 기원과 역사[2]

PR의 기원과 역사는 PR4모델을 통해서 설명할 수 있다. PR의 역사가 이 4

2 내용은 Grunig & Hunt(1983)의 『현대 PR의 이론과 실제』(2004, 박기순 외 역, 17–55쪽)와 Cutlip, Center & Broom의 『Effective Public Relations』(2006, pp.87–117)를 재정리해 소개한 것이다.

특성	언론 대행 · 홍보 모형 (Press Agentry/ Publicity)	공공정보 모형 (Public Information)	쌍방 불균형 모형 (Two-way Asymmetrical)	쌍방 균형 모형 (Two-way Symmetrical)
목적	선전	정보의 확산	과학적 설득	상호이해
커뮤니케이션의 본질	일방: 완벽한 진실이 필수는 아님	일방: 진실이 중요함	쌍방: 균형 잃은 효과	쌍방: 균형 잡힌 효과
커뮤니케이션 모형	정보원 → 수신자	정보원 → 수신자	정보원 ↔ 수신자 피드백	집단 ↔ 집단
주요 역사적 인물	P.T. Barnum	Ivy Lee	Edward L. Bernays	Bernays 등 교육자, 전문인

표 9-1
PR4모델의 특성[3]

개의 모형과 비슷한 단계를 거쳐왔기 때문에 이 모형들은 PR 역사의 단계를 이해하는 데 도움을 준다. PR4모델은 그루닉과 헌트(Grunig & Hunt, 1984)에 의해 구성되었다. PR 이론에서 널리 사용되는 이 모델은 어떻게 PR이 발전해왔는지 설명하는 데 도움을 줄 뿐만 아니라 앞으로의 PR 발전 방향을 가늠해볼 수 있다는 점에서 유용하다(Wilcox & Cameron, 2012). PR 4모델의 목적, 커뮤니케이션 본질, 커뮤니케이션 모형 등을 중심으로 그 특성을 살펴보면 표 9-1과 같다.

(1) 언론 대행 · 홍보 모형(Press Agentry/Publicity Model)

언론 대행 · 홍보 모형은 주로 매스미디어를 통해 정보를 확산시키기 위한 일방향 커뮤니케이션이다. 이 모형의 커뮤니케이션은 정보원에서 수용자에게 일방적으로 전달될 뿐 그 반대 방향으로 커뮤니케이션은 결코 이뤄지지 않는다. 언론 대행 · 홍보 모형에서 PR은 선전 기능을 하며, 불완전하거나 왜곡된 정보를 이용하여 조직의 신념을 배포한다. 이때 정보는 과장 · 왜곡되거나 불충분할 수 있다. 언론 대행 · 홍보 모형의 목적은 '옹호'이며 조사는 거의 이뤄지지 않는다. 이 모형은 1850년에서 1900년 사이에 등장했으며 선구자는 피니어스 바넘(Phineas T. Barnum)으로, 스포츠, 영화, 음악, 할리우드 기자들이 주로 사용해왔다.

바넘 앤 베일리(Barnum & Bailey) 서커스단을 차린 흥행 사업가 바넘의 이

3 표는 Grunig & Hunt(1983)의 『현대 PR의 이론과 실제』(2004, 박기순 외 역, 27쪽)를 재구성해 소개한 것이다.

야기는 가장 좋은 사례로 꼽힌다. 바넘은 그의 이름을 이용하여 서커스단의 흥행을 촉진했다. 바넘은 광고란을 구매하는 것에 반대하지 않았을 뿐만 아니라 뉴스거리에 관심을 기울였고 자유스런 홍보 활동을 통해 많은 수확을 거둬들였다. 예를 들어 흑인 노예인 조이스 헤드에 대해 신문사설을 통해 전폭적인 찬양을 했으며, 조지 워싱턴이 대통령이 되기 100년 전부터 그를 양육했다고 기사를 게재했다.

그의 뒤를 이어 여러 언론 대행업자들이 등장했는데 이들은 연극인들의 이름을 널리 홍보하는 일을 전문으로 했다. 가짜 보석 강도, 부부싸움, 정사와 같은 모든 이목을 끌 만한 일들이 보도되었고 결혼, 이혼, 어떤 주제에 관한 의견 및 여행에 관한 헛소문이 끊임없이 개발되었다. 언론 대행 · 홍보원들이 지닌 공통점의 하나는 신문과 다른 매체를 이용하기 위한 갖은 책략을 쓰면서 자기들의 고객을 위하여 무료 지면을 차지하려는 노력이다. 이 시기의 대중은 '대중이 우롱받는 시기'로 불렸으며, 많은 홍보업자들은 기업 지도자들이 대중의 영웅이 되고 산업 지도자로 추앙받도록 매체를 이용했다. 그밖에도 금주 운동이나 노예 제도 폐지론, 정치 캠페인 등 공공영역에서도 사회적 대의를 위한 홍보 활동이 대중화된 시기였다.

(2) 공공정보 모형(Public Information Model)

공공정보 모형에서는 정보의 배포를 목적으로 하지만 반드시 설득을 의도하는 것은 아니다. 이 모형의 커뮤니케이션 역시 정보가 정보원에서 수용자에게 일방적으로 전달될 뿐이며 일방통행으로 흐르지만, 진실한 정보를 전달한다는 점에서 언론 대행 · 홍보 모형과 차이점이 있다. 이 모형은 정확성과 완전성의 보도적 이상(journalistic ideal)을 기초로 하며, 매스미디어가 주된 채널로 사용된다. 내용을 위한 사실 검증이 이뤄지지만 청중들에 대한 조사는 거의 수행되지 않는다. PR 담당자는 주로 조직체 내의 언론인으로 기능하며 그의 임무는 그가 속한 조직체에 관한 정보를 객관적으로 보도하는 것이다. 이 모형은 1900년 무렵에 등장해서 1920년대까지 지속되었으며, 아이비 리(Ivy Lee)가 대표적인 인물이다.

20세기 당시 미국은 대기업의 시대였으며, 부가 한 곳에 집중되어 있었고 대기업은 정부를 효과적으로 통제했다. 그러나 기업의 횡포를 제한하는 법률이 제정되었으며 노동자들은 노동조합을 조직했다. 따라서 당시 기업들은 새로운 종류의 PR을 이용하여 자기들에게 불리한 홍보전에 대응할 필요를 느꼈다. 한 뉴욕 신문에 기업 활동에 관한 기사를 기고하던 신문 기자 아이비 리는 공공정보 모형에 입각해 PR을 한 가장 잘 알려진 최초의 PR 시행자였다. 그는 기업의 비밀 정책 대신에 "조직체의 활동에 관하여 진실을 말하라. 만일 그 진실이 조직체에 큰 해를 끼치게 된다면 그 조직체의 행태를 바꾸어 그 진실이 두려움 없이 널리 퍼지도록 해라."라는 그의 생각을 주장하고 실행에 옮겼다. 아이비 리는 '공중은 알아야 한다(The public be informed)'라는 홍보 정책을 개발했지만 공중의 의견을 알기 위한 여론조사는 한 번도 실시하지 않았다(Grunig & Hunt, 1983, 박기순 외 역, 2004, 38-40쪽).

특히 아이비 리는 록펠러 가의 명예를 회복시킨 사례로 유명하다. 1913년 탄광 노동자들이 파업을 일으켜 록펠러 가가 전국적으로 비난을 받게 되었을 때, 아이비 리는 공개 정책을 채택하도록 했고 록펠러가 탄광을 방문하여 상황을 직접 살펴보도록 권했다. 또한 자선사업에 기부했던 록펠러의 과거 활동들을 밝히고 그가 자선가로 알려지는 데 언론을 적극 활용했다. 그러자 대중은 록펠러 가에 대한 인식을 달리하기 시작했다. 이에 많은 대기업들이 PR 부서를 설립하면서 공공정보 모형을 따랐고, 특히 AT&T 같은 회사는 PR 부서를 적극 활용하여 전신전화 사용료 인상에 대한 여론조사도 실시하는 등 편협한 선전보다 솔직한 공개를 강조했다. 이처럼 1925년 무렵에 여러 기업들은 이미 쌍방 모형의 PR로 전환하면서 여론을 이용하여 새로운 PR 모형을 개발하기에 이르렀다.

(3) 쌍방 불균형 모형(Two-way Asymmetrical Model)

이 모형은 과학적인 설득을 목표로 하며, 커뮤니케이션은 양방향으로 이뤄지지만 그 효과는 불균형적이다. 이 모형의 커뮤니케이션은 조직과 공중 간 쌍방향으로 흐른다고 전제하고 있으며, 공중으로부터 조직으로 피드백이 발생한다. 그러나 이 모형은 조직체가 커뮤니케이션의 주도권을 갖고 있기 때문에 PR의 결과로 인하여 조직이 변화되지는 않는다. 단지 공중의 태도와 행위를 변화시키려고 시도할 뿐이다. 이 모델의 주된 목적은 전달자(조직)가 공중들을 더 잘 이해시키고 설득시키는 것이기 때문에, 공중의 피드백은 조직의 행동을 계획하고 목표를 세우기 위해 이루어질 뿐이다.

쌍방 불균형 모형은 1920년대 발전되었으며, 에드워드 버네이즈(Edward Bernays)가 대표적인 인물이다. 오늘날에는 기업의 마케팅과 광고 부서를 비롯해 PR 회사들이 주로 사용한다. 쌍방 불균형 모형에서는 공중 이익을 위해서가 아니라 조직체를 우선으로 하여 PR의 효과가 발생되기 때문에 '불균형'이다. 쌍방 불균형 모형의 PR 담당자들은 비록 그들의 목적이 과학적인 설득으로 간주되지만 궁극적으로는 언론 대행 · 홍보 모형의 기능을 한다.

1차 세계대전 중 선전 활동은 전쟁 참여에 대한 미국인의 지지를 얻어내는 데 큰 역할을 했다. 미국이 참전한 지 일주일 만에 윌슨 대통령은 기자 출신인 죠지 크릴(G. Creel)을 미국 선전국에 임명했다. 크릴위원회는 새로운 세대의 PR 관계자들에게 대량 설득은 가능한 일이며 사회과학에 그 기본을 두어야 한다고 주장했다. 이들 중 한 사람이 에드워드 버네이즈로, 쌍방 불균형 모형의 실무자이다. 그는 1923년 최초의 PR에 관한 책인『여론의 결정(Crystallizing Public Opinion)』을 저술하여 PR에 관한 개념들을 정리했다. 버네이즈는 사회복지를 위한 PR의 역할을 강조했다. 그러나 그는 공중이 조직체에 관하여 호의를 갖는 점이 무엇인가 찾아낸 후 이 점을 강조하거나, 공중이 조직체에 대하여 갖는 태도와 가치관을 확인한 다음 그 조직체를 그 태도와 가치관에 부합되도록 기술하는 역할을 했다. 즉, PR 역할이 사회복지나 공중을 위한 것이 아니라 조직 이익을 위한 것이었다. 버네이즈는 이러한 전략을 '여론의 결정'과 '동의의 획득'이라고 불렀다. 그는 PR의 개념을 아이비 리의 '공중은 알아야 한다'에서 PR의 개념을 발전시켜 '공중을 이해해야 하며 그들의 욕구가 고려되어야 한다'로 바꿨다.

쌍방 불균형 모형을 오늘날처럼 만들게 된 것은 1940년대와 1950년대에 이루어진 과학적 여론조사의 개발에서 기인한 것이었다. 여론조사를 통해 조직체는 일반 대중이 원하고 수용하는 것이 무엇인지 배울 수 있으며 이를 통해 PR이 택해야 할 방향을 제시받게 된다. 이 모형 시행자들이 할 수 있는 유일한 방법은 경영자에게 공중이 받아들일 것이 무엇인지를 알려주는 정도에 그쳤다. 이들은 경영자에게 공중의 호의를 얻기 위해서는 조직체가 어떻게 변화되어야 된다는 점까지는 말하지 않는다.

(4) 쌍방 균형 모형(Two-way Symmetrical Model)

이 모형의 목적은 상호 이해를 획득하는 것으로, 균형적 효과를 위한 쌍방향 커뮤니케이션이 이루어진다. 공중들이 조직을 어떻게 인식하는지 파악하고, 공중에 대한 조직의 행동과 정책을 결정하기 위해 조사가 이뤄지며, 그 결과는 경영자들로 하여금 어떤 행동을 취하거나 정책을 변경하도록 한다. 이 모형에서는 커뮤니케이션이 조직과 공중 간 쌍방향으로 흐른다고 전제하고 있다.

쌍방 균형 모형의 PR 실무자들은 조직체와 공중 사이에서 중개인의 역할을 한다. 이들도 역시 사회과학 이론과 방법을 이용하지만 PR의 기획 및 평가를 위하여 설득 이론보다는 커뮤니케이션 이론을 일반적으로 더 많이 적용한다. 이 모형은 1960년대와 1970년대에 등장했는데 오늘날까지도 PR 실무자들이 이를 채택하는 단계에 있다. 아서 페이지(Arthur W. Page)가 이 모델의 선구자로 여겨지며, 교육자들과 전문가들이 주요 지지자들이다. 오늘날 이슈관리, 위기-위험관리, 기업의 사회적 책임, 장기적인 전략 수립을 하는 조직들에서 주로 사용되는 접근이다.

쌍방 균형 모형의 역사적 기원을 추적하기는 다른 모형의 경우보다 더 어렵다. 이 모형이 이상적이긴 하지만 현실적으로 실행하기 어렵기 때문이다. 1950년대 후반부터 전임교수들은 정말로 쌍방 균형 모형이 어떻게 실시되어야 하느냐에 대한 생각을 하기 시작했다. 쌍방 균형 모형의 PR을 심각하게 고민하고 개념화한 첫 교육자는 커틀립(Cutllip)이었는데, 그 당시 모토롤라 사의 PR 담당자인 센터(A. Center)와 함께 쌍방 균형 모형을 주장하는 PR 교재를 저술했다. 1952년 출간된 초판에서 커틀립과 센터는 쌍방 균형 모형에 입각하여 PR을 다음과 같이 정의한다(Grunig & Hunt, 1983, 박기순 외 역, 2004, 51쪽에서 재인용).

> PR은 한 공공기관의 공중들에게 관념과 정보를 전달하고 해석하는 작업이

다. 공중의 정보, 관념과 의견을 기관에게 전달하고 해석하여 양쪽을 조화 있게 조정하려는 노력을 말한다.

교육자들만이 아니라 전문적인 PR 실무자들도 이 모형의 필요성을 주장해 왔다. PR 전문가인 헤롤드 버슨은 'PR 실무자의 목적 중 분명한 것은 기업체들이 대중의 봉사자로 일하고 있다는 점을 확실히 하는 것'이라고 주장했다.

쌍방 균형 모형에서는 커뮤니케이션이 독백이 아닌 대화로 이뤄지며, 이러한 대화 후에는 조직체와 공중이 둘 다 변화하게 된다는 것을 가정한다. 즉, 이 모형에서 PR 담당자는 각기 다른 의견을 가진 사람들이 모여서 문제해결을 위한 방법을 생각하고 분위기를 형성시켜준다는 점이 중요하다.

(5) 제5모델: 혼합동기모형(Mixed Motive Model)

혼합동기모형은 커뮤니케이터, 즉, PR 실무자가 조직의 의사결정권 집단(dominant coalition)의 입장에 서서 조직의 이익을 우선하게 되면 공중 쪽에서도 조직에 반대하는 활동이 일어나 결국 불균형적 커뮤니케이션이 일어나게 된다고 가정한다. 그러나 PR 실무자가 너무 공중 쪽에 치우쳐도 조직 쪽의 반발을 사게 된다. 그러므로 상호 간의 이해가 조정되는 시점, 즉 '승승지대(win-win zone)', 혹은 '혼합동기모형'에서 균형 상태(equilibrium)를 유지할 수 있다.

머피(P. Murphy)는 게임이론을 적용해 조직이 '혼합-동기' 게임으로 PR을 활용한다고 주장했다. 혼합동기 게임에서 양측은 자신의 이익을 추구하지만 양측 모두 그 게임의 결과(즉, 관계)가 양쪽 모두에게 만족스러워야 한다는 사실을 알고 있다. 그러나 조직의 PR 실무자들은 공중이 얼마나 협력해줄지 예상하기 어렵다. 또 다양한 공중이 협력하는 다양한 상황을 고려하여 의사결정을 해야 하기 때문에 이런 상황에서는 이기거나 지는 것이 목표가 아니라 상대방과의 협상을 통해 모두가 만족할 수 있는 결과를 도출하는 것을 목표로 한다. 즉, 전체적으로 협력적 분위기를 이어가기 위해서 언제나 이익을 보지 못하더라도 때로 손해를 감수하기도 해야 하는 혼합적 동기를 구사하게 된다(김영욱, 2003).

이러한 머피의 논리를 받아들여 우수이론에서는 균형 전략과 불균형 전략을 혼합하여 사용하도록 하고 승승 지대(win-win zone)를 추구하는 공동 지지형(Collaborative Advocacy)으로 발전시키고 있다. 이 모형은 PR 실무자가 그의 클라이언트와 공중 사이에서 갈등과 협상을 반복할 때 취해야 할 입장을 제시해준다. 실제로 PR의 4모델 중 가장 이상적인 것은 쌍방 균형 모형이다. 하지만 실제로 이 모형을 실무에 적용하기가 쉽지 않다. 어떤 때는 과학적 설득 모형이 더 효율적일 수도 있다. 이렇듯 이상과 현실 간의 괴리를 좁혀주고 현실적 대안을 제시하는 것이 바로 제5모델인 혼합동기모형이다.

2) 디지털화와 글로벌 시대의 PR

커틀립 등(Cutlip, Center & Broom, 2006, p.95)은 1986년부터 현재에 이르기까지의 시대를 '디지털과 글로벌 시대(Digital Age and Globalization)'라고 부르고 있다. 기술의 발전과 커뮤니케이션 채널의 다각화, 글로벌 경쟁, 상호의존, 즉각적인 상호작용, 테러리즘 등을 테마로 하는 세계 경제의 발전이 화두가 되고 있는 시기이다.

초기 컴퓨터 시대에 들어서면서, 정보는 CD나 DVD와 같은 저장 장치나, 구리, 광섬유, 또는 무선 네트워크를 통해 정보가 전달되었다. 컴퓨터는 점차 가정용 장치로 보급되었고, DVD가 비디오테이프를 대체하게 되었다. 무엇보다도 인터넷은 모든 것을 바꾸었는데, 이메일이나 온라인 검색을 생활화시켰고, 권위적이고 즉각적인 정보의 유통 시스템에 무제한으로 접근할 수 있는 환경을 제공했다. 이러한 정보에 대한 접근은 "자기출판(self-publishing)"을 현실화시켰는데, 이는 공공정보 시스템에 대한 전통 미디어의 통제를 넘어서게 할 뿐만 아니라, 관점의 다양화, 조직 투명성에 대한 관심 고조, 명료한 타깃 중심의 커뮤니케이션 등을 가능하게 했다(Cutlip, Center & Broom, 2006).

글로벌화와 더불어 디지털화의 특성으로 인해 한 지역에서 일어난 일은 실시간으로 세계 전역의 뉴스가 되는 현상이 두드러졌다. 기업의 경영 활동이나 한 나라의 지역 정부 활동이 전 세계에 투명하게 공개되고 실시간으로 확산되고 있으며, 점차 커져가는 행동주의 공중(네티즌, NGO, 이해단체 등)의 활동은 조직 활동에 큰 영향을 미치고 있다(Wilcox & Cameron, 2012). 이 같은 변화로 말미암아 PR 기능은 여느 때보다 훨씬 더 급속하게 카운셀링과 경영 역할로 확대되고 있다. 사전에 쟁점을 모니터링하고 문제를 예측하고 이에 대비하는 능력과 다양한 공중과의 문제를 해결하고 위기나 갈등을 피하는 능력도 더욱 중요해지고 있다. 또한 뉴미디어와 소셜 미디어에 대한 전문성을 갖춘 PR 실무자가 필요하며 쌍방향 커뮤니케이션을 구현할 수 있는 페이스북이나 트위터 등을 통해 신속, 정확하고 쌍방소통이 원활한 커뮤니케이션 능력을 갖출 수 있도록 해야 한다.

디지털 시대 인터넷 및 모바일 환경에서 이루어지는 소통의 대표적인 특성으로는 상호작용성, 참여, 행동유도성 등을 꼽을 수 있다(정은화 · 하진홍, 2019). 먼저 '상호작용성(interactivity)'이란 디지털 미디어가 갖는 대표적인 특성이다. 전통매체와 달리 쌍방향 커뮤니케이션과 대화가 구현 가능한 특성이며 다른 사람들과 손쉽게 메시지를 교환 가능하며 피드백 제공이 자유로운 상호작용적 기능을 갖는다. 두 번째 소통의 특성은 '참여(engagement)'인데, 디지털 미디어 이용자들은 상호작용을 통해 스스로 콘텐츠를 생산하고 공유하는 등 참여 행위를 확대해간다. 특히 트위터나 인스타그램, 페이스북 등 소셜미디어는 콘텐츠 제작과 공유 활동을 지원해주는 플랫폼으로써 이용자들의 콘텐츠 공유와 확산 등 참여 기회를 더 많이 제공하고 있다. 마지막으로 '행동유도성(affordance)'이란 사물이나 환경 행태가 이용자 행위를 유도하는 힘을 의미하는데, 특히 디지털 미디어는 상호작용성이 높기 때문에 이용자들의 소통 행위나 자기표현 행동 등을 유도하게 된다는 것이다. 예를 들면 소셜미디어 코멘트 기능이나 '좋아요' 버튼 클릭 기능 등은 이용자들이 글을 남기거나 버튼을 클릭하는 등을 통해 자기표현을 가능하게 한다는 것이다. 따라서 PR 실무자들은 이러한 디지털 시대 소통의 특성을 고려하여 미디어 플랫폼에서 소통이 활성화될 수 있도록 다양한 방안을 고민해야 한다.

또한 세계는 점차 다인종, 다민족, 다문화 사회로 구성되고 있다(Newsom et al, 2004, 박현순 역, 2007). 2000년대 미국사회는 이민 인구가 전체 인구의 다수를 차지하게 되었으며 단일민족국가이던 아시아권에도 인종과 민족의 다양성이 두드러지고 있다. 이 같은 문화적 다양성으로 PR 실무자들은 다양한 인종과 민족, 다문화적 특성을 아우르는 다양한 경험과 언어적 · 문화적 장벽을 극복하는 능력을 필요로 한다. 문화적 차이의 중요성을 반영하여 메시지와 매체의 통합 전략을 수행해야 하며, 국제적 이슈가 많이 등장하면서 공공문제 영역의 PR이 괄목할 만한 성장을 보이고 있다. PR 실무자들은 각국의 특수한 정치, 경제, 사회, 문화적 상황과 특성을 고려하여 각종 사안에 대한 쟁점 관리와 위기관리를 수행해야 한다. 특히 커뮤니케이션 기술의 발달로 사소한 실수나 문화적 오해가 다른 인종과 다른 민족의 분노를 사고 불매 운동으로까지 쉽사리 확산될 수 있는 만큼, 늘 다문화적 이슈에 민감해야 하며 배경지식에 대한 전문성을 갖추고 이슈와 위기관리에 능한 전문가가 될 수 있어야 한다.

세계는 시시각각 변하고 있다. 세계화는 상생이 아닌 획일화를 의미하기도 한다. 자유 시장경제가 커질수록 이에 대한 비윤리적 행위와 기업의 사회적 책임에 대한 경각심을 일깨우는 목소리 역시 커지고 있다. 이러한 조직의 각종 쟁점과 위기는 글로벌화와 디지털화가 가속화되면서 더욱 빠르게 전 세계로 확산되고 있다. PR은 위기이기도 하고 기회이기도 하다. 더 많고 더욱 다양해진 글로벌 공중, 다문화 공중, 다민족 공중의 다양한 이슈에 적극 대응하고 갈등을 해결하기 위해서는 어떤 커뮤니케이션을 수행해야 할 것인지 PR의 전문적 역할을 더욱 필요로 하는 시점이다.

3. PR 부서와 실무자 역할

1) 조직 환경과 PR 부서의 위치

조직 환경은 PR 부서의 위치나 역할에 매우 큰 영향을 미친다. 조직 환경이 동적이거나 복잡한 경우 PR 부서의 역할이나 기능은 매우 달라진다. 우선 조직 환경의 상태가 정적인지, 동적인지에 따라서 PR 부서는 다른 기능을 수행하게 된다. 예를 들면, 환경이 동적이고 변화가 심할수록 조직체는 쌍방 불균형 혹은 쌍방 균형 모형에서 제공되는 기능들을 이용해야 한다. 균형 모형은 조직체가 환경을 변화시키도록 돕지만 환경이 변화되면 조직체 자체도 변화되도록 돕는다. 반면, 정적인 환경에서는 조직은 일상적 행태를 유지하기 때문에 언론 대행 모형이나 공공정보 모형을 이용하여 조직에 관한 홍보물이나 정보만을 공중에게 제공하게 된다(Grunig & Hunt, 1983, 박기순 외 역, 2004).

또한 환경의 복잡성 정도에 따라서도 PR 부서의 역할이나 기능이 달라진다. 환경이 복잡한지 여부는 자원의 풍부함, 동질성과 이질성, 안정과 불안정, 사회적 혼란 등의 특성을 통해서 확인할 수 있다. 환경 자원이 풍부할수록 조직체에는 더 많은 기회와 경쟁이 생겨나며, 조직체 환경이 동질성보다 이질성이 클수록 더욱 융통성이 있고 혁신적인 조직이 필요하다. 또한 조직 환경이 불안정하고 자주 바뀔수록, 환경의 혼란이 클수록 일상적인 업무보다는 위기관리나 융통성 있는 대처 방식이 필요하다. 이러한 상황에서 PR 기능이나 역할은 더욱 쌍방적이어야 하며 외부 환경으로부터의 피드백에 더 민감해야 한다. 특히 PR 부서는 외부 공중과 더 적극적으로 상호작용하며 커뮤니케이션을 증진시켜야 한다. 이러한 상황에서 PR은 쌍방 균형 모형을 채택할 가능성이 높아진다.

조직 내부에서 PR 부서의 역할은 PR 부서의 조직 내 위치와 임원급들과의 관계에 따라 달라진다. 예를 들어, 급격히 규모가 커지고 있는 기업에서는 임원들이 사원 개개인과의 면대면 커뮤니케이션을 가질 기회가 매우 줄어들게 된다. 이에 따라 임원들은 커뮤니케이션 전문가를 불러 기업 목표 달성을 주요 메시지로 하는 보도자료의 작성을 요청한다. 이 경우 PR 담당자의 역할은 단순한 CEO의 연설문을 작성하는 직무에서 기업의 보도자료를 작성하는 것으로까지 확대된다(Cutlip, Center & Broom, 2006).

이렇게 기능이 확대되는 추세로 인해 고위 임원들은 인사팀에서 해당 인력을 추려내어 'PR 부서'를 새롭게 창설한다. 대개 이러한 PR 부서의 팀장급 임원들은 CEO에게 직접 보고하는 구도로 되어 있으며, 해당 부서의 역할은 조직 커뮤니케이션을 향상시키고 내 · 외부 이해관계자들과 기업이 더 나은 커뮤니케이션 관계를 구축할 수 있게 돕는 것으로 제시된다. 기업의 규모가 커질수록 투자자, 소비자, 정부 기관, 지역사회 집단들, 환경단체 등 다양한 공중과의 커뮤니케이션을 관리해야 하는 책임이 크게 주어진다. PR 담당 임원은 이사급(vice president)으로 승진 가능하며, 최고위 의사결정 회의에 참석하여 중요 의견을 개진할 수 있게 된다.

인사팀의 지원 부서와 같은 낮은 수준의 역할부터 기업의 핵심적인 중요 관리 부서까지 다양한 PR 부서의 역할은 조직 내 모든 부서들을 통합적으로 관리하고 아우르는 관리 기능에 있다. 이처럼 관리자로서의 역할을 꾸준히 지속하고 싶다면 PR 담당자들은 조직 목표를 달성하고 수익을 측정 가능한 결과로 도출해 제시하는 데 기여해야 할 것이다(Cutlip, Center & Broom, 2006).

2) PR 실무자의 역할

PR 실무자 역할은 다음의 4가지로 나누어볼 수 있으나 각 역할의 중요성은 개인에 따라 달라질 수 있다(Cutlip, Center & Broom, 2006, pp.37-42).

(1) 커뮤니케이션 기술자(Communication technician)

대부분의 실무자들은 커뮤니케이션 기술자의 역할을 한다. 종업원에게 보내는 뉴스레터를 작성하거나 보도자료, 특집 기사를 작성하는 일, 미디어를 다루는 일 등을 일컫는다. 이러한 역할을 하면서 실무자들은 문제를 제기하거나 해결책을 제시하기보다는 프로그램을 수행하고 커뮤니케이션을 실행할 때 도움을 준다.

(2) 전문 기획자(Expert prescriber)

이 역할은 PR 문제 발견과 해결 방법, 양자에 정통한 전문가로서의 PR 담당자를 말한다. 전문 기획자는 문제를 정의하고 프로그램을 수립하며 수행하는 데 책임을 진다. 클라이언트에게도 꼭 필요한 사람들이기도 한데, 그들은 전문가가 문제 사안을 해결하고 PR을 진행해야 더 신뢰를 갖게 되기 때문이다.

(3) 커뮤니케이션 촉진자(Communication facilitator)

커뮤니케이션 촉진자는 조직과 공중 사이에서 연락자, 해석자, 중개자의 역할을 한다. 그들은 쌍방향 커뮤니케이션을 유지하고 커뮤니케이션 채널을 열어두어 관계 구축에 장애가 될 만한 것들을 제거하는 역할을 맡는다. 이들의 목표는 관리자와 공중 모두에게 상호 호혜적인 의사 결정을 내리기 위해 필요한 정보를 충분히 제공하는 데 있다. 따라서 스스로를 공식적인 조직의 정보원으로 인식하고 있다. 회의 주제를 설정하고, 다양한 공중들의 관점과 입장을 정리하며, 조직의 경계와 공중의 경계를 연결하는 역할도 수행한다.

(4) 문제해결 촉진자(Problem-solving facilitator)

문제해결 촉진자로서 PR 담당자는 여러 관리자들을 모아서 문제를 정의하고 해결하는 역할을 말한다. 그들은 전략적인 기획팀을 구성하여 문제 정의에서 결과 평가에 이르는 전 과정을 모여서 토론한다. 문제해결 촉진자는 문제 상황 분석 단계에서 가장 중요한 역할을 수행한다. 이는 그들이 갖고 있는 경험을 기반으로 한 지식이 다채롭고, 또한 조직 전반에 걸쳐 깊이 관여되어 있으며 변화를 주도하고 일으킬 만한 힘을 가지고 있는 사람들이기 때문이다.

이 같은 4가지 역할 중에서 커뮤니케이션 기술자 역할은 신입사원 단계에서 많이 수행하게 된다. 전문 기획자 역할은 경력이 어느 정도 쌓이고 PR 실무에 익숙해지면서 프로그램을 전문적으로 기획하는 업무를 갖추게 된다. 그러나 커뮤니케이션 촉진자나 문제해결자 역할은 임원급이나 팀장급이 되고 기업 책임자와의 커뮤니케이션이 원활해지면서 경영 전반에 대한 이해도도 높아진 후에 가능해지게 된다. 대행사에서도 이 같은 업무는 고객 기업의 책임자와 교류가 있는 팀장급이나 임원급에서 주로 수행하게 된다.

뉴섬 등(Newsom et al, 2004, 박현순 역, 2007)은 현대사회에서 사회적 책임에 대한 자문가로서의 PR 역할을 담당해야 할 필요성을 강조하면서 PR 실무자 역할이 ① 문제 발견자, 문제해결자 또는 쟁점 및 위기관리자, ② 해석자 및 커뮤니케이션 중재자 역할까지 담당해야 한다고 주장한다. 문제 발견·해결자 역할이란 조직과 관련된 문제를 미리 찾아내고 해결하며 문제가 발생하지 않도록 사전에 예방하고 관리하는 역할을 수행해야 한다는 것이다. 또한 해석자와 커뮤니케이션 중재자 역할이란 조직과 관련 공중 간의 커뮤니케이션을 연결시켜주는 고리이며 해석자로서 역할을 해야 한다는 것이다.

4. PR 윤리와 전문성

1) PR 윤리와 전문성

윤리에 대한 연구는 비교 윤리학과 규범적 윤리학, 2가지 유형으로 구분될 수 있다. 비교 윤리학은 문화의 차이에 따라 윤리적 기준이 다름을 인정하고 그 다양성과 유사성에 관심을 갖는다. 그러나 규범적 윤리에서는 꼭 지켜야 할 절대적인 윤리 원칙과 가치가 있음을 강조한다. 뉴섬 등(Newsom et al, 2004, 박현순 역, 2007)은 상황적 윤리라는 기준을 이해하고 의사결정을 해야 함을 주장한다. 상황적 윤리란 윤리적 기준이 절대불변이 아니라, 특정 상황에 따라 달리 적용될 수 있는 다양하고 융통성 있는 것이라고 지적한다. 그들은 윤리적인 활동은 상대적인 것이라고 주장하는데, 한 문화권에서는 옳은 행동으로 여겨질지라도 다른 문화권에서는 잘못된 행동이 될 수도 있다는 것이다. 특히 국제 PR 활동을 하는 실무자들은 문화적 상황에 따라 윤리 기준이 달라지기 때문에 해당 문화권의 공중에게 도덕적으로 보여지는 것이 무엇인지, 사회적 책임의 기준이 무엇인지 고민하여 경영 의사 결정을 해야 한다.

PR은 경영의 '양심'이며 조직은 공중에 대한 책임을 인식하고 실천해야 한다. 특히 PR은 윤리와 책임을 개인적 차원과 조직적 차원에서 둘 다 고려해야 한다. 만일 PR 실무자가 자신의 윤리적 판단과는 달리 경영진의 요구에 따라 조직의 비윤리적 활동을 수행하거나 묵인한다면 이는 기업의 사회적 책임을 간과하는 비전문적 행위이다. PR 실무자는 사회적 책임과 공공의 이익을 실현하기 위해서 경영진이 책임감 있는 행위를 하도록 조언해야 한다.

전문성의 기본적인 요건 중 하나는 '윤리 강령'의 전문 규범을 준수하는 것이다. 미국에서는 PRSA(Public Relations Society of America)의 윤리 강령이 주요 강령이다. PRSA의 첫 번째 전문가 강령은 1954년에 채택되었으며, 2000년에 다시 발간되었다(Cutlip, Center & Broom, 2006). 미국 PRSA 윤리 강령[4]에서는 PR 전문인들의 직업적 진실성을 고양하기 위한 덕목으로 옹호, 정직

4 https://www.prsa.org/about/ethics/prsa-code-of-ethics

성, 전문성, 독립성, 충성, 공정성 등을 제시하고 있다. 또한 윤리 강령에서는 이러한 덕목 외에도 정보의 자유로운 흐름, 경쟁, 정보 공개, 기밀 유지, 이해관계의 갈등, 직업정신의 고취 등을 주요 키워드로 하고 있다.

한국에서는 한국PR협회가 1999년 12월 PR 윤리 강령[5]을 제정했다. 한국PR협회에서는 PR이 민주사회의 지속 가능한 발전을 견인하는 중요한 산업으로서 위상을 강화하고 PR인이 사회로부터 존경받는 전문인의 역할을 다하고자 이를 제정하였다고 서술하였다. 2022년 10월, 사회환경 변화에 따라 PR 윤리 강령을 개정하여 한국의 PR인들이 고도의 윤리의식을 가지고 PR 업무를 수행할 것임을 선포하고 있다. 10가지 윤리 강령은 공익, 전문성, 신용과 정보 보호, 투명성, 정직, 공정 경쟁, 이해충돌 방지, 권리보호, 책임, 사적 이익 금지 등의 키워드를 담고 있다.

전문가 윤리 강령은 PR 실무자가 고객과 사회를 위해서 가능한 최대 선을 창출해낼 수 있도록 PR 실무자의 업무 수행을 가이드하며, 고객은 전문가에 대한 이러한 신뢰에 기반하여 자신의 모든 것을 전문가에게 맡길 수 있도록 하고, 전문가는 고객의 이익을 위해 최선을 다할 의무가 있도록 돕는다.

PR 실무자는 조직의 대변자이자 옹호자이기 때문에 윤리적 의사결정 행위에서 많은 어려움에 직면한다(Newsom et al, 2004, 박현순 역, 2007). 그러나 아무리 윤리가 상대적이고 상황적일지라도 조직이 신뢰와 명성을 얻기 위해서는 정직, 신의, 인간 중시, 환경보호 등과 같은 절대선을 추구하는 윤리적인 활동을 해야 한다. 공중이 조직의 활동을 윤리적이라고 인식할 때만 좋은 평가를 받을 수 있다. 예를 들면, 화장품을 만드는 회사가 화학물 요소가 많이 첨가된 화장품 대신 소비자의 피부 건강에 좋은 자연 화장품을 만든다면 소비자의 건강에 책임 있는 윤리적인 활동으로 인식될 것이며, 이는 궁극적으로 기업 명성의 제고에 기여할 것이다.

5 https://www.koreapr.org/library_ethics

2) PR 전문가 교육

PR은 신뢰 관계와 지식, 기술을 기반으로 한 전문직이며, 따라서 PR 담당자는 전문가로서 적합한 능력과 윤리를 갖춰야 한다. PR 실무자도 전문적인 변호사, 의사, 언론인 등과 같이 전문인으로서 자격을 갖출 필요가 있다. 대개 전문인은 다음과 같은 5가지 특성을 갖는다. ① 전문인으로서의 가치관, ② 전문인으로 구성된 조직체의 회원, ③ 전문적인 규범의 준수, ④ 지적 전통과 지식체계, ⑤ 전문적 훈련을 통하여 습득된 기술(Grunig & Hunt, 1983, 박기순 외 역, 2004).

PR이 진실한 전문직이 되기 위해서는 많은 노력이 필요하며, 전문가 교육과 자격증, 자치 규제의 효율적인 운영이 필요하다. PR 전문가 교육을 위해서 다양한 프로그램이 존재하는데, 공식적인 학위 프로그램과 전문가 교육 프로그램, 저널 발간, 전문가 조직 등 다양한 노력이 전개되고 있다. 1953년 이후 부자격자를 배격하기 위해 자격 기준과 윤리 강령의 필요성이 대두되었고, 전문가 인증(APR) 제도를 마련하여 PRSA에서는 구두 및 필기 시험을 통해 실무자를 법적으로 보증하기 시작했다.

이 같은 PR 전문화는 공공의 이익에 대한 최상의 업무를 규정하고 서비스 질의 기준을 확립했다. PR의 국제적 규모의 성장에 따라 PR의 교육과 연구, 전문적 기준을 위한 세계적인 전문가 조직이 형성되었다. ICA와 같은 학회에서는 PR 연구에 대한 분과들이 생겨났으며, 실무자들도 다음과 같은 국제적인 조직체를 만들었다. PR의 전문화를 뒷받침해주는 조직들은 다음과 같다.

(1) 국제비지니스 커뮤니케이터협회(International Association of Business Communicators, IABC)[6]

AIE(Association of Idustrial Editor)와 ICIE(International Council of Industrial Editors)가 합병됨에 따라 1970년에 설립되었으며, 2010년경 80개국 이상에서 15,000여 명의 회원을 보유하고 있다. 회원 조직의 유형은 기업(39%), PR/커

6 http://www.iabc.com

뮤니케이션 컨설팅회사(14%), NGO/비영리기구(12%) 등으로 구성되어 있다. 관련 사업 분야는 광고/마케팅/PR(12%), 컨설팅(11%), 헬스케어/제약(8%) 등이며, 기업 커뮤니케이션(27%), 사원 커뮤니케이션(17%), 마케팅 커뮤니케이션(15%), 언론/공중 관계(9%) 등의 업무를 주로 다루고 있다. 본 영역의 경쟁력과 윤리를 발전시키기 위하여, IABC는 실무자들이 그들의 기술과 지식을 구체화하는 데 도움을 주기 위한 '전문성 발달 가이드'를 제작했다. 특히, 윤리 강령은 전 세계에서 적용되는 전문적 커뮤니케이션의 원칙들을 강조하고 있는데, 전문적 커뮤니케이션은 합법적이고 윤리적이어야 하며, 좋은 목적을 위해 진행돼야 한다는 내용을 포함하고 있다.

(2) 국제PR협회(International Public Relations Association, IPRA)[7]

IPRA가 설립된 1955년에는 5개국의 15명의 회원뿐이었다. 그러나 2007년에는 총 100개국의 1,110여 명에 달하는 회원들이 있다. IPRA는 1965년 UN의 인권선언을 기반으로 한 국제적인 윤리 강령 'Code of Athens'를 도입했고, 실무자들의 전문적인 인식과 높은 수준의 규범, 윤리를 강조한다. 다양한 국가들에서 실행되고 있는 PR의 표준을 정하고, 실무자들의 질적 향상을 도모하기 위해 설립되었으며, 현재까지도 초국가적 국제사회를 무대로 활동하는 PR 전문가들을 지원하기 위한 다양한 활동을 전개 중이다. 또한 PR이 막 시작되고 있는 국가에 대하여 PR 전문성의 개발과 인식을 지원한다.

(3) 미국PR협회(Public Relations Society of America, PRSA)[8]

미국에서 가장 크고 오래된 PR 전문가 조직으로 현재 뉴욕에 위치하고 있으며, PR과 커뮤니케이션 전문가들로 구성된 회원들은 2010년경 약 21,000명 정도이다. 10개 지역 111개 지부를 통해 운영되고 있다. 1947년 NAPRC(National Association of Public Relations Counsel)과 ACPR(American Council on Public Relations)의 통합으로 성립되었다. 1961년 APRA가 합병되면서 PRSA가 생겨났으며, 1977년 NCCHS(National Communication Council

---

7 http://www.ipra.org

8 http://www.prsa.org

for Human Services)가 PRSA와 합병하면서 PRSA의 영향력이 확장되었다. 업계에서 가장 오래되고 유명한 Silver Anvil Award는 세부 분야별 우수한 PR 프로젝트를 선정하는 시상식으로, 수상 사례들을 정리하여 PRSA 데이터베이스를 통해 웹문서로 공유해오고 있다.

(4) 미국학생PR협회(Public Relations Student Society of America, PRSSA)[9]

PRSA의 후원으로 1968년 조직된 학생조직이며, 2010년경 회원 수는 10,000여 명이 있다. 미국 뉴욕에 본사를 두고 있으며, 미국과 아르헨티나에 300개 이상의 지부가 있다. 인턴십 기회, 공모전, 학술대회 및 시상식, 관련 자료 출판, 뉴스 및 소셜 미디어와 같은 다양한 매체를 통한 업계 소식 업데이트 등 다양한 활동을 통해 엄격한 윤리 의식을 갖춘 PR 전문가 육성 및 PR 실무자 네트워크 확장을 도모하고 있다.

5. PR 이론과 적용

1) 체계이론(System theory)[10]

PR 이론의 토대가 되는 이론은 체계이론(system theory)이다. 체계이론은 변화하는 환경에서 하나의 생물체와 같은 조직이 끊임없이 외부와 상호작용을 하면서 균형을 이루려고 한다는 것을 전제한다. 생명과학에 기반을 두고 있는 체계이론에서는 조직이 환경의 다른 요소들과 어떻게 상호 의존성을 다루어야 하는지를 이해해줄 수 있도록 돕는다.

조직체는 그들의 환경에 여러 가지를 의존하며, 성장 · 발전하기 위해서 상호의존적인 사회에 의해 부과된 공공 책임을 수용하고 다양한 공중들과 커뮤니케이션해야 한다. 이 관점에서 보면, PR은 조직체가 그들의 환경에서 발

9 https://www.prsa.org/prssa

10 내용은 Cutlip, Center & Broom의 『Effective Public Relations』(2006, pp.174–194)와 Grunig & Hunt(1983)의 『현대 PR의 이론과 실제』(2004, 박기순 외 역, 106–129쪽)을 재정리해 소개한 것이다.

생하는 변화를 조정하고 적응할 수 있도록 돕는 것이 필수적 역할이 된다.

PR의 조정과 적응 개념은 체계이론의 개념과 가정을 차용한 것이다. 체계는 상호작용하는 일련의 구성 단위로, 환경으로부터의 압력을 변화시키기 위해 반응하고 조정하고 적응해 나가면서 목적을 달성하고 유지한다. PR의 경우 일련의 상호작용하는 구성 단위에는 조직과 조직을 둘러싼 이해관계자들이 포함된다. 조직-공중의 체계에는 '조직'과 '조직에 포함되거나, 조직의 영향을 받는, 또는 조직에 영향을 미치는 사람들'로 구성된다. 따라서 조직의 상황과 문제에 따라 환경이나 공중은 계속 변화할 수 있으며, 상황에 따라 다른 공중과 다른 체계의 경계가 정의되어야 한다.

한 체계의 구성요소(하부 체계)는 또 다른 상황에서는 그 자체가 하나의 독립적인 체계가 될 수 있다. 또한, 어떤 목표를 위하여 정의된 하나의 체계 역시 상황이 변화함에 따라 더 높은 체계(상위 체계)의 구성요소(하부 체계)가 될 수 있다. 예를 들면, PR 전문가는 지역적, 전국적, 국제적 체계의 수준에서 일할 수 있으며, 체계의 수준과 정의가 문제나 관심 상황에 부합돼야 한다. 지역적 문제의 경우 지방정부나 기업이 체계이고 지역 공중은 환경일 수 있지만, 국가적 이슈의 경우에는 한 국가가 체계이고 다른 국가들이 외부 환경에 존재하는 공중이 될 수 있다.

체계이론가들은 환경을 '체계에 대한 변화의 압력을 만드는 것'으로 정의한다. 조직-공중 체계에 대한 변화의 압력은 다양한 환경적 원천으로부터 생겨나며, 조직-공중 관계는 이러한 환경적 압력에 반응하여 변화한다. 그들이 환경적 변화에 대응하여 관리되지 않거나 목표를 잃게 된다면, 체계는 '엔트로피(entropy)'라 부르는 무질서의 상태로 퇴보하게 된다. 이는 상호 호혜적인 목표를 획득하기 위하여 조정된 행동들이 더 이상 가능하지 않음을 의미한다.

(1) 개방체계 및 폐쇄체계와 PR에의 적용

모든 체계는 환경과의 상호교환의 본질과 양에 따라 개방체계와 폐쇄체계로 구분된다. 폐쇄체계는 침투될 수 없는(impermeable) 경계를 지니고 있어 환경과 물질, 에너지, 정보를 교환할 수 없다. 반면, 개방체계는 침투할 수 있는(permeable) 경계에서 투입과 산출의 교환이 이루어진다.

체계가 폐쇄된 정도는 그들이 환경에 민감한지 여부를 알려주는 척도이다. 폐쇄체계는 새로운 물질이나 정보를 받지 못해서 외부 변화에 적응하지 못하고 결국 소멸된다. 반면, 개방체계는 외부 변화에 반응하고 그 생존과 성장을 외부와의 교환에 의존한다. 체계는 피드백의 종류와 양에 따라서 그들의 목표, 구조와 과정을 조정하고 적응할 수 있다. 개방체계는 투입의 결과로서 피드백을 발생시킬 뿐 아니라 투입을 조정하면서 융통성을 발휘한다. 피드백은 긍정적인 것과 부정적인 것으로 구분된다. 부정적 피드백에 대한 반응은 "잘라내거나 멈추는 것"이고 긍정적 피드백에 대한 반응은 "증진시키거나 유지하는 것"이다.

PR이 역동적인 환경에 대한 전략적인 도전이 되려면 PR 실무는 개방체계를 반영해야 한다. 개방체계 모델은 '쌍방향 균형' 접근을 사용한다. 이는 커뮤니케이션이 양방향으로 이뤄지며, 정보 교환이 조직-공중 관계의 양쪽 모두를 변화시킨다는 것을 의미한다. 따라서 PR의 개방체계 모델은 조직을 바로잡는 행동과 내 · 외부 공중의 지식과 경향, 행동에 영향을 미치는 직접적인 프로그램을 수행할 수 있는 능력을 갖는다. 그리고 결과로서 조직과 공중의 상호 이익을 반영한 목표를 달성하고, 유지하는 것을 추구한다.

그림 9-1은 개방체계모델을 PR에 적용하여 나타낸 것이다. 가장 단순한 형태의 열린 체계는 투입, 처리라고 불리는 변형의 과정과 산출, 피드백으로 이루어진다. 한 체계는 지속적인 투입, 변형 과정, 산출 없이는 생존할 수 없다. 조직이라는 체계 안에서 PR 부서라는 하위 체계는 ① 조직의 외부로부터 정보를 수집하는 환경 조사 행위로 인한 투입, ② 투입을 커뮤니케이션 목표와 캠페인으로 변형, ③ 내 · 외부 환경에 위치한 목표 집단을 겨냥한 커뮤니케이션 행위라는 산출로 이루어져 있다. 이 모델에서 조직은 공중과의 상호관계를 유지함으로써, 또 변화하는 사회 · 정치 · 경제적 환경에 적응함으로써 조직의 목표를 이루고자 한다.

PR 실무자의 기술자 역할은 폐쇄체계적 접근과 비슷하다. PR 기술자의 관심은 커뮤니티에서 조직체의 호의적인 이미지를 유지하고 촉진하는 데 있다. 이런 관리자들은 외부 환경에 조직체의 정보를 제공하는 데만 관심이 있다.

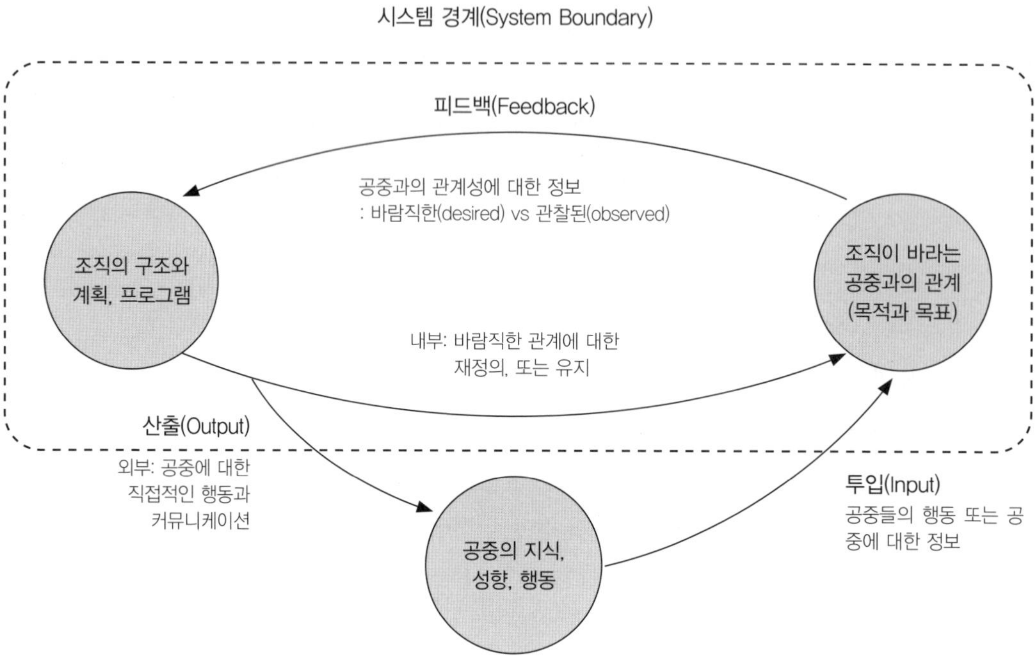

그림 9-1
PR의 개방체계 모델[11]

기술적 PR 실무자들은 그들의 직업이 단순히 커뮤니케이션 기술의 적용과 그 자체를 목적이라고 생각한다.

PR 관리자 역할은 개방체계 접근과 유사한데, 여기서 PR은 의사 결정에 영향을 미치고 자문가적인 능력을 수행한다. PR은 많은 잠재적인 위기 상황을 막는 데 효율적이며, PR 실무자들은 환경을 모니터하고 경영의 일부가 된다. 관리자로서의 전문적 PR 실무자들은 기술은 물론이고 지식에도 의존하며, PR이란 조직체를 위한 전략적 목적을 가진 것이라고 본다. 즉, 전략적 공중과 관계를 수립하고 갈등을 경영하는 것이라고 생각한다.

체계이론에서는 조직체가 계속 변화하는 사회 · 정치 · 경제적 환경에 공중과 그들 자신을 서로 조정하고 적응함으로써 관계를 유지한다고 본다. 이와 같은 체계이론은 PR 실무자가 공중과 조직의 관계를 어떻게 상호 호혜적으로 유지할 것인가에 대한 기본적인 인식틀을 제공한다.

11 그림은 Cutlip, Center & Broom의 『Effective Public Relations』(2006, p.190)에서 인용한 것이다.

2) 우수이론(Excellence theory)[12]

우수이론은 국제기업 커뮤니케이션협회(IABC)의 연구기금을 받아 그루닉 등 다섯 명의 연구자들이 수행했으며, 조직 효율성에 기여할 수 있는 우수한 PR 활동을 실행하기 위한 조건들과 우수 조직의 특성들을 밝혀냈다. 이 이론에서는 조직 커뮤니케이션의 본질, 우수 PR 부서, 효과적인 커뮤니케이션이 성공적인 조직을 만드는 데 어떻게 공헌하는가에 대해 설명하고 있다.

우수이론에서는 경영자적 역할, 전략적 사고, 균형과 상호 이해, 다양성의 존중, 윤리적 활동 등 5가지 우수한 PR 활동의 조건을 제시하고 있다. 구체적으로, 어떻게 PR이 조직과 공중, 사회에 기여할 수 있는지 설명하며 PR 기능이 어떻게 전략 경영에 고유한 기여를 할 수 있으며, 다른 경영 기능들과 그 역할이 구분될 수 있는지 설명해준다. 또한 전략 경영에서 PR 관리자들의 역할을 이행하기 위해 사용할 수 있는 테크닉을 규정하며, 커뮤니케이션 모델을 구체화하고 어떤 모델이 공중들과의 관계를 증진시키는 데 가장 효과적인 전략인지 설명해준다. 그리고 윤리를 PR의 전략적 역할 중 하나로 포함시켰다.

우수이론에 관해서는 2권의 책이 있는데, 이론적 단계(theoretical)와 실증적(empirical) 단계로 구성되었다. 첫째, 이론적 단계를 서술한 책(Grunig, 1992)에서는 우수이론과 관련된 기본 이론(세계관, 효율적 조직 이론, PR과 경영에 대한 의사 결정 이론 등)을 살펴보고, 프로그램 수준에서 효율적인 커뮤니케이션 프로그램 계획 방법, 부서 차원에서 우수한 PR 부서의 특성, 조직 차원에서 PR의 우수성을 가능하게 하는 조건과 경제적 차원에서 PR이 공헌하는 바 등을 살펴보고 있다. 둘째, 실증적 단계로 구성된 책(Dozier et al, 1995)에서는 커뮤니케이션 지식 기반(전략적 관리 방법, 쌍방향 커뮤니케이션 실천 방법, 전통적 커뮤니케이션 기술에 대한 것들)과 커뮤니케이션에 대한 공유된 기대(커뮤니케이션 부서에서의 권력과 공유된 커뮤니케이션 기대,

12 내용은 'Journal of Public Relations Research 18(2)'에 실린 Grunig의 「Furnishing the Edifice: Ongoing Research on Public Relations As a Strategic Management Function」(2006, pp.151–176), Grunig(ed.1992)의 『Excellence in Public Relations and Communication Management』, D. M. Dozier, L. A. Grunig & J. E. Grunig(1995)의 『Manager's Guide to Excellence in Public Relations and Communications Management』을 참조 · 재정리해 소개한 것이다.

최고의사결정권자 집단 간의 연대 조성, 우수성에 대한 CEO의 임무), 조직의 특성과 우수성을 실무에 적용하기 등을 내용으로 구성하고 있다.

특히 우수한 PR 커뮤니케이션 부서의 특징은 12가지로 구성했다.

① 인적 자원 측면에서 사원의 자율성을 보장하고 사원과의 통합과 상호의존을 중시한다.

② 조직 문화는 계층, 서열, 명령, 관료주의가 배제되고 탈중앙집권화되는 경향을 띠고 있다.

③ 기업정신(intrapreneurship)에서 혁신을 강조하고 있다.

④ 균형적 커뮤니케이션 시스템을 가지고 있다.

⑤ 리더십은 권위주의를 배제하고 사원에게 권력을 부여하며 정치적 권력을 최소화한다.

⑥ 강력한 참여적 문화를 지니고 있다. 사원들은 조직의 업무와 임무를 공유하고 있다.

⑦ 환경에 대한 가장 중요한 기회와 문제점 확인을 통해 실리를 추구하는 전략적 계획을 실천한다.

⑧ 조직뿐만 아니라 사회에 미치는 영향력을 고려한다.

⑨ 여성이나 소수민족의 인권을 보호하고 사원의 다양한 가치를 존중하고 보장한다.

⑩ 품질(quality)이 가장 중요하다.

⑪ 조직의 day-to-day 관리 등 효과적인 조직체계를 갖추고 있다.

⑫ 협력적인 문화, 즉, 협력, 참여, 신용, 상호 책임 관리 체계를 갖추고 있다.

또한 우수이론에서는 조직이 우수 PR 부서를 가지기 위한 조건으로 다음 3가지를 대표적으로 제시한다.

① PR 부서를 관리적인 하부 시스템으로 접근이 가능하도록 조직 구조 내에 배치한다.

② 모든 PR 기능을 하나로 통합하여 전략적으로 관리하도록 한다.

③ PR 부서를 역동적이며 수평적인 구조로 발전시킨다.

우수이론은 이 같은 연구를 통해 첫째, 실무자들이 자신과 조직과 커뮤니케이션 프로그램의 효용성을 측정할 수 있는 측정 도구를 제공하고 둘째, 실무자들이 지금 하고 있는 업무의 대부분이 가장 비효율적이고 불균형적인 방법으로 운영되고 있다는 것을 자각하게 해준다. 즉, 조직은 고객 혹은 조직이 원하는 대로 공중을 변화시키고자 했을 뿐이며 공중의 필요나 입장을 고객에게 제대로 전달하고자 하는 경우는 거의 없다. 이처럼 설득 커뮤니케이션이 소비자의 태도와 행동을 변화시키는 데 효과가 없다는 점을 명확히 알려주고 실제로 왜 그동안 해왔던 커뮤니케이션 프로그램이 목표하고자 했던 것을 성취하지 못했던가에 대해 설명해준다.

3) 여론 및 공중[13]

'여론(public opinion)'의 일반적인 개념은 '어떤 이슈에 대한 개개인의 관점의 종합'이며, '공중(public)'은 어떤 이슈를 둘러싸고 형성된 사람들을 의미한다. 여론은 단순히 '개인의 인지 상태'로 정의되기보다는 의사 결정의 과정으로서 표현되고, 조정되고, 타협되는 역동적인 과정을 반영한다. 여론 형성 과정에서 오피니언 리더와 매스미디어의 역할은 매우 중요하다. 특정 이슈에 대해서는 단지 소수의 사람들만이 이에 대해 잘 알고 관심이 있으며 의견을 갖게 되는데, 특정 이슈에 대해 지식이 많고 관심이 높은 오피니언 리더는 여론 형성에 매우 중요한 영향력을 갖게 된다. 오피니언 리더는 공식적인 리더와 비공식적인 리더 모두를 포함하며, 이들 영향력자의 특성은 교육 수준이나 수입 정도, 매체 이용 정도가 높으며 환경문제에 대한 관심도 높다. 특정 이슈에 대한 의견은 이들 오피니언 리더로부터 일반 공중에게로 흘러가며, 종종 매스미디어를 경유하기도 한다.

---

13 내용은 Cutlip, Center & Broom의 『Effective Public Relations』(2006, pp.206-211)와 Wilcox & Cameron의 『Public Relations: Strategies and Tactics』(2012, pp.211-241), Grunig & Hunt(1983)의 『현대 PR의 이론과 실제』(2004, 박기순 외 역, 165-193쪽)을 재정리해 소개한 것이다.

의제설정 이론(agenda-setting theory)에서는 매스미디어는 공중들의 토론에서 의제를 설정하는 데 중요한 역할을 한다는 것을 제시한다. 또한 뉴스 주제에 관해서 긍정적이거나 부정적인 속성까지 보도하게 되는데, 바로 이것이 여론에 큰 영향을 미친다. PR 관점에서 볼 때, 미디어 의제를 선점하는 것은 조직 목표를 달성하는 데 기여하는 길이기도 하다. 따라서 PR 실무자들은 어떻게 미디어에 영향을 미쳐야 하는지, 그리고 미디어의 의제설정에 어떤 노력을 기울여야 하는지 늘 관심을 갖는다.

미디어 의제설정 이론이 일반적으로 타당하기는 하지만, 다른 연구들은 매스미디어가 사람들의 의견이나 태도 형성에 온건하거나 강력한 영향력을 행사할 수 있음을 제시한다. 즉, 특정 주제에 대해서 잘 모르거나 전혀 모르는 사람들은 그 이슈에 대한 정보나 의견을 미디어에 많이 의존하게 된다. 이것을 미디어 의존이론(media-dependency theory)이라고 부른다. 또한 프레이밍 이론(framing theory)에서는 기자와 PR 실무자가 어떻게 이슈나 논쟁점을 구성하는지에 대해서 설명한다. 기자는 기사 스토리를 구성하기 위해서 특정 사실이나 주제, 단어 등을 선택하게 되는데, 바로 이 같은 뉴스 프레이밍은 공중의 이해나 의견, 심지어는 정책 형성에까지 큰 영향을 미치게 된다.

여론 형성에서 매우 중요한 '공중'이라는 개념에 대해 그루닉과 헌트(Grunig & Hunt, 1983, 박기순 외 역, 168-169쪽)는 에스만(Esman)의 4가지 유대 개념을 활용하여 PR 경영에 적용되는 공중 유형에 대해서 설명하고 있다. 에스만은 조직이 생존하는 데 중요하다고 보는 4가지 유형의 공중 유대들을 발전시켰다.

① 권능 부여적 유대(enabling linkages): 조직에 권위를 제공하고 조직이 존재할 수 있도록 자원을 통제하는 공중들과의 유대이다. 정부 규제 기관, 이사회, 주주, 의회 등을 들 수 있다. PR 부서에서는 이들과 커뮤니케이션하기 위해 정부관계, 공공사업, 투자자관계, 지역사회관계 등의 프로그램을 기획한다.

② 기능적 유대(functional linkages): 조직에 투입을 제공하고 산출을 취하는 조직과 공중 간 유대이다. 투입 유대(input linkages)로는 고용인

과 노동조합과의 관계 및 재료 공급자들과의 관계를 포함하며, PR 프로그램으로는 고용인관계, 노동관계, 공급자관계 등이 있다. 산출 유대(output linkages)는 조직의 생산품을 사용하는 다른 조직들과의 관계인데, 철강을 사용하는 자동차 제조회사들이나 조직의 상품/서비스를 이용하는 소비자들과 맺는 유대를 의미한다. 대표적인 PR 프로그램은 소비자 관계나 마케팅 PR 프로그램이 있다.

③ 규범적 유대(normative linkages): 이는 유사한 문제에 직면해 있거나 유사한 가치관을 공유하는 공중들과의 유대이다. 예를 들면, 대학과 다른 대학 간의 공동 프로그램, 기업들 간 유대인 전국경제인연합, 전국제조회사협회, 미국상업회의소, 정치 단체 등이 있다. 이들 협회나 단체는 조직 회원들이 연합하여 공동의 문제를 해결하기 위해 커뮤니케이션한다.

④ 확산적 유대(diffused linkages): 에스만은 '공식 조직들의 멤버십에 의해 분명하게 확인될 수 없는 사회의 요소들'과의 유대가 확산적 유대라고 설명한다. 이처럼 조직이 조직 외부의 사람들에게 영향을 미칠 때 나타나게 되는 '공중'이나 어떤 이슈가 발생했을 때 발생하는 '여론'과의 유대라고 볼 수 있다. 조직은 이러한 유대를 다루기 위해서 환경 관계나 NGO 관계 프로그램을 발전시키고, 이에 영향을 미치기 위한 미디어 관계 프로그램을 다루고 있다. 미디어는 확산된 공중에게 미치는 조직의 영향을 알려주거나 혹은 확산된 공중이 발생하는 데 영향을 미치기 때문이다.

PR 실무자들은 일반적 공중보다는 세분화된 타겟 공중에 초점을 맞출 필요가 있다. 성, 연령, 교육 수준, 소득 수준 등의 인구사회학적 변수 외에도 이슈에 대한 관심사, 인종적 · 종교적 · 정치적 · 심리적 특성 등을 고려하여 공중을 세분화해야 한다. 그리고 세분화된 공중 유형별로 다른 커뮤니케이션 전략을 수립하고 그들과의 관계를 구축해야 한다.

4) 상황이론(Situational theory)[14]

PR에서는 공중을 세분화하고 그들의 특성에 따라 다른 커뮤니케이션을 수행하는 것이 필요하다. 이러한 공중 세분화의 틀은 그루닉의 상황이론에 뿌리를 두고 있다(박노일 · 정지연, 2019). 상황이론은 문제상황에 대한 인식 수준에 따라서 공중을 세분화 · 유형화하고 이에 따라 다른 커뮤니케이션 실행전략을 제시한 이론이다. 1968년 그루닉(Grunig)은 상황이론을 발표하고 많은 관련 연구를 통해 상황이론의 타당성을 입증해왔다. 상황이론은 사람들이 언제 어떻게 커뮤니케이션하는지, 그리고 이러한 커뮤니케이션이 언제 효과적일 수 있는지를 설명한다.

상황이론의 주요 변인들로는 문제인식과 제약인식, 관여도, 정보추구 및 정보처리와 같은 커뮤니케이션 행위가 있다. 먼저 독립 변인으로는 문제인식, 제약인식, 관여도, 이렇게 3가지가 있다.

① 문제인식(problem recognition): 어떤 상황을 개선하기 위해 무슨 일인가 할 필요가 있다고 자각하는 것
② 제약인식(constrain recognition): 어떤 행동을 계획할 때 제약 요인–장애물들–이 있다는 것을 지각하는 정도
③ 관여도(involvement): 이슈와 관련된 정도

또한 종속변수인 커뮤니케이션 행위는 다음의 2가지가 있다.

① 정보추구(information seeking): 적극적인 커뮤니케이션 형태로서 적극적으로 정보를 찾고, 이해하려고 노력하는 행위
② 정보처리(information processing): 수동적 커뮤니케이션 형태, 수동적이고 무의식적으로 주어진 정보를 처리하는 커뮤니케이션 행위

---

14 내용은 Grunig & Hunt(1983)의 『현대 PR의 이론과 실제』(2004, 박기순 외 역, 177–193쪽)을 재정리해 소개한 것이다.

문제인식, 제약인식, 관여도 등 세 변수를 통해서 '공중의 커뮤니케이션 행동이 얼마나 적극적 또는 소극적인가'를 측정할 수 있다. 문제인식과 제약인식, 관여도와 같은 변수들을 결합해 발전시킨 4가지 공중 유형은 다음과 같다.

① 활동적 공중: 문제인식이 높고, 제약인식이 낮으며, 관여도가 높은 공중
② 잠재적 공중: 문제인식이 낮고, 제약인식이 높으며, 관여도가 높은 공중
③ 자각적 공중: 문제인식이 높고, 제약인식이 높으며, 관여도가 높은 공중
④ 비공중: 문제인식이 낮고, 제약인식이 높으며, 관여도가 낮은 공중

어떤 이슈이고 어떤 공중이든 공중 유형이 3가지 독립변인(문제인식, 제약인식, 관여도)에 의해 유형화될 수 있으며, 상황이론을 활용하여 다음과 같은 PR 전략이 가능해진다. ① 비공중의 경우, 이들을 향한 메시지가 효과적일 확률이 낮으므로 그들을 대상으로 PR 프로그램을 만들 필요가 없다. ② 정보를 추구하거나 처리할 확률이 낮은 공중일지라도 그들이 조직에 많은 영향을 미칠 가능성이 있는 중요한 공중이라면 정보처리를 통해서 공중과 연결을 시도해야 한다. ③ 정보를 추구하는 공중과 정보를 처리하는 공중은 각각 다른 커뮤니케이션 전략이 필요하다. 정보를 적극적으로 추구하는 활동적 공중에게는 메시지를 전달하도록 돕고, 정보를 처리하는 잠재적 · 자각적 공중에게는 주의를 끌기 위한 스타일과 창조성을 갖는 메시지를 제시해야 한다. ④ 활동적 공중을 다룰 때는 더 적극적으로 정보를 주어야 한다. 그렇지 않으면 활동적 공중은 다른 정보원을 통해서 정보를 얻고 조직에 불리한 견해를 갖게 될 수도 있다. ⑤ 커뮤니케이션 목표가 태도나 행동의 변화라면 이를 변화할 가능성이 많은 공중을 대상으로 PR 프로그램을 집중해야 한다. 활동적 공중이라면 다른 정보원에게서 정보를 구하고 심사숙고 후에 결정하므로 이들을 설득하기란 어렵다.

상황이론에 따르면, 메시지는 서로 다른 공중들의 정보 욕구에 맞추어 개별적으로 제작돼야 한다. 그리고 메시지는 공중들의 커뮤니케이션 행동이 얼마나 적극적 또는 소극적인지, 어떠한 이슈가 그들에게 중요한지에 따라 제작돼야 한다. 상황이론은 공중 세분화를 기반으로 하여 커뮤니케이션 전략

수립에 매우 용이한 이론이라는 평가를 받고 있다.

5) 공동지향모델(Coorientation model)[15]

커뮤니케이션 학자들은 공동지향(coorientation)이라는 용어를 통해서 상호 이익을 지향하고 이에 대해 커뮤니케이션하는 두 사람 이상의 개인 혹은 집단의 관계를 설명한다. 즉, 그들은 서로에 대하여 또는 무엇인가에 대하여 공동지향적이다. 공동지향 모델은 개인 내부와 개인 사이의 커뮤니케이션 요소들의 관계를 설명하기 위해서 조화, 정확성, 동의, 이해 등의 변수들을 중요한 변수로 제시한다. 그림 9-2는 맥리오드와 채피(McLeod & Chaffee)가 처음 개발한 모형과 유사한 공동지향 모형을 보여주고 있다. PR에서 볼 때 이 두 사람들(persons)은 조직체와 공중이라고 간주할 수 있다.

먼저 개인 내부의 구성요소인 조화(congruency)는 동일한 이슈에 대하여 다른 사람의 의견이나 평가가 자신의 것과 비슷하다고 생각하는 정도이다. 이 변인은 '지각된 동의'로 불리기도 한다. 이 평가를 바탕으로 개인은 상대방을 다루는 전략을 세우거나 즉각적으로 반응한다. 정확성(accuracy)은 개인의 추측이나 인식이 다른 사람의 의견이나 평가와 실제로 일치하는 정도를 나타낸다. 또 다른 개인 혹은 집단 간 구성요소는 동의(의견일치, agreement)와 이해(understanding)이다. 동의는 둘 이상의 사람들의 평가가 동일한 정도를 나타내며, 이해는 두 사람 혹은 집단 간 의견이 동일한 정도를 의미한다(Grunig & Hunt, 1983).

예를 들면, 어떤 대기업이 특정 지역에 대규모 놀이공원을 만들어서 그 지역의 일자리와 관광 산업을 일으키고 경제 활성화를 도모하겠다고 생각한다. 또한 해당 지역 주민 역시 자신들과 비슷하게 인식할 것이라고 추측한다. 이 경우, 조직(대기업)은 공중(지역 주민)과 조화 정도가 높을 것이라고 인식할 것이다. 그러나 지역 주민은 대규모 놀이공원 때문에 소음이나 자동차 공해가 커지고 환경이 파괴될 것이라는 부정적인 생각을 갖는다. 이 경우 서로

---

15 내용은 Cutlip, Center & Broom의 『Effective Public Relations』(2006, pp.211-217)와 Grunig & Hunt(1983)의 『현대 PR의 이론과 실제』(2004, 박기순 외 역, 150-153쪽)을 재정리해 소개한 것이다.

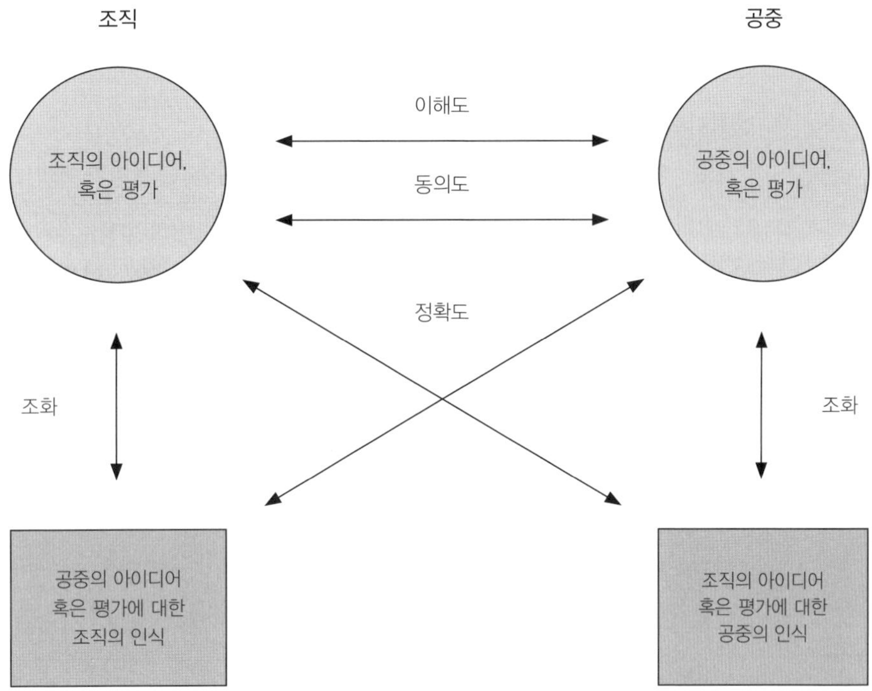

그림 9-2
공동지향모형[16]

간에 이해도나 동의도는 매우 낮다. 또한 조직은 공중의 생각을 정확하게 알고 있지 못하기 때문에 공중에 대한 조직의 정확도는 매우 낮다고 볼 수 있다. 이러한 상황에서 조직은 공중의 생각을 더 정확히 알기 위해 모임을 개최하고 대화를 시도할 수 있다. 먼저 상대방의 의견을 정확히 알고 나서 서로 간의 이해를 높이려는 토론을 충분히 하게 된다면 상호 이해도는 증가할 수 있을 것이다. 또한 상호 토론 과정에서 서로의 의견이 변화되고 의견 일치도도 높일 수 있을 것이다.

공동지향모형은 커뮤니케이션 전략과 관련된 3가지 PR 문제를 규명하는 데 도움을 준다. 첫째, 조직과 공중은 이슈에 대하여 다른 접근을 취한다. 둘째, 공중의 관점에 대한 조직의 지각은 공중의 실제 관점과 일치하지 않는다. 조직의 경영층은 부정확한 추측에 근거하여 조직에 대한 의사 결정을 내릴 것이다. 셋째, 공중의 구성원들도 이슈에 관한 조직의 입장에 대해 정확

16 그림은 Grunig & Hunt(1983)의 『현대 PR의 이론과 실제』(2004, 박기순 외 역, 151쪽)에서 인용한 것이다.

하지 않게 지각한다. 공중들은 조직의 경영층과 조직의 제품, 행동과 절차 등에 대해, 경영층의 정책과 가치에 대한 그들의 부정확한 추측에 근거하여 반응한다.

모든 경우에서 PR의 본질은, 이슈 그 자체에 대한 불일치가 아닌, 서로 다른 정의와 부정확한 지각에 의해 위협받는다. 따라서 공유된 정의를 창출하고 정확성을 높이는 커뮤니케이션이 관계를 증진시킬 뿐만 아니라 상대방을 서로 더 잘 대할 수 있게 한다. 즉, PR은 쌍방향 커뮤니케이션을 가능하게 함으로써 조직과 공중 사이의 관계성을 구축하고 유지한다.

6) 조직–공중 관계성 이론(Organization–Public Relationship theory, OPR)

조직-공중 관계성 이론은 1984년 퍼거슨이 조직-공중 관계성을 중심으로 PR 효과를 검증해야 한다고 주장하면서 논의가 시작되었다. 이전까지의 PR은 전통적 미디어에 초점을 맞춘 언론관계 활동이 중심이었지만, 1990년대 접어들면서 PR의 본질적 가치는 조직-공중 관계성에 있어야 한다는 주장이 많아진 것이다. PR 학자들은 성공적인 언론보도가 반드시 공중의 태도나 행동에 영향을 미치는 것이 아니라고 주장하면서, 조직-공중 관계성을 구축하는 것이 더 중요하기 때문에 궁극적으로 PR 효과를 측정하기 위해서는 관계성을 측정해야 한다고 보았다(조삼섭, 2014).

조직-공중 관계성이 PR의 새로운 패러다임으로 자리를 잡으면서 관계성이 어떤 차원으로 구성되었는지에 대한 연구가 중점적으로 이루어졌다. 그중 대표적인 조직-공중 관계성 차원을 살펴보면 신뢰, 만족, 애착, 상호통제성, 교환관계, 공공관계 등으로 구성된다(조삼섭, 2014). 신뢰란 조직과 공중이 서로 상대방에 대해 가진 확신과 개방 정도를 의미하며, 신뢰의 하위차원인 진실성, 일관성, 전문성 등을 통해 신뢰가 높아지거나 낮아진다. 만족이란, 조직과 공중이 서로 상대에 대해 갖는 기대 대비 호의적 느낌을 의미한다. 만족의 요소로는 경제적 만족과 사회적 만족, 그리고 심리적 만족 등을 들 수 있다. 애착이란, 조직과 공중 서로가 상대에 대해 관계를 지속하는 것이 가치가 있다고 믿는 정도를 의미한다. 상호통제성이란, 조직과 공중 서로가 상대방에 영향을 미칠 수 있는 정당한 힘을 가진 정도를 의미한다. 이는 서로가 상대방에게 어느 정도 영향을 미칠 수 있다고 인식해야만 상호 관계가 형성된다. 교환관계란, 조직과 공중 서로가 상대방에게 혜택을 주었거나 받았기에 이를 갚거나 받기를 기대하는 정도이다. 공공관계는 조직과 공중 서로가 상대로부터 되돌려받기를 기대하지 않으면서 상대를 위해 복지나 혜택을 제공하는 것을 의미한다. 이 관계성의 차원은 연구자에 따라 조금씩 다르지만, 공통적으로 신뢰, 만족, 애착, 상호통제성 등의 요소를 제시하고 있다.

조직이 공중과 좋은 관계를 구축하고 신뢰와 만족, 애착 등을 높이게 되면 궁극적으로 조직의 제품이나 서비스를 더 많이 이용하고 고객의 충성도를 높이게 된다. 충성 고객을 많이 확보한 조직은 고객과 장기적 관계를 형성하게 되며 구매 의도에도 긍정적 영향을 미칠 수 있다. 신규 고객을 확보하기보다 기존 고객을 잘 관리하는 것이 결국 지속적인 재구매를 일으키므로 비용이 더 적게 든다(조삼섭, 2014). 또한 관계가 악화되면 발생할 수 있는 소송, 규제, 압력, 매출 하락 등을 예방할 수 있다는 장점도 있다. 이와 같이 전통적인 PR이 집중해온 언론관계에서 벗어나 조직-공중 관계성을 높이는데 집중한다면 내부 구성원, 고객, 다양한 이해관계자의 신뢰와 만족을 높이고 궁극적으로 기업 활동에도 긍정적 영향을 미친다. 또한, 예방적 차원에서 관계를 관리하는 것이 위기가 발생했을 때 드는 비용을 줄일 수 있다. 특히 내부 사원과의 관계에서도 관계성은 필수적이다. 조직이 구성원의 신뢰나 만족, 애착 등을 높일 경우 생산성을 높이게 되고 구성원 모두가 협력하여 조직 목표 달성에 기여하게 된다.

생각해볼문제

1. 변화하는 현대사회에서 PR 정의의 키워드는 무엇이어야 하는지 생각해보자. 특히 광고나 마케팅과의 차별화된 특성을 중심으로 비교 · 정리해보자.

2. 디지털화와 글로벌 시대의 PR 모델은 기존의 PR 모델과 다른 특성을 갖출 필요가 있는가? 그렇다면 어떤 특성이 필요한지 논의해보자.

3. PR 우수이론에서 주장하는 PR 실무자와 커뮤니케이션 부서의 특성은 현재의 PR 상황에서도 여전히 적절한 것인가? 부적절한 특성이 있다면 그것은 무엇이며, 왜 그렇다고 생각하는가?

4. 최근 들어 많은 다국적 기업들이 문화가 다른 외국에서 수행하는 PR 활동이 비윤리적이라는 비난을 겪는 사례가 많아지고 있다. 이 같은 PR 윤리 문제는 어떻게 해결 가능하다고 생각하는가?

5. 체계이론이 디지털화와 글로벌 시대의 미래 PR에도 적절한 이론적 기반이 될 수 있다고 생각하는가? 그렇다면/그렇지 않다면 왜 그런지, 체계이론의 특성을 중심으로 논의해보자.

6. 미래 사회에서는 조직의 가장 중요한 공중이 누가 될 것이라고 생각하는가? 공중세분화에 적용 가능한 이론인 공동지향모델이나 상황이론은 미래에도 여전히 전략적 PR 가치를 가진다고 생각하는가?

참고문헌

김영욱(2003). PR커뮤니케이션. 서울: 이화여자대학교출판문화원.

박노일 · 정지연(2019). 공중 상황이론의 진화와 디지털 공중 분류. 김석 · 김수진 · 김여진 · 김장열 · 김장현 · 박노일 · 이선영 · 정은화 · 정지연 · 최준혁 · 하진홍 · 황성욱, 디지털PR 이론과 실제(129~150쪽). 서울: 한울아카데미.

정은화 · 하진홍(2019). 디지털 기술과 PR. 김석 · 김수진 · 김여진 · 김장열 · 김장현 · 박노일 · 이선영 · 정은화 · 정지연 · 최준혁 · 하진홍 · 황성욱, 디지털PR 이론과 실제(103~128쪽). 서울: 한울아카데미.

조삼섭(2014). 조직체 공중관계성 이론과 평판관리. 한정호 외, PR학 원론(167~187쪽). 서울: 커뮤니케이션북스.

Cutlip, S., Center, A. & Broom, G.(2006). *Effective Public Relations*, Pearson International Edition, 9th ed. New Jersey: Pearson Education, Inc.

Dozier, D. M., Grunig, L. A. & Grunig, J. E.(1995). *Manager's Guide to Excellence in Public Relations and Communications Management*. Mahwah, N.J.: LEA.

Grunig, J. E.(2006). Furnishing the Edifice: Ongoing Research on Public Relations As a Strategic Management Function. *Journal of Public Relations Research*. 18(2), 151-176.

Grunig, J. E. ed.(1992). *Excellence in Public Relations and Communication Management*. Hillsdale, N.J.: LEA.

Grunig, J. & Hunt, T.(1983). *Managing Public Relations*. 박기순.박정순.최윤희 역(2004). 현대 PR의 이론과 실제. 서울: 커뮤니케이션북스.

Harlow, R. F.(1976). Building a Public Relations Definition. *Public Relations Review* 2, Winter 36.

Newsom, D., Turk, J. & Kruckeberg, D.(2004), *This is PR: The Realities of Public Relations*. 8th ed. 박현순 역(2007). PR: 공중합의 형성과정과 전략. 서울: 커뮤니케이션북스.

Wilcox. D. & Cameron, G.(2012). *Public Relations: Strategies and Tactics*. 10th ed. Boston: Allyn & Bacon, New Jersey: Pearson Education, Inc.

Wilcox, D. & Cameron, G.(2006). *Public Relations: Strategies and Tactics*. 8th ed. Boston: Allyn & Bacon, NJ: Pearson Education, Inc.

http://www.nytimes.com/2012/03/02/business/media/public-relations-a-topic-that-is-tricky-to-define.html/

http://prdefinition.prsa.org/index.php/2012/03/01/new-definition-of-public-relations/

http://prdefinition.prsa.org/index.php/2012/02/09/final-candidates-for-a-modern-definition-of-public-relations/

http://www.prsa.org/aboutprsa/publicrelationsdefined/

10장

PR 기획 과정과 PR 실행

1. PR 캠페인 기획 과정

PR 캠페인 기획 과정은 대부분 4단계로 구성된다. 첫째, 조사 단계에서는 상황 분석과 문제 정의, 조직과 공중 조사, 환경 조사 및 SWOT 분석 등이 있고, 둘째, 기획 단계에서는 조직 미션과 문제 상황, 목적 및 목표, 전략 및 전술, 핵심공중과 공중별 목표 등이 수립된다. 셋째, 실행 단계는 세부 프로그램 설정과 메시지 및 미디어 전략, 프로그램 실행 요소와 세부 일정, 예산, 자원 등으로 구성된다. 마지막으로 평가 단계가 있는데, 여기서는 PR 평가 기준과 수단을 살펴보도록 하겠다.

1) 캠페인 기획 1단계: 조사(Research)

(1) 상황 분석

효율적인 PR 캠페인 수행을 위해서 가장 중요한 단계는 바로 '조사' 단계이다. 조사를 통해 캠페인을 어떻게 기획해야 할 것인지 그리고 무엇을 실행해야 할 것인지 등이 명확해지기 때문이다. 그런데 이러한 조사 단계에서 가장 기본적이고도 중요한 첫 단계가 바로 '상황 분석'이다. '상황'이란 조직이 처한 내적 · 외적 환경을 의미하는데, 이는 조직이 왜 PR 캠페인을 수행해야 하는지에 대한 의미를 밝혀내는 방향타이기도 하다.

조직은 다양한 상황에 직면해 있다. 내부 상황과 외부 상황, 문제 상황과 기회 상황 등 여러 가지 상황에 처해 있으며, 그 상황 안에는 관련된 다양한 공중과 여러 가지 이슈를 갖고 있다. 이중에서 조직이 어디에선가 문제나 기회를 갖고 있고 특정 공중이 조직 관련 이슈에 대해 반응토록 해야겠다는 목표를 갖는다면, 그것이 바로 캠페인을 시작하게 되는 핵심 이유일 것이다. 따라서 캠페인을 효과적으로 기획하기 위해서는 바로 이 캠페인의 핵심 이유를 정확히 파악해야 한다.

예를 들면, 어느 회사의 불량상품에 대해 소비자가 문제를 제기하고 상품리콜이 발생할 위기 상황에 직면했다고 하자. 회사로서는 막대한 손실을 막기 위해 소비자를 대상으로 상품신뢰를 회복하기 위한 소비자 캠페인을 기획하고 있다. 그러나 상품을 제조하는 사원들이 구조조정과 같은 루머로 불안정한 상태에서 작업을 하고 있기 때문에 반복적으로 불량상품이 생산되고 있다면 오히려 사원을 대상으로 문제 상황에 대한 조사를 시행하고 캠페인을 계획하는 것이 더욱 시급한 일이 될 것이다.

오른쪽의 'TIP'은 상황 분석을 어떻게 해야 하는지, 그 내용과 정보원, 그리고 기초 질문들에 대해 커틀립 등(2006, p.291)이 제시한 내용을 정리한 것이다.

(2) 문제 정의

1단계인 상황 분석이 끝나면 대개 조직의 문제를 정리할 수 있게 된다. 문제정의란 공식적인 조사 설계가 이뤄지기 전 단계의 준비과정으로서, 조사하

TIP 상황 분석의 내용

I. 내부 요소

1. 조직 미션, 약정, 내규, 역사와 구조에 대한 설명.
2. 주요 임원, 의회 구성원, 매니저 등의 리스트, 이력, 사진.
3. 프로그램, 제품, 서비스 등의 묘사와 과거 내력.
4. 자원, 예산, 직원, 판매, 이익, 주주 등에 대한 통계 자료.
5. 문제 상황과 관련된 정책 성명서와 절차.
6. 문제 상황과 관련한 주요 실행자들의 입장 진술문(인용).
7. 조직이 최근에 문제 상황을 어떻게 다루었는가에 관한 설명.
8. 조직 내부 공중의 리스트와 설명.
9. 내부 그룹들과 커뮤니케이션할 수 있는 조직의 매체(쌍방향) 리스트.

II. 외부 요소

1. 조직과 문제 상황에 대해 신문, 잡지, 통상 출판물, 뉴스레터, 온라인 커버리지 클리핑.
2. 보고서, 번역서, 라디오 녹음 내용, 텔레비전과 케이블 커버리지.
3. 미디어 커버리지와 인터넷 정보에 대한 내용 분석.
4. 문제 상황과 관련해서 조직과 이슈의 특징과 뉴스를 전달하는 미디어, 저널리스트, 칼럼니스트, 토크 쇼 호스트, 프리랜서 작가, 프로듀서의 리스트
5. 조직과 관련성, 이익, 문제 상황 등을 공유하고 있는 개인이나 그룹에 대한 배경 정보와 그 리스트.
6. 조직과 관련성, 이익, 문제 상황 등에서 반대 입장에 있는 개인이나 그룹에 대한 배경. 정보와 그 리스트.
7. 조직과 문제 상황과 관련된 서베이와 여론조사의 결과.
8. 조직과 문제 상황과 관련된 특별 이벤트와 행사, 기타 중요한 날짜의 스케줄.
9. 조직과 문제 상황에 대해서 규제와 입법 파워를 가진 정부 기관, 입법자, 임원들의 리스트.
10. 관련 규정, 입법, 미결정 법안, 선거, 정부 발행물, 공청회 보고서의 사본.
11. 조직과 문제 상황과 관련된 출판된 연구물의 사본.
12. 조직 내부에 있는 중요한 관련 책, 기록, 주소록 리스트.

려는 문제의 성질과 목표 및 범위에 대한 이해를 의미한다. 이러한 이해 아래 그 문제에 관한 자료 수집이 행해지게 된다. PR 문제의 규정은 어떤 일이 잘못되었거나 조만간 잘못될 것 같다는 가치 판단과 함께 시작된다. 따라서 이 단계에서는 PR 문제를 구체적으로 진술하는 것이 필요하다.

(3) 조직 · 공중 · 환경 조사 및 SWOT 분석

조직이 처한 상황과 문제가 어느 정도 규명되면 다시 정확한 조사를 수행해야 한다. 이때는 다양한 공식적 · 비공식적 조사방법론을 활용하게 된다. 캠페인 기획을 위해서는 조직의 내부 환경 조사, 공중 인식 조사, 외부 환경 조사 등 3가지 영역에 대한 조사가 필요한데, 다양한 조사를 통해 이들 영역을 조사하고 조직의 스왓(SWOT)을 요약할 수 있다.

조직의 내부 환경에서는 조직성과 특성, PR 기능과 구조, 내부 장애요소 등 다양한 것을 조사하며, 조직에 대한 공중 인식에서는 조직과 관련된 기관 혹은 개인들이 조직에 대해 어떻게 생각하는가라는 인식을 조사한다. 조직에 대한 인식은 가시성과 명성, 이미지 등으로 구성된다. 즉, 사람들이 조직에 대해 얼마나 아는지, 그들이 무엇을 아는지, 그 정보가 얼마나 정확한지 등을 파악해야 한다. 그리고 조직 외부의 환경에 대한 조사란 PR의 전체적인 상황에 관한 기초 조사인데 이는 상황 분석에서 매우 중요하다. 특히 조직에 즉각적인 영향을 주는 미시적인 환경뿐만 아니라 거시적 환경에 대해서도 함께 살펴봐야 한다. 일반적으로 널리 사용되는 유용한 기술로 PEST 분석이 있다. PEST 분석은 전체 상황을 정치적(Political), 경제적(Economic), 사회적(Social), 기술적(Technological) 부분과 같은 4개의 영역으로 나누고 조직에 영향을 줄 수 있는 모든 요소들을 다루는 방법이다.

요약하면, 조직이 처해 있는 상황, 조직 그 자체, 조직에 영향을 주는 이슈들, 여론의 분위기 등을 광범위하게 분석함으로써, 조직 외부 환경에 있는 주요 공중(조직의 수행에 영향을 주는 개별 집단)을 확인하는 것이다. 일반적으로 SWOT 분석을 통해 다음과 같이 요약, 정리할 수 있다. SWOT 중에서 첫 번째 2가지 요인인 강점(**S**trength)과 약점(**W**eakness)은 조직이 내부적으로 갖고 있거나 추진하는 것이라고 볼 수 있다. 다른 2가지 요인은 기

강점(Strength)	약점(Weakness)
• 튼튼한 재정 • 혁신성, 훌륭한 리더십 • 충성도가 높은 인력	• 투자에 대해 보수적인 경향 • 한정된 생산라인, 전통적 · 위계적 성향 • 경직된 업무 패턴
기회(Opportunities)	**위협(Threats)**
• 동유럽권의 저렴한 공급라인 확보 • 중국으로의 진출 • 경쟁사 매입	• 동구권의 불안정성 • 과잉 확장에 대한 위험 • 복합기업에 의한 인수, 합병

표 10–1
SWOT 분석의 사례[1]

회(Opportunities)와 위협(Threats)으로 외부적인 상황이며, 대개 PEST 분석을 통해 밝혀낼 수 있다. 이러한 4개의 요인들은 4분면에서 대칭적으로 나타낼 수 있는데, 표 10-1에서 해외로 진출하려는 글로벌 기업의 SWOT 분석 사례를 볼 수 있다(Gregory, 2002, 차희원 역, 67쪽 재구성).[1]

2) 캠페인 기획 2단계: 기획(Planning)

조직 내 · 외부 환경에 대한 조사 및 공중 인식 조사 등이 모두 행해지고 조직의 문제 상황을 정확히 규명하게 되면, 캠페인 목표와 키메시지, 전략 방향, 목표 공중이 선명하게 그려져야 한다. 이는 계획 단계에서 결정되어야 하는 중요한 요소들이다.

(4) 조직 미션과 문제 상황 규명

기획의 첫 단계에서는 조사 단계에서 수행한 모든 조사 결과를 종합적으로 통찰하여 조직이 처한 문제(혹은 기회) 상황이 무엇인지 정확히 규명하는 과정이 필요하다. 이들 문제 상황을 몇 가지 진술문으로 압축할 수 있다면 캠페인은 성공적으로 수행될 수 있으리라고 예상할 수 있다.

그런데 이들 문제 상황을 정확히 짚어내고 그 문제를 해결할 수 있는 목표를 수립하기에 앞서 고려해야 할 사항이 있다. 바로 조직의 미션(사명)이나

1 표는 Gregory(2002)의 『PR 캠페인 기획 · 관리의 단계별 지침서』(2005, 차희원 역, 67쪽)을 재구성해 소개한 것이다.

비전이다. 조직이 추구하는 바, 즉, 조직의 사명이나 비전이 무엇인지 명확히 파악해야만 문제를 어떤 방향으로 어떻게 해결해 나갈 것인지 계획을 수립할 수 있기 때문이다.

(5) 목적 및 목표 설정

조직의 미션과 문제 상황을 명확히 인식한 후에는 조직이 처한 문제를 해결해야 한다. 바로 이것이 캠페인의 목적 및 목표를 수립하는 단계이다. 문제와 해결은 동전의 양면과 같으므로, 문제를 정확히 규명해 이를 캠페인의 목적 · 목표로 수립하는 것은 곧 조직의 문제를 해결하는 것과 같다.

목적은 일반적으로 조직의 미션이나 비전과 유사한데 목표에 비해 상대적으로 추상적이고 측정하기 어렵다. 조직이 캠페인을 하는 목적은 일반적으로 다음과 같은 3가지의 이유에서이다(Smith, 2005).

① 조직의 정체성과 이미지를 관리하기 위한 명성 관리 목적
(Reputation Management Goal)
② 조직과 관련된 공중과의 관계를 관리하기 위한 관계 관리 목적
(Relationship Management Goal)
③ 조직이 당면한 특정 과제를 관리하는 과제 관리 목적
(Task Management Goal)

오른쪽의 'TIP'은 조직의 3가지 목적에 대한 예제를 제시한 것이다.

일단 목적이 수립되고 나면 이를 구체적으로 수행할 수 있는 목표를 설정해야 한다. 목표(Objectives)란 목적(Goal)과는 달리 구체적이고 측정 가능한 문장으로 구성되어야 한다. 그러나 구체적인 목표를 수립하기에 앞서 조직이 추구하는 포지셔닝을 결정해두는 것이 좋다. 포지셔닝이란 "조직에 대해 사람들이 어떻게 생각하기를 원하는가?"라는 것으로, 공중의 마음속에 다른 조직과는 차별화되는 독특한 개념으로 조직을 부각시키는 것을 의미한다. 예를 들면 산업 선도자, 가장 값비싸고 고품격을 갖춘 백화점, 환경 친화적 브랜드, 여성들이 특히 선호하는 병원 등등을 의미한다.

TIP PR 목적의 예시

명성 관리 목적	스포츠 전문 병원으로서의 병원의 위상을 강화시킨다.
관계 관리 목적	스포츠 선수(잠재 고객)와의 관계증진 프로그램을 통하여 병원에 대한 긍정적인 인식을 촉진한다.
과제 관리 목적	병원의 스포츠 마사지 치료 프로그램에 스포츠 선수들을 참여시킨다.

목적과 포지셔닝이 확정되면, 캠페인의 구체적인 목표로 들어가게 된다. 일반적으로 목표를 수립할 때에는 설득 단계에 따라서 인지 목표–태도 목표–행동 목표, 3단계의 위계구조로 수립되는 것이 바람직하다(Smith, 2005).

① 인지 목표(Awareness Objectives): 조직이 공중에게 노출하고자 하는 정보를 알리고, 이해시키고, 기억하게 하는 것을 목적으로 하며, 메시지 유포와 메시지 노출, 메시지 이해와 기억 정도를 다룬다.

② 태도 목표(Attitude/Acceptance Objectives): 조직이 공중에 대해 발생시키고자 하는 태도 혹은 관심의 수준을 말한다. 기존에 없던 관심과 태도를 형성하려 하거나, 기존의 관심과 태도를 강화하려 할 때, 혹은 기존의 긍정적 또는 부정적 태도를 변화시키고자 할 때 사용한다.

③ 행동 목표(Action Objectives): 공중의 행동적 표현과 실행을 목표로 하며, 언어적 행동인 의견이나 육체적 행동인 행위, 두 종류 행동으로 나타난다. 새로운 행동을 만들거나 기존 행동을 변화시킬 때 적합하며, 구매 행위나 기부 행위, 특정 이슈에의 참여 등 직접적인 결과로 나타난다.

(6) 전략 및 전술 수립

전략이란 PR 캠페인에서 지침으로 사용되는 원칙이자 총체적인 접근이다. PR 캠페인에 활용되는 개개의 전술들을 묶어주는 방향타이며, 커다란 아이

	예시1	예시2
목표	• 신제품이나 새로운 서비스를 알린다.	• 업계 리더이자 시장의 선두주자라는 인식을 심어준다.
전략	• 미디어 관계 캠페인을 실시한다.	• 산업 내 영향력자로 포지셔닝한다
전술	• 기자회견 • 보도자료 배포 • CEO 인터뷰 • 퍼블리시티 이벤트 • 광고 등등	• 업계 트렌드 조사에 기반을 둔 보도 • CEO가 업계 활동에 주도적 참여 • 업계 발전을 위한 활동 • 산업 이슈에 대한 공청회, 세미나 • 산업우수상 시상식 등

표 10-2
목표, 전략, 전술의 예시[2]

디어이자 전술적인 프로그램의 근거이다. 전략은 지금 있는 곳에서 가고자 하는 곳으로 갈 수 있게 해주는 총체적인 접근으로, 목표와는 다르며 전술 프로그램의 토대가 된다. '전략'과 '전술'에 대한 예제는 표 10-2에 제시되어 있다.

(7) 핵심공중 혹은 전략적 공중의 규명과 공중별 목표 설정

다음 단계에서 해야 할 일은 조직의 주요 공중에 초점을 맞춰 목표를 정하고 커뮤니케이션을 하는 것이다. 그러나 그 일을 하기 전에, 조직과 영향력 있는 주요 공중이 누구이며 또 각각의 공중이 조직에 대해 어떤 생각을 하고 어떤 태도를 갖고 있는지 등의 분석이 선행되어야 한다. 여기서 공중(Publics)이란 조직과 상호 의존관계에 있으며, 조직 이슈에 직면하여 이해관계를 공유함으로써 존재하는 집단이다.

효과적 커뮤니케이션 캠페인 수행의 주요 과정 중 하나는 적절한 특정 공중을 규명하는 것인데 이 공중을 핵심공중(key publics) 혹은 전략적 공중(strategic publics)이라고 한다. 전략적 공중이란 조직 목표와 관련된 핵심공중(Key Public)을 의미하지만, 이들 공중에 영향을 미치는 오피니언 리더나 중재공중 또한 전략적 공중이라 할 수 있다. 오피니언 리더는 커뮤니케이션을 빠른 속도로 수용하고 전파시키는 역할을 담당하며 해당 이슈에 대한 여론에 영향을 미친다. 또한 공식적인 오피니언 리더 이외에도 비공식적인 오

2 표는 Gregory(2002)의 『PR 캠페인 기획 · 관리의 단계별 지침서』(2005, 차희원 역, 144쪽)을 재구성해 소개한 것이다.

피니언 리더가 더 많은 영향을 미칠 수 있으므로 어떤 사람들이 영향을 미치는지 관찰하여야 한다.

핵심공중 혹은 전략적 공중을 규명하고 분류하기 위해서는 다양한 방법이 사용되고 있다. 전통적 방법으로는 성, 연령 등 인구통계학적, 사회경제학적 분류나 지리적 특성 등이 사용되고 있는데 이는 외형적으로 드러난 특성에 따라 공중들을 분류하는 방법이다. 그러나 개인이나 단체가 가진 특성에 따라 분류하는 것이 캠페인 수행에 더 전략적일 것이며, 다음 5가지 기준을 고려하여 공중들을 살펴볼 필요가 있다(Smith, 2005).

① PR 상황(Public Relations Situation): 이슈와 관련해서 공중이 무엇을 원하고 필요로 하고 기대하는지를 살펴야 한다.
② 조직(Organization): 핵심공중과 조직간의 관계를 고려한다. 즉, 조직이 공중에 미치는 영향과 공중이 조직에 미치는 영향, 공중과 관련된 조직의 명성 등을 조사한다.
③ 커뮤니케이션(Communication): 공중이 사용하는 미디어나 커뮤니케이션 채널과 같은 그들의 커뮤니케이션 습관을 연구한다.
④ 인구학적 특성(Demographics): 나이, 수입, 성별, 사회경제적 위치 등을 파악한다.
⑤ 개인적 선호(Personality Preferences): 핵심공중의 심리학적, 기질적 선호도를 고려하여 논리적 소구와 감정적 소구의 방법을 선택할 수 있다.

3) 캠페인 기획 3단계: 실행(Communication)

캠페인 단계 중 세 번째 단계인 커뮤니케이션, 즉 실행 단계는 지금까지 수행해온 모든 조사 분석과 전략적 기획을 실현시키는 단계이므로 매우 중요하다. 공중별 목표와 세부 프로그램, 프로그램 최적화를 위한 메시지와 매체 선택, 개별 프로그램 실행 요소와 타임스케줄, 예산 관리 등등 세부적인 사항들을 잘 관리해야 하는 단계이기도 하다.

목표	고속철도의 인지도를 높이고 탑승객을 증진시키는 것
전략	고속철도를 누구나 한번쯤 타보고 싶은 '꿈의 열차'로 각인시키는 것
비즈니스맨 대상 목표	고속철도의 '일일비즈니스' 가능성을 인지시키고 업무상 고속철도 이용을 증진시키는 것
전략	'안전하면서도 빠르다'라는 것을 각인시키는 전략
프로그램	직접 체험 프로그램, 정기권 할인 이벤트 등
언론 대상 목표	고속철도의 '안전성', '빠름' 등 강점을 인지시키고 기사화를 증진시키는 것
전략	누구나 타보고 싶은 '꿈의 열차', '안전하면서도 빠르다'라는 것을 각인시키는 전략
프로그램	직접 체험 프로그램, 미디어 투어 프로그램, 퍼블리시티 등

표 10-3
고속철도 개통식을 위한 마케팅 PR 프로그램

(8) 세부 프로그램 설정

이 단계에서는 실행 가능한 공중별 세부 프로그램을 결정해야 한다. 앞서 기획 단계에서 수립한 목표와 전략하에서 이들 큰 주제에 부합하는 공중별 세부 프로그램을 결정해야 하는 것이다. 따라서 우선 조직 미션과 목표, 전략을 고려하면서 그에 일치하는 목표와 전략을 공중별로 어떻게 접근할 것인지를 고민하는 것이 필요하다. 앞서 기술한 것처럼 공중은 각각의 특성이 다르기 때문에 하나의 전략, 하나의 키 메시지라 할지라도 개별 공중에 적합한 메시지와 매체를 새롭게 기획해야 한다.

예를 들어 고속철도의 개통식을 앞둔 상태에서 마케팅 PR 캠페인을 기획하고자 한다면, 이때의 목표는 고속철도의 인지도를 높여서 탑승객을 증진시키는 것이 될 것이다. 또한 일본의 신칸센이나 프랑스의 테제베처럼 누구나 한 번쯤은 타보고 싶어하는 '꿈의 열차'로 초기 붐을 일으키고자 하는 것이 전략이 될 수 있다.

그러나 모든 공중에게 똑같이 '꿈의 열차'로 붐을 일으키는 것이 바람직하다고 볼 수는 없다. 언론은 이러한 '꿈의 열차'라는 환상을 심어주기보다 고속철도의 안전성 문제 같은 위기 이슈에 더 관심을 기울일 수 있으며, 직장인이나 출장을 자주 하는 비즈니스맨에게는 오히려 '일일 비즈니스'라는 키 메시지가 더 와닿을 것이기 때문이다. 따라서 공중별로 다른 목표와 전략, 키 메시지와 매체 등 서로 다른 프로그램으로 접근하는 것이 효과적일 것이다.

(9) 메시지 미디어 전략 수립

이 단계에서 중요한 요소는 바로 창의력(Creativity)이다. 여기서 말하는 창의력이란 기존의 아이디어와 현재에 새롭게 적용하고자 하는 아이디어를 함께 연관 짓는 능력을 말한다. 공중에 적합한 메시지를 개발하는 것은 그들에 대해 원하던 효과를 이룰 수 있다.

첫째, 전략적 메시지를 작성하기 위해서는 다음과 같은 질문을 해보는 것이 필요하다(Gregory, 2002, 차희원 역, 2005).

① 나의 핵심공중이 이 주제에 대해 알기 원하는 이유는?
② 그것에 대해서 그들이 알기 원하는 것은 무엇인가?
③ 그 주제가 특별한 전략과 연결되는가? 만일 그렇다면, 어떤 전략인가? 만일 그것이 총체적인 설득적 캠페인의 일부라면, 내가 정보 제공적 접근을 사용하는 이유는 무엇인가?

다음으로 필요한 것은 '어떻게 메시지를 제시해야 하는가?'라는 방법에 대한 것이다. 메시지의 완전성은 사람들에게 메시지가 진지하게 받아들여질 것인지 여부를 결정해주는 여러 요인들에 따라 달라진다.

① 형식: 메시지를 어떻게 이해시킬 것인가? 메시지와 연관된 시각적 이미지가 있는가?
② 어휘 및 단어: 단어의 선택은 매우 중요하다. 모든 메시지는 분위기나 스타일에 세심한 주의를 기울일 필요가 있다.
③ 상황: 메시지를 보여주는 상황이 중요하다. 예를 들어, 어느 날 회사가 주식 시장에서 하락세를 기록했다면, 메시지의 성과는 그 영향을 받을 수밖에 없다.
④ 타이밍: 크리스마스가 지난 다음 주에, 크리스마스 특별 할인에 관한 정보를 계속 내보낼 필요는 없다.
⑤ 반복: 분명하게 공신력을 지닌 메시지를 반복할수록, 사람들이 듣게 되고 선택을 하게 될 확률이 더 높아진다.

둘째, 매체를 선택할 때는 매체 기준과 특성, 그리고 공중에 대해서 잘 알아야 한다. 특히 매체 범위와 제약, 비용, 가장 좋은 시간, 제작 시간 등을 고려해야 하며 다음 질문에 답할 수 있어야 한다.

① 어떤 공중에 도달하기 원하는가?
② 당신의 메시지를 효과적으로 만들기 위해서 언제 이 공중에게 도달해야 하는가?
③ 어떤 매체가 가장 적은 비용으로 핵심공중에 가장 광범위하게 도달하는가?
④ 어떤 매체가 가장 신뢰도가 높으며 얼마나 비용이 드는가?

(10) 프로그램 실행 요소 세분화

시간표를 짤 때, 반드시 지켜야 할 2가지 상호 연결된 주요 요인이 있다. 첫 번째 요인은 프로젝트와 연관된 업무가 제시간에 완성될 수 있도록 마감시간을 확인해야 한다는 점이다. 두 번째 요인은 준비 중에 있는 업무를 끝까지 완성할 수 있도록, 자원을 적절히 배분할 필요가 있다는 점이다 (Gregory, 2002, 차희원 역, 2005).

마감 시간은 내부적으로나 외부적으로 부과될 수 있다. 내부적으로 부과된 마감 시간의 예로는 주요 실무 책임자의 은퇴 발표와 같은 회사의 주요 방침 발표, 인수 발표, PR 프로그램에 관여될 수 있는 사람들의 일지를 들 수 있다. 외부적으로 부과된 마감 시간의 예로는, 선박 쇼(Boat Show)처럼 주요 쇼나 전시회와 같은 고정된 이벤트와 관련된 것일 수도 있고, 크리스마스나 발렌타인데이처럼 일정이 정해져 있는 경우도 있다.

프로그램 실행 요소들을 각각의 구성요소로 세분화할 필요가 있다. 예를 들면 아주 간단한 언론 보도 자료집 안에는 보도자료, 일부 배경 자료, 사진, 상품 관련 자료 또는 소책자, 특별히 고안된 언론 폴더가 들어가야 한다. 자료집을 완성하기 위해서는 브리핑과 모니터링 설계사, 인쇄업자, 사진작가, 보도자료 작성, 상품 자료를 얻기 위한 마케팅 부서와의 연락, 자료에 관한 승인을 얻기 위한 고위 경영자와의 연락, 보도자료와 배경 브리핑 자료 제작, 언론 보도 자료집 정리, 회견장에 배달 준비 등의 작업이 필요하다.

(11) 세부 일정 및 예산 · 자원 관리

이렇게 개별 프로그램별 구성요소로 세분화한 다음에는 계획안에 세부 일정표를 첨부해야 한다. 여기서 유용하게 사용할 수 있는 기술이 중요 경로 분석(Critical Path Analysis, CPA)이다. CPA는 가장 시간을 많이 필요로 하는 프로그램의 요소들을 밝혀준다.

개별 프로젝트를 위한 계획을 수립하는 것이 아주 바람직하지만, 커다란 밑그림을 그리지 않는다면 효과가 없다. 전체 캠페인이나 프로그램을 가능한 자세히 계획하고 실행에 사용할 종합 시간표를 짜는 것이 절대적으로 중요하다. 반드시 최소 1년을 단위로 한 계획에 따라 일하는 것이 중요하다.

전략적인 캠페인을 위한 자원을 고려할 때 중요한 요소는 다음과 같다 (Gregory, 2002, 차희원 역, 2005).

① 시간: 캠페인 수행에 대한 일정표 및 가용 시간
② 인력: 캠페인 수행에 필요한 전문 인력
③ 비용: 캠페인 수행에 필요한 예산의 한계와 가용 자금에 대한 규정

4) 캠페인 기획 4단계: 평가(Evaluation)

PR 효과 평가는 PR의 효과와 가치를 드러내는 방법으로, 이 평가에 근거해 더 효과적인 PR 캠페인을 기획하고 중요한 프로그램에 집중할 수 있다. PR 효과 측정 및 평가는 다음 4단계로 구성된다(Gregory, 2002; Smith, 2005).

먼저 1단계에서는 구체적이고 측정 가능한 PR 목표 및 목적을 설정한다. 이때 기대되는 결과물을 구체화하고(예: '인식 증가', '관계성 향상', '선호도 강화'), 목표공중을 구체화하며, 목표가 달성될 구체적인 시점을 포함시켜준다 (예: '7월 1일까지').

2단계에서는 PR 산출물(output)에 대한 측정이 이루어진다. 산출물(output)은 특정 PR 프로그램 및 활동의 단기 결과를 말한다. 한편 산출물은 종종 눈

에 명확하게 보이는 결과물을 말하기도 하며, 조직이 받는 노출(exposure)의 양이나 조직이 공중에게 어떻게 보이는가를 측정한다. 미디어 혹은 언론관계 노력에 대한 산출물은 미디어에 실린 기사의 수, 발행 부수(기사에 노출될 가능성이 있는 사람들의 수), 또는 실린 기사에 대한 전반적인 내용 평가 등이다. PR에서 산출물은 대변인의 말이 인용된 횟수, 중요한 이슈에서의 특정 포지셔닝, 특정 이벤트, 특정 활동에 참여한 사람들의 수가 될 수도 있다.

3단계에서는 PR 중간결과(outtake)에 대한 측정이 이루어진다. 핵심공중이 전달된 메시지를 받았는지, 메시지에 주목했는지, 메시지를 이해하고 기억하는지 등 메시지 회상 형태와 관련된다. 메시지 이해와 관련한 측정으로는 의도한 수용자에게 전달된 메시지의 의미를 이해했는가를 확인한다. 메시지 회상과 기억에서는 '브로셔, 책자 및 PR 관련 프로그램과 활동 등에 포함된 메시지가 의도한 수용자에게 충분한 효과를 주었으며, 기억할 수 있는가?' , '수용자가 기억한 메시지를 회상하고 오랫동안 기억할 수 있는가?'를 측정한다. 마지막 단계는 주목과 즉각적인 반응이다. 수용자가 메시지의 수용에 긍정적으로 반응했는지, 수용자가 더 많은 정보를 요구했는지 등을 측정한다.

4단계에서는 PR 결과물(outcome)에 대한 측정이 이루어진다. 핵심공중의 의견(opinion), 태도(attitude), 행동(behavior)의 변화에 대한 측정과 관련된 것으로, 측정하기가 어렵고 많은 비용이 든다. 통상 서베이 등의 방법을 활용하여 측정하게 되며 공중의 태도나 행동 변화가 PR의 최종적 성과목표라 할 수 있다.

PR 기획의 4가지 과정은 순환 단계이다. 네 번째의 평가 단계는 기획 과정의 마지막 단계가 아니라 평가를 통해서 다시 프로그램을 기획하거나 목표를 재설정하게 되는 순환 과정이며, 바로 이를 위해서 평가 단계가 중요한 것이다.

2. PR 영역과 실행

1) 기업 PR

기업 PR 실무자들이 수행하는 업무는 매우 다양하지만, 일반적으로 언론관계, 마케팅 PR, 사원관계, 투자자관계, 지역사회관계, 공공문제 관리 등의 영역에서 업무를 수행한다. 이들 각각의 PR 목표와 프로그램 등을 간략히 살펴보도록 한다.

(1) 언론관계 PR

미디어는 기업이 하는 사업과 회사의 업무, 상품 등에 대한 정보를 제공하고 공중의 인식과 태도에 영향을 미치는 주요 정보원이 된다. 최근에 기업행위와 관련된 기사나 뉴스가 대체로 호의적이지는 않았다. 따라서 기업 PR 실무자들은 기업에 대한 부정적 뉴스나 재무적 문제 등 각종 스캔들이 다루어지지 않도록 언론관계 PR에 많은 시간을 할애하게 된다. 예를 들어 한때 업계 명성 순위 1위였던 월마트가 부정적 기사(불법 이민자 고용이나 여성 근로자 차별에 대한 법정 소송 등)가 나온 지 6개월 후에는 명성 순위가 7위로 추락하기도 했다(Wilcox & Cameron, 2012).

PR의 기능을 생각하면 흔히 매체를 다루는 것으로 여겨지며, PR 실무자가 다른 많은 기능을 수행하기는 하지만 실제로 매체 관계가 많은 부분을 차지하고 있는 것도 사실이다. 매체 보도는 조직의 운영에 긍정 혹은 부정적인 영향을 미칠 수 있으며, 공중의 신뢰도와 지지는 매체에서 어떻게 다뤄지냐에 따라 결정되는 경향이 있다. 그렇기 때문에 PR 실무자는 매체의 기능과 기자들이 어떻게 일하는가에 대해 잘 알아야 한다. 또한 언론인들이 PR을 어떻게 생각하는지 그 관계에 대한 통찰력을 갖는 것도 필수적이다.

기자들과 PR 실무자들의 관계는 매우 상호의존적이다. 기자들은 PR을 하는 사람들의 도움 없이 보도를 하는 것은 거의 불가능할 정도이며 실제 50% 이상이 보도자료에 의한 것이다(Wilcox & Cameron, 2012). 또한 공중들에게 정보를 제공하겠다는 기본적인 목표는 같기 때문에 기자와 PR 실무자들은 협력적인 시스템을 구축하게 된다. 최근 대학에서 PR을 전공한 사람들이 늘어나면서 기술적으로 윤리적으로 더 전문화되었기 때문에 상호 관계가 많이 진전되었고, 기자들은 정보의 출처뿐 아니라 자료에 대해서도 PR 실무자들에 대한 의존도가 높아졌다. 또한 PR 실무자들에게 언론인은 하나의 공중인 동시에, 더 많은 공중들에게 도달하기 위한 매체이자 게이트키퍼이다. 따라서 이들과 지속적인 신뢰 관계를 형성하기 위해서 더욱 개방적이고 정직한 커뮤니케이션을 수행해야 한다.

매체와 접촉하기 위해 기본적으로 알아두어야 할 사항이 몇 가지 있다. 먼저, 매체별로 각각, 일, 주, 혹은 달 단위로 마감을 하기 때문에 그에 주의해야 한다. 기자들은 매체의 수용자를 위해 일한다는 것을 이해하고 수용자의 요구에 부응할 수 있는 내용을 갖춰야 한다. PR 실무자가 인쇄 매체에 도달하는 방법으로는 보도자료 배포, 토론(인터뷰, 전화, 면담 등), 기자 회견, 3가지의 방법이 있으며, 방송 매체에는 비디오 보도 자료, 위성 인터뷰, 혹은 위성 매체 투어(위성 단체 인터뷰) 등이 있고 비영리 조직은 공익 방송을 이용할 수도 있다.

효과적인 언론관계 PR을 위해서 다음의 기본 원칙을 알 필요가 있다(탁재택, 2014).

① 언론과 신뢰를 쌓을 것
② 언론에 신중하게 대처할 것
③ 정직할 것
④ 모든 언론을 공평하게 대할 것
⑤ 언론과의 현실적 거리를 인정할 것
⑥ 언론을 존중할 것
⑦ 언론관계에서 전문성을 보일 것

또한 언론관계의 가장 기본적인 전술은 기자의 관심을 끌 수 있는 흥미로운 보도자료를 작성하는 것인데, 보도자료 작성시 고려해야 할 점은 다음과 같다(탁재택, 2014).

① 뉴스가치를 고려하라.
② 간결하고 정확하게 써라.
③ 핵심 내용부터 기술하라.
④ 쉬운 말로 써라.
⑤ 시의성에 유념하라.

⑥ 사전 예고하라.

⑦ 수신 여부를 확인하라.

(2) 마케팅 PR

마케팅 PR(MPR)은 PR의 전술적 도구와 퍼블리시티를 바탕으로 상품 및 서비스의 구매력을 증대시키는 IMC 시대의 강력한 마케팅 전략이다. 세계적 브랜드로 성장한 기업의 특징 중 하나는 성공적인 MPR 전략을 수행했다는 점이다(Wilcox & Cameron, 2012).

마케팅이 상품이나 서비스를 판매한다면, PR은 기업 전반에 대한 판매를 시도한다고 볼 수 있다. PR은 기업과 소비자, 정부, 언론, 지역 주민, 사원 등과 같은 공중 사이의 상호관계를 증진시키는 기능을 발휘하기 때문에 기업의 마케팅 전략 및 그 결과에 직접 · 간접으로 영향을 미치게 되어 있다. 특히 지금과 같이 고객이 분화된 소비자주의 시대에서는 비소비자 공중들이 마케팅에 미치는 영향이 커지고 있고, 자연히 PR은 마케팅에서 중요한 역할을 담당하게 된다.

PR에 의한 마케팅 전략이 바로 MPR인데, 요즘 각광을 받고 있는 통합적 마케팅 커뮤니케이션(Integrated Marketing Communication, IMC) 역시 MPR의 효과와 중요성에 대해 인식함으로써 시작되었다. 조직에서의 PR과 마케팅은 서로에게 상호 도움을 주어야 한다. 기본적인 제품 프로모션을 포함하고 있는 PR의 한 기능은 조직의 전반적인 마케팅 계획을 제공하는 능력을 간과되어서는 안 된다. 제품 디자인, 유통, 커뮤니케이션, 가격 책정을 포함한 전반적인 마케팅 믹스에 대한 PR의 지원은 마케팅 전략의 효율성을 크게 늘릴 수 있다.

MPR의 목적은 ① 상품이나 서비스를 인지하게 하고, ② 특정 상품이나 서비스의 이점과 장점을 알리는 것이며, ③ 상품이나 서비스에 대한 호의적인 태도를 상기시키고 강화하는 것이다. MPR 전략으로는 이용자 단체나 소비자 서비스 부서를 형성하여 개인적으로 고객 충성도를 창출하는 것, 소비자 고객만족 프로그램을 채택하여 상품이나 서비스의 전달뿐 아니라 소비자들이 기대하는 질과 상호작용에 초점을 맞추는 것, 홍보와 프로모션 행위에 집중

마케팅 PR 사례: 에드워드 버네이즈와 아메리칸 토바코 사

자유의 횃불(Torches of Freedom) 캠페인 당시 담배를 피우면서 거리를 활보하던 여성의 모습

1928년 아메리칸 토바코(American Tobacco) 사의 사장인 조지 워싱턴 힐(George Washington Hill)은 당시 핵심 상품으로 주력하고 있던 럭키 스트라이크(Lucky Strike)의 판매율을 높이기 위해 PR 전문가인 에드워드 버네이즈(Edward Bernays)에게 의뢰한다. 특히 힐은 여성의 흡연율을 높이고, 남녀 상관없이 담배를 피우기를 바랐다.

버네이즈는 당시 여권신장 운동이 여성들 사이에서 활발하게 이뤄지고 있다는 점을 활용하여 공공장소에서 여성의 흡연을 금기시하는 것은 여성의 인권을 제압하는 행위라는 마케팅 전략을 구축했다. 그래서 1929년 3월 31일 부활절에 미국 맨하튼 5번가에서 아름다운 여인들이 흡연하면서 거리를 활보하는 퍼레이드가 벌어졌다. 버네이즈는 맨하튼 거리의 자유의 횃불(Torches of Freedom) 캠페인을 주도하면서 그 배후에는 아메리칸 토바코 사가 있다는 점을 철저히 숨겼다. 그럼으로써 여성의 흡연에 관한 논쟁이 사회적인 이슈가 되었다. 공공장소에서 여성이 흡연하는 데 관한 일반적인 사람들의 태도가 이 퍼레이드 이전부터 변하고 있었다고 주장하는 사람들도 있었지만, 버네이즈의 이 PR 활동이 여성의 흡연에 대한 태도 변화에 큰 영향을 미쳤음에는 이견이 없다.

버네이즈는 비자발적인 통제만으로는 대중의 지지를 얻지 못하리라는 점을 인지하고 여론을 적절히 활용해 그들의 자발적인 참여를 이끌어내기 위한 방법을 강구하는 데 주력했다. 원대한 사고(Big Think)라는 철학을 지닌 버네이즈는 평소 프로이트의 심리학으로부터 깊은 영향을 받았으며, PR의 초기 선구자로서 그가 내세운 홍보 전략은 당시 사람들의 마음을 사로잡기에는 충분했다. 결과적으로 보면 버네이즈는 무력이나 강제적인 힘이 아닌 대중의 자발적인 참여를 이끌어냄으로써 성공적인 PR 전략을 수행했다고 평가할 수 있다.

참고문헌

래리 타이(2004). 여론을 만든 사람 에드워드 버네이즈: PR의 아버지는 PR을 어떻게 만들었나. 김현희 · 이종혁 · 송기인 역. 커뮤니케이션북스.

전성원(2010). 에드워드 버네이즈: PR의 아버지 혹은 정보조작의 대부. 인물과사상사. 인물과 사상 142, 77-105.

하여 소비자들이 경쟁 상품에서 멀어지게 하는 것. 상품이나 서비스, 조직체의 명성을 보호하는 것 등이 있다. 최근에는 사회적 책임을 요구하는 압력단체나 행동주의자 그룹이 많아지고 있기 때문에 기업은 이들과의 대화를 통해 적극적으로 문제해결에 나서야 한다.

MPR의 효과적인 전략으로는 다음과 같은 것들이 있다(Harris, 1998, 2006).

① 해리스그리드 전략: 제품의 특성에 따라 뉴스가치를 높이고 소비자의 관심을 높여라.
② 관계마케팅 전략: 소비자에게 친근한 존재가 되며 소비자와의 지속적 관계를 형성하라.
③ 공익연계 마케팅 전략: 사회문제를 기업 공익 프로그램과 연계하라.
④ 대변인 MPR 전략: 실존인물 또는 가상인물을 대변인으로 내세워 제품 브랜드의 마케팅력을 창출하라.
⑤ 사이코그래픽스 DB 전략: 소비자와 영향력 공중의 데이터를 확보하고 이를 바탕으로 관계를 구축하라.
⑥ 신상품 MPR 전략: 신제품 출시 이전부터 뉴스거리를 만들고 소비자의 호기심을 불러일으켜라.
⑦ 구상품 MPR 전략: 과거의 추억을 회상시키면서 쇠퇴기 상품을 다시 소개하거나 상품 및 서비스의 새로운 효능을 발표하라.
⑧ 소비자를 친구로 만드는 전략: 소비자와의 소통을 통해 관계를 돈독히 하고 소비자들에게 유용한 정보를 제공하라.
⑨ 패스 전략: 소비자에게 영향을 미치는 이익단체나 정치인, 언론 등 오피니언리더에게 정확하고 공개적인 정보를 제공하여 우호적 여론을 형성하고 위기상황을 극복하라.

궁극적으로 전략적인 MPR이란 마케팅에 영향을 미치는 다양한 공중관계를 고려한 통합적이며 전체적인 커뮤니케이션이어야 한다. 또한 마케팅을 둘러싼 다양한 환경적 요소나 문제되는 이슈를 고려하고 사회적 산업적 가치를 반영하는 사회책임적 MPR을 수행하는 것을 의미한다(Harris, 1998, 2006).

따라서 MPR 계획에는 기업의 목표만을 위한 전략이 아니라 기업과 사원, 그리고 사회 모두를 포함하는 전략이 있어야 하고 장기적으로 지속가능한 프로그램이 담길 필요가 있다. 기업은 사회적 가치를 반영하고 사회문제를 해결하는 MPR 전략을 수행함으로써 궁극적으로 브랜드 가치와 기업명성을 높이는 것이 필요하다.

(3) 사원관계 PR[3]

사원관계 PR은 조직 내 피고용인인 사원을 대상으로 한 PR 활동을 말한다. 이러한 PR 활동을 통해 사원들이 조직에 대해 잘 이해하도록 도와야 하며, 경영에 대한 사원들의 시각을 표출할 수 있도록 북돋아주어야 한다. 사원은 조직의 '홍보대사'라고 불린다. 사원은 기업 이야기를 외부에 전달하는 사람들이기 때문에 그들이 작업장이나 회사의 상품/서비스에 자부심을 가져야만 그것이 곧바로 기업의 성과로 연결될 수 있다. 조직이 사원들과 효과적인 커뮤니케이션을 하면 여러 가지 중요한 이득을 가져온다. 회사에 대해 잘 알고 있는 사원들은 대부분 만족도가 높으며, 더욱 생산적이며, 회사를 위해 열심히 일한다. 조직은 커뮤니케이션 경로를 개방할 때 더 쉽게 목적을 달성할 수 있다.

사원관계 PR의 목표는 조직 목적에 대한 인식과 이해를 높이며, 경영과 사원 정책들을 설명하고 사원들의 정보 욕구를 채워주는 것이다. 이러한 쌍방향 커뮤니케이션 채널을 마련하여 호의적인 사원 태도와 생산성 증가를 장려하고 일반적 공중에게 전 사원들을 조직의 대표자로 만든다. 기업 목표를 공유하는 사원들은 대외적으로 하나의 일관된 목소리를 내게 된다.

특히 CEO와 기업문화는 사원관계 커뮤니케이션에 매우 중요한 역할을 한다. 조직의 최고 의사 결정자가 PR 부서에 공식적인 영향력을 가질 수 있도록 힘을 실어주고 커뮤니케이션의 영향력을 중시한다면 그 기업은 사원들과 기업철학과 비전을 더 잘 공유하게 되며 생산성을 높이는 데 기여할 수 있

3 내용은 Wilcox & Cameron의 『Public Relations: Strategies and Tactics』(2012)와 Cutlip, Center & Broom의 『Effect Public Relations』(2006), 김원석(2000)의 「사원관계 커뮤니케이션」(윤희중 · 신호창 편, PR 전략론, 65-94쪽)을 재정리해 소개한 것이다.

다. 또한 참여적인 기업문화는 팀워크가 강조되고 부서원들 간에 협조가 많으며 권위적인 기업문화보다 쌍방향 커뮤니케이션과 수평적 커뮤니케이션이 큰 것으로 나타난다.

이 같은 사원관계 PR이 효과적으로 이뤄지면 사원들은 더욱 만족스럽고 생산적이 되며 조직의 목적 달성을 향상시킬 수 있고 소비자, 지역 사회, 투자자와의 관계가 원활해진다. 사원관계 PR 전략은 사원을 존중하고 그들에게 회사 정보를 가장 먼저 알려주어야 하며, 친숙하고 분명한 메시지와 호응도가 높은 채널을 활용해야 한다. 또한 긍정적인 뉴스뿐 아니라 부정적인 뉴스도 알려야 한다. 이러한 사원 커뮤니케이션 프로그램과 매체로는 내부 회의, 뉴스레터, 간행물, 인트라넷과 소셜 미디어, 게시판, 전시, 연차 보고서, 광고, 매뉴얼, 전화, 건의함, 영상물 등이 있다.

(4) 투자자관계 PR[4]

어떤 조직이든 성공은 환경으로부터 자원을 끌어내는 능력에 있다. 이중에서도 가장 중요한 것은 자본으로, 기업은 주식을 팔거나 회사채를 발행하고 혹은 금융 기관에서 돈을 빌리는 등의 다양한 방법을 자본을 마련하는 것이다. 효과적인 투자자관계 PR은 경영진에 대한 지지를 늘리고 주가를 올리며 새로운 자본을 쉽게 모을 수 있도록 한다.

투자자관계 PR의 우선적 임무는 회사 정보 유포를 통한 주주 커뮤니티와의 긍정적인 관계 수립과 투자자들의 신뢰를 창출하고 유지하는 것이다. 주가, 채권 평가, 이자율 등이 회사의 신뢰도에 대한 직접적인 평가 도구가 되기 때문에 다른 PR 분야보다 증명할 만한 최종 결과와 연결하기 쉽다. 투자자관계 PR의 공중은 투자자 및 분석가와 중개인 이외에도 경영자 그룹이나 경제관련 언론인, 시민단체, 사원, 소비자, 정부 등도 포함된다.

투자자관계 PR 프로그램의 역할은 ① 현재 및 잠재 주주에게 기업의 운영 상태 및 가치에 대한 정확한 정보를 제공하고, ② 주식의 적정가를 유지하며,

---

4 내용은 Wilcox & Cameron의 『Public Relations: Strategies and Tactics』(2012)와 Cutlip, Center & Broom의 『Effect Public Relations』(2006), 신호창(2000)의 「투자자관계 전략」(윤희중 · 신호창 편, PR 전략론, 191–224쪽)을 재정리해 소개한 것이다.

이를 위해서 회사 정책이나 경영 실적을 지속적으로 제공하여 기업에 대한 충성심을 심어주고, 경영진에 대한 신뢰감을 부여하여 안정적인 주가를 유지한다. ③ 투자 분석 시 도움이 되는 정보를 제공한다. 이 분야의 PR을 담당하는 실무자들은 재무와 정부 규제 영역에 대해서 폭넓고 깊은 지식이 요구된다.

투자자관계 프로그램으로는 전략적 이벤트나 캠페인, 기업 설명회나 소그룹 미팅, 주주 총회 등 개인 미디어, 기업광고나 보도자료, 기자회견 등 광고 및 퍼블리시티, 연례리포트, 사업 보고서, 주주 통신, 브로셔, 홈페이지 등이 있다.

(5) 지역사회관계 PR[5]

지역사회란 지형학적 위치 또는 조직체의 공동체로 보는 관점 2가지가 있는데, 여기서는 이 둘의 관점을 종합하여 행정학적 경계선을 명명하기보다 사회적으로 정의되는 세계로 이해한다. 지역사회관계 PR이 필요한 이유는, 지역사회 내에서 존재하는 많은 조직들이 상호보완적인 목표나 기능을 갖고 존재하며 서로 상호의존적이기 때문이다. 따라서 지역사회의 한 조직으로서 기업은 지역사회관계 PR을 통하여 기업에 대한 우호적인 여론과 후원하는 환경을 조성할 수 있게 된다.

좋은 지역사회관계는 조직이 지역사회에 요구하는 것을 확실히 하며, 지역사회가 기대하는 것을 제공하는 데 도움이 된다. 또한 조직적인 투자를 보호하고, 제품과 주식의 판매를 증가시키며, 환경을 개선시키고 정부 기관에 드는 비용을 줄이는 데 도움이 된다.

성공적인 지역사회관계 PR 프로그램을 위해서는 주의 깊은 노력이 필요한데, 대안적인 전략들이 점검되어야 하며 선택들을 마련해야 한다. 또한 조직과 지역사회에 관한 지역사회관계 PR 프로그램의 영향들을 예상해야 하며, 비영리 활동과 지역사회관계에 합법적으로 할당된 조직의 자원들에 주목해

---

5 내용은 Wilcox & Cameron의 『Public Relations: Strategies and Tactics』(2012)와 Cutlip, Center & Broom의 『Effect Public Relations』(2006), 이두원(2000)의 「지역사회관계」(윤희중 · 신호창 편, PR 전략론, 95-130쪽)을 재정리해 소개한 것이다.

야 한다.

지역사회관계 PR 프로그램은 공공 서비스, 회원권, 교육, 종교, 오픈 하우스, 기업 방문, 전시 등이 있다. 특히 최근에는 지역사회에 영향을 미치는 각종 쟁점들, 환경 이슈나 교육, 사회복지, 노동 등의 이슈관리도 포함되며, 이와 관련된 행동주의자 프로그램과 지역사회공헌 프로그램 등도 이 영역에 포함된다. 기업은 이러한 지역사회의 쟁점관리나 사회공헌 등 기여를 통하여 지역사회에 대한 사회적 책임을 수행하고 지역사회의 파트너로 자리매김해야 한다.

(6) 정부관계 및 공공문제 PR[6]

공공문제 관리란 조직의 정치적 환경을 다루는 PR의 한 분야로 정부 관계(government relations)라고 불리기도 한다. 공공문제 관리는 조직의 활동이나 환경에 영향을 미치는 쟁점들을 예측하고 대응하는 것을 돕는 쟁점 관리와 관련이 있다. 공공문제 관리는 여론을 형성하고, 입법 활동을 하고, 공공 관심 문제에 대해 효과적인 대응책을 개발하고, 공공의 기대에 맞게 조직을 적응시키는 것을 돕는다. 세부적으로, 공공정책을 모니터링하고, 조직 내 구성원들을 위해 정치적인 교육을 실시하며, 다양한 정부 부서와 접촉을 유지하고, 정치적 참여를 장려하는 것 등을 포함한다.

공공문제 PR의 전략은 다음과 같이 4가지 유형이 있다.

① 사실 발견: 정보수집-공개청문회 참석 등과 같은 모니터링을 통해 정보를 수집한다.

② 연대 수립: 공동의 이해관계를 가진 개인이나 집단으로 조직화하여 연대행동을 한다.

③ 직접 로비: 공공문제의 2가지 핵심적 행위는 직접 로비와 간접 로비가 있다. 직접 로비란 정부 관료나 입법자 등 정책에 영향을 미치는 사람

---

6 내용은 Wilcox & Cameron의 『Public Relations: Strategies and Tactics』(2012)와 Cutlip, Center & Broom의 『Effect Public Relations』(2006), 안보섭(2000)의 「공공문제관리 전략」(윤희중 · 신호창 편, PR 전략론, 163-190쪽)을 재정리해 소개한 것이다.

들과 접촉하는 것을 말하는데, 여기에는 정보를 제공하는 방법과 선물, 식사 등의 접대 방법이 있다.

④ 대중 행동(간접 로비): 대중을 동원하여 자신들의 반대 의사를 표현하는 간접적 방법이다. 언론을 이용하여 퍼블리시티나 광고 등으로 자신들의 입장을 보도하기도 하며, 여론 주도층과의 대인 커뮤니케이션을 통해서 영향력을 행사하기도 한다.

그밖에 정치행동위원회, 정치 교육, 정치적 이슈 전달, 정치적 지지 활동 등이 있다. 특히 여론 형성 단계에서 조직이 주로 사용하는 커뮤니케이션 수단은 공청회 참석, 토크쇼, 보도자료, 옹호 광고 및 이미지 광고이다. 특히 옹호 광고는 일반적인 기업 광고와는 달리 특정 사회문제나 쟁점에 대해 이해관계자인 스폰서가 신문 지면을 구매하여 자신의 주의 · 주장을 표명하는 광고의 일종이다. 이에 비해 이미지 광고는 직접 공공쟁점을 다루지 않고 이미지를 향상시켜 여론에 호의적 영향을 미치려는 수단이다. 또한 공공정책 형성 단계에서는 로비 활동이 가장 많이 이용되는데, 로비에는 권력형 로비, 기술형 로비, 기능 연계형 로비 및 대중 동원형 로비 등이 있다.

최근 대기업과 다국적 기업의 영향력이 커져가면서 그들의 운용 방식이나 시스템 등이 환경오염, 부당 고용, 사회적 복지 등 정치 · 경제 · 사회문제에 영향을 미치는 경향이 커지게 되었다. 이로 인해 기업은 각종 이슈와 위기에 직면하게 되고 명성에 타격을 입게 되었다. PR 실무자들은 이러한 상황에서 언론이나 이해 집단, 정부나 소비자 등 다양한 이슈 공중에 대응하여 기업의 신뢰와 명성을 회복해야 할 상황에 놓이게 되었고, 공공의 이익과 사회적 책임을 더 강화해야 하는 상황에 처하게 되었다(Wilcox & Cameron, 2012). 따라서 기업 PR은 새로운 시대적 상황에 부응하여 사회적 책임이 있는 기업 시민으로서의 PR 활동, 환경 관계나 기업 사회공헌, 행동주의 관계 등의 새로운 PR 활동에도 더욱 많은 투자를 해야 할 것으로 보인다.

기업 PR 사례: SK 텔레콤의 "BE THE REDS!" 캠페인

'Be the Reds' 티셔츠를 입고 응원하는 시민들

2002년 한일 월드컵은 그야말로 전국적인 축구의 붐을 불러왔다. 월드컵 역사상 처음으로 대한민국이 4강전을 터키와 치르게 되었고 태극기를 든 국민들은 너도나도 열정적으로 "대한민국!"을 연호하며 우리나라의 승리를 기원했다.

대한민국의 첫 월드컵은 그야말로 여러 가지 신화를 낳았다. 우리나라 축구 역사상 첫 월드컵 4강전에 진출했다는 점, 여러 뛰어난 스타플레이어를 배출했다는 점이 그것이다. 그리고 대한민국 축구의 공식 응원단인 붉은 악마와 티셔츠에 새겨진 "Be the Reds!"라는 문구의 유행도 월드컵의 인기에 편승했다. 결과적으로 보자면 축구 붐 조성을 일으키고자 한 캠페인은 대성공이었다. 그리고 "Be the Reds!"를 내세운 이번 월드컵 캠페인의 성공의 이면에는 SK 텔레콤이라는 기업이 있었다.

SK 텔레콤은 2001년 10월 10일 오전 10시 종로구 서린동에 있는 SK 텔레콤 본사에서 SK 텔레콤 마케팅사업부문장 이방형(李方衡) 상무와 붉은 악마 한홍구 회장이 참석한 가운데 4천 만 국민 축구사랑 캠페인인 "Be the Reds!" 공동 캠페인 조인식을 갖고, 캠페인 광고물 제작, 붉은 악마가 주관하는 각종 프로모션 활동을 지원하기로 합의했다. 2002년 월드컵이 막을 내린 지 10여 년이 흘렀지만, 여전히 이 캠페인은 우리나라의 첫 축구 붐을 조성하고자 하는 시작으로 성공적인 기업 PR 전략으로 손꼽히고 있다.

또한, 월드컵 기간 동안 캠페인의 성공은 SK 텔레콤의 매출액과 가입자 수 증가에도 긍정적인 영향을 미쳤다. 전년(2001)에 6조2천억 원이었던 매출액은 2002년에는 8조6천억 원으로 훌쩍 증가했으며, 전년 가입자 수가 1천1백만 명이었던 반면 2002년에는 1천7백만 명으로 급증했다. SK 텔레콤은 월드컵 행사의 공식후원으로 전 국민의 전폭적인 호응을 이끌어냄과 동시에 대한민국이라는 국가의 저력을 전 세계에 알리는 역할을 하기도 했다. 이와 같은 윈-윈 전략은 비단 한국에 축구 붐을 일으켰을 뿐만 아니라, 국가를 넘어선 초국가적인 차원에서 SK 텔레콤이라는 기업을 세계에 알리는 데 공헌했다.

참고문헌

마형국 · 최연홍 · 김창은(2005). 고객만족경영 사례연구 –SK 텔레콤–. 한국경영과학회. 한국경영과학회 학술대회논문집. 2005년 5월. 121–127.

SK 텔레콤 홈페이지(http://www.sktelecom.com/html/n_prcenter/Sports.html)

2002 Annual Report(http://www.sktelecom.com/html/n_financial/YearReports.html)

2) 정부 PR[7]

정부 PR의 기본적인 목적은 공공서비스, 즉, 공공의 이익을 위하는 것이다. 기업 PR과는 달리, 정부 PR은 사적 이익을 추구하지 않는다는 점이 차별되는 PR 활동이다. 따라서 정부의 PR 활동은 공공의 이익을 위해서 정확하고 올바른 정보를 제공하고 국민을 교육시키는 캠페인에 참여한다. 미국에서는 국민을 '설득시키는' 일을 금지하고 있고 '공공정보' 제공에 초점을 맞추고 있다.

미국의 정부 PR 활동은 주로 백악관에서 하게 되는데, 대통령의 움직임과 활동은 언론에 의해 재조명되며, 정부와 대통령은 언론을 활용하여 국가의 정책을 국민에게 제공하고 지지를 얻도록 노력한다. 또한 주정부와 국회의원들 역시 PR 회사를 고용하여 국민과 지역사회 구성원들에게 정책과 활동을 알리려고 노력한다. 그밖에도 건강과 안전과 같은 공공 이슈나 캠페인을 수행하며, 주(State)를 관광지로 프로모션하는 활동도 하게 된다.

또한 공공정보나 공공 정책 이슈도 다루게 되는데, 특히 지방 정부나 주정부 등도 이 같은 활동의 정부관계 PR을 수행한다. 공공 정책 전문가들은 국회의원들과의 관계를 수립하고 고객에게 영향을 미칠 수 있는 정부 활동을 모니터링한다. 또한 이들은 조직의 관점을 국민과 정부기관에게 전달하고, 로비스트들은 입법과 규제, 법 개정과 같은 활동에 영향을 미치려고 더욱 전문화된 기능을 수행한다.

그밖에도 선거 캠페인 같은 활동에도 PR 전문가들이 참여하여 선거 기간 중에 캠페인을 조직적으로 수행하게 된다. 최근에는 인터넷을 통해 후보자를 가시화하고 유권자의 지지를 확보하기 위한 PR 캠페인이 활성화되고 있다.

7 내용은 Wilcox & Cameron의 『Public Relations: Strategies and Tactics』(2012)와 Cutlip, Center & Broom의 『Effect Public Relations』(2006), Grunig, & Hunt의 『Managing Public Relations』(1983)을 재정리해 소개한 것이다.

3) 비영리 PR[8]

비영리 조직은 자선 기관으로 언급되기도 하는데 매우 광범위한 PR 영역에 속한다. 미국에서는 650만 명 이상의 사람들이 비영리 부문에서 활동하고 있으며, 비영리 조직의 범위는 회원 조직, 옹호 집단, 사회 서비스 조직과 같은 기관에서부터 교육 기관, 병원 등 의료 기관, 기금 모금과 개발 등에 이르기까지 매우 광범위하게 걸쳐져 있다.

비영리 기관의 주요 목적은 공공의 이익에 봉사하는 데 있으며, 그중에서도 가장 기본적인 목적은 구성원이나 인간의 복지를 증진시키는 것이다. 비영리 조직의 정의에 따르면, 비영리 조직은 주주나 소유주에게 돈을 분배하지 않는다. 물론 이것이 수입을 창출하거나 자산을 보유하지 않는다는 의미는 아니다. 단지 이러한 기금이 조직의 목표를 지지하는 데 어떻게 이용될 수 있는지, 그리고 수입이 어떻게 발생되는지를 규제하는 규칙이 존재한다. PR 관점에서 볼 때, 비영리 조직은 사회 책임을 수호하고 선의를 촉진하는 대표자로 인식된다.

회원 조직은 공동의 사업이나 사회적 이해관계를 공유하는 사람들로 구성된 조직으로 전문가 협회, 노조, 무역협회 등으로 구성되며, 옹호 집단은 지역사회에 영향을 미치는 환경문제나 총기 소유 등 다양한 사회적 문제를 위해 일하는 조직으로, 로비나 시위, 보이콧, 공공 교육 등의 활동을 수행한다. 사회 서비스 조직은 자선활동 단체, 문화 단체, 종교적 조직 등을 포함하며, 그들의 PR 활동은 주로 공공의 인지도를 높이고 사람들이 그들의 서비스를 이용하도록 하며 교육적 자료를 만들고 회원을 모집하며 기금 모금 활동을 하는 것이다.

의료 기관이나 병원은 공공의 건강 욕구에 봉사하는 조직이며, PR 실무자들은 의료 서비스나 건강 위험에 대한 정보를 전달하는 역할을 한다. 대학과 같은 교육 기관은 개발이나 기금모금, 조직의 명성을 확보하는 PR 활동을 수

8 내용은 Wilcox & Cameron의 『Public Relations: Strategies and Tactics』(2012)와 Cutlip, Center & Broom의 『Effect Public Relations』(2006), Grunig, & Hunt의 『Managing Public Relations』(1983)을 재정리해 소개한 것이다.

행한다. 이들은 모임을 기획하고 뉴스레터를 발간하며 투어 프로그램을 주선한다. 이들의 공중은 졸업생, 학생, 잠재 학생, 교수진과 스태프, 정부, 일반 공중 등이다.

비영리 조직의 중요한 PR 활동 중 하나는 바로 기금 모금으로, 대부분은 정부 기금을 받기는 하지만 그것으로는 조직 운용 비용의 일부를 충당할 수 있을 뿐이다. 따라서 비영리조직의 가장 중요한 재원은 기금 모금이나 개발과 같은 업무를 통해서 확보된다. PR 전문가들은 기금 모금 캠페인을 실행하거나 회원을 모집하는 활동을 하게 되며, 회원이 되거나 기금 모금을 행하는 사람들의 선한 동기를 끌어내고 자아만족이라는 동기를 끌어내는 것이 필요하다. 기금 모금의 방법으로는 기업이나 재단의 기부를 얻거나 캠페인, DM 발송, 스폰서십 이벤트, TV나 전화 요청, 기업연계 활동, 온라인 및 소셜 미디어를 활용한 기금 모금 활동 등이 있다.

4) 상황별 PR: 위기관리 PR, 명성관리 PR

(1) 위기관리 PR

위기란 예측하지 못한 상태에서 발생한 사건이며, 잘못 대처할 경우 조직, 산업 또는 이해관계자에게 부정적 영향을 미칠 수 있는 중대한 위협이라고 정의내릴 수 있다. 위기관리는 이에 적절히 대응하여 위기로 인한 부정적 결과를 예방하거나 최소화함으로써 위기의 피해로부터 조직, 이해관계자, 산업계를 보호하는 것을 목표로 한다(Coombs, 1999).

쿰즈(1999)는 이상적인 위기관리를 위해서 위기관리 모델을 사전 위기 단계와 위기 중 단계, 사후 위기 단계, 3단계로 구분하고 각각의 단계별로 필요한 프로그램을 제시하고 있다. 사전 위기 단계에서는 위기 신호 탐지(이슈 및 리스크 평가, 이해관계자 평가), 위기 예방(이슈관리와 관계 형성), 위기 대비(위기관리팀 구성, 대변인 선임, 위기관리 계획과 시스템 구축 등)가 필요하다. 위기 중 단계에서는 위기 사건 동안 이해관계자와의 커뮤니케이션이 가장 중요하며, 위기 인지(프레이밍과 정보처리), 위기 억제(위기 커뮤니케이션), 조직 운영 재개 등의 하위 국면으로 분류한다. 마지막 사후 위기 단계에서는 위기관리의 평가와 학습, 후속 조치 커뮤니케이션과 지속적인 모니터링이 필요하다.

특히 위기를 효과적으로 관리하고 조직의 명성을 보호하기 위해서는 위기 커뮤니케이션이 매우 중요하다. 쿰즈(Coombs, 2007)는 위기 상황에 따라서 어떤 위기 커뮤니케이션 전략을 사용할 것인지에 대해 상황적 위기 커뮤니케이션 이론(Situational Crisis Communication theory, SCCT)을 주장했다. 이 이론은 귀인 이론에 기초하여 위기 책임성에 따라서 다른 위기 커뮤니케이션 전략을 수행해야 한다는 것을 제안한다. 위기 책임성이 가장 적은 상황에서는 상대방을 공격하거나 부인하는 '부인 전략'을 사용하며, 위기 책임성이 약간 있다고 판단되면 위기가 발생한 것을 변명하거나 정당화시키는 '축소 전략'을 사용한다. 그리고 위기 책임성이 크다고 판단될 때는 '복구 전략'을 사용하여 본인의 책임을 인정하고 피해자에게 보상할 필요가 있다. 이 이론에서는 위기 유형에 따라서 사과 전략이 각각 달라진다는 점을 강조하며, 위기 유형과 사과 전략이 조화를 이루어야만 조직의 이미지 회복이 가장 효과적으로 이루어진다.

그러나 결국 위기관리는 평소 공중과 쌓아둔 신뢰 관계가 가장 중요하다. 위기관리 전체 단계에서 이해관계자와 조직이 갖는 평소 관계가 가장 중요한데, 조직이 이해관계자와 형성한 신뢰나 호의적 관계는 위기관리자들에게는 큰 자산이 된다(Coombs, 1999). 이러한 관계는 상호 간에 빈번한 쌍방향

위기관리 사례: 존슨 앤 존슨 타이레놀 사건

1982년에 발생한 존슨 앤 존슨(Johnson & Johnson)사의 타이레놀 사건은 철저한 사회적 책임을 인식해 성공적으로 기업 위기를 극복한 사례이다. 1886년 미국 뉴저지 주의 뉴브런즈윅(New Brunswick)에 설립한 존슨 앤 존슨은 미국뿐 아니라 캐나다를 필두로 1924년에는 영국, 1930년까지 호주, 멕시코, 남아프리카 등지로 진출했다. 1959년에는 진통제 타이레놀로 유명한 맥닐(McNeil) 제약을 인수하게 된다. 이후 존슨 앤 존슨 사는 타이레놀을 중심으로 하여 의료기구, 아기용품, 제약업계를 아우르며 미국의 대표적인 기업으로 성장하게 되었다.

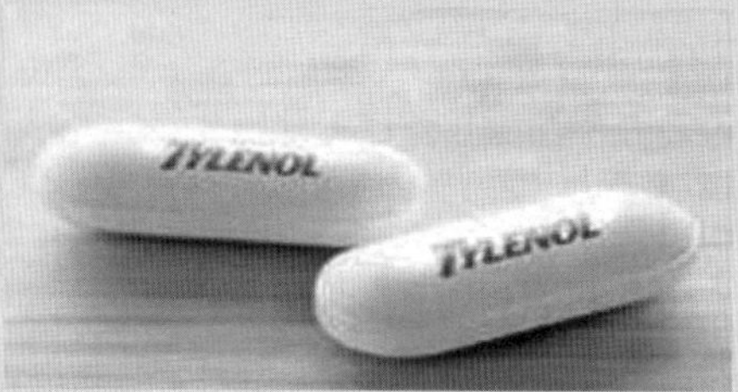

독극물 사건 이후 캡슐 형태에서 알약 형태로 바뀐 타이레놀

그러나 승승장구하던 존슨 앤 존슨 사에도 위기가 찾아왔다. 1982년 9월 30일 오전 미국 시카고에서 27세의 한 가정주부가 시체로 발견되는 사건이 발생한 것이다. 첫 사고가 신고된 후 불과 48시간 이내에 총 7명이 같은 원인으로 사망했다. 사망 원인은 타이레놀에 주입된 시안화물(Cyanide) 때문이었다. 언론은 타이레놀을 겨냥한 신랄하고 선정적인 기사를 앞다투어 보도했다.

존슨 앤 존슨 사는 즉각 맥닐 제약의 위기를 본사 회장의 주도하에 두었다. 그는 우선 위기를 관리할 팀을 구성하고 책임자인 임원이 직접 현장에 나가서 진행 상황을 살펴보도록 지시했다. 그리고 위기관리자에게 PR 전문가와 대동해 사고 현장을 방문하도록 했으며, 사건에 관련된 모든 정보를 그에게 보고하도록 했다. 이와 더불어 모든 언론사에 사건의 경위를 상세히 밝힌 자료를 보내고 타이레놀의 위험성을 밝혔다. 또한, 소비자를 위한 무료 문의전화를 긴급 설치해 사건에 대한 경위를 상세히 소비자들에게 설명했다.

사건 조사 결과 제조과정에는 문제가 없었다는 점이 밝혀졌으며, 누군가 타이레놀에 의도적으로 시안화물을 주입했다는 결론이 도출됐다. 버크 회장은 사건에 대한 직접적인 책임은 없었음에도 불구하고 피해자의 가족들에게 정중한 애도의 편지를 보냈다. 그리고 사건 발생 1주 이내에 존슨 앤 존슨 사는 만일의 경우에 대비해 신속하게 모든 타이레놀 캡슐을 전국적으로 수거했다. 이로 인해 10억 달러가량의 손해를 입었지만, 타이레놀 광고를 즉각 중단하고 독극물을 주입할 수 없도록 기존의 캡슐 형태를 흰 알약 형태로 바꾸었다. 이와 같은 존슨 앤 존슨 사의 투명하고 신속한 조치에 언론과 소비자들 또한 비난의 화살을 거두기 시작했다.

존슨 앤 존슨 사는 대표적인 윤리 강령인 'Our Credo'를 바탕으로 위기관리를 수행했다. 1940년대 로버트 우드 존슨 회장이 제정한 'Our Credo'는 고객에게 최고 수준의 만족을 보장하고 기업으로서 사회적 책임을 다하고자 하는 존슨 앤 존슨 사의 마음가짐이 담겨 있다. 이처럼 어떤 기업이 위기를 맞이했다는 점은 기업에게 크나큰 위협이 될 수도 있지만, 새로운 기회를 얻을 수 있는 전환점이 되기도 한다. 이런 면에서 존슨 앤 존슨 사의 타이레놀 위기관리 사건은 비극적인 사태를 긍정의 기회로 전환한 대표적인 사례가 되었다.

참고문헌

김형석 · 고재열 · 이지은(2008). 타이레놀 독극물 사건과 한국타이어: 성공 중독 시대에 묻는다. 꼭 필요한 사치에 대한 변명. 한국언론진흥재단. [KPF] 신문과방송.

존슨 앤 존슨 홈페이지(http://www.jnj-korea.co.kr/con_intro.html)

커뮤니케이션에 의해 만들어지며, 그들의 기대를 충족하고 약속을 실천하는 행위가 매우 중요하다.

(2) 명성관리 PR

명성(reputation)은 일반적으로 이미지(image), 정체성(identity), 인상(impression) 등의 개념들과 혼동되게 사용되어왔다. 미국 명성연구소(Reputation Institute)의 설립자인 폼브런(Fombrun, 1996)은 이러한 개념적 혼동을 지적하며 기업 명성을 '다른 경쟁사들과 비교했을 때, 모든 핵심 구성원들에 대하여 회사의 전반적인 매력(appeal)을 나타내는 기업의 과거 행동과 미래 전망의 지각적인 표현'이라고 정의했다. 린도바(Rindova, 1997)는 이미지는 자주 변화하고 단시간에 습득되는 기업 지각의 결과인 반면, 명성은 비교적 안정적이고 지속적이며, 다양한 이미지들로부터 오랜 시간에 걸쳐 정제된 것이라고 보았다.

여러 학자들은 다음과 같은 명성의 5가지 속성을 강조한다. ① 명성은 지각(perception)에 근거한다. ② 명성은 모든 이해관계자들(all stakeholders)의 지각의 종합이다. ③ 명성은 상대적(comparative)이다. ④ 명성은 긍정적이거나 부정적일 수 있다. ⑤ 명성은 안정적(stable)이고 지속적(enduring)이다. 이 5가지 속성들은 다양한 문헌들에서 반영되는 기업명성 개념의 주요 요소들이다(Wartick, 2002).

명성 높은 기업에게는 여러 가지 이익(명성 효과)이 돌아오게 된다(Fombrun, 1996). 우선 제품 가격이 높더라도 그 회사를 믿고 제품을 구입하게 된다. 예를 들면 명품 패션 브랜드 디자이너의 제품, 슈퍼스타의 콘서트, 유명 작가의 미술 작품 등이 있다. 또한 유능한 직원을 채용할 수 있고, 소비자와 사원이 기업에 충성심을 갖게 하여 더욱 생산적이 되며, 고객 수요 안정으로 불경기에도 제품 생산을 지속시킬 수 있게 된다. 특히 위기 발생이 감소하는데, 종업원 모니터링과 문제를 예견하고 방지할 수 있는 내부 통제 시스템을 개발하는 경향이 있다. 그리고 위기나 스캔들 발생 시 충격을 완화시켜주기도 한다.

기업 명성을 증진시키기 위해서 가장 중요한 것은 바로 조직의 실체이며

명성관리 사례: 정주영 현대 그룹 명예회장의 소 떼 몰이 방북 사건

정주영 현대 그룹 명예회장의 소 떼 몰이 방북

1999년 6월 16일, 현대 정주영 명예회장이 직접 소 떼를 몰고 방북한 사건은 급격하게 얼어붙은 남북관계를 해소할 수 있는 계기가 되었다. 강원도 통천군 송전면 아산리가 고향인 정주영 명예회장은 자신의 호를 고향을 따 아산이라 할 정도로 애향심이 강했다. 다시금 고향을 방문하는 것이 꿈이라 말하던 그는 마침내 20세기의 마지막 해에 1,000마리의 소 중 500마리를 직접 몰고 판문점을 넘어 북한으로 갔고, 정부 차원이 아닌 민간인 최초로 북한과의 관계 개선을 위해 노력한 인물로 역사에 길이 남게 되었다.

또한, 정주영 명예회장의 방북으로 북한과 금강산 개발 계약이 체결됐고, 이외에도 자동차 조립 사업이나 제3국 건설 공동 진출 등 남한과 북한 간의 경제적인 교류도 이뤄졌다. 그리고 현대 그룹이 주관하는 금강산 관광의 1단계 사업을 통해 유람선이 속초~원산 구간에서 운행되고 구체적인 금강산 관광 상품에 관한 협의도 이뤄졌다. 이런 경제적인 차원의 성과 외에도 정주영 명예회장의 방북 및 금강산 관광 사업 성사는 1996년 북한과 갈등을 빚은 잠수함 사건을 해소하는 데 실마리를 제공하는 계기가 되었다.

"Dream it, Make it." 현대 그룹의 슬로건이다. 정주영 명예회장이 꿈꿔왔던 방북 및 북한과의 교류사업 성과는 그가 일궈낸 현대 그룹의 모토를 기반으로 이뤄졌다. 현대가 움직이면 세계도 움직인다는 현대 그룹의 미래 비전처럼 정주영 명예회장은 스스로 소 떼를 몰고 방북함으로써 실천하는 기업인의 면모를 여실히 보여주기도 했다.

참고문헌

김주호(2005). PR의 힘. 커뮤니케이션북스.

정상현(1998). 긴급진단2: 정주영 현대그룹 명예회장 방북성과와 전망: 유람선 타고 금강산 관광, 가시권 진입. 평화문제연구소. 통일한국 175, 50-51.

이무철(1998). 정주영 명예회장의 방북성과 분석: 남북경협 새로운 계기 마련했다. 평화문제연구소. 통일한국 180, 66-68.

정주영 사이버 박물관(http://asanmuseum.com/)

현대 그룹(http://www.hyundaigroup.com/kor/hyundai/vision.html)

정체성(identity)이다. 우선 자기 조직체의 상품이나 서비스, 내용을 알차게 하여 신뢰를 얻는 일에 힘써야 하고, 바로 이러한 실체를 공중에게 보여주는 것이 조직체의 명성과 이미지를 효율적으로 관리하는 길이 된다. 따라서 PR 실무자는 우선 공중의 요구나 기대를 경영진에 전달하여 조직의 실체와 인식 간의 차이를 관리해야 한다. 또한 조직의 강점이나 특성을 공중에게 지속적으로 커뮤니케이션하여 조직 정체성과 커뮤니케이션, 공중 인식 간에 일치가 이뤄지도록 해야 한다.

PR이 가치 있기 위해서는 전략적 공중(활동적이고 관여된 공중)과 장기적 · 행동적 관계를 증진시켜야 한다. PR 실무자들은 광고나 기사화 등 커뮤니케이션 프로그램을 실행하는데, 이 같은 상징적 관계만으로는 PR 문제를 해결할 수 없다. 좀 더 거시적 수준에서 장기적으로 조직은 그들의 실제 행위를 통해서 조직과 공중간의 행동적 관계를 관리해야 한다. 상징적 관계는 이미지를 만들어낼 수 있지만, 행동적 관계는 지속적인 명성을 쌓는 데 기여하기 때문이다(Grunig, 1993).

폼브런은 명성을 측정할 수 있는 명성지수를 개발하면서 '상품의 질, 직원의 고용 환경, 기업 철학, 감성적 소구, 사회적 책임, 재정적 성과' 등이 명성을 구성하는 주요한 6가지 요소라고 제시했다(Fombrun, 1996). 따라서 명성관리 PR의 전략은 논쟁 발생 시 적절한 정보를 제시하고, 기업 철학과 비전, 정책들을 설명하기 위한 프로그램 개발 및 실행, 환경문제에 대한 지속적인 관심, 기업 상표 및 로고 개발, 직원들과의 좋은 관계 구축, 지역 주민 및 사원의 복지 향상을 위한 회사의 적극적 대처, 상품/서비스/논쟁점에 대한 소셜 미디어의 효과적 활용, 정치 · 경제 · 사회적 문제에 대한 회사의 입장 설명 등이 있다.

3. PR 전술

1) 매스미디어를 활용하는 전술[9]

PR 전문가들의 실무 실행에서 가장 중요한 요소는 뉴스 미디어이다. 그리고 기자들과 편집자들의 신뢰를 얻을 수 있는 기본적 지침은 신뢰도를 유지하기 위해서 완전히 정직해야 한다는 것이다. 높은 전문성과 윤리적인 행위를 수행한다는 점을 미디어를 통해 알림으로써 PR 실무자들은 신뢰를 얻는다는 목표를 달성할 수 있다.

미디어를 활용하는 전술에는 뉴스 릴리즈, 보도자료용 사진, 미디어 킷, 미디어 알럿과 팩트 시트, 피치, 미디어 인터뷰, 뉴스 컨퍼런스, 미디어 투어, 프레스 파티 등이 있다(Wilcox & Cameron, 2012). 뉴스 릴리즈(New Release)는 PR에서 가장 많이 활용되는 전술이며, 뉴스 기사에 사용될 수 있도록 기자와 편집장에게 보내는 정보원 역할을 한다. 따라서 기사 양식에 적절하게 작성되어야 하며, 정확하고 정보를 많이 담고 있어야 한다. 온라인 뉴스 릴리즈 역시 기존의 전통적인 뉴스 릴리즈와 비슷하지만 형태는 조금 더 압축적이고 간결해야 한다. 주로 이메일로 보내거나 조직의 웹사이트에 포스트하기도 한다. 보도용 사진 자료는 뉴스 릴리즈를 보낼 때 스토리를 좀 더 어필할 수 있도록 함께 보내진다. 사진만 따로 제공되기도 하며, 카메라 각도나 조명 등을 활용하여 기사를 더욱 흥미롭게 만들기도 한다.

미디어 킷, 또는 프레스 킷(Media Kits or Press Kits)은 조직의 신상품이나 이벤트, 뉴스 가치가 있는 프로젝트에 관한 뉴스 릴리즈, 사진, 팩트 시트, 피처물 등을 담은 폴더로 구성되어 있다. 미디어 알럿(Media Alerts)은 뉴스 컨퍼런스나 인터뷰 기회 같은 이벤트에 대해 기자들에게 알리는 간략한 내용을 말하며, 팩트 시트(Fact Sheets)는 육하원칙에 근거하여 간단한 개요를 작성한 것으로, 회사의 임원이나 상품, 조직에 대한 배경정보를 제공하는 데 사용된다.

---

9 내용은 Wilcox & Cameron의 『Public Relations: Strategies and Tactics』(2012, pp.353-382)를 재정리해 소개한 것이다.

피치(Pitch)는 기자들이나 편집장에게 그들의 사원이나 고객에 대한 스토리 아이디어를 제공하는 것으로, 전화나 이메일, 텍스트 문자나 트윗 등을 활용할 수 있다. 좋은 피치는 조사 결과에 근거하거나 창의적인 아이디어를 갖춘 것이다. 미디어 인터뷰(Media Interviews)는 기자에게 정보원과 인터뷰할 기회를 제공하는 것으로, 소스가 미디어 인터뷰를 잘할 수 있도록 미디어 트레이닝을 제공하기도 한다. 뉴스 컨퍼런스(News Conferences)는 미디어 관심을 끌거나 주요 뉴스거리가 있을 때 하게 되며, 기자회견을 위한 여러 가지 물품이나 장소 제공, 기자회견을 위한 자료 등을 준비한다. 미디어 투어(Media Tours)는 아이패드나 갤럭시 같은 신상품이 나왔을 때 회사의 CEO가 편집장을 방문하는 미디어 투어를 하면서 신상품을 소개하는 것을 가리킨다. 프레스 파티(Press Party)는 CEO나 임원들이 기자를 만나서 좋은 관계를 형성하는 목적을 갖는 식사 모임이나 칵테일파티 등의 사교 모임이다.

미디어와 호의적인 관계를 유지하기 위해 PR 실무자는 고객에게 미디어가 어떤 활동을 하는지를 설명하고, 실제로 무엇이 기대될 수 있는지를 교육시켜야 한다. 또한 PR 실무자는 미디어에 대해서 잘 알아야 한다. 미디어 고유의 특성을 잘 파악해야 하며, 사실을 정확하게 전달하고 과장이나 미사여구를 피해야 한다.

2) 이벤트와 전시회[10]

PR 활동 중 이벤트와 미팅은 매우 중요한 활동이라고 할 수 있다. 왜냐하면 이러한 일대일, 면대면 모임을 통해서 사람들을 접촉할 수 있으며 사람들은 이러한 오감을 충족시키는 미팅이나 이벤트를 통해 관여도가 더욱 높아지기 때문이다. 이런 이벤트나 미팅은 모든 사소한 부분에서 주목을 받을 수 있도록 잘 기획되어야 한다. 여기에는 집단 미팅이나 연회나 칵테일파티, 오픈 하우스, 공장 투어, 전시회, 무역 쇼, 프로모션 이벤트 등이 있다.

클럽 미팅이나 워크숍 같은 그룹미팅, 연회, 칵테일파티나 리셉션 등은 매

10 내용은 Wilcox & Cameron의 『Public Relations: Strategies and Tactics』(2012, pp.411-439)를 재정리해 소개한 것이다.

우 면밀한 계획을 요하며, 조직의 목표 달성 외에도 오락적 요소 등 다양한 요소를 고려해야 한다. 또한 오디오 설비나 좌석 안내, 장식물, 네임 태그, 초청장 등 준비를 갖춰야 한다. 오픈 하우스나 공장 견학 등은 방문객을 세심하게 배려하여 다양한 요소를 기획하고, 방문객을 담당하는 직원에 대해 특별히 철저한 훈련이 있어야 한다. 전시회는 특정 기간 동안 다양한 이벤트와 미팅을 기획할 수 있는 전문 인력이 필요하며, 보통 대규모의 미팅과 칵테일 파티, 투어, 연회 등을 포함할 수 있다. 무역 쇼는 마케팅 목적을 갖고 많은 비용을 들여 연간 개최하게 되는데, 통상 전시회 부스 등을 마련하고 이벤트를 개최하여 많은 참석자를 끌어들이는 데 목적이 있다. 프로모션 이벤트는 보통 유명인사가 참석하여 관중을 끌어들이고 미디어 주목도를 높이게 된다. 그랜드 오프닝 행사를 비롯하여 신상품을 소개하는 이벤트, 자선행사 등을 포함하는데, 시의 허가나 안전성 문제 등을 고려해야 한다.

프로모션을 활용하는 것은 설득적인 커뮤니케이션으로서 목표 공중이 PR 실무자들이 의도한 대로 행동할 수 있도록 고무시키는 전략이다. 우선 메시지를 제시함으로써 무엇을 소통하고자 하는지, 공중들이 무엇을 알아야 하고, 무엇을 해야 하며, 그리고 무엇을 믿어야 하는지 고취시킨다. 다음으로 누구를 통해서 PR 실무자의 메시지를 전달할 것인지 제공한다. 또한 창의적인 전략을 활용해서 실질적으로 말하고자 하는 것이 무엇인지를 알리고, 어떻게 이를 설명할 것인지를 보여준다. 마지막으로 커뮤니케이션 채널을 통해 언제, 어디에서 메시지를 전달할 것인지를 정한다.

3) 인터넷과 소셜 미디어[11]

인터넷과 소셜 미디어를 활용한 PR 활동은 지난 수년간 기술 발전을 통해 급격하게 발전해왔다. 일반적인 보도 형태에 덧붙여 블로그를 하는 행위나 트윗, 페이스북 등을 활용하는 소셜 미디어 행위들은 수많은 기업이나 공공조직들이 채택하고 있다. 새로운 미디어 시스템은 넓은 영역으로 확산되며,

11 내용은 Wilcox & Cameron의 『Public Relations: Strategies and Tactics』(2012, pp.326-352)를 재정리해 소개한 것이다.

값싸고 사용하기 쉬우며, 상호작용이 용이하다는 특성을 갖는다.

PR 실무자들의 업무를 보다 용이하게 해주는 월드와이드웹(World Wide Web)의 특성은 다음과 같다(Wilcox & Cameron, 2012). 정보가 쉽게 업데이트되며, 특히 위기나 중요한 뉴스 이벤트를 다룰 때 효과적이다. 상호작용성이 강하기 때문에, 공중이 질문하거나 정보를 다운받기도 쉬우며 조직에게 그들의 생각을 쉽게 전달한다. 온라인 독자들은 정보를 다른 사이트나 정보원과 링크함으로써 그들의 관심 주제에 대해 더 깊이 파고들 수 있다. 상당히 많은 양의 자료가 제공된다. 공간이나 시간의 한계가 없다. 글로벌 공중과 저널리스트에게 정보를 제공하는 비용 대비 효과적인 방법이다. 전통적인 매스미디어 게이트키퍼를 거치지 않고서도 시장과 수용자에게 직접 도달이 가능하다. 미디어와 다른 이용자들은 세계 어디서든 24시간 이내에 조직에 대한 상세한 정보에 접할 수 있다.

PR 관점에서 보면, 웹사이트는 사이버공간의 배포 시스템이다. 예를 들면, 조직은 그들의 웹사이트를 이용해서 상품과 서비스를 시장에 제공하며 기업정보나 보도자료 등을 배포할 수 있다. 공중 역시 정보에 접근하고 선택한 자료를 다운받을 수 있으며 프린트도 가능하다. 또한 웹사이트는 PR 전문가들에게 공중과 소비자로부터의 가치 있는 피드백도 제공하며 상호작용적 매체가 된다.

인터넷의 1세대와는 달리, 이제 인터넷의 2세대(Web 2.0)는 웹 유저들이 실시간으로 서로 대화하는 다양한 도구가 되어가는 상호작용적 모델이다. 위키피디아에 따르면, 소셜 미디어는 사람들이 서로 의견과 관점, 경험 등을 공유하는 데 이용하는 온라인 기술과 실행을 의미하며, 소셜 네트워크란 수직적 커뮤니케이션을 수평적 커뮤니케이션으로 전환한 것으로 세계의 디지털 정보의 70%는 소비자가 창조한 것이다. 최근 들어 블로그, 페이스북, 유튜브, 트위터 등 다양한 소셜 네트워크가 등장하고 있는데, 이러한 소셜 미디어는 조직화되거나 통제된 대화가 아니라 더욱 자유롭고 현재적이며 흥미롭고 창의적이다.

이 같은 소셜 미디어는 PR에도 많은 변화를 일으키고 있다. 이는 미래의 PR이 조직과 공중 간 대화를 촉진하기 위해서 듣는 데 치중해야 함을 의미한다. 소셜 미디어는 조직이 실시간으로 이해관계자와 일대일 대화에 참여하는 PR 메카니즘을 제공하고 있음을 의미한다. 이런 대화는 통제될 수 없으며, 따라서 PR 실무자는 조직이 하는 모든 것이 더욱 투명하고 공정한 게임이 되어야 한다는 점을 직시해야 한다. 웹 2.0은 더 직접적이고 신뢰받는 커뮤니케이션 라인을 제공한다(Wilcox & Cameron, 2012).

예를 들면, 페이스북을 활용하기 위해서는 좀 더 재치 있으면서도 음악이나 비디오 등을 활용하여 대중의 참여를 끌어들이기 위한 기술을 개발, 그 메시지가 회사의 '친구들'에게 더욱 연관성이 있으면서 동시에 흥미로운 메시지가 되도록 해야 한다. 트위터를 이용하는 PR 실무자들은 팔로워들과 나누는 대화에 적극 참여하고 그들에게 관심 있어할 만하고 중요한 메시지만을 포스트해야 하며, 하루에 한 번은 정기적으로 포스트할 필요가 있다. 또한 위기 시 실시간으로 세심한 것들에 빠르게 반응하는 것도 중요한 커뮤니케이션이다.

2004년 웹2.0 개념이 처음 도입되면서 '디지털 혁명' 혹은 '패러다임의 전환'이라는 용어가 등장했다. 웹2.0은 단순한 테크놀로지가 아니라 개방, 신뢰, 그리고 진정성에 기초한 철학적 함의가 있다는 것이다(김여진, 2019). 이러한 웹2.0 시대가 열리면서 이용자들이 자유롭게 정보를 생산, 공유, 편집, 전달하게 되었고, 과거의 수동적 이용자에서 벗어나 능동적인 콘텐츠 생산자들로 변화하였다. 이용자들은 소셜미디어상에서 자신들의 '정체성'을 나타내며, 다양한 주제로 '대화'를 나눈다. 이용자들은 자신과 마음이 맞는 사람들을 사귀거나 새로운 이슈에 대한 생각을 나누기도 한다. 또한 이용자들끼리 소셜미디어상에서 콘텐츠를 주고받고 배포하는 등의 '공유'가 이루어진다. 다양한 텍스트, 사진, 비디오, 링크 등을 매개로 이용자들 간 공유가 이루어지고 서로 관계를 만들어나간다. 또한 소셜미디어의 '실재감'이라는 특성은 이용자들의 실제와 가상 세계를 연결해주는 역할을 한다. 예를 들면 오프라인에서 서로 알지 못하는 사이더라도 소셜미디어에서는 그들의 상태나 위치를 공유하며 서로 가까이 있는 듯 느끼게 된다. 그리고 이러한 실재감 형성을 통해 이용자들은 친구를 만들고 대화를 나누고 실제 만나는 등 '관계'를 맺는다. 이렇듯 소셜미디어라는 온라인을 통해 관계를 형성하고 구축하더라도 실재감을 느끼며 이것이 가상 세계가 아닌 현실 세계인 것처럼 생각하게 된다. 이러한 측면에서 PR의 쌍방 커뮤니케이션을 통한 진정한 관계 형성은 웹2.0 시대 소셜미디어상에서 가장 활발하게 이루어진다고 볼 수 있다(김여진, 2019).

학자들은 디지털 미디어나 소셜미디어가 PR 실무자들에게 공중과 소통할 수 있는 매우 매력적인 커뮤니케이션 수단이라고 주장한다. 과거 전통매체나 웹1.0 시대와는 달리, 웹2.0 시대에서는 게이트키퍼가 더 이상 존재하지 않기 때문에 공중과의 직접적 대화가 가능하다. 따라서 타겟 공중에게 직접 조직의 입장을 전달할 수 있고 공중과 상호작용적 대화 가능성이 커지게 된다(김여진, 2019). 특히 위기가 발생했을 경우에도 보다 빠르게 공중과 직접 소통할 수 있으며, 적은 비용으로 타겟 공중에게 효과적인 접근과 정보 전달이 가능하다는 장점이 있다.

하지만 이러한 디지털 미디어는 PR에 새로운 도전을 가져왔다. 조직은 더 이상 공중의 정보 이용이나 공유, 배포 등을 관리하기 어렵게 되었고 가짜뉴스나 잘못된 정보가 생성되더라도 여기에 관여하는 것 또한 쉽지 않게 되었다. 이러한 점에서 PR 실무자들 역시 소셜미디어에 정보를 올릴 때 정보의 출처나 정보원 등을 투명하게 밝힐 필요가 있다. 특히 PR 실무자들의 정직성과 공정성이 중요하며, 정직하고 투명하며 균형된 정보제공을 통해 지속적으로 공중의 신뢰를 쌓아가는 것이 필수적이다.

웹의 진화 과정을 크게 웹1.0, 웹2.0, 웹3.0으로 구분해 보았을 때, 웹1.0은 정보의 흐름이 단방향인 웹을 가리키며, 여기에서 발전하여 양방향 상호작용이 가능해진 것이 웹2.0이다. 웹3.0은 이러한 웹의 차세대 버전으로, 기존의 대형 플랫폼 중심에서 벗어나 탈중앙화 및 지능화된 웹을 의미한다. 즉, 특정 거대 플랫폼 기업에 의존적이던 웹 이용자들로부터 데이터와 개인정보 등에 대한 데이터 주권(Data Sovereignty)을 회복해서 사용자에게 부여하는 형태의 웹이라고 할 수 있다(네이버 지식백과). 웹2.0이 이용자 참여를 키워드로 한다면, 웹3.0은 이용자 협력으로 설명된다. 웹3.0 시대에서는 여러 이용자가 협력해 웹상에 데이터를 생성, 조직, 관리하고, 동시에 다른 이용자들이 좀더 효과적으로 데이터를 찾을 수 있도록 한다(김여진, 2019). 하지만 이용자 협력을 핵심으로 하는 웹3.0 시대에도 PR 실무자들이 이용자와 형성하는 관계와 신뢰 구축은 더욱 절실하게 필요해지지 않을까 생각해본다.

생각해볼문제

1. 한국사회의 분열, 세대 간, 지역 간 갈등 이슈가 불거지면서 사회통합이 다시 시급한 문제로 떠오르고 있다. 사회통합이라는 PR 캠페인 기획을 위해서 정부는 어떤 목표, 전략, 전술 프로그램을 구성해야 하는가? 그리고 공중의 어떤 특성을 중심으로 공중 세분화 전략이 이루어져야 하는지 논의해보자.

2. 최근 삼성은 글로벌 기업으로 확고히 자리매김하면서 최고의 명성을 누리고 있다. 그러나 애플과의 소송 이슈 등으로 외국의 시선이 곱지 않은 것도 현실이다. 국내에서도 경영진의 윤리적 문제나 사회공헌에 대한 비판적 시각이 존재한다. 이러한 상황에서 삼성은 사회적 문제에 대한 이슈를 관리하고 공중과 긍정적인 관계를 형성하기 위해 어떤 PR 영역의 활동이 필요하다고 생각하는가?

3. 미래 시대의 PR 매체로 각광받고 있는 소셜 미디어나 인터넷은 PR에게 기회일까, 위협일까? 글로벌화, 디지털화로 더욱 가속화되고 있는 행동주의자 공중의 등장과 초국적 기업에 대한 비판적 이슈가 강화되고 있는 현 시점에서, 디지털 미디어는 전통 미디어를 대체하는 미래의 전략적 미디어로 활용 가능하다고 생각하는가?

참고문헌

김여진(2019). 디지털PR 미디어/플랫폼. 김석 · 김수진 · 김여진 · 김장열 · 김장현 · 박노일 · 이선영 · 정은화 · 정지연 · 최준혁 · 하진홍 · 황성욱, 디지털PR 이론과 실제(151~180쪽). 서울: 한울아카데미.

윤희중 · 신호창 편(2000). PR 전략론. 서울: 책과길.

탁재택(2014). 언론 관계와 퍼블리시티. 한정호 외, PR학 원론(234~250쪽). 서울: 커뮤니케이션북스.

Coombs, W. T.(1999). *Ongoing Crisis Communication: Planning, managing, and responding*.

이현우 역(2001). 위기관리 커뮤니케이션. 서울: 커뮤니케이션북스.

Coombs, W. T.(2007). Protecting organization reputations during a crisis: The development and application of situational crisis communication theory. *Corporate Reputation Review*. 10(3). 163-176.

Cutlip, S., Center, A. & Broom, G.(2006). *Effective Public Relations*, Pearson International Edition, 9th ed. New Jersey: Pearson Education, Inc.

Fombrun, C. J.(1996). *Reputation: Realizing Value from the Corporate Image*, Harvard Business School Press, Boston.

Gregory, A.(2002). *Planning and Managing Public Relations Campaigns*. 차희원 역(2005). PR 캠페인 기획 · 관리의 단계별 지침서. 서울: 커뮤니케이션북스.

Grunig, J. E.(1993). Image and substance: From symbolic to behavioral relationships. Public Relations Review, 19(2), 121-139.

Harris, Thomas L.(1998). Value-added public relations: The secret weapon of integrated marketing. Chicago, IL: NTC Business Books.

Harris, Thomas L. & Wahlen, P. T.(2006). The Marketer's guide to public relations in the 21st century. Mason, OH: Thomson.

Kendall, R.(1996). *Public Relations Campaign Strategies: Planning for Implementation*. 2nd ed., Harper Collins College Publishers.

Rindova, V. P.(1997). Managing reputation: Pursuing everyday excellence: The image cascade and the formation of corporate reputations. *Corporate Reputation Review*, 1(2), 188-194.

Smith, Ronald D.(2005). *Strategic Planning for Public Relations*, 2nd ed. Lawrence Erlbaum Associates.

Wartick, S.(2002). Measuring corporate reputation: Definition and data. *Business and Society*, 41(4), 371-392.

Wilcox. D. & Cameron, G.(2012). *Public Relations: Strategies and Tactics*. 10th ed. Boston: Allyn & Bacon. New Jersey: Pearson Education, Inc.

11장

인터랙티브 미디어의 진화

지난 약 20여 년간 무엇보다도 미디어 분야의 혁신적 발전은 사회 전반의 구석구석을 크게 변화시켜놓았다. 인터넷과 핸드폰을 위주로 하는 각종 인터랙티브 미디어의 발전을 기반으로 최근의 소셜 미디어와 스마트 미디어까지 그야말로 혁명이라는 단어가 아깝지 않은 변화가 지속적으로 일어나고 있다. 그러나 무엇보다도 이 모든 혁명의 중심에 서 있는 미디어 기술은 인터넷이라 할 수 있을 것이다. 이번 장에서는 인터넷 기술의 발전이 어떻게 이루어져왔는지 그 역사를 이해하고 인터넷으로 인해 이루어진 다양한 기존 미디어의 변화와 새로운 미디어의 전개 방향을 살펴보고자 한다. 또한 인터넷으로 인한 커뮤니케이션의 개념과 양식 변화에 대한 논의를 진행한다.

1. 인터넷

이제 인터넷이 존재하지 않는 세상은 상상도 할 수 없다. 아침에 일어나서 스마트폰으로 밤새 SNS에 친구들이 남겨놓은 내용들을 확인하고 바로바로 댓글을 달고 대중교통으로 이동하면서 뉴스를 검색하며 모바일 메신저 서비스로 친구들과 오늘 약속을 정한다. 직장에 도착하면 우선 이메일을 확인하고 사내 네트워크를 통해 업무를 처리한다. 퇴근하는 길에는 핸드폰으로 지난 주말에 놓친 예능 프로그램 동영상을 다운로드해 시청하고 집에 돌아와서는 PC로 인터넷 쇼핑을 한다. 이렇게 하루 종일 인터넷에 기반을 둔 각종 미디어 서비스를 통해 우리는 업무를 처리하고 정보를 습득하고 주변 사람들과 소통하며 휴식한다. 인터넷이 대중에게 널리 사용되기 시작하기 시작한 지 20여 년밖에 되지 않았다는 사실을 생각해보면, 인터넷이 얼마나 사람들의 일상 속 깊숙이 들어왔는지 놀라울 따름이다.

인터넷은 일반적으로 TCP/IP라고 하는 인터넷 프로토콜 스위트(Internet protocol suite) 네트워크에 기반을 둔 미디어를 통칭한다. 인터넷의 시초는 1960년대로 거슬러 올라간다. 미국 정부는 ARPA(Advanced Research Project Agency)라고 하는 연구 기관을 국방부에 설치했는데, ARPA에서 개발한 ARPANET이 지금 현재 우리가 사용하는 인터넷의 기초가 되는 기술을 개발했다. 애초에 인터넷은 국가의 기밀 정보를 핵전쟁의 위험에서 보호하고 어디서든 접근할 수 있도록 하기 위한 국가 안보 프로젝트의 일환으로 고안되었다. 다른 장소에 떨어져 있는 컴퓨터가 상호 연결될 수 있는 규준인 프로토콜을 마련하고 이 프로토콜을 통해 정보를 여럿의 패킷(packet)으로 나누어 전송하는 것이 인터넷의 기반이 된 아이디어였다. 최초의 ARPANET은 1969년 10월 29일 로스앤젤레스에 있는 UCLA(University of California Los Angeles)공대에 위치한 연구소와 캘리포니아 멘로파크(Menlo Park)에 자리잡는 스탠퍼드대학의 SRI International 연구소를 연결하는 네트워크에서 시작되었다. 이어 UCSB(University of California Santa Barbara)를 연결하게 되면서 점차 미국 내 각지의 대학 연구소들을 중심으로 확장되기 시작한다.

1982년에 이르러서는 TCP/IP라고 하는 인터넷 표준이 성립되었으며, 1983년도에 ARPANET은 NSF(National Science Foundation)가 계승하면서 NSFNet으로 변화한다. 1986년도에 미국 국내의 연구, 교육기관에 TCP/IP에 대한 네트워크 접근이 허용되면서 한 차례 급격한 성장을 하게 되고, 민간 인터넷서비스 제공업자인 ISP(Internet service provider)가 1980년대 말과 1900년대에 등장하게 된다. 월드와이드웹(world wide web, WWW)의 창시자로 알려진 영국의 팀 버너스-리(Tim Berners-Lee)라는 엔지니어가 1991년 ① URL(universal resource location), ② HTTP(hyptertext transfer protocol), ③ HTML(hypertext markup language), 이 3가지의 구성 요소를 WWW(world wide web)의 기본 구성 요소로 제시했다. URL은 각 컴퓨터에 우편 주소와 같은 고유의 식별 주소를 부여함으로써 정보가 올바른 곳으로 전송될 수 있도록 하는 개념이며, HTTP는 다른 운영 체제에 기반을 둔 컴퓨터들이 인터넷 파일과 패킷을 읽을 수 있도록 하는 프로토콜이다. HTML은 인터넷의 가장 대표적인 특성인 하이퍼텍스트를 가능하게 하는 프로그래밍 언어이다. 1994년에는 초기의 대표적인 웹 브라우저인 넷스케이프 내비케이터(Netscape Navigator)와 검색 포털 서비스인 야후(Yahoo)가 등장했다. 1995년도에 인터넷을 통해 상업적 트래픽을 금지하고 있었던 마지막 규제가 풀리게 되면서 본격적인 인터넷의 상업화가 진행되었다.

2004년 팀 오라일리(Tim O' Reilly)가 웹이 플랫폼으로 기능하는 다음 세대의 인터넷을 지칭하는 '웹 2.0' 시대의 도래를 언급하면서 본격화된 웹 2.0 시대에는, 이용자가 중심이 되어 인터넷상의 콘텐츠를 생산해내는 현상이 두드러진다. 이전의 웹 1.0이 누구나 이용할 수 있는 정보 창고, 즉 완제품을 온라인 공간에 저장해 누구나 이용할 수 있도록 한 기술이라면, 웹 2.0은 사용자가 직접 데이터를 생산 · 가공할 수 있도록 원재료를 공급하는 플랫폼이나 공장을 제공한다(김은미 외, 2011). 각종 UCC(user created content)들이 유튜브(youtube) 등의 콘텐츠 포털을 통해 확산되었고 일반적인 인터넷 이용자가 생산해낸 콘텐츠에 의존하는 서비스들이 증가하기 시작했다. 예를 들어, 블로그에 올리는 수많은 사람들의 정보와 이야기의 종합적 집합체야말로 포털 사이트가 보유하는 가장 중요한 콘텐츠이며 각종 정보와 지식 사이트 역시 이용자의 자발적인 참여로 이루어진다. 이렇듯 웹 2.0 시대에서

1996	1997	1998	1999	2000
• 포털(다음, 엠파스)	• 커뮤니티 이메일 (다음 한메일 서비스)	• 게임	• 다음카페 아이러브스쿨 네이버	• 웹보드게임 (NHN, CJ)

2001	2002	2003	2004	2005
• P2P (냅스터, 소리바다) • 리니지 열풍	• 16대 대선과 네티즌 파워	• 검색(네이버 지식in, 위키피디아) • 인터넷 얼짱 • 몸짱 신드롬	• 미니홈피 (싸이월드 회원 1천만 명 돌파) • 탄핵 관련 인터넷 게시물 및 패러디	• 블로그 유튜브 • 페이스북 출시 • 개똥녀 사건

2006	2007	2008	2009	2010
• 웹 2.0 • UCC • 트위터 출시	• 미투데이 시작 • 전문 블로그사이트 성장(티스토리, 이글루)	• 광우병 파동 • 인터넷 탄원 • 아프리카 시위중계 • 아고라 토론	• 인터넷 논객 미네르바 체포 및 무죄 선고	• 스마트폰 • 모바일웹 연계 트위터 • 미투데이 열풍

표 11-1
한국의 웹 15년 역사[1]

는 소수의 인터넷 전문가가 아니라 다수의 이용자들이 인터넷을 플랫폼으로 이용해 자신들의 콘텐츠를 자유롭게 업로드하고 연결하는 시대가 도래한 것이다.

국내 인터넷의 경우 1982년 5월 서울대학교와 한국전자기술연구소(현 ETRI)간에 FTP, Telnet 등의 응용 프로토콜을 사용하는 전산망인 SDN(system development network)이 최초로 구축된 것이 그 시초이다. 1983년 국내 인터넷 망이 유럽의 EUNET, 미국의 UUCPNET과 연결되면서 해외 인터넷과 최초로 연동되었다. 다이얼업(dial-up) 방식을 통하여 1200bps(bits per second)의 속도로 해외와 정보를 교환할 수 있게 된 것이다. 1986년에 전길남 박사가 .kr 도메인의 관리 권한을 위임받으면서 대한민국은 .kr 국가 최상위 도메인 체계를 확립하여 미국, 영국에 이어 세계 3번째로 국가 도메인을 도입했다. 1986년 데이콤(현 LG U+)이 PC 통신의 상용 서비스인 천리안을 개시하면서 단기간 내에 가입자 100만 명을 돌파했고 하이텔, 나우누리, 유니텔 등 다양한 PC 통신 서비스 업체가 들어서면서 본격적으로 인터넷 서

1 표는 김은미 · 이동후 · 임영호 · 정일권의 『SNS 혁명의 신화와 실체』(2011)에서 재인용한 것이다.

비스 시장이 활성화되었다. 1994년 정부는 정보통신 산업의 중요성을 깨닫고 각 부처에 산재되어 있던 정보통신 관련 기능을 흡수하여 정보통신부(현 방송통신위원회)를 확대, 개편했고 한국통신(KT)이 국내 최초 인터넷 상용 서비스인 KORNET를 개통했다. 1998년 두루넷이 국내 최초로 케이블 모뎀을 이용한 초고속 인터넷 서비스를 제공하기 시작하면서 한국의 광대역 인터넷 서비스는 한 단계 더욱 발전했다. 1999년에는 ADSL 승인으로 하나로통신(현 SK), 한국통신(현 KT)등이 초고속 인터넷 서비스를 개시하면서 다시 한 번 인터넷 이용자수가 폭발적으로 증가하는 시기를 맞이하게 된다. 이를 뒤이어 2002년 KT가 네스팟 서비스를 개시하면서 본격적인 무선 인터넷 시대가 도래했으며 2006년에는 KT와 SK 텔레콤은 세계 최초로 휴대 인터넷의 표준인 WiBro(Wirelesss Broadband Internet) 상용 서비스를 시작하게 된다.

2. 스마트 미디어

스마트폰, 스마트TV, 스마트패드 등 스마트 미디어는 최근 몇 년간 미디어 산업을 이끌어온 화두이다. 스마트폰, 스마트패드, 스마트TV는 스마트 미디어라는 하나의 미디어군으로 분류될 수 있다. 그러나 스마트 미디어는 각 기기별 속성과 원천이 매우 상이하여 하나의 통일된 정의를 내리기가 쉽지 않다. 예를 들어, 스마트폰은 휴대폰에, 스마트TV는 TV에, 태블릿 PC라고도 불리는 스마트패드는 PC 매체에 기반을 두어 각기 다른 기술적 원천에서 발전했다. 그럼에도 불구하고 이들 매체들은 '스마트 미디어'라는 통일된 상위 분류 안에서 최근 몇 년간 미디어 산업의 발전을 이끌어왔다.

스마트 미디어 이용자가 '스마트함'을 어떻게 인식하는지를 살펴본 최근의 연구(심미선 외, 2012)에서 스마트 미디어의 속성은 다음과 같은 7가지의 분류된다. ① 물리적 장소에 구애받지 않고 이용자가 위치한 장소에서 이용할 수 있는 '휴대성', ② 주어진 시간 안에 더욱 많은 일을 할 수 있게 함으로써 여유 시간을 만들어내며 시간의 공백을 매우는 '시간적 효율성', ③ 하나의 기기로 다양한 서비스 및 기능을 사용할 수 있는 '다기능성', ④ 다른 미디어 기기와 연결하여 각종 콘텐츠를 손쉽게 호환하여 사용할 수 있는 '타 미디어와의 연결성', ⑤ 다른 사람과 관계를 맺고 유지하는 방식이 확장된 '관계 형성 및 유지', ⑥ 개인의 필요 및 욕구, 원하는 정보에 대한 접근성을 의미하는 '접근성', ⑦ 자신에게 최적화된 서비스 및 기능을 이용할 수 있는 '개인 중심성' 등이 스마트 미디어의 대표적 속성으로 꼽힌다.

우선 스마트 미디어의 대표적 예인 스마트폰을 살펴보도록 하자. 스마트폰은 휴대폰 기능에 PDA(personal digital assistant)가 갖고 있는 각종 데이터 통신 기능을 통합시킨 매체이다. 완제품으로 출시되어 주어진 기능만 사용할 수 있었던 기존의 피처폰과 비교하여 가장 큰 차이는 수많은 애플리케이션(application, 응용 프로그램)을 이용자의 필요와 선호도에 따라 직접 이용자가 원하는 대로 설치하거나 삭제하여 편집할 수 있다는 점이다. 따라서 모든 이용자들의 스마트폰은 범용 OS(operating system) 및 웹 브라우저가 탑재되어 있음에도 다양한 소프트웨어 및 프로그램을 직접 설치하고, 이용하거나 인터넷 콘텐츠를 언제 어디서나 자유롭게 활용할 수 있도록 개인화되어 있다. 이용자들은 스마트폰을 이용하여 주변의 맛집 정보를 검색하기도 하고 대중교통 정보를 찾거나 인터넷 뱅킹을 하고 쇼핑을 하기도 한다. 이전 핸드폰이 제공했던 제한적인 기능에 비교하면 스마트폰이 제공하는 새로운 기능의 가능성은 거의 무한정 열려 있다고 할 수 있다.

이러한 특징으로 스마트폰에서는 컴퓨터로 할 수 있는 작업 중 일부를 할 수 있기도 하다. 항상 휴대하고 다니면서 인터넷을 검색하거나 이메일을 사용할 수도 있고 각종 소셜 네트워크 서비스에 접속할 수 있다. '내 손 안의 PC'라 불리는 스마트폰의 국내 등장은 2009년부터 시작되었다. 국내 스마트폰 이용자는 2009년 12월에 80만6천 명에서 2010년 10월에는 500만 명으로 거뜬히 증가했다. 스마트폰의 이러한 빠른 확산과 더불어 모바일 인터넷 활용이 본격화되었고 이와 관련한 컨버전스(convergence) 서비스와 애플리케이션 시장이 더욱 확대되는 추세를 보이고 있다.

스마트패드의 보급 속도는 스마트폰만큼 빠르지는 않지만 스마트패드만의 장점을 바탕으로 꾸준하게 성장하고 있는 중이다. 태블릿 PC라고도 불리는 스마트패드는 2014년에 이르면 시장 규모가 2억800만 대를 넘어설 것이라는

스마트TV 등장 전	스마트TV 등장 후
플랫폼 중심의 폐쇄형 구조 (플랫폼이 주도, 제한적 프로그램의 제작 및 편성)	콘텐츠 중심의 개방형 구조 (콘텐츠가 주도, 일반인도 능동적으로 방송에 참여 가능)
일방향적 방송	양방향적 방송
수동적 시청 형태	능동적 시청 형태
복잡한 리모콘 조작	편리하고 단순한 이용자 환경 (UI/UX)

표 11-2
스마트TV 등장 이후의 시장 구조 변화

전망도 나오고 있다. 스마트패드는 모든 기능을 하나로 통합하는 올인원(all-in-one) 특징을 가지기 때문에 다양한 서비스의 동시 소비 및 전환을 간편하게 해주며 SNS 등 다양한 인터넷 서비스와의 연동 사용도 스마트폰과 마찬가지로 용이한 데다 스마트폰보다 액정이 커서 디스플레이 화질이 좋고 터치 조작이 더욱 용이하다는 장점을 지닌다.

스마트폰과 스마트패드의 확산에 이어 스마트TV가 확산되고 있다. 스마트TV는 LCD, LED 등 디지털TV 수상기에 CPU(Central Processing Unit)와 OS를 탑재하여 인터넷과 방송, 융합형의 지능형 서비스를 제공한다. 즉 TV에 운영 체제 및 인터넷 접속 기능을 얹어 실시간 방송뿐만 아니라 주문형 비디오, 검색, 게임, 애플리케이션까지 각종 콘텐츠와 양방향 서비스의 이용이 가능한 똑똑한 TV라고 정의된다(이원태 외, 2011). 기존의 인터넷 TV가 진화한 형태로 지상파를 비롯하여 케이블, 인터넷방송을 수용하면서 인터넷에 접속, 다양한 애플리케이션을 제공하고 이용자의 편의나 상황, 개별화된 수요에 걸맞은 맞춤형의 다양한 서비스를 제공한다(김문구 외, 2010). 스마트TV의 등장으로 미디어 시장은 다양한 변화를 야기하고 있다. 무엇보다도 산업 측면에서는 방송시장의 폐쇄적이던 진입장벽이 무너지면서 오픈형 모델 수용 및 융합 서비스 산업의 촉진이 활발하게 진행되고 있다. 아울러 다양한 주체들이 제공하는 TV 앱 스토어가 확산되고 있다(송민정, 2010). 앱 스토어를 통한 콘텐츠와 서비스의 활성화로 콘텐츠 기획 및 편성 → 콘텐츠 제작 → 콘텐츠 전송 → 콘텐츠 수신이라는 전통적인 가치 사슬이 허물어져 누구나 직접 콘텐츠나 서비스의 제공자와 이용자가 될 수 있다. 인터넷과 연결된 앱 스토어형 서비스가 활성화 되면서 UCC 콘텐츠 활용에 대한 관심이 증가하고 있으며, 스마트TV와 SNS서비스와 접목하는 새로운 서비스가 확산되고 있다.

물론 스마트폰과 패드, TV 등 스마트 미디어의 종류별로 성장의 속도와 추이는 확연히 다르지만 스마트 미디어군에 속하는 미디어들의 약진은 콘텐츠와 미디어 서비스의 급속한 융합과 해체를 불러일으키고 있다. 방송 · 통신 · 인터넷이 융합되어 새로운 미디어 산업 환경을 만들어가고 있는 오늘날 텔레비전 방송의 이용 행태는 접근 방식의 다양화로 설명할 수 있다. 실시간으로 방송하는 텔레비전 시청 방식 이외에도 인터넷 사이트에서 다시 보기 서비스를 통해 동영상 파일을 내려받아 보는 등 시청 방식 자체에 변화가 나타나고 있는 것이다. 예를 들어 방송통신위원회의 『2010년 방송매체 이용행태 조사』에 따르면 전체 응답자 중 17.6%가 텔레비전 수상기 이외의 다른 미디어들을 통해 방송 프로그램을 시청하고 있으며, 고연령일수록 DMB의 이용이, 저연령일수록 동영상 파일 이용 비율이 높은 것으로 나타났다.

3. 소셜 미디어

최근 정치, 경제, 문화 등 사회 전반에 걸쳐 가장 활발하게 변화를 미치는 핵심 미디어로 떠오른 키워드가 바로 소셜 미디어이다. 소셜 미디어의 발전은 스마트 미디어의 확산과 연동되어 일어나고 있는 현상이다. 최근 한국인터넷진흥원(2012)의 조사에 따르면, 스마트폰 이용자 절반 이상(53.1%)이 스마트폰을 통해 트위터, 페이스북 등의 SNS(social network service)를 이용한 경험이 있고, 이중 74.2%가 하루에 1회 이상, 하루 평균 46.1분 소셜 미디어를 이용하는 것으로 나타났다.

소셜 미디어 자체가 몇 년간 하루가 다르게 진화하고 있기 때문에, 무엇이 소셜 미디어를 정의내리기는 쉬운 일이 아니다.[2] 가장 일반적인 소셜 미디어의 개념은 '높은 접근성과 온라인상에서 확장 가능한 출판 기술을 활용하여 사회적 상호작용을 하도록 만들어진 미디어'이다(황유선, 2010). 사회 구성원들이 자유롭게 참여하여 정보를 제공하거나 이를 교환함으로써 활발한 인적 교류를 형성해 나가는 환경을 뒷받침하는 것이 일반적인 소셜 미디어의 기능이라 할 수 있다. 소셜 미디어의 특징은 디지털 멀티미디어 기술에 기반을 두고 이용자들이 적극적으로 콘텐츠를 생산하고 이를 유통하는 수단으로 사용된다는 것이다. 소셜 미디어를 통해 이용자는 자신의 의견이나 사진, 동영상, 오디오 등의 콘텐츠를 게시할 수 있고 그 이용자와 사회적으로 관계를 맺고 있는 네트워크에 속한 이용자, 그 네트워크에 속한 이용자들의 네트워크에 속한 이용자들로 다단계적 확장을 통해 정보가 유통된다. 예를 들어 내가 페이스북에 올린 글은 내 페이스북 친구들에게 보일 뿐만 아니라 그 친구들의 페이스북 친구들에게도 보이는 것이다.

소셜 미디어의 중요한 특징으로는 참여(participation), 공개(openness), 대화(conversation), 커뮤니티(community), 연결성(connectedness) 등을 손꼽을 수 있다. '참여'는 소셜 미디어가 관심 있는 모든 사람들의 기여와 피드백을 촉진하며 미디어와 청중(audience)의 개념이 불명확함을 의미한다. '공개'는 대부분의 소셜 미디어에서 피드백과 참여가 공개되어 있으며 투표, 피드백, 코멘트, 정보 공유 등이 촉진되어 콘텐츠 접근과 사용에 대한 장벽이 거의 없다. '대화'는 전통 미디어에서 콘텐츠가 일방적으로 청중에게 유통되었다면 소셜 미디어에서는 쌍방향적으로 유통되는 현상을 가리키며, '커뮤니티'는 소셜 미디어가 커뮤니티를 구성하여 공동의 관심사를 나누기 쉽게 한다는 의미이다. '연결성'은 대부분의 소셜 미디어가 다양한 미디어의 조합이나 링크를 통한 연결로 구성됨을 지칭한다(FKII 조사연구팀, 2006).

소셜 미디어는 지난 10여 년간 놀라운 속도로 진화했다. 소셜 미디어의 발전은 3단계로 나누어 설명한다(김은미 외, 2011). 1999년에서 2002년에 이르

---

2 소셜 미디어라는 용어는 2004년 6월 'The BlogOn Conference'라는 학회에서 IT 회사의 마케팅 컨설팅 회사인 가이드와이어 그룹(Guidewire Group)의 창업자 크리스 쉬플리(Chris Shipley)가 화두를 던지면서 처음 등장한 것으로 알려져 있다.

표 11-3
소셜 미디어의 변천 과정[3]

국내		국외
1999년 • '아이러브스쿨' 10월 시작 2000년 • '내 친구 딤딤' 3월 시작 • 최단 기간 내 가입자 500만 명 돌파	제1기 (1999~2002년)	1995년 • '클래스메이트'
2003년 • SK컴스 '싸이월드' 인수 2004년 • 모바일 '싸이월드'	제2기 (2003~2007년)	2005년 • '마이스페이스', '뉴스코페레이션'이 5억 8000만 달러에 인수 2006년 • 일본, 모바일 '미쿠시' • '페이스북' 지분 1.6%를 MS가 2억4000만 달러에 인수 2007년 • '페이스북' 5000만 명 이상 가입 • '페이스북' 자체 광고 플랫폼 개발
2009년 • '미투데이', NHN에 인수 • '피플투' 폐쇄 2010년 • '미투데이' 가입자 100만 명 돌파	제3기 (2007~현재)	2009년 • '페이스북', '마이스페이스' 추월 • 일본 '모바게타운', 1344만 명 돌파 2010년 • 구글, '아드바크(aadvark)' 인수 2011년 3월 • '페이스북' 회원 4억 명 이상

는 제1기는 소셜 미디어가 오프라인 인맥을 회복하고 유지하는 데 유력한 인맥 관리형 서비스가 위주를 이루는 시기로 '아이러브스쿨'이나 '클래스메이트' 등 출신 학교의 동창들을 연결해주는 서비스가 대표적인 이 시기 소셜 미디어이다. 이어서 2003년에서 2007년까지의 2기는 소셜 네트워크가 비즈니스 모델을 구현하는 수단으로 성장한 시기로 텍스트뿐 아니라 동영상 등 다양한 형태로 사람들 간의 소통을 지원해 나가며 개방적으로 인맥을 형성할 수 있는 가능성을 높이는 방향으로 진화가 이루어진 시기이다. 2009년에서 현재에 이르는 제3기에는 '미투데이', '페이스북', '트위터' 등 제2기의 소셜 미디어가 간략화된 마이크로 블로그형 소셜 미디어가 주축을 이루면서 이

3 표는 김은미 · 이동후 · 임영호 · 정일권의 『SNS 혁명의 신화와 실체』(2011)에서 재인용한 것이다.

용자들이 조금 더 신속하게 자신의 소식을 알리고 다른 사람들의 소식을 듣게 된다. 트위터와 같은 경우 상대방의 동의 없이도 '팔로워(follower)-팔로위(followee)' 같은 관계 형성이 가능해지는데, 제3기는 이렇듯 개방성이 확장된 소셜 미디어의 형태가 등장하는 시기이다.

소셜 미디어의 성공 혹은 유행 원인으로 사회적 소외에 대한 위협의 증가, 소통 대상의 확대, IT 기술의 발전 등이 지적되고 있다(김은미 외, 2011). 정보가 넘쳐나는 사회적 환경 속에서 사람들은 자신의 정체성을 확고히 하기 위해 다른 사람들과 유대를 맺는 것이 더욱 중요해지며 이러한 사회적 욕구가 스마트폰 등 IT의 기술적 발전과 맞물려 소셜 미디어의 급속한 확산을 가져오게 되었다는 것이다.

소셜 미디어의 기능은 크게 인적 관계와 정보 교환으로 나눌 수 있으며 각 소셜 미디어는 이 2가지 기능 중 하나에 중점을 두고 발전해왔다(김은미 외, 2011). 물론 이 둘을 뚜렷하게 분절적으로 나누는 것은 현실적이지 않으며 정보 추구를 통해 인적 관계가 구축되기도 하고 인적 관계를 추구하는 과정에서 정보를 나누기도 한다. 정보 추구형 소셜 미디어는 이용자들이 정보를 생산하고 유통하며 공유하기 위해 이용된다. 정보 추구형 소셜 미디어를 통해서 이전에는 미디어 콘텐츠의 생산자와 소비자가 뚜렷하게 구분되었던 것과는 달리(예를 들어 신문사와 독자, 방송사와 시청자), 이제는 콘텐츠/정보의 생산자와 소비자가 달리 구분되지 않는다. 즉 정보 추구형 소셜 미디어의 이용자는 정보의 프로슈머(prosumer)가 되는 것이다.[4] 정보 추구형 소셜 미디어에서 이용자는 단순히 다른 사람들이 제공하는 콘텐츠를 소비하는데 그치지 않는다. 그들은 각종 디지털 미디어를 이용해 비교적 손쉽게 텍스트, 사진, 동영상, 오디오 등을 조합하여 콘텐츠를 생산해내고 이를 적극적으로 플랫폼에 제공할 뿐 아니라 다른 이용자들이 올려놓은 콘텐츠를 유통시키는 과정에도 참여한다. 예를 들어 트위터에서 내가 팔로윙하는 사람들의 멘션을 리트윗하고 이 과정에서 나의 의견을 덧붙여 콘텐츠를 변형하기도 하는 것이다.

---

4 프로슈머(prosumer)는 생산자(producer)와 소비자(consumer)를 합성한 단어로 소비자가 소비뿐 아니라 개발, 생산, 유통 과정에 직접 참여함으로써 '생산적 소비자'로 거듭나게 되는 것을 의미한다. 웹 2.0 시대에는 인터넷이라는 플랫폼을 이용해 어떠한 이용자든 비교적 손쉽게 콘텐츠를 제작하고 유통시키는 동시에, 다른 이용자들이 제공하는 콘텐츠를 소비한다는 측면에서 정보 콘텐츠의 프로슈머라고 할 수 있다.

구분	설명
블로그(blogs)	Web과 Log의 합성어로 네티즌이 웹에 기록하는 일기나 일지를 의미한다. 가장 최근의 업데이트 목록이 맨 위에 올라는 일종의 온라인 저널이라고 할 수 있다.
SNS	이용자 자신의 개인 웹페이지를 구축한 뒤 친구들과 연결할 수 있도록, 또는 콘텐츠를 공유하고 상호작용할 수 있도록 하는 서비스다. 페이스북(Facebook), 마이스페이스(Myspace), 트위터(Twitter), 싸이월드(Cyworld) 등이 여기에 속한다.
위키스(wikis)	콘텐츠를 추가하거나 웹페이지상에서 정보를 편집할 수 있으며 일종의 공동 데이터베이스 역할을 한다. 가장 보편적인 형태는 세계 각국어로 서비스되고 있는 온라인 백과사전 위키피디아(Wikipedia)로 영어로 된 2백만 개 이상의 문서를 담고 있다.
팟캐스트(potcast)	방송(broadcast)과 아이팟(iPod)의 합성어로 아이튠(iTunes)과 같은 서비스를 통해 오디오 및 비디오 파일로 구독할 수 있다.
포럼즈(forums)	특정한 주제나 관심사를 두고 온라인 토론이 이뤄지는 장소를 이른다. 소셜 미디어라는 용어가 등장하기 전에 활성화됐다. 온라인 커뮤니티를 구성하는 보편적인 요소이다. 국내에서는 다음의 아고라 등이 대표적이다.
콘텐츠 커뮤니티(contents communitY)	특정한 종류의 콘텐츠를 만들어 공유하는 커뮤니티를 이른다. 대표적으로 사진 콘텐츠를 중심으로 한 플리커(Flickr), 북마크 링크 중심의 딜리셔스(Del.icio.us), 동영상을 다루고 있는 유튜브(YouTube) 등이 있다.
마이크로블로그(microblogs)	휴대전화 등을 이용해 간단한 콘텐츠(혹은 업데이트)를 배포하는 소셜 네트워크 서비스의 일종으로 트위터나 미투데이 등이 대표적이다.

표 11-4
소셜 미디어의 분류[5]

반면 인적 관계 중심 소셜 미디어는 인맥 관리를 위하여 사용되는데 인적 관계 지향형 소셜 미디어는 다시 관계를 맺는 사람들이 누구인지에 따라 관계 회복형, 유지형, 형성형으로 구분될 수 있다(김은미 외, 2011). 김은미 외(2011)의 분류에 따르면 관계 회복형은 기존 오프라인에서 존재했던 관계가 일시적으로 단절되거나 소원해졌을 때 이를 복원하는 것을 주목적으로 하며, 관계 유지형은 기존에 형성된 관계를 활성화하거나 유지하기 위한 목적을 수행한다. 마지막으로 관계 형성형은 이전에 존재하던 관계를 유지하는 것은 물론이고 새로운 관계의 형성도 추구한다. 물론 이러한 분류는 상호배타적이지 않으며 대부분의 소셜 미디어는 여러 기능들을 중복적으로 수행한다. 예를 들어, 페이스북을 통해서는 예전에 연락이 끊긴 초등학교 때 친구들을 찾아 다시 관계를 맺을 수도 있고 매일 친하게 지내는 '베프'와도 관계를 나눌 수 있으며 또한 친구의 친구와 관계를 맺으며 나의 연결망을 확장해 나가기도 한다.

5 표는 황유성의 논문 「소셜 미디어와 휴머니즘의 발전」(2010)에서 재인용한 것이다.

그림 11-1
소셜 미디어의 프로슈머: 이용자는 정보의 생산자이자 소비자이다(예: 네이버블로그)

1) 블로그

블로그는 내용이나 형식이 다양하여 한마디로 정의내리기 어렵지만 '웹(web)'에서 따온 'b'와 일지, 혹은 일기를 뜻하는 영어 단어 '로그(log)'의 합성어이다. 블로거(blogger)라 불리는 이용자들은 자신의 관심사에 따라 일기나 사진, 각종 동영상이나 오디오 파일 등을 업로드하거나 인터넷상의 관심 있는 내용을 모아 스크랩하기도 하면서 자신만의 1인 미디어를 만드는 형태로 운영한다. 어떤 블로그는 개인적인 일기의 형태로 이뤄지는가 하면 어떤 블로그는 사회적인 이슈에 초점을 맞추어 각종 뉴스나 관련 콘텐츠의 링크를 편집함으로써 구성되기도 한다. 또한 블로그에는 게시물에 대해 블로그를 방문하는 다른 이용자들이 댓글을 남기거나 내용에 대해 블로거와 상호작용할 수 있는 공간이 되어주기도 한다.

블로그는 인터넷의 창시자로 알려진 팀 버너스-리가 1992년 개인 홈페이지에 당시 새롭게 발전하고 있던 웹사이트와 관련 기술에 대한 내용들을 연대기적으로 정리하기 시작하면서 처음으로 시작된 것으로 알려져 있다. 블로그가 본격적으로 대중화되기 시작한 것은 1997년이다. 1997년 미국에서 존 바저(John Barger)는 '웹 로그(web log)'라는 단어를 처음으로 사용하며 자신만의 홈페이지를 대중화시켜 유명해졌다. 우선 형식적 특성을 살펴보면 이용자의 일기(diary)와 같은 성격을 띠며 최신 사건 순으로 글이 배치되어 최근 글이 가장 위에 올라오는 형식적 특성을 지닌다(권상희 · 우지수, 2005).

최근 들어 블로그는 스마트 미디어와 소셜 미디어의 발전과 더불어 새로운 방향으로 진화하고 있다. 요즘 관심사가 비슷한 블로거들이 모여 공동의 그룹 블로그를 만들어내기도 하는데 이를 '수퍼블로그(super-blog)'라고 한다. 수퍼블로그의 한 예로 2005년에 미국에서 개설된 '허핑턴 포스트(The Huffington Post)'가 있는데 허핑턴 포스트는 시사와 정치 분야에 관심이 높고 명망 있는 블로거들의 포스팅을 집합하여 만들어지는 뉴스 전문 블로그 미디어이다. 허핑턴 포스트는 방문자 수로는 뉴욕 타임스 인터넷 사이트인 nytimes.com을 누르고 미국 주요 뉴스 사이트 중 가장 많은 순 방문자 수를 기록해 화제가 되었다. 이렇게 높은 트래픽을 자랑하게 된 비결 중 하나는 SNS와의 연계 서비스이다. 허핑턴 포스트는 방문자가 페이스북 계정으로 로그인할 수 있도록 하여 허핑턴 포스트 사이트에서 페이스북 친구들과 교류하면서 뉴스에 대한 의견을 나눌 수 있도록 연계 서비스를 제공해 새로운 소셜 뉴스 이용을 가능하게 한 것이다. 이용자들은 뉴스를 수동적으로 읽기보다는 뉴스 내용에 대해 적극적으로 코멘트하고 다른 독자들과 교감하거나 토론하는 속에서 더욱 적극적으로 뉴스를 소비하는 양상을 보였고 이러한 수퍼블로그는 새로운 온라인 저널리즘의 형태로 급부상했다. 수퍼블로그 외에도 스마트 미디어의 급격한 확산과 더불어 모바일(mobile)과 블로그가 결합해 만들어진 '모블로그(moblog)'가 새롭게 등장하기도 했다. 스마트폰 등 휴대 미디어의 무선 인터넷 기능을 이용하여 자신의 블로그를 관리하는 형태의 지칭하는데, 예를 들어 휴대폰으로 찍은 사진을 실시간으로 블로깅하고 관심 있는 블로그의 업데이트를 확인하는 경우를 모블로그라 일컫는다. 모블로그는 장소나 시간에 구애받지 않는 휴대성으로 인하여 블로그 이용자층이 확산되는 데 일조하고 있으며 기존의 블로그와 SNS 사이의 차이가 희미해져 가는 원인이 되고 있기도 하다.

2) SNS(Social Networking Service)

SNS는 소셜 미디어와 동일한 개념으로 취급되는 경우가 많으나 블로그, 위키, 마이크로 블로그 등과 함께 소셜 미디어의 한 하위 유형으로 보는 것이 더욱 타당하다. SNS는 이용자 간의 자유로운 의사 소통과 정보의 공유, 그리고 인맥 확대 등을 통해 사회적 관계를 생성하고 강화시켜주는 온라인 플랫폼을 의미한다. SNS에서는 개인 이용자가 프로필을 갖추고 개인들간의 관계를 바탕으로 형성된 네트워크를 공유하며 이러한 네트워크를 바탕으로 발생하는 개인 간의 상호작용을 지원한다(Boyd & Ellison, 2008). SNS는 2002년 프랜드스터(Friendster), 2003년 마이스페이스(MySpace)와 링크드인(LinkedIn) 등이 서비스를 시작하면서 본격적으로 대중화하기 시작했다. 2004년에 서비스를 개시한 페이스북(Facebook)이 폭발적인 성장을 거듭하면서 세계 최대

트위터 vs. 페이스북

트위터(Twitter)

트위터는 2006년 7월 본격적으로 공개되었다. 트위터는 새들의 짹짹거림에서 영감을 얻는 서비스명으로 '사소한 정보의 순간적인 방출(a short burst of inconsequential information)'을 표방하는 서비스이다. 트위터는 2008년 미국 대통령 선거 기간을 통해 비약적인 성장을 이루는데, 당시 대통령 후보였던 버락 오바마는 '소셜 미디어 대통령'으로 불릴 만큼 적극적으로 트위터를 선거 운동에 활용했다. 대선이 치러질 때까지 오바마의 트위터에 팔로워로 등록한 시민들은 무려 13만 명에 이르렀던 반면 경쟁 후보였던 매케인의 경우 200여 명에 불과할 뿐이었다. 오바마는 트위터를 통해 선거 기금도 모금했다. 2009년 1월 기준 오바마의 총 모금액 3,200만 달러 가운데 90%인 2,800만 달러는 모두 온라인으로 모금되었고 이 과정에서 트위터의 역할이 매우 컸다. 프랑스 시장조사업체 세미오케스트는 전 세계 트위터 가입자는 5억 명을 돌파했다고 발표했다(2012년 7월 30일 기준).

페이스북(Facebook)

페이스북의 창립자로 유명한 마크 주커버그(Mark Zuckerberg)는 2004년 2월 하버드 대학 재학 당시 친구 몇 명과 함께 하버드대 학생들끼리 연락처를 고유하고 인맥을 관리하기 위한 서비스인 페이스북을 최초로 운영했다. 교내에서 큰 인기를 얻자 가입 조건을 스탠퍼드, 컬럼비아, 예일 대학교 등에서 시작하여 미국 전역의 대학교 재학생으로 넓혔고 이후 2006년에는 기업과 일반인들도 회원으로 받기 시작했다. 서비스를 시작한 지 8년이 되는 2012년, 페이스북은 가입자 수가 10억 명을 넘어서며 세계 최대의 SNS로 자리매김했다.

의 SNS로 자리매김했다. 이외에도 대표적으로 트위터(Twitter) 등이 있는데 최근 들어 스마트 미디어와 무선 인터넷 서비스의 확산과 일상화로 인하여 SNS 이용 역시 급격한 확산세를 타고 있다.

SNS는 기존에 존재하던 온라인 커뮤니케이션 서비스와 다음과 같은 차원에서 몇 가지 차이점을 지닌다(윤정미 · 임정수, 2012). 먼저, 온라인 카페나 블로그 등 기존의 온라인 커뮤니티에서는 공통의 관심사를 지닌 사람들이 웹의 특정한 가상공간, 주로 하나의 웹페이지에 모여 소통하는 데 반해 SNS에서는 개인 간 네트워크를 중심으로 출발하여 확장됨으로써 무정형의 커뮤니티를 형성한다. 둘째, SNS에서는 다양한 미디어의 조합이나 링크를 통한 콘텐츠 간의 상호작용, 확대 및 재생산이 가능해짐으로써 다양한 서비스가 융합적으로 존재하게 된다. 셋째, SNS는 인간의 사회활동을 기반으로 하기 때문에 여타 서비스에 비해 매일 서비스를 이용하는 충성도 높은 사용자를 만들 수 있어 정치 · 사회 운동, 상거래 등 사회 전반에 영향을 미치는 하나의 문화현상으로 자리 잡고 있다. 또한 비교적 유사한 성향을 가진 이용자들이 네트워크를 형성하고 있기 때문에 표적 소비자 집단에게 편리하고 효율적으로 도달할 수 있는 맞춤형 마케팅을 수행할 수 있다는 점에서 SNS는 기업들에게 마케팅과 PR을 위해 적극적으로 활용되고 있다.

3) 위키(wikis)

위키는 인터넷에서 이용자들이 간단한 마크업 랭귀지(mark-up language)를 이용해 공동으로 문서를 작성할 수 있고 이를 첨삭하거나 추가할 수 있는 웹 페이지의 모음이다. 1995년 미국의 프로그래머인 워드 커닝햄(Ward Cunningham)이 인터넷에서 정보를 조직화하여 협업하기 위한 서비스인 '위키위키웹(WikiWikiWeb)'을 제공한 것이 시초가 되었다. 위키는 하와이 말로 '빨리' 혹은 '신속한' 이라는 뜻을 지닌 형용사로, 손쉽게 데이터베이스를 형성할 수 있는 특성에 착안하여 명명되었다. 대표적인 위키 서비스는 인터넷 백과사전으로 불리우는 위키피디아(wikipedia)가 있는데, 이용자들이 자발적으로 지식을 추가하거나 교정하는 서비스를 통해 공동의 거대한 데이터베이

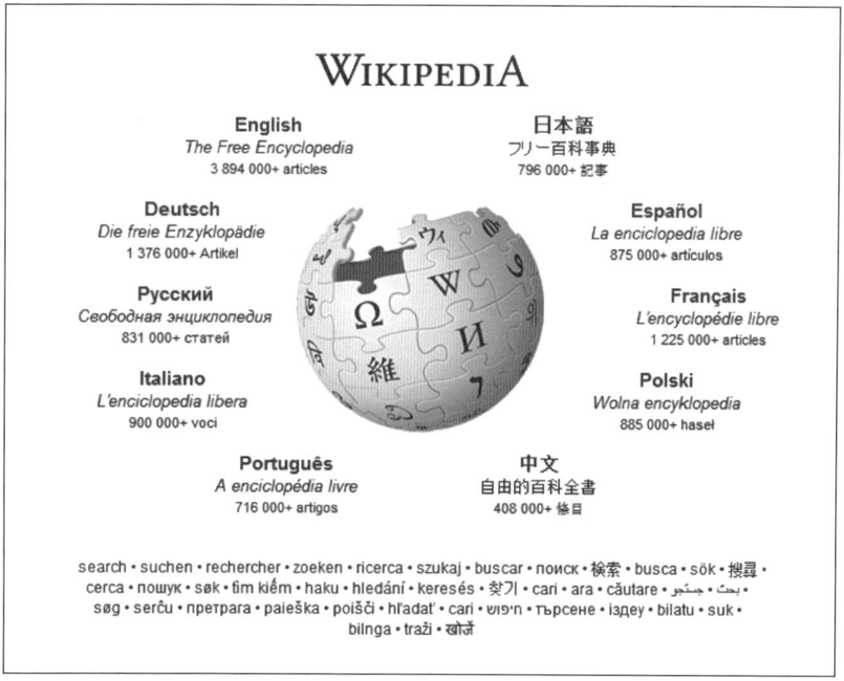

그림 11-2
위키 미디어의 대표적인 예시인 위키피디아

스를 만드는 형태의 소셜 미디어이다. 위키피디아의 경우 '오픈소스 소프트웨어(open-source software)'[6]의 하나로도 유명하다.

한편 위키피디아(wikipedia)와 경제학(economics)의 합성어인 '위키노믹스(wikinomics)'라는 신조어가 발생하기도 했는데 이는 전문가 위주의 지식 데이터베이스에서 벗어나 아마추어를 포함한 불특정 다수 외부인의 지식을 널리 활용하는 현상을 일컫는다. 예전에는 소수의 전문가들의 심층적인 지식에 의한 경영이 이루어졌다면 이제는 다수의 대중(mass)에게서 지혜와 지식을 찾으려는 개방형 지식에 의한 협업 경제를 이끌어나가야 한다는 것을 의미한다.

6 오픈 소스 소프트웨어는 OSS라고도 불리는데 소프트웨어의 기반이 되는 소스코드를 인터넷 등을 통해 공개하여 이용자 누구나 그 소프트웨어를 편집하고 재배포할 수 있도록 하는 소프트웨어를 일컫는다. 오픈소스 소프트웨어의 대표적인 프로그램으로는 '리눅스(Linux)'나 '파이어폭스(Fire Fox)' 등이 있다. 오픈소스 소프트웨어는 소스코드를 공개하여 유용한 기술을 공유함으로써 결과적으로 더욱 우수한 소프트웨어를 개발할 수 있을 것이라는 생각에 기반을 두고 발달했으며 대부분 비영리 단체에 의해 운영되는 특성을 지닌다.

4. 게임: 인터랙티브 오락 매체의 확산

게임은 최근 들어 가장 급성장한 인터랙티브 미디어 산업 분야의 하나이다. 게임은 이용자가 영화나 TV 등 기존의 오락 매체처럼 수동적으로 주어지는 내러티브(narrative)를 소비하기보다는 게이머 자신의 조종과 참여에 따라 내러티브를 적극적으로 구성해 나갈 수 있다는 점에서 인터랙티브 미디어로 분류된다. 점점 더 많은 이용자들이 어린 시절부터 게임을 하면서 자라나면서 게임을 익숙하게 받아들이게 되고 컴퓨터나 핸드폰 등 일상생활 속에서 흔하게 사용되는 매체들이 게임 플랫폼으로 사용되면서 게임 인구의 확산은 날이 갈수록 속도를 더해가고 있는 추세이다. 2011년 국내 게임 시장의 규모는 거의 9조 원에 육박하는 것으로 추정되며, 2012년을 지나면서 10조 시장을 돌파할 것으로 전망된다(한국콘텐츠진흥원, 2012).

게임 이용자들은 하루 평균 약 60분 정도를 게임에 소비하는 것으로 나타났으며 성별로는 남성이 여성보다 평균 10분 이상 길게 게임을 했다. 소비 시간뿐 아니라 성별의 차이는 게임 인구의 분포에서도 확연히 드러난다. 장르에 따라 다소 차이는 있지만 평균적으로 남녀의 성비는 80대 20으로 게임은 남성들에게 특히 인기가 높은 매체임을 확인할 수 있다. 연령별로는 만 15세에서 19세가 70.4분으로 가장 오래 게임을 했고 만 30~34세를 정점으로 다시 하락하는 추세를 보였다(한국콘텐츠진흥원, 2012). 다만 최근 스마트폰을 플랫폼으로 하여 소셜 미디어 서비스에 기반을 둔 소셜 네트워크 게임(social network game, SNG)은 여성과 연령대가 높은 중장년층까지도 게임 이용자층으로 끌어들이고 있다.

게임의 간략한 역사를 살펴보면 게임은 1950년대 말에 등장하여 1960년대에 영화나 TV 등 다양한 주변 매체의 영향을 받으면서 발전했다. 최초의 컴퓨터 게임은 1958년 미국의 윌리 히깅보덤(Willy Higginbotham)이 개발한 테니스 게임 '테니스 포 투(Tennis for two)'라고 한다. 그러나 게임이 본격적으로 대중화되기 시작한 것은 MIT의 스티브 러셀(Steve Russel) 등이 개발한 '스페이스워(Spacewar)'로 이때부터가 본격적인 대중오락 매체로서 게임의 역사가 시작되었다고 할 수 있다. 이후 1970년대에 들어 컴퓨터 게임은 집에서

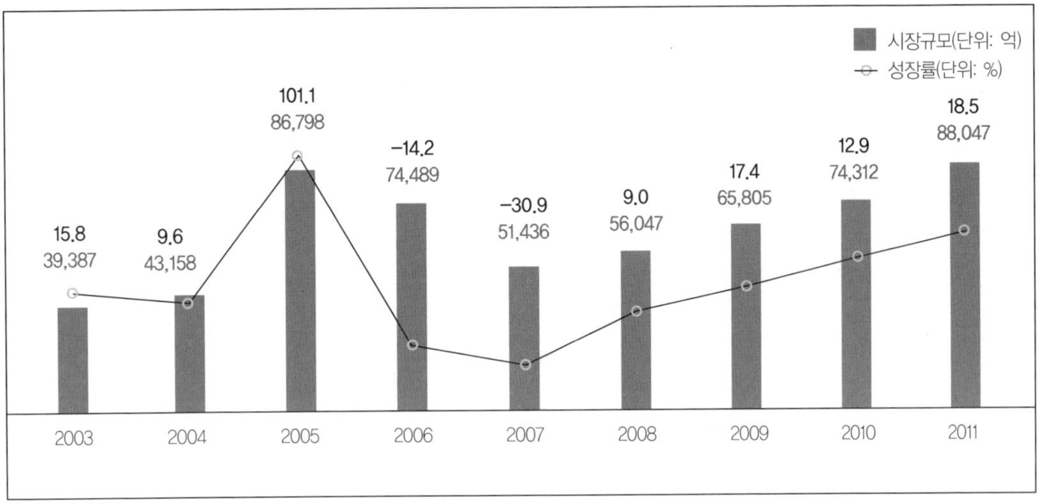

그림 11-3
국내 게임 시장 전체 규모 및 성장률 추이 (2003~2011)

게임을 할 수 있는 홈 비디오 게임(home video game)과 오락실에서 게임을 할 수 있는 아케이드 게임(arcade game), 2가지 종류로 나뉘어 발전하게 된다. 1971년 아타리(Atari) 사가 개발한 '컴퓨터 스페이스(Computer space)'는 아케이드 게임의 등장을 알렸고 동전을 넣어가며 게임을 하는 오락실의 형태가 본격적으로 등장하게 되었다.

차츰 게임 인구를 늘려가던 중 1980년대에는 가정용 컴퓨터가 확산되면서 가정용 컴퓨터 게임의 시대로 넘어가게 된다. 그러던 중 1985년 일본의 닌텐도 사가 내놓은 게임기 '패밀리 컴퓨터(패미콤)'이 세계적인 인기를 끌기 시작하는데, 닌텐도는 이후 10여 년간 게임 산업을 이끄는 글로벌 게임 기업체로 자리 잡게 된다. 닌텐도와 더불어 세가(Sega)라는 2대 기업은 1990년대 후반까지 비디오 콘솔 게임을 이끌어간다. 1990년대 후반 이후에는 인터넷이 급격히 확산되고 인터넷 대역폭(bandwidth)이 확장되면서 PC를 이용해 다수의 게이머들이 접속하여 동시에 상호작용하며 게임할 수 있는 온라인 게임(online game) 장르가 출현했다. 특히 한국에서는 PC방을 위주로 온라인 게임이 급속도로 대중화되는 양상을 보였다. 최근 들어서는 모바일 게임이 눈부신 성장을 기록하며 새로운 플랫폼으로서의 가능성을 열어주었으며 이러한 성장세는 스마트 기기의 보급 확대 및 성능의 발전에 따라 지속적으로 계속될 것으로 보인다. 2011년에는 전년 대비 33.8%라는 놀라운 성장률을 이

그림 11-4
게임의 발달: 최초의 게임 '테니스 포 투(1958)'와 온라인 게임 '디아블로 3(2012)'의 한 장면

룩했다. 특히, 소셜 네트워크 게임은 이용자의 접근이 쉽고 매체의 휴대성이 뛰어나며 대부분 게임 이용이 복잡하지 않은 캐쥬얼 게임의 성격을 지님으로써 게임 이용 인구의 확산을 가져오고 있다. 특히 페이스북(Facebook)이나 카카오톡 등의 소셜 미디어와 연계를 통하여 지인과 친구들 사이의 순위가 공개되면서 사회적으로 게임을 즐기는 이들이 더욱 늘어나고 있는 추세이다.

게임의 장르를 나누는 방식은 다양하다. 게임을 이용하는 단말기에 따라서 PC 게임, 콘솔(consol) 게임, 아케이드 게임, 휴대폰 게임 등으로 나누어지기도 하고 콘텐츠적 특성에 따라 어드벤쳐, 시뮬레이션, 액션 게임과 역할수행(role-playing) 게임 등으로 나누기도 한다. 우선 어드벤쳐(adventure) 게임은 미리 설정된 줄거리에 따라 주인공이 주어진 상황에 대처하고 최종 목적을 달성하기 위해 나아가는 게임으로 대표적인 어드벤쳐 게임으로는 '수퍼 마리오'가 있다. 시뮬레이션 게임은 실재감을 제공하는 가상의 시뮬레이션 환경 속에서 게이머가 현실 세계의 특정 부분을 구현하여 경험하는 게임이다. 액션 게임은 주로 FPS(First person shooter) 게임과 같이 게이머의 반사 신경에 의존하는 격투 게임이나 슈팅 게임을 일컫는다. 역할 수행 게임의 경우 게이머가 하나의 캐릭터 역할을 맡아 그 캐릭터의 임무나 목적을 달성해 나가면서 캐릭터를 '키워 나가는' 게임으로 게임의 시작과 끝이 명확하지 않고 다른 이용자들과 함께 상호작용하면서 게임 스토리를 만들어나간다는 특징이 있다. 온라인을 통해 수많은 게이머들이 동시에 접속해서 이용하는 MMORPG(Massively multiplayer online role playing game)이 대표적인 예이며,

'디아블로'나 '월드 오브 워크래프트' 등이 이 장르에 속하는 게임이다.

게임 이용으로 비롯되는 부정적인 효과는 주로 게임의 폭력성이나 선정성에서 오는 악영향이나 과다한 이용에서 오는 신체적 혹은 사회적 문제, 학업 장애의 차원 등에서 논의되어왔다. 첫째, 폭력적 게임이 분노와 적대감 등의 폭력적 감정과 폭력적 스키마와 사고 등의 폭력적 인지를 증폭시켜 폭력적 행동이 발현된다는 효과 모델링은 많은 연구들의 이론적 기반이 되었다. 모든 연구가 동일한 결과를 보인 것은 아니지만 상당한 수의 실증적 연구들이 폭력적 게임에 대한 장기적인 노출이 실제적인 폭력성의 증가와 연결된다는 결과를 내놓았다(Anderson et al., 2003). 둘째, 성적인 내용물이 포함된 게임의 경우, 어린이 · 청소년이 성이나 남녀 관계에 대해 잘못된 관념이나 편견을 가지거나 성적 호기심과 환상에 지나치게 몰입하여 너무 어린 나이에 성관계를 시작하게 되는 등의 부정적 효과가 나타날 수 있다. 마지막으로 청소년들의 게임 몰입은 학업과 학교 성적에 악영향을 미친다. 실제로 게임을 많이 하는 어린이들이 그렇지 않은 어린이들보다 전 학년에서 낮은 학업 성적을 보이거나, 게임기를 가진 어린이들이 가지지 않은 어린이들에 비해 학업 장애가 더 많이 발생하는 것으로 나타났다.

게임 중독이나 게임의 폭력성이 가져오는 부정적 효과에 대한 우려와 함께, 다양한 분야에서는 게임을 이용하여 긍정적인 효과를 거두고자 하는 시도도 늘어나고 있다. 각종 학습을 위한 교육적 게임, 단순한 오락을 넘어서서 업무를 수행하거나 혹은 사회적 이슈에 대한 인식을 제고하고 이용자의 특정 기능을 훈련하고자 개발되는 기능성 게임(serious game) 등 게임이 가지고 있는 오락적 특성을 이용하여 다양한 긍정적 효과를 증진하고자 하는 각계의 시도가 이뤄지고 있다. 단순히 긍정적인가 부정적인가 하는 이분법적 논란을 떠나, 게임은 현대사회의 가장 중요한 인터랙티브 미디어의 한 종류로 자리 잡고 있으며 특히 젊은 세대에게 게임은 하나의 자연스러운 문화 현상으로 경험되고 있다. 이를 받아들이고 게임의 효과와 기능을 객관적으로 이해하기 위해 균형 잡힌 관점에서 접근하는 것이 필요하다.

생각해볼문제

1. 웹 2.0 시대가 도래하면서 일반 이용자들의 콘텐츠 생산과 유통이 보편화되었다. 기존의 언론과 영상 콘텐츠가 소수의 전문 지식과 직업 훈련을 받은 엘리트 집단에 의해 생산되었다면 특별한 지식이나 기술 없이도 미디어 콘텐츠를 손쉽게 생산할 수 있게 된 것이다. 이러한 현상의 긍정적인 측면과 부정적인 측면에는 어떠한 것이 있을까?

2. 스마트 미디어의 확산으로 기존 미디어 산업은 재편성되고 있다. 각자의 영역이 뚜렷하게 분리되었던 기존의 미디어 카테고리는 융합을 거듭하고 있다. 이용자들에게 스마트 미디어란 무엇을 의미하는가? 스마트 미디어로 일상의 미디어 이용은 어떠한 변화를 보이고 있는가?

3. 소셜 미디어의 확산과 이용에 문화적 차이가 존재할까? 한국에서 소셜 미디어가 이용되는 현상에서 발견되는 특성은 어떠한 것이 있을까? 페이스북이나 트위터, 블로그와 같은 소셜 미디어를 통해 세계의 문화적 차이는 줄어들게 될까?

4. 게임이 최근 들어 가장 주목받는 형태의 오락 매체로 부상하면서 게임의 폭력성이나 게임 중독과 같이 게임을 이용하면서 생길 수 있는 부정적인 효과에 대해 사회적으로 우려하고 있다. 게임 이용을 통한 긍정적인 효과는 없는 것일까? 게임의 순기능이 있다면 어떠한 것이며 게임의 순기능을 이용하여 응용할 수 있는 분야는 어떠한 것이 있을까?

참고문헌

FKII 조사연구팀(2006). 소셜 미디어란 무엇인가. 정보통신연구진흥원 학술정보 정보산업지, 2006권 6호 52-55.

권상희 · 우지수(2005). 블로그 미디어 연구: 블로그 이용 및 만족과 인지 행태에 관한 연구. 한국방송학보 19권 2호, 419-446.

김문구 · 박종현(2010). 스마트TV가 방송통신 시장에 미치는 영향과 수용결정 요인에 관한 연구. 대한산업공학회 춘계학술대회 논문집.

김은미 · 이동후 · 임영호 · 정일권(2011). SNS 혁명의 신화와 실체: '토크, 플레이, 러브'의 진화. 파주: 나남.

방송통신위원회 (2011). 2010년 방송매체 이용행태 조사

심미선 · 김은미 · 오하영 · 김반야(2012). 스마트함이란 무엇인가? 이용자의 스마트미디어에 대한 인식을 중심으로. 한국방송학보, 26권 3호, 255-297.

송민정(2010). 국내외 스마트TV 추진전략과 3대 핫이슈. 정보통신산업진흥원 특강 자료.

윤정미 · 임정수(2012). 소셜 네트워크 서비스간 유사성과 서비스 선호도에 관한 포지셔닝 분석. 한국방송학보 26권 3호, 416-457.

이원태 · 정부연(2011). 소셜 플랫폼의 사회적 영향력 분석 및 발전방향 연구. 정보통신정책연구원, 방송통신 정책연구, 11-25.

한국콘텐츠진흥원(2012). 2012 대한민국 게임백서. 서울: 문화체육관광부.

황유선(2010). 소셜 미디어와 휴머니즘의 발전. 한국언론학회 가을철 정기학술대회 발표논문집.

Anderson, C. A., Berkowitz, L., Donnerstein, E., Huesmann, L. R., Johnson, J. D., Linz, D., Malamuth, N. M., & Wartella, E.(2003). The influence of media violence on youth. *Psychological Science in the Public Interest*, 4(3), 81-110.

Boyd, M. D., & Ellison, N. B.(2008). Social network sties: Definition, history, and scholarship. *Journal of Computer-Mediated Communication*, 13, 210-230.

12장

새로운 미디어 환경과 이용자

앞 장에서 살펴본 바와 같이 새로운 인터랙티브 미디어들이 급속하게 확산되면서 우리의 일상은 크게 변화했다. 더불어 사회의 정치와 경제, 문화 모든 부분에서 미디어는 가히 '혁명'이라고 할 수 있는 엄청난 변화를 이끄는 원동력으로 작용하고 있다. 이 장에서는 이러한 디지털 혁명이 사람들의 매체 이용을 어떠한 식으로 바꾸고 있는지를 살펴보고 이러한 변화에 대한 다양한 논의를 폭넓게 살펴보고자 한다. 인터넷과 휴대폰의 발달로 사람들은 더욱 친해졌는가? IT 미디어는 정말 사람들의 사고 능력을 후퇴시키는가? 각종 미디어 중독 증상에는 어떻게 대처해야 하는가? 새로운 미디어 환경이 가져오는 긍정적이고 부정적인 측면에 대하여 살펴보도록 하자.

1. 스티브 잡스의 3단계 미디어 혁명 모델

IT와 미디어 트렌드에 큰 영향을 미친 스티브 잡스(Steve Jobs)는 3단계 미디어 혁명(3 stage media revolution) 모델을 제시하며 디지털화가 3단계에 걸쳐 일어났다고 봤다. 우선 1단계는 '컴퓨터 혁명(the computer revolution)'으로, 1980년 무렵 폭발적인 컴퓨터의 발전에서 시작된다. 컴퓨터의 발전과 확산으로 인한 경제적 · 사회적 · 기술적 효과는 엄청났으며 1980년대에 이르러 디지털 기술이 사회에 불러온 파장은 급기야 '산업 혁명'에 비견되는 '정보 혁명(information revolution)'으로 불리기도 했다. 잡스는 1994년부터 2000년의 기간을 미디어 혁명의 2단계인 '인터넷 혁명(Internet revolution)'이라고 칭한다. 전 세계적으로 인터넷 네트워크가 구축되면서 미디어는 새로운 단계로 도약하게 된다. 잡스는 마지막 3단계로 2000년 정도부터 '디지털 라이프스타일(digital lifestyle)'을 거론하며 컴퓨터가 디지털 라이프스타일의 허브(hub)가 되었다고 제시했다. 디지털 카메라, 전자책, 음악과 모든 다양한 디지털 콘텐츠들이 스마트폰과 같은 대인(interpersonal) 커뮤니케이션 미디어와 융합했으며 사람들은 이전에는 경험해본 적 없는, 미디어화된 새로운 일상을 살게

표 12–1
뉴미디어의 발전사

시기	뉴미디어의 변화
1960년~1969년	• 인터넷의 모테인 ARPANET 창시(1969)
1970년~1979년	• 스티브 잡스와 스비스 워즈니악이 애플사 설립(1976)
1980년~1989년	• 최초의 시뮬레이션 게임(1984) • AOL이 인터넷 서비스 제공업자로 등장(1989)
1990년~1999년	• 인터넷 브라우저인 Netscape 등장(1994) • 소셜 미디어의 시초 격인 Facemash 등장(1993) • 야후(1994), 구글(1996) 등 검색 엔진 등장 • 최초의 블로그인 롭 마타(Rob Marta)의 slazhdot.org 등장(1997)
2000년~2009년	• 위키피디아 등장(2001) • 아이팟과 아이튠즈 등장(2001) • 페이스북 설립(2004) • 아이폰 등장(2007) • 비디오 게임 시장이 음악 콘텐츠 시장의 2배 규모로 성장(2008)
2010년~현재	• 아이패드 등장(2010) • 스마트 미디어의 확산

스티브 잡스(Steve Jobs, 1995~2011)

스티브 잡스는 1955년 미국 캘리포니아 주 샌프란시스코에서 태어났다. 잡스는 리드 대학(Reed College)을 중퇴하고 몇 년 후 스티브 워즈니악(Steve Wozniak)과 협력하여 잡스의 집 차고 안에서 애플을 설립하고 최초의 개인용 컴퓨터인 '애플 I'을 개발하여 출시했다. 이후 후속작인 '애플 II'가 상업적인 성공을 거두게 되면서 애플은 크게 성장했지만 몇 차례의 사업적 부진을 겪은 후 애플의 이사회는 잡스를 해고했다. 잡스는 이후 픽사(Pixar)를 인수하여 재기의 발판을 다졌으며 1996년 애플의 최고 경영자로 복귀했다. 이후 잡스는 1998년 '아이맥(iMac)'을 출시하여 한 해 동안 80만 대의 판매 기록을 세우며 1997년에 10억 달러를 기록했던 적자를 한 해 만에 4억 달러의 흑자로 전환했다. 또 '아이팟(iPod)', '아이폰(iPhone)', '아이패드(iPad)' 등 미디어 환경에 큰 변화를 미친 제품들을 잇달아 선보였다. 그러던 중 2004년 췌장암 진단을 받고 2011년 애플 최고 경영자 자리에서 물러나 같은 해 10월 5일 사망했다.

된 것이다.

2. 디지털화와 모바일화

MIT 미디어 랩의 설립자이자 초대 연구소장이었던 니콜라스 네그로폰테(Nicholas Negroponte)는 1995년 『디지털이다(Being digital)』이라는 책을 발표했다. 네그로폰테는 이 책을 통해 기존의 아날로그 미디어들이 모두 디지털화(digitization)되는 과정을 통해 비트(bits)로 통일되는 미디어의 미래를 예측했었고 그가 예측한 미래는 어느새 익숙한 일상의 모습으로 현실화되어 있다. 매체에 따라 구분되었던 아날로그적 콘텐츠 생산과 소비 방식이 매체 기기와 콘텐츠의 디지털화에 따라 지난 20여 년간 급격하게 융합되며 미디어 환경에 많은 변화를 초래했다.

디지털화와 더불어 매체 전반에 모바일화(mobilization)의 경향이 두드러졌다. 모바일화를 통하여 많은 미디어들이 이동성과 휴대성을 갖추게 되었다. 특히 스마트폰의 등장으로 휴대전화로 인터넷과 TV 등 기존 매체에 언제 어디서나 자유롭게 접근하고 이용하는 것이 가능해지면서 다양한 변화가 일어나고 있다. 예전에는 TV가 설치되어 있는 집의 거실이, 영화 스크린이 설치되어 있는 극장이, PC가 설치되어 있는 사무실에서 각각 개별적인 미디어 이용만이 가능했다면 이제 이동 중 언제 어디서라도 책, 신문, 잡지, 라디오, 방송, 게임과 영화 등 거의 전 종류의 미디어 콘텐츠를 소비하고 이용하는 것이 가능해진 것이다. 이동성은 미디어 소비뿐 아니라 미디어 콘텐츠의 생산에도 막대한 영향을 미쳤다. 미디어 이용자들은 언제 어디서라도 사진과 동영상을 촬영하고 텍스트를 편집하여 콘텐츠를 생산해낼 수 있는 자유를 누리게 되었다. 이러한 과정 속에서 매체의 모바일화는 미디어의 이용자와 생산자 사이의 구분이 모호해지는 현상에 일조하게 되었다.

매체의 모바일화는 사람들이 공간을 인식하고 활용하는 데 엄청난 변화를 이끌어냈다. 개별적이었던 공간의 정의(예: 집-휴식공간 vs. 사무실-일하는 공간)가 약화되거나 혹은 새로운 의미로 변화했고(예: 집의 일터화), 특히 공적 공간과 사적 공간의 경계가 무너졌다. 버스나 지하철 등 대중교통 수단, 강의 또는 회의 장소와 같은 공공장소에서 그 장소와 관계없이 개인적인 통화나 문자 교환과 같은 사적인 휴대 매체를 이용하게 되면서 공공장소에서 개인의 미디어 이용에 근거한 새로운 개인적인 공간 구축이 가능해지는 사사화(privatization)되는 현상이 강화되었다(김은미, 2012). 일례로 스마트폰 이용자들은 사실상 모든 장소에서 이메일에 접속이 가능하게 되면서 고정된 장소 및 업무 시간의 개념이 희박해지고 있다(Middleton, 2007). 모바일화는 공간성의 유연화와 더불어 시간성의 개념 역시 크게 변화시켰다. 예를 들어, 예전에는 약속 장소와 시간이 정확하게 사전에 정해지는 것이 원칙이었지만 이제 약속 장소와 시간은 대략적으로만 사전에 정해지고 정확한 장소와 시간은 이동 중에 조정되는 것이 일반적이다.

매체의 모바일화가 가져온 대표적인 영향력은 공간성과 시간성의 유연화에 따른 미디어 이용의 개인화이다. 예를 들어, 예전에는 거실에 함께 앉아 TV를 함께 시청하던 것이 대표적인 가족 공동의 여가 선용이었던 반면, 지금은 가족 구성원 개개인이 휴대 미디어를 통해 자신만의 시간대에 자신이 원하는 콘텐츠를 개별적으로 이용하게 되었다. 특히 스마트 미디어의 등장과 더불어 개개인은 가정이나 직장에서도 자신만의 사회적 네트워크와 끊임없이 소통하게 되었다. 미디어 이용의 개인화는 전통 사회의 집단 구분인 제1차 집단과 제2차 집단 같은 귀속 집단의 영향력을 약화시키고 그밖의 타인과의 유대를 손쉽게 하여 개인의 관심사나 자발적인 참여에 바탕을 둔 개인의 사회적 네트워크를 강화시키는 결과를 초래했다(Rheingold, 2000). 이와 비슷한 맥락에서 스마트폰 이용자의 대다수는 어플리케이션과 웹 브라우저의 사용을 통해 실시간으로 정보를 검색하고 공통의 관심사를 지닌 사람들과 일시적인 관계를 맺으면서 새로운 문화 공동체를 만들어내기도 한다(김은미 외, 2012). 가스텔(Castells, 2009)는 이러한 현상을 '네트워크화된 개인(networked individual)'이라는 개념으로 총칭하고 개인화된 미디어 속에 개인의 모든 것이 담기게 되었다고 주장했다. 루더스(Luders, 2008) 역시 네트워크화된 개인주의가 강화되면서 타전통적인 자아가 강화된다고 주장하며 비슷한 의견을 제시했다.

현대사회에서 미디어는 일상생활에서 막대한 비중을 차지하고 있다. 하루 24시간 중 여가 시간을 8시간으로 잡았을 때 한 사람이 텔레비전, 신문, 인터넷 3개만 사용한다고 가정해도 2011년을 기준으로 총 여가 시간에서 미디어 이용이 차지하는 비중은 70%나 되는 것으로 나타났다(한국방송광고공사, 소비자행태조사보고서, 2011). 이제 각종 미디어의 일상화로 미디어에 의해 매개된 일상과 현실에서의 일상을 구분하거나 비교하는 것조차 무의미해졌는데, 일부 학자들은 이러한 현상을 미디어화(mediatization)된 상태라고 말하기도 한다(김은미 외, 2012). 미디어화는 디지털 미디어가 그 이전의 미디어와는 비교할 수 없는 수준으로 일상의 구석구석까지 빠르게 확산되고, 나아가 사회의 공적인 측면과 더불어 사적인 측면까지 변화시키는 현상을 일컫는다.

1) 미디어화: 축복인가? 재앙인가?

미디어가 일상생활에 침투하는 정도가 급격하게 늘어나면서 이러한 일상의 미디어화 현상이 드러내는 부정적 효과에 대한 논란도 증가하고 있다. 이러한 논란은 기본적으로 미디어의 과도한 습관적 이용으로 인해 미디어 의존도가 지나치게 증대하며 나타나는 다양한 문제점들에서 시작된다. 이용자가 미디어를 가지고 사는 것이 아니라 미디어의 세상 속에 묻혀버리게 된다는 것이다. 특히 미디어화가 인간 사고 능력에 미치는 부정적인 효과에 대한 우려가 증대했다. 디지털화와 모바일화로 인한 미디어 이용의 개인화와 휴대화가 쉴 새 없이 자극을 제시하고 사고의 호흡을 짧게 끊어내면서 인간 사고의 패턴 자체가 변화하게 되었다는 것이다.

대표적으로 니콜라스 카(Nicholas Carr)는 미디어, 특히 인터넷에 대한 의존의 증대로 인간의 사유 역량이 감소되어 '생각하지 않는 사람들'의 세대가 도래하고 있으며 스마트 미디어와 같은 매체 특성이 사람들의 집중력과 사색하는 능력을 빼앗아 숙고해야 할 문제들조차 가볍게 생각하게 되었고 깊이 사고하는 능력 자체를 저하시킨다고 주장했다. 그는 우리가 인터넷을 통해 맥락 없는 정보만 추구하면서 사고하는 방식이 경박해졌으며 이에 걸맞게 뇌 구조까지 물리적으로 변화했다고 강조했다. 그는 운전자들이 내비게이션에 의존하기 시작하면서 길 찾는 능력을 잃어버리고 있으며 휴대폰 문자메시지와 같은 단문을 읽고 쓰는 데만 익숙해지면서 긴 글을 읽고 쓰는 사고력이 떨어지게 되었다고 주장한다. 즉 인간의 지식과 사고력을 기계에 아웃소싱하게 되면서 인간의 인지적 발달이 저해되기 시작했고 이는 인간의 뇌 구조에 변화를 불러와 결국 중요한 지적 능력이 후퇴할 것이라고 우려한다. 이러한 비관주의는 스마트 미디어 이용과 관련해서도 유사한 맥락에서 논의가 이뤄지고 있다. 스마트 미디어 이용의 전형적인 이용 방식인 멀티태스킹(multitasking)과 정보 과부하(information overload)는 이용자의 집중력과 지적 능력을 감소시키거나 즉각적인 욕구와 충동을 조절하는 능력을 저하시킬 수 있다는 지적이 이루어졌다(안재현, 2011).

한편 이렇게 미디어화가 인간의 사고 능력과 주의력에 부정적인 영향을 미쳤다는 의견과 함께, 미디어화는 새로운 인류의 탄생을 낳았으며 기존의 고정적 시각으로 이러한 변화를 부정적으로 판단해서는 안 된다는 의견도 존재한다. 돈 탭스코트(Don Tapscott)는 디지털 환경에서 자라나 성인이 된 본격적인 디지털 세대를 '넷 세대(net generation)'라고 명명하며 이들에 대한 비판과 우려는 기성세대의 노파심과 두려움에서 기인한다고 지적한다. 이와 유사한 용어로 미국의 교육학자인 마크 프렌스키(Marc Prensky)가 그의 책인

『Digital Natives, Digital Immigrants』에서 사용하기 시작한 '디지털 네이티브(digital natives)'라는 말은 1980년대 PC의 대중화, 1990년대 휴대전화와 인터넷 확산에 따른 디지털 혁명기 한복판에서 성장기를 보낸 30세 미만의 세대를 지칭한다. 디지털 이민자(digital immigrants)는 후천적으로 디지털 기술에 적응해간 30대 이상의 기성세대를 일컫는다. 디지털 네이티브들은 성장 환경 자체가 미디어에 둘러싸여 자랐다는 점에서 기존의 디지털 이민자와는 확연히 다른 특성을 지닌다. 디지털 이민자들은 디지털 미디어를 이용하는 데 마치 이민자들이 억양 있는 언어를 사용하듯이 디지털 시대 이전의 흔적을 지니며 디지털 네이티브가 미디어를 이용하는 형태를 완벽하게 이해하고 습득하지 못하는 한계를 지니고 있다는 것이다.

디지털 네이티브에 해당하는 현 미국인들은 일생 약 50만 개 이상의 광고를 시청하며 20만 개 이상의 이메일과 인스턴트 메시지를 주고받았다고 한다. 또한 그들은 TV 시청에 2만 시간 이상, 비디오 게임에 1만 시간 이상을 소요하며 살아왔다. 탭스코트는 넷 세대가 매체를 통한 정보처리 속도가 훨씬 빠르며 효율적이라고 이야기한다. 또한 전 세대에 비하여 멀티태스킹 능력이 훨씬 뛰어나고 SNS 등을 통해 커뮤니티적 사고 능력이 발달되었으며 그 어느 세대보다도 직접 참여를 통해 몰입하는 능력과 협업하는 능력이 뛰어난 세대라고 주장한다. 이러한 넷 세대에 대하여 기성세대들이 걱정 어린 시선으로 바라보는 것은 넷 세대를 이해할 수 없기 때문에 생겨나는 공포감 때문이라고 제시한다. 무미건조하고 한 방향으로 통제되어 전달되는 매스미디어와 달리 넷 세대가 만드는 세상은 현재의 질서에 위협이 되거나 말거나 어떤 생각이라도 표현할 수 있는 권리를 누리고 있으며 이를 위해 인터넷과 소셜 네트워크를 활용하고 있다고 한다. 이렇듯 디지털 네이티브 세대, 즉 넷 세대에 대해 낙관적이고 긍정적인 시각도 존재한다. 일상의 미디어화에 대한 관점은 비관주의와 낙관주의의 양 극단 사이에 다양하게 자리하고 있다.

2) 미디어 이용 행태 변화: 다중 매체 이용

미디어의 디지털화에 따라 미디어의 융합으로 방송과 통신의 경계가 허물어지고 핸드폰이나 TV, 컴퓨터와 같은 단일 매체만으로 모든 콘텐츠를 이용할 수 있게 되면서 미디어 이용 행태에도 큰 변화가 찾아왔다. 최근에 보편화된 EPG(Electronic Program Guide) 등의 편리한 프로그램 탐색 장치와 타임 시프팅(time shifting)이 가능한 PVR(Personal Video Recorder) 등이 등장하고 각종 스마트 기기가 확산되면서 미디어 이용자는 그 어느 시대보다도 더 큰 선택권을 지니고, 원하는 시간과 장소에서 미디어 콘텐츠를 소비할 수 있게 되었다.

여러 가지 미디어 이용 행태 변화 중 가장 큰 변화는 미디어 이용 시간의 증가이다(심미선 외, 2011). 미디어의 휴대성으로 이용자들은 이동 시간을 포함한 일상의 대부분의 시간에 미디어를 이용하는 것이 가능해졌으며 복수의 매체를 동시에 이용하는 '동시 미디어 이용(simultaneous media consumption)'도 크게 증가했다. TV를 보면서 SNS를 하거나 정보 검색을 하고 게임을 하면서 라디오를 듣거나 TV 시청을 하면서 휴대전화를 쓰는 등 다중 미디어 이용이 늘어났다고 하는 것은 전체적으로 미디어 이용량이 증가했다는 점을 시사한다. 예전에는 미디어에 소요되는 시간의 총량이 정해져 있고 그 시간은 단일 미디어를 한 번에 하나씩 떨어져서 이용하는 경향이 강했다. 하지만 이제는 이동 시간을 포함하여 일상의 짜투리 시간까지 미디어의 휴대성으로 인해 일상에서 미디어에 할애되는 시간의 전체 총량이 늘어난 것이다. 뿐만 아니라 전체 총량 속에서도 여러 미디어를 동시에 사용하는 경향이 늘어나 이러한 다중 미디어 이용까지 감안한다면 일상생활 속에서 미디어 이용이 차지하는 시간은 더욱 늘어난 셈이라고 할 수 있다.

그다음으로 큰 변화는 콘텐츠의 이용 범위가 넓어졌다는 점이다(심미선 외, 2011). 예를 들어, 최근 크게 확산되고 있는 스마트폰 같은 경우 게임, 인터넷 신문, TV, 영화, 라디오, 정보 검색뿐 아니라 각종 새로운 애플리케이션을 통한 다양한 콘텐츠가 거의 무제한적으로 이용 가능한 매체환경을 제공한다. 그밖에도 날씨, 환율, 계산기, 사진기 등 다양한 생활 편의적 기능을 한꺼번에 스마트 기기에 탑재할 수 있게 됨으로써 미디어를 통하여 소비되는 콘텐츠의 범주 자체가 확장되었다고 할 수 있다.

'멀티플랫포밍(multi-platforming)'은 이렇게 변화하고 있는 미디어 이용 행태를 잘 설명해주는 개념 중 하나이다. 멀티플랫포밍이란 여러 미디어 플랫폼을 넘나들며 여러 플랫폼의 콘텐츠를 동시적, 비동시적으로 관여하는 독특한 미디어 이용 행위로 정의된다(이재현, 2006). 과거에는 미디어 콘텐츠가 신문이나 잡지 등의 인쇄 매체, TV로 대표되는 방송 매체 등 단일 플랫폼에 매여 있었지만 지금은 콘텐츠가 매체에 상관없이 여러 매체를 넘나들며 소비될 수 있게 되었다는 점을 대변하는 개념이다. 예를 들어, 예전에는 방송 뉴스가 TV로만 시청이 가능했다면 지금은 PC나 핸드폰의 DMB, 혹은 동영상 다시보기를 통해서도 얼마든지 시청할 수 있다는 것이다. '주문형 콘텐츠(video on demand, VOD)'나 '시간 이동', '다시 보기' 등을 통해 이용자가 매체에 상관없이 원하는 콘텐츠를 원하는 시간과 장소에서 소비할 수 있는 자유가 늘어났다. 예전에는 인쇄 매체의 대표적 형태였던 잡지 역시 PC와 핸드폰, 스마트패드 등의 다양한 단말을 통해 접근이 가능해졌다.

이와 유사한 개념으로 '크로스 미디어(cross-media)' 이용이라는 개념도 제시되었는데 이는 특정 수용자가 미디어 스크린을 넘나들며 이용하는 행위를 의미한다(심미선, 2011). 이동 시간에 휴대폰으로 이용하던 동영상을 집에 오면 PC로 연결해서 시청한다든지 PC로 보던 영화를 IP TV로 연결해서 보는 등 다양한 스크린을 통한 미디어 콘텐츠의 자유로운 소비가 보편화된다는 것이다. 이러한 크로스 미디어적 이용의 대표적인 예가 'N스크린'이다. N스크린은 미디어 이용자가 콘텐츠에 끊임없이 접근할 수 있도록 다양한 플랫폼과 단말기를 서로 연계, 교차, 그리고 통합시켜 놓은 서비스 이용 환경이다.[1] 예를 들어 집에서는 TV로 시청하던 동영상을 집을 나와 이동하는 시간 중에는 핸드폰으로 시청하고 사무실에 들어가서는 PC로 연결하여 시청하는 등 N개의 스크린을 통한 미디어 콘텐츠의 연속적인 소비가 N스크린 이용이라고 할 수 있겠다. 이는 기존의 '소유하는 미디어'에서 '접속하는 미디어'로 넘어가는 개념적 변화를 의미한다. 예전에는 CD를 통해 소유했던 음악을 이제는 스트리밍 서비스로 듣고 소유했던 책도 전자 도서관에 언제든지 접속

---

1 N스크린이란 미국의 통신회사인 AT&T가 미디어 비즈니스의 미래로 제시한 '3 스크린 전략'에서 발전한 개념이다. PC, TV 모바일뿐만 아니라 콘텐츠를 시청할 수 있는 모든 스크린에서 수용자가 자신이 가입하거나 보유한 콘텐츠에 접근할 수 있는 서비스 환경을 뜻한다.

해서 다운로드 받아보는 형태로 변화하게 된 것이다. 소중하게 간직하던 음반과 DVD, 서적 등의 문화 콘텐츠는 일회적으로 경험하고 마는 접속의 대상으로 변화하게 된 것이다.

이외에도 또 다른 특징으로 기존 미디어와 새로운 미디어, 즉 스마트 미디어나 소셜 미디어가 서로 교차 이용되면서 사회적 이용(sociable use)이 증가하게 된다. 이는 '우물가 정담 효과(water-cooler effect)'라고도 불리는데 미디어 이용이 소셜 네트워크로 연결된 가족, 친구, 동료, 관심 공동체 등과 공유된다는 뜻이다. 예를 들어 TV를 시청하지 않더라도 페이스북이나 트위터 등에 올라오는 주변인들의 시청 경험을 통해 콘텐츠의 진행과 내용을 알게 되어 시청과 유사한 경험을 얻으며 TV와 소셜 미디어를 병행하는 이용 형태를 일컫는다. TV를 시청하면서 개인의 휴대전화를 통해 즉석에서 게시판에 댓글을 올리거나 친구들과 시청 소감을 나누거나 관련 정보를 검색하는 사회적 이용 행위가 증가하게 된다는 것이다. 이전에는 같은 공간에서 함께 미디어를 소비하는 경우, 즉 거실에 가족이 모여 TV를 시청했다거나 영화관에서 친구들과 함께 영화를 관람했을 경우에 가능했던 사회적 이용이 이제는 각자 떨어진 공간에서 미디어 소비를 하더라도 소셜 미디어 서비스를 통하여 미디어 이용이 사회적으로 이뤄지는 경우가 흔해졌다.

3. 집단 지성: '우리'는 '나'보다 똑똑하다

집단 지성(collective intelligence), 혹은 협업 지성(collaborative intelligence)은 다수의 개인들이 서로 협력하는 과정을 통하여 획득되는 집단의 지적 능력을 의미한다. 집단 지성은 개인의 지적 능력이 갖는 범위를 초월하는 힘을 갖게 된다. 이 개념은 미국 곤충학자인 윌리엄 휠러(William Wheeler)가 1910년 개미 공동체를 연구하여 발표한 『개미: 그들의 구조, 발달, 행동(Ants: Their structure, development, and behavior)』이라는 책에서 최초로 제시되었다. 개미 개별적인 한 마리는 미미한 지능을 가지고 있지만 개미 공동체가 집단적으로 갖게 되는 지능 체계는 놀라운 수준이 된다는 것이다. 이후로 집단 지성은 박테리아와 같은 미생물을 비롯해 식물, 혹은 벌이나 떼를 지어 이동하는 새나 물고기 등의 동물과 인간 사회를 대상으로 연구되었다. 이후 사회학자인 피에르 레비(Pierre Levy)가 사이버 공간에 집단 지성 개념을 적용했다. 레비는 현대의 집단 지성에 대해 "어디에나 분포하며 지속적으로 가치가 부여되고 실시간으로 조정되는" 지성이라고 정의했다.

웹 2.0 시대가 도래하면서 인류의 집단 지성은 새로운 단계에 진입했다고 해도 과언이 아니다. 인터넷에서 집단 지성의 대표적인 사례로 손꼽히는 위키피디아를 살펴보면, 이용자들이 자신이 아는 정보에 대해 설명을 올리고 편집하고 첨삭하는 과정을 통해 인류의 대표적인 백과사전인 '브리태니커(Britannica)'를 능가하는 양의 지식 데이터베이스를 창출해냈다.[2] 2001년 미국에서 서비스되기 시작된 위키피디아는 현재 비영리 단체인 위키미디어 재단이 운영하고 있다. 현재 전 세계 250여 개 언어 가운데 약 200여 개의 언어로 서비스가 제공되고 있으며 위키피디아 표제어 수가 10만 단어를 넘는 언어는 한국어를 포함해 27개에 이르고 있다. 위키피디아에서는 이용자 누구나 표제어에 붙은 설명을 올리고 수정하고 보완할 수 있으며 저작권 없이 자유로운 이용이 가능하여 정보의 빠른 업데이트와 유연한 정보의 개정, 하이퍼링크 텍스를 통한 연결 정보의 높은 연결성 등을 특징으로 한다. 소수의 전문가들이 갖는 대신 위키피디아는 전문 편집인의 관여가 적은 만큼 확인되지 않거나 부정확하게 왜곡된 정보 등이 포함될 가능성 또한 높아지는 것이 사실이다. 그러나 결국 참여자의 수가 일정 수준에 도달하면 거짓 정보나 불완전한 정보는 협동의 결과로 수정될 것이라고 집단 지성은 예상한다.

위키피디아가 제시하는 사회적 지식 체계는 굳이 백과사전의 양식이 아니더라도 웹 곳곳에서 발견된다. 네이버의 지식in 시스템이나 각종 인터넷 커뮤니티 등에서 사람들은 정보를 검색하고 질문하며 질문에 대답하는 글을 올린다. 예전에는 요리 레시피를 모아 수첩에 적어놓았다면 요즘은 인터넷에 들어가서 요리 이름만 검색해도 다른 이용자들이 올려놓은 레시피를 손쉽게 찾아볼 수 있다. 여행을 가더라도 목적지 이름을 검색하면 다른 이용자들의

2 브리태니커는 약 10만 개 미만의 주제를 다루는 데 반해 위키피디아는 약 4백만 가지의 주제를 포함하는 것으로 알려졌다.

그림 12-1
스마트 기기 이용을 통한 집단 지성의 구현: 다음 아고라의 네티즌 폭우 지도와 일본 네티즌들의 방사능 지도

여행 후기와 감상, 준비물 등을 쉽게 검색할 수 있다. 영화나 책도 다른 이용자들이 올려놓은 후기나 리뷰를 보면서 그에 대한 정보를 손쉽게 얻을 수 있다. 뿐만 아니라 각종 관심사를 공유하는 인터넷 까페에서는 서로 관련 정보를 나누는 게시판들을 만들어 운영하기도 한다.

이렇게 특정 사이트가 있어서 그곳을 중심으로 정보가 축적되는 집단 지성의 형태가 있는가 하면 이용자들의 이용 행위가 모여 집단 지성의 형태가 되는 경우가 있다. 대표적인 예로 소셜 북마킹(social bookmarking)은 인터넷 사용자들이 인터넷 즐겨찾기를 저장, 분류하고 공유하며 다른 이용자들의 즐겨찾기를 검색하는 것을 의미한다. 대표적으로 '딜리셔스(www.delicious.com)' 같은 서비스가 있는데 이 서비스의 이용자들은 관심 있는 웹 페이지를 즐겨찾기로 저장하여 다른 이용자들과 이를 공유하고 서로의 즐겨찾기도 서로 볼 수 있다. 이용자가 개인적인 목적으로 사용하고 분류하는 즐겨찾기를 집합적인 이용을 통해 정보의 중요도를 결정, 분류하고 이에 따라 검색할 수 있도록 도와준다. 블로그에 많은 이용자들이 사용하는 '태깅(tagging)' 역시 비슷한 기능을 수행한다고 볼 수 있다. 콘텐츠를 올린 이용자나 관리자가 콘텐츠와 관련된 주제나 카테고리에 따라 분류될 수 있도록 키워드 처리를 해주는 것이 태깅이다. 태깅을 통하여 이용자들은 자신이 원하는 주제의 콘텐츠를 효율적으로 분류하고 찾아낼 수 있다.

집단 지성은 검색어 순위에서도 드러난다. 다른 사람들이 중요하게 생각하는 정보 혹은 뉴스가 무엇인지에 대한 지식이 이용자들의 검색 행위를 집단적으로 통계내어 제공되는 형태이다. 검색어 순위에 있는 뉴스는 기존의 언론인들이 전문지식에 바탕을 두고 골라낸 중요도에 따라 편집된 뉴스가 아니라 대중들의 선택에 따라 그 중요도가 매겨진 뉴스라 할 수 있다. 또한 집단 지성의 개념은 이커머스(e-commerce)를 비롯하여 마케팅에도 적극적으로 활용되고 있다. 예를 들어, 아마존에서 책을 구입할 경우, 동일한 책을 구입한 소비자들이 함께 구입한 책 목록이 제시되는데, 이는 이용자의 구매 행위가 사회적 정보로 활용되어 다른 이용자들의 책 선택을 돕는 방식이다. 또한 스마트 기기의 위치 추적 기능과 결합된 집단 지성의 구현은 또 하나의 새로운 현상이다. 그림의 예에서도 보이듯이 구글 맵과 SNS를 이용해서 이용자들이 종합적으로 만든 폭우 지도는 언론사의 보도보다 빠르고 정확했다. 또 일본에서 휴대용 방사능 계측기를 가진 네티즌 1200여 명이 자발적으로 참여하여 스마트폰으로 만들어낸 방사능 지도 역시 전문가들의 분석 못지않은 놀라운 정확성을 가지고 있었다. 이렇게 집단 지성은 여러 방면에서 축적되고 있으며 일상적으로 이뤄지는 인터넷상의 콘텐츠 생산과 소비는 거대한 집단 지성의 일부로 확장되고 있다.

4. 인간관계의 변화

끊임없이 울리는 페이스북 업로드 알람과 문자 메시지 속에 사람들은 더 소통하고 덜 외로운 걸까? 사회학자 쉐리 터클(Sherry Turkle)은 『다 함께 홀로(Alone Together)』라는 저서에서 소셜 미디어 시대에 재현되고 있는 '군중 속의 고독' 현상을 지적했다. 지난 10여 년간 온라인 커뮤니케이션의 형태 자체도 크게 진화했다. 예전에는 이메일이나 커뮤니티 게시판 등을 통해 주로 소통했다면 이제는 이메일뿐 아니라 SNS, 메신저 서비스, 각종 블로그 서비스 등을 통해 소통의 범위가 확장되었다. 예전에는 PC를 통해 주로 소통이 이루어졌다면 요즘은 PC와 핸드폰의 연동으로 예전처럼 온라인 대인관계와 오프라인 대인 관계를 구분짓는 것조차 쉽지 않다. 온라인 커뮤니케이션의 확연한 증가가 사람들의 대인관계를 더욱 원활하게 하는지, 아니면 터클의 주장처럼 커뮤니케이션의 양적 증가만 가져왔을 뿐 오히려 군중 속의 고독을 증가시키고 사람들을 고립시키는 효과를 가지고 왔는가? 트위터와 페이스북은 사람들을 더욱 친하게 만드는가? 아니면 커뮤니케이션 양의 공허한 증가만 불러오는가?

온라인 커뮤니케이션이 현실의 사회적 관계에 어떠한 영향을 미칠 것인가를 살펴본 이론적 설명에는 크게 대체 가설, 자극 가설, 빈익빈부익부 가설 등이 존재한다. ① 대체 가설(displacement hypothesis)은 온라인 커뮤니케이션이 사회 참여의 시간을 뺏고 오프라인에서 가족이나 친구 등 주변인들과 보내는 시간을 대체해 현실의 인간관계에 부정적 효과를 가져올 것이라고 주장했다. 가족들이 식탁에 둘러앉아 서로 그날 있었던 일에 대해서 이야기하기보다는 각자의 스마트폰을 통해 SNS에 등록되어 있는 사람들과 이야기할 것이라는 것이다. 인터넷을 사용한 온라인 커뮤니케이션이 강한 사회적 관계를 약화시키고 커뮤니케이션의 질이 떨어질 것이라고 대체 가설은 제시한다.

이와 반대로 ② 자극 가설(stimulation hypothesis)은 온라인 커뮤니케이션이 오프라인 커뮤니케이션의 결핍된 부분을 충족시켜줄 수 있을 것이라고 내다본다. 나이나 사회적 지위 등 다양한 장벽이 존재했던 공동체에서 인터넷을 통해 더욱 다양한 사람들이 자유롭게 소통하고 적극적으로 사회적 연결망에 참여할 수 있게 된다는 것이다. 나이나 성별, 학력이나 소득 수준 등 기존 오프라인 현실 세계에서 존재하는 다양한 저해 요소들을 뛰어넘어 좀 더 자유롭게 커뮤니케이션할 수 있어 좀 더 인간관계가 확장될 수 있을 것이라는 이론이다. 자극 가설에 따르면 현실 세계에서 인간관계가 매끄럽지 못하거나 부끄러움을 많이 타서 적극적으로 친구들을 만들지 못하는 사람들의 경우 온라인 커뮤니케이션을 통해 커뮤니케이션 욕구를 해소하고 대안적인 사회적 연결망에 참여할 수 있는 기회를 지니게 된다.

③ 빈익빈부익부 가설(rich get richer hypothesis)에서는 오프라인 커뮤니케이션에 능한 사람들이 온라인 커뮤니케이션을 더욱 잘 활용하여 전체적인 사회적 연결망을 더욱 잘 확장할 수 있을 것이라고 가정한다. 빈익빈부익부 가설에 따르면 커뮤니케이션 능력이 뛰어난 사람들은 오프라인에서도 이미 훌륭한 네트워크를 지니고 있으며 이를 온라인 커뮤니케이션을 통해 보

완하는 형식으로 더욱 견고하고 깊이 있게 만들 수 있는 능력을 지니고 있다는 것이다. 반면 커뮤니케이션이 떨어지는 사람들은 오프라인이든 온라인이든 대인 관계 형성에 서툴기 마련이므로 2가지 형태의 커뮤니케이션 모두 활발히 이뤄지지 않게 된다고 지적한다. 이 가설에 따르면 이미 오프라인에서 많은 친구를 가진 이용자가 페이스북을 통해 맺는 친구의 수도 훨씬 더 많을 뿐 아니라 적절한 페이스북 활용을 통해 오프라인에서의 인간관계를 더욱 원활하게 진행시켜나가게 된다는 것이다. 이 가설에서 오프라인 커뮤니케이션은 대인 관계의 형성(formation)에, 온라인 커뮤니케이션은 이미 형성된 대인관계의 유지(maintenance)에 효율적인 형태라고 제시된다. 온라인 커뮤니케이션을 통해 새로운 만남을 갖기보다는 이미 서로 형성되어 있는 관계망을 강화시키는 데 이용된다.

온라인과 오프라인 커뮤니케이션의 상관관계를 이해하기 위해서는 사회적 연결 관계의 특성을 이해할 필요가 있다. 이와 관련하여 미국의 사회학자인 퍼트남(Putnam)이 제시한 '사회자본(social capital)'의 개념은 최근 각종 소셜 미디어의 이용과 함께 대두되었다. 사회자본 이론에 따르면 개인/조직은 다른 사회 구성원들과의 연결망을 맺기 위해 노력하며 이 연결망을 통해 형성되는 신뢰(trust)와 협동(cooperation)이 사회 자본의 정보를 결정짓는 주요인이 된다. 사회 자본은 연계형(bridging)과 결속형(bonding)으로 나누어진다(Putnam, 2000). 연계형은 사회경제적 계층, 정치적 견해 등을 기준으로 자신과 다른 이질적인 다양한 사람들과의 네트워킹과 소통을 의미하는 반면, 결속형은 동질적인 공동체의 유대를 의미한다(금희조, 2011). 예를 들어 오프라인의 네트워크를 주된 바탕으로 이루어진 페이스북은 결속형 네트워크를 형성하는 데 좀 더 도움이 되며 팔로윙(following)을 통해 익명의 이용자들 간의 네트워킹이 활성화되는 트위터는 연계형 사회자본 형성에 더욱 유리한 매체이다. 정도의 차이는 있으나 대체적으로 소셜 미디어를 통한 네트워킹의 확장은 기존 네트워킹에 비해 주로 연계형 사회자본의 확장에 유리한 편이라 할 수 있다. 연계형 사회자본의 확장은 긍정적으로 평가되는 경우가 많은데, 퍼트넘에 따르면 결속형 사회자본만 활성화된 사회의 경우 학연, 지연 등이 부작용으로 나타나며 배타적인 사회적 집단이 될 확률이 높아지기 때문이다.

소셜 미디어를 통한 연계형 인맥의 확장은 이용자들의 인적 네트워크 규모를 확장하는 데 효율적이며 더욱 다양한 집단의 사람들과 교류할 수 있는 새로운 가능성을 열어준다. 연계형 인맥의 확장은 사회적 지지(social support)에 대한 욕구를 충족시켜주고 다양한 사람들과 관계를 맺게 해준다는 긍정적인 효과가 있는 반면, 다음과 같은 몇 가지 부정적 효과도 우려된다.

1) 하이퍼커넥션(hyperconnection)의 문제

소셜 미디어를 통한 인맥의 확장이 과연 긍정적이기만 한 것인가에 대한 논의 중 대표적으로 '하이퍼커넥션(hyper connection)'의 문제가 있다. 영국의 인류학자이며 진화생물학자인 로빈 던바는 인간이 관리하고 유지할 수 있는 사회적 관계망의 크기에는 한계치가 존재한다고 주장했다. 던바에 따르면, 하나의 관계망에 속한 인원이 150명 정도가 한계로 이 이상의 규모가 되면 사회적 상호작용에서 인지적 한계에 도달하여 사회적 상호작용이 제대로 이뤄지기 힘들다고 한다. 이에 따라 150명을 '던바의 수(Dunbar's number)'로 일컫기도 한다(김은미 외, 2011). 소셜 미디어를 통한 인간관계의 확장이 늘 의미 있는 상호작용으로 비례하는 것은 아니다. 스마트폰과 연동되어 하루 24시간 종일 소셜 미디어에 '묶여 있는' 사람들은 지나친 소셜 미디어 이용이 주는 '하이퍼커넥션(hyperconnection)'의 엄청난 피로감을 느끼게 되기도 한다(김은미 외, 2011). 소셜 미디어에 속한 나의 네트워크 유지를 위해서 이용자들은 지속적으로 콘텐츠를 생산해내거나 다른 사람들의 콘텐츠에 사회적 반응을 보여야 한다는 중압감에 시달리기도 한다. 블로그에 정기적으로 포스팅을 하지 않으면 방문자가 줄어든다거나 페이스북에서 친구들이 올리는 내용에 '좋아요(Like)' 버튼을 누르고 댓글을 달아주며 연결된 네트워크를 관리하고 유지해야 한다는 것은 때로 이용자들에게 심리적 피로감을 유발하기도 한다.

2) 프라이버시의 문제

하이퍼커넥션의 문제 외에도 소셜 미디어의 확장은 프라이버시의 문제를 유발하기도 한다. 대부분의 소셜 미디어는 이용자들이 원하는 수준의 프라이버시를 지킬 수 있는 시스템적 장치를 갖추고 있어 이용자들이 스스로 자기노출(self-exposure)의 적정한 수준과 대상을 결정할 수 있는 통제권을 준다. 그럼에도 불구하고 온라인 공간에 축적되어 있는 개인 정보는 사회적 흔적을 남겨 유통될 수 있는 위험을 불가피하게 안고 있다. 예를 들어, IBM의 최근 연구에 따르면 페이스북은 1인당 평균 135장의 사진을 보유하고 있으며 페이스북에 올려진 개인 정보를 통해 특정 인물이 다음 주 목요일 오후 5시에 어디에 있을지를 87%의 정확도로 예측할 수 있다고 한다. 최근 사회적으로 이슈가 되고 있는 '신상 털기'도 주로 소셜 미디어를 통해 남겨진 개인의 신상 정보가 불특정 다수에 의해 파헤쳐지고 공개되면서 나타나는 현상이라 할 수 있다. 소셜 미디어의 가장 대표적인 기능이 이용자의 신상 정보의 등록과 공개이다 보니 개인의 성별, 연령, 학력 및 직업, 정치적 성향과 종교까지도 이용자의 선택에 따라 공개될 수 있다. 이러한 개인 정보뿐 아니라 이용자가 속해 있는 대인 네트워크에 속한 타인의 정보와 메시지까지 모두 드러나다보니 단계를 거쳐 다른 이용자들의 개인 정보까지 접근 가능한 경우가 빈번하다.

게다가 소셜 미디어가 수집하는 개인 정보는 상업적으로 활용도가 매우 높은 '빅 데이터(big data)'로 간주되어 최근 가장 활발하게 분석되는 데이터 소스이다. 게다가 최근에는 인터넷상에 올려진 개인의 흔적이 지워지지 않는 데서 발생하는 여러 문제들로 '잊힐 권리(right to be forgotten)'에 관한 관심이 증폭되고 있다. 이는 개인이 온라인에 남아 있는 자신과 관련된 각종 정보의 삭제를 요구할 수 있는 권리로, 본인의 의지와 상관없이 검색을 통하여 유출가능한 개인의 신상 정보나 사망한 뒤 남아 있는 각종 정보에 대한 삭제 권한을 서비스 기업이 갖고 있는 경우가 대부분이기 때문에 사회적 이슈로 떠오르고 있다.[3] 이렇게 소셜 미디어에 남겨지는 개인 정보로 인한 사생활 침해의 폐해를 고려해 정보의 활용과 남용 간에 적절한 균형점을 찾으려

3 유럽연합(EU)은 2012년 1월 25일자로 인터넷에서 정보 주체의 권리를 강화하기 위해 잊힐 권리를 명문화하여 정보보호법 개정안을 확정했다. 이 법안의 개정을 통하여 기존에는 권고 수준의 구속력을 갖는 '지침(directive)'에서 최고 수준의 규범인 '규정(regulation)'으로 그 강제성이 높아졌으며 EU 전체 회원국에 직접 적용된다.

그림 12-2
디지털 파퓰리즘의 예: 타진요 웹사이트

는 사회적 노력이 절실하다.

3) 디지털 파퓰리즘(Digital populism)의 가능성

앞서 논의한 바와 같이 소셜 미디어를 통한 네트워크의 특성인 넓고 느슨한 관계망으로 때로 검증되지 않은 정보가 순식간에 전파될 수 있는 가능성이 있다. 이를 '인포데믹스(infodemics)'라는 '정보(information)'과 '전염병(epidemic)'의 합성어로 표현하기도 하는데 부정확한 정보에 의해 사회적 혼란이 야기될 수 있는 현상을 지칭한다. 특히 트위터와 같은 서비스의 리트윗(retweet) 기능 등을 통해 검증되지 않은 부정확한 정보가 기하급수적인 전파율로 확산될 가능성도 있다. 최근의 연구에 따르면 대부분의 토픽들에 대해 50%의 리트윗은 원래의 트윗이 쓰여진 시간으로부터 1시간 이내에 이루어지며 75%의 리트윗이 하루 이내에 이루어지는 것으로 밝혀졌다(곽해운 외, 2011). 이렇게 빠른 정보의 전파 속도는 정확한 정보일 때는 기존의 뉴스 미디어보다도 빠르고 정확한 정보 전달의 원천이 된다. 그러나 전통 매체에 비해 정보의 정확성을 게이트키핑(gatekeeping)하는 과정이 부족하기 때문에 검증되지 않은 정보 역시 동일한 전파력으로 확산될 수 있다. 더군다나 이러한 소셜 미디어의 허위 정보나 '괴담'을 신문이나 TV 등의 전통 매체들조차 충분한 검증 절차 없이 그대로 보도하는 경우 사회적 혼란은 더욱 커질 수 있다. 진실성 여부를 놓고 큰 논란을 겪었던 '타진요(타블로에게 진실을 요구

합니다)' 사태도 확실하지 않은 정보가 인터넷을 통해 확산해 진실인 것처럼 다뤄져 사회적 여론을 호도하면서 일어난 사태라고 할 수 있다. 잘못된 정보를 바로잡기에는 정보 전파의 속도가 빠르고 사람들이 손쉽게 진실이라고 믿는 경향이 있기 때문에 디지털 파퓰리즘에 관한 문제는 매우 심각하다.

5. 디지털 격차

'디지털 격차' 혹은 '디지털 디바이드(Digital divide)'는 흔히 디지털 시대에 정보의 접근과 이용이 여러 사회집단 간에 동등한 수준으로 진행되지 않는 현상을 지칭하는 포괄적 용어이다(한국전산원, 2000). 디지털 시대에 전반적인 미디어와 정보의 접근성(accessibility)은 향상된 듯 보이지만 정보 소유 계층과 비소유 계층 간의 격차가 점점 더 커지는 현상을 말한다. 초반에는 주로 PC 보급와 인터넷 접근성을 위주로 논의되어졌지만 디지털 미디어의 발전 속도가 점점 빨라지면서 다양한 디지털 미디어(예: 스마트폰, 태블릿 PC)의 확산에서 디지털 격차가 논의되고 있다. 디지털 격차가 중요하게 논의되는 이유는 기존의 사회경제적 계층이 정보 접근성과 이용 방법에 차이를 겪게 되고, 이러한 차이는 다시 사회경제적 계층의 차이를 확대시키는 결과를 낳기 때문이다. 예를 들어 미디어 하부구조(infrastructure)가 발달한 도시와 그렇지 못한 시골 지역에 사는 사람들 사이에서 정보 격차의 차이는 디지털 미디어가 발달하면 할수록 더욱 벌어지게 되며 이러한 현상은 교육 수준이 높은 계층과 낮은 계층 사이에서도 동일하게 발견된다. 또한 디지털 격차는 한 사회의 내부적 현상일 뿐 아니라 전 세계적으로도 발견되는 현상으로, 선진국과 개발도상국은 디지털 기기의 확산과 인터넷 망의 차이 등에 따라 점점 글로벌 경제에서 더욱 큰 편차를 보이게 된다.

디지털 격차는 다차원적인 현상으로 디지털 기기에 대한 접근성뿐 아니라 기기의 활용, 정보의 습득과 관리, 기기를 이용한 사회적 참여 등 전방위적으로 일어난다. 디지털 격차는 주로 미디어에 대한 접근(accessibility) 자체에 차이가 발생한다는 '접근 격차'와 미디어에 대해 동일한 접근성을 가진다 하더라도 미디어를 활용하는 방식에서 차이가 벌어진다는 '이용 격차'로 나뉘어 분류된다. 한국은 청소년의 99%가 인터넷을 활용하고 있는 상태로 기기의 보유나 접근의 측면에서 환경별 차이가 크게 나타나지 않는다는 점에서 다소 독특한 사례에 속한다. 따라서 사회 · 경제적 환경에 따라 '활용'의 차원, 즉 질적인 측면에서의 차이에 더욱 주목할 필요가 있다(김은미 · 정화음, 2007). 사용자와 비사용자 간의 차이가 아니라 사용자 간의 구체적인 활용 형태에서 오는 차이, 즉 이용 격차가 디지털 격차의 새로운 차원으로 강조되어야 한다는 것이다(정재기, 2011).

활용의 차원은 다른 용어로 '디지털 리터러시(digital literacy)'라고 일컫기도 하는데, 이는 글을 읽고 해독하는 능력을 뜻하는 '리터러시'를 이용한 합성어이다. 디지털 미디어를 올바로 사용하고 원하는 기능을 이용해 결과를 얻어낼 수 있는 능력을 의미한다. 디지털 리터러시는 인터넷을 비롯한 다양한 디지털 미디어에서 여러 가지 형태의 정보를 이해하고, 이를 자신의 목적에 맞는 새로운 정보로 조합하여 올바로 사용하는 능력을 의미한다(이원태 외, 2011).

디지털 격차 해소를 위한 방안으로는 '디지털 통합(e-inclusion)'에 대한 논의가 활발히 이뤄지고 있다. 디지털 통합은 디지털 리터러시 프로그램을 비롯한 여러 정책적 구제를 통해 디지털 격차를 해소함으로써 사회갈등을 완화하고 계층 간 격차를 통합하고자 하는 개념이라 할 수 있다.

6. 미디어 중독

앞에서도 논의된 바와 같이 일상이 미디어화되는 현상이 뚜렷해지면서 미디어에 대한 지나친 의존과 중독 현상이 사회적 우려를 낳고 있다. 미디어 중독은 알코올이나 마약, 도박과 관련된 일반적인 중독 증상과 유사한 징후를 나타내기 때문에 '중독'으로 일컫는다. 미디어 중독은 미디어 이용자가 생산적인 활동을 포기하게 된 상태로서 특정 미디어에 대해 동일한 행동을 반복하고 나아가 그 반복적 행동이 바람직하지 않다는 것을 인식하고 있으면서도 지속적이고 습관적으로 하게 되는 행위이다(김봉섭, 2006). 일반적으로 미디어 중독 현상은 텔레비전, 컴퓨터, 스마트폰 등 다양한 매체 자체에 대한 중독과 게임, 인터넷 쇼핑, 페이스북 등의 SNS 등 이용 방식이나 콘텐츠 자체에 대한 중독으로 나누어볼 수 있다. 대표적인 인터넷 중독의 경우 『2011 인터넷 중독 실태조사』에 따르면 만 5세~49세의 인터넷 이용자 중 중독 비율은 7.7%로 2백40만 명에 육박하는 것으로 나타난다. 특히 인터넷 중독자 중에는 10대와 20대 등 젊은 세대의 비율이 더욱 높으며 저소득층과 저학력층 등 사회적 소외 계층이 '취약 계층'으로 드러나 디지털 디바이드의 관점에서도 더욱 심각한 문제로 여겨지고 있다.

1) 게임 중독

여러 미디어 중독 현상 중 가장 심각하게 다루어지는 분야는 게임 중독이다. 최근 10년간 한국은 전 세계적으로 게임 강국으로 부상했다. 그러나 이러한 게임 부흥 뒤에는 각종 부작용도 뒤따르고 있으며, 그중에서도 청소년층의 게임 중독 현상이 심각한 사회적 이슈가 되면서 우려의 목소리도 커지고 있다. 게임 중독은 게임을 이용하는 데 조절 능력을 상실하거나, 내성으로 인해 게임을 지속적으로 이용하고 게임을 하지 않을 경우 금단 증상을 경험하며 게임에 대한 강박적인 집착 또는 의존 등의 문제적 징후가 심각하게 나타나 신체적 · 사회적 · 정서적 문제를 일으키는 상태를 의미한다. 결국 게임에 몰두하는 시간이 지나치게 많고 이로 인해 일상생활에 막대한 지장을 주는 상태이면 게임 중독이라고 말할 수 있다(한국청소년정책연구원, 2011).

게임 중독의 구체적 증상은 현저성(salience), 내성(tolerance), 기분 조절(mood modification), 재발(relapse), 금단(withdrawal), 갈등(conflict), 문제(problems) 등이 있다. 구체적으로 ① '현저성'은 생활 속에서 게임에 얼마나 많은 시간을 할애한다고 인식하는지, ② '내성'은 점점 더 많은 시간을 게임에 사용하게 되며 한 번 시작하면 의도한 시간보다 더 오래하는지, ③ '기분 조절'은 게임 이용을 통해 스트레스를 해소하고 현실에서 도피하는지, ④ '재발'은 게임 이용을 줄이거나 끊는 데 얼마나 어려움을 겪는지, ⑤ '금단'은 게임을 할 수 없을 때 불쾌감을 어느 정도 겪는지, ⑥ '갈등'은 주변 사람과 게임 이용으로 인해 갈등이 어느 정도 빚어지는지를 의미한다. 대체로 게임에 중독된 이용자들은 자신의 게임 이용을 더 이상 자신의 의지에 따라 통제하기 어려워하며 동시에 일정 시간 동안 게임을 이용하면서 얻는 한계적 효용감의 지속적인 감소를 경험한다. 즉, 비슷한 정도의 만족감을 얻기 위해서는 점점 더 오랜 시간 게임 이용을 해야 하는 것이다. 또한 주변인과의 갈등 역시 심각한 현상으로 나타나는데, 대부분의 중독적 이용자들은 가족이나 교사와 게임 이용으로 인한 갈등을 겪으며 이 때문에 게임 이용에 대해 거짓말을 하거나 다투게 되는 경우가 많은 것으로 드러났다.

게임 중독은 최근 사회적으로 해결해야 할 문제로 여겨지면서 2011년에는 청소년의 게임 이용을 규제하는 내용을 담은 여성가족부의 '청소년 보호법'과 문화체육관광부의 '게임산업진흥에 관한 법률'이 개정되었다. 이를 기반으로 강제적 셧다운제와 선택적 셧다운제(향후 게임시간 선택제로 개칭)가 시행에 들어갔다. 강제적 셧다운제는 16세 미만의 청소년에게는 자정부터 오전 6시까지 인터넷 게임 제공을 금지하며 선택적 셧다운제는 18세 미만의 청소년을 대상으로 청소년 본인 또는 법정대리인이 요청할 경우 게임 이용방법, 시간 등에 제한을 두는 제도이다. 이러한 강제적 규제 방안의 실효성에 대해서는 지금도 다양한 논의가 이뤄지고 있다. 청소년들의 게임 중독 문제를 더욱 근본적으로 해결하기 위해서는 법적 규제와 더불어 청소년을 대상으로 가정과 학교에서 교육이 병행되어야 한다. 게임에 대해 국가적 차원에서 정책의 한계를 극복하고 효과를 증진시키기 위해 가정에서 부모 역할과 책임에 관한 논의가 좀 더 강조될 필요가 있다.

2) 스마트폰 중독

스마트폰 이용자들은 그야말로 아침에 눈을 떠서 밤에 잠자리에 들기까지 스마트폰을 손에서 놓지 못하는 경우가 많다. 궁금한 것이 있어서 정보를 검색한다거나 필요에 따라 이용하는 경우도 많지만 습관적으로 이메일이나 SNS 계정을 확인하고 혹은 심심하거나 시간을 때우기 위해서 스마트폰을 이용하는 경우도 많다. 최근 미국 CNN의 보도에 따르면 스마트폰 이용자들은 하루에 평균적으로 34번 정도 스마트폰을 확인하고 있다고 한다. 일상에서 휴대전화에 대한 의존도가 높아지면서 휴대전화 중독 증상에 대한 우려도 함께 높아지고 있다. 특히 스마트폰의 경우, 기존의 휴대전화와는 달리 다양한 기능적 특성을 지니고 있어서 기존 휴대전화와는 다른 이용 형태를 보이고 있다. 스마트폰은 PC와의 호환성, 무선 인터넷 접속 용이성, 멀티태스킹 등을 지칭하는 플랫폼적 특징과 정보, 위치 기반 서비스, 모바일 상거래 등과 같은 콘텐적 기능, 자판 배열이나 액정 크기와 같은 인터페이스 특징에서 기존의 휴대전화와는 크게 다르며 이러한 스마트폰의 차별화된 기능에 만족할수록 스마트폰 의존이나 중독은 높아질 수 있다(최윤정 외, 2011).

스마트폰은 휴대성으로 인해 이동 중에 습관적으로 이용하게 되고 게임, 동영상, SNS 등 다양한 콘텐츠를 끊임없이 이용할 수 있기 때문에 이용 반경과 범주가 넓다. 또한 어떤 매체보다도 개인화(personalization)되어 있어 애착이 형성되기 쉽다는 특징도 지닌다. 스마트폰의 대표적 중독 증상으로는 스마트폰을 소지하고 있지 않을 때 심한 불안감과 초조함을 느낀다거나 스마트폰 사용을 줄여야 한다는 생각은 하면서도 성공하지 못하는 경우, 혹은 밤늦게까지 스마트폰을 사용하느라 잠자는 시간을 뺏기는 경우, 습관적으로 별다른 이유 없이 스마트폰을 지속적으로 이용하거나 예상보다 많은 요금의 사용료를 내게 되는 경우 등이 있다. 흥미롭게도 최근의 연구에서 스마트폰 중독 정도는 남성 이용자들보다 여성 이용자들에게 심각한 것으로 밝혀졌으며, 연령별로는 10대가 아닌 30대와 40대 이상의 중년층에서 더욱 높게 나타났다(황화성 외, 2011). 특히 최근 스마트폰 게임의 이용이 증가하면서 스마트폰 게임의 중독적 이용도 함께 늘어나고 있다. SNS에 기반을 둔 소셜 네트워크 게임(social network game, SNG)은 게임을 하는 행위를 통해 대인 관계에 대한 욕구를 채울 수 있다는 특징을 지니고 있다. 최근 한 연구에 따르면 전화나 문자 외에 게임을 하기 위해 스마트폰을 사용하는 경우도 약 60%에 이르는 것으로 나타났다(한국정보화진흥원, 2011). 날이 갈수록 증가하는 디지털 미디어에 대한 지나친 의존도를 방지하기 위해 각종 미디어에 대한 중독 예방 교육과 올바른 미디어 이용을 위한 미디어 리터러시 교육 등이 강조되어야 할 필요가 있다.

생각해볼문제

1. 디지털 미디어 이용의 일상화로 사람들의 인지 능력에는 어떠한 변화가 있는가? 변화가 있다면 긍정적인가, 부정적인가? 이러한 변화에는 세대적 차이가 존재할까?

2. 미디어 이용자들이 다양한 매체를 동시에 교차 이용하는 다중매체 이용 성향이 증가하고 있다. 예를 들어, TV를 틀어놓고 PC를 이용한다든지 페이스북을 이용하면서 음악을 듣거나 하는 식의 동시 이용이 흔해지고 있다. 이러한 이용 행태의 변화 속에서 콘텐츠 속성은 변화해야 할까? 광고의 형태는 어떻게 변화해야 할까?

3. 소셜 미디어의 이용은 사람들을 더욱 친밀하게 만들고 있을까? 소셜 미디어의 이용으로 인한 부정적인 효과는 없을까? 소셜 미디어를 사용하는 사람들과 그렇지 않은 사람들의 차이는 무엇일까? 소셜 미디어는 세대 간 커뮤니케이션(cross-generational communication)을 원활하게 해줄까?

4. 미디어 중독 현상의 원인으로 다양한 요인들이 제시되고 있다. 미디어의 중독적 이용이 나타나는 가장 대표적인 원인은 무엇일까? 어떠한 방법을 통해서 미디어 중독 현상을 완화시킬 수 있을까?

참고문헌

곽해운 · 이창현 · 박호성 · 문수복(2011). 트위터는 소셜 네트워크인가? 네트워크 구조와 정보 전파의 관점. 언론정보연구, 48(1), 87-113.

금희조(2011). 소셜 미디어 이용과 다문화에 대한 관용. 한국언론학보 55(4), 162-186.

김봉섭(2006). 디지털기기 의존증의 가능성에 대한 탐색적 연구. KADO 이슈 리포트, 통권 30호. 서울: 한국정보문화진흥원.

김은미 · 심미선 · 김반야 · 오하영(2012). 미디어화 관점에서 본 스마트 미디어 이용과 일상경험의 변화. 한국언론학보, 56(4), 133-159.

김은미 · 정화음(2007). 청소년의 미디어 이용 격차에 관한 탐색. 언론정보학보, 32권 2호, 125-161.

심미선 · 김은미 · 오하영 · 김반야(2012). 스마트함이란 무엇인가? 이용자의 스마트 미디어에 대한 인식을 중심으로. 한국방송학보, 26권 3호, 255-297.

안재현(2011). 스마트 미디어가 우리를 스마트하게 하나? 스마트 미디어, 이슈와 쟁점, 2011 한국여성커뮤니케이션학회.

이원태 외(2011).디지털 컨버전스 환경에서 정보격차 해소 및 미디어 리터러시 제고방안 연구. 정보통신정책연구원.

이재현(2006). 모바일 미디어와 모바일 콘텐츠: 멀티플랫포밍 이론의 구성과 적용, 방송문화연구, 18(2), 285-317.

정재기(2011). 부모의 사회경제적 지위와 청소년의 인터넷 이용행태: 생활시간조사의 활용. 한국사회학 제45집 5호, 197-225.

황하성 · 손승혜 · 최윤정(2011). 이용자 속성 및 기능적 특성에 따른 스마트폰 중독에 관한 탐색적 연구. 한국방송학보, 25권 2호, 277-313.

Carr, N.(2010). *The shallows: What the Internet is doing to our brains*. New York: W. W. Norton & Company. 최지향 역(2011). 생각하지 않는 사람들. 서울: 청림출판.

Castells, M.(2009). *Communication Power*. New York, NY: Oxford University Press.

Luders, M.(2008). Conceptualizing personal media. New Media & Society, 10(5), 683-702.

Middleton, C. A.(2007). Illusions of balance and control in an always-on environment: a case study of BlackBerry users. Continuum: Journal of Media & Cultural Studies, 21(2), 165-178.

Negroponte, N.(1995). *Being Digital*. 백욱인 역(1999). 디지털이다. 서울: 커뮤니케이션북스.

Putnam, R. D.(2000). *Bowling alone: The collapse and revival fo American community*. 정승현 역(2009). 나 홀로 볼링: 사회적 커뮤니티의 붕괴와 소생. 서울: 페이퍼로드.

Prensky, M.(2011). Teaching digital natives: Partnering for real learning. CA: Sage.

Rheingold, H.(2000). *The virtual community: Homesteadaing on the electronic frontier*. Cambridge, Mass: The MIT Press.

Tapscott, D.(2008). *Grown up digital: How the net generation is changing your world*. NY: McGraw Hill.

Turkle, S.(2011). *Alone together: Why we expect more from technology and less from each other*. Basic Books.

찾아보기

[ㅂ]

[ㅅ]

[ㅇ]

개정판

커뮤니케이션과 사회
communication society

펴낸날 1판 1쇄 2013년 2월 27일
2판 1쇄 2023년 8월 25일
지은이 이건호 · 최윤정 · 안순태 · 차희원 · 임소혜
펴낸이 주소현
펴낸곳 이화여자대학교출판문화원
주소 서울특별시 서대문구 이화여대길 52(우120-750)
등록 1954년 7월 6일 제9-61호
전화 02) 362-2965(편집), 02) 362-6076(마케팅)
팩스 02) 312-4312
전자우편 press@ewha.ac.kr
홈페이지 www.ewhapress.com
디자인 정혜진

ISBN 979-11-5890-500-2 93300

값 29,000원